W0255300

Springers Angewandte Informatik

Herausgegeben von Helmut Schauer

Standards in Rechnernetzen

Alexander Prosser

Springer-Verlag Wien New York

Mag. Dr. Alexander Prosser
Wirtschaftsuniversität Wien, Österreich

e-mail:
prosser@nestroy. wu-wien.ac.at

Gedruckt auf säurefreiem Papier

Mit 180 Abbildungen

Die Deutsche Bibliothek – CIP-Einheitsaufnahme

Prosser, Alexander:
Standards in Rechnernetzen / Alexander Prosser. – Wien ;
New York : Springer, 1993
(Springers angewandte Informatik)
ISBN-13:978-3-211-82430-6

ISSN 0178-0069
ISBN-13:978-3-211-82430-6 e-ISBN-13:978-3-7091-9273-3
DOI: 10.1007/978-3-7091-9273-3

Für Stefanie Prosser

Vorwort

In einer Zeit der unterschiedlichsten Netzwerktypen und ihrer herstellerspezifischen Ausprägungen ist die Schaffung von Standards notwendiger denn je. Diese Standards sollen einen gemeinsamen Nenner darstellen, auf den sich die einzelnen Hersteller von Netzwerkhard- und -software beziehen können. Doch immer wieder werden sich in diesem Buch die Fragen stellen:

- Kann ein konkreter Protokollstack die gestellten Aufgaben gut erfüllen und
- Wie kann ein solcher Stack mit anderen Systemen kommunizieren?

Die Zeit der überschaubaren, zentral aufgebauten Netzwerklösungen ist vorbei. Noch Anfang der 80-er Jahre dominierten die herstellerspezifischen Terminalnetze von Großrechner- und Miniherstellern, daneben gab es zwar schon PCs, die aber entweder überhaupt nicht, oder nur als recht isolierte Inseln vernetzt waren. Als Ergänzung dazu gab es vergleichsweise langsame Kommunikation über öffentliche Netze (meist leitungsgeschaltet, Paketvermittlung war gerade "im Kommen").

Heute, Anfang der 90-er Jahre hat sich das Bild grundsätzlich gewandelt. Die massenhafte Verbreitung von PCs, und hier vor allem von 386-er PCs, hat die Bürolandschaft verändert wie sonst kaum eine andere Innovation. Der Benutzer wurde sich bei der Arbeit mit seinem PC der potentiellen Möglichkeiten der EDV bewußt. Zum ersten Mal entschied nicht ausschließlich irgendein "Guru" in einer zentralen EDV-Abteilung, was machbar, ja mehr noch, was wünschenswert war. Das EDV-Monopol hörte auf zu existieren. Der Benutzer war mehr und mehr imstande, seine Wünsche zu artikulieren und (man höre und staune!) sogar Ansprüche zu stellen.

Und diese Ansprüche wuchsen gar nicht langsam. Sowohl was die Qualität der Benutzeroberfläche als auch die Verarbeitungsgeschwindigkeit und Verfügbarkeit von Applikationen anbelangt, wuchsen die Anforderungen der Benutzer. Auf ein Netz bezogen heißt dies: mehr Dienste mit mehr Datenvolumen schneller zu übertragen sowie die umfassende Vernetzung des gesamten Verwaltungsgebäudes. Dies sind die Forderungen an den Netzplaner. Doch wie sieht es mit seinen Möglichkeiten aus? Wieviele Freiheitsgrade in seiner Planung hat er überhaupt? "Connectivity" ist zum Schlagwort geworden.

Doch diese ist nicht einfach das Resultat einer bestimmten Produktentscheidung oder irgendeines schnell in Betrieb genommenen Gateways. Sie ist vielmehr das Resultat detaillierter und langfristiger Planung einer heterogenen Systemlandschaft. Detailliert heißt, sich mit den angebotenen Standards genauer auseinanderzusetzen; TCP/IP oder OSI sind mehr als nur Schlagworte in einem Computermagazin, hinter ihnen stecken konkrete Protokolle, Abläufe und Formate. Die wahren Probleme erschließen sich oft erst im Detail und bei Berücksichtigung konkreter Vorgaben. Langfristige Planung in diesem Zusammenhang bedeutet, die zukünftigen Netze in ihrem Aufbau zu kennen und zu überlegen, wie heutige Netzwerklösungen in diese integriert werden können; aber auch den zukünftigen Bedarf zu analysieren und sich hier möglichst viele Freiheitsgrade bei der Planung offen zu lassen.

Zunächst aber ein kurzer Überblick über die folgenden Kapitel:

Im **ersten Kapitel** möchte ich **allgemeine Begriffe** (z.B. Manchestercodierung, Flow Control oder Datagramm) einführen, auf die ich mich in den folgenden Kapiteln ohne weitere Erklärung beziehen werde. Im **zweiten Kapitel** werden die gebräuchlichsten Standards des **Transportsystems** vorgestellt. Ich werde dabei nicht nur einzelne Standards besprechen und versuchen, Stärken und Grenzen dieser Standards aufzuzeigen, sondern auch verschiedene Standards miteinander in Beziehung zu bringen; und zwar sowohl verschiedene Alternativen zu den selben Schichten als auch zwischen den Schichtenprotokollen eines der gängigen Protokollstacks. Auch auf mögliche zukünftige Entwicklungen werde ich immer wieder eingehen. Im **dritten Kapitel** möchte ich für die heute gebräuchlichsten **Anwendungen** (elektronische Post, Dateitransfer, Terminalemulation und verteilte Anwendungsprogramme) die TCP/IP- und OSI-basierten Alternativen einander gegenüberstellen und miteinander vergleichen.

Am Ende der einzelnen Kapitel bzw. Unterkapitel werde ich weiterführende Literaturhinweise geben, die einzelne Teilbereiche dieses Kapitels vertiefen. Außerdem werden an dieser Stelle auch immer die relevanten Standards (ISO, CCITT, ANSI) angeführt, auf denen das betreffende Kapitel basiert. Die vollständige Liste der von mir verwendeten Literatur mit Angabe von Verlag und Erscheinungsort bzw. -jahr findet sich im Anschluß an das letzte Kapitel.

Wien, im Oktober 1992 Alexander Prosser

Inhalt

1. Einleitung

1.1 Das ISO-OSI-Modell

Das im folgenden erläuterte ISO-Modell stellt keine naturgegebenen Axiome dar. Es ist eine Möglichkeit von vielen, eine Kommunikationsarchitektur zu definieren. Das ISO-OSI-Modell hat sich aber zu einem internationalen Standard entwickelt, der weitgehend anerkannt wird.

Man unterscheidet sieben Schichten, die zu zwei Gruppen zusammengefaßt sind: Das Transportsystem dient dazu, Nachrichten von einem Ort zum anderen zu transportieren, ohne daß dabei der Inhalt der Daten selbst berücksichtigt wird. Es besteht aus [1]:

- Physical Layer
- Link Layer
- Network Layer
- Transport Layer

Aufgabe des Anwendersystems ist es, aufbauend auf dem fehlerfreien Nachrichtentransport, die Kommunikation zwischen Anwenderprozessen zu unterstützen. Die Schichten im einzelnen sind:

- Session Layer
- Presentation Layer
- Application Layer

Es ergibt sich somit folgende Architektur:

Aufgabe des Physical Layer ist es, die Daten bitweise zu codieren und über ein physisches Übertragungsmedium zu verschicken. Der Link Layer stellt die direkte Verbindung zwischen zwei Netzteilnehmern her. Er sichert die physische Übertragungsschicht gegen Fehler, übernimmt die physische Adressierung des unmittelbaren Kommunikationspartners und steuert den Fluß von Bits zwischen den physischen Kommunikationspartnern (Flow Control, Fluß(men-

1 Da auch in der deutschsprachigen Literatur meist die englischen Ausdrücke verwendet werden, sind sie auch hier beibehalten.

Application Layer	**z.B. ISO FTAM**
Presentation Layer	**z.B. ISO Presentation**
Session Layer	**z.B. ISO Session Kernel**
Transport Layer	**z.B. ISO TP, DoD TCP**
Network Layer	**z.B. X.25, ISO IP, DoD IP**
Link Layer	**z.B. 802.3+802.2, HDLC**
Physical Layer	**z.B. V.24**

Abb.1.1: ISO-OSI-Schichtenmodell

gen)steuerung). Der Link Layer kann jedoch nur die Kommunikation zwischen Partnern auf **einem** Netz steuern. Liegen die Partner aber auf verschiedenen (Sub-)netzen, muß der Transport der Daten über mehrere Subnetze sichergestellt werden. Dies ist Aufgabe des Network Layer. Die Adressierung erfolgt hier in der Form Subnetz.Host. Der Transport Layer schließlich soll eine fehlerfreie End-zu-End-Verbindung zwischen zwei Prozessen des Anwendersystems bereitstellen. Die Natur des Netzes tritt in den Hintergrund, es wird für die Benutzerprozesse transparent, d.h. sie sind damit nicht mehr befaßt. Der Transport Layer stellt seine Dienste dem Anwendersystem zur Verfügung, die Adressierung erfolgt daher der Form Subnetz.Host.Anwendung.

Der Session Layer soll Mittel bereitstellen, Sitzungen zwischen zwei Kommunikationspartnern auf- und wieder abzubauen. Der Presentation Layer bietet Mittel der Übersetzung der abstrakten Syntax auf Application Layer-Niveau und der Transfersyntax des Netzes. Der Application Layer schließlich übernimmt die für den Benutzerprozeß spezifische Darstellung der Daten in ihrer endgültigen Form.

Jede dieser Schichten stellt ihre Leistungen der nächst höheren in Form von sogenannten Serviceprimitiven an Dienstzugangspunkten (Service Access Point, SAPs) zur Verfügung und baut auf den Diensten der darunterliegenden Schichten auf. Zunächst einige Begriffe, auf die ich mich in der Folge beziehen werde:

Der in einer Schicht jeweils ablaufende Prozeß wird Instanz genannt. Ziel ist es, zwei Endsysteme miteinander kommunizieren zu lassen. Instanzen der gleichen Schicht, aber in verschiedenen Endsystemen werden als Partnerin-

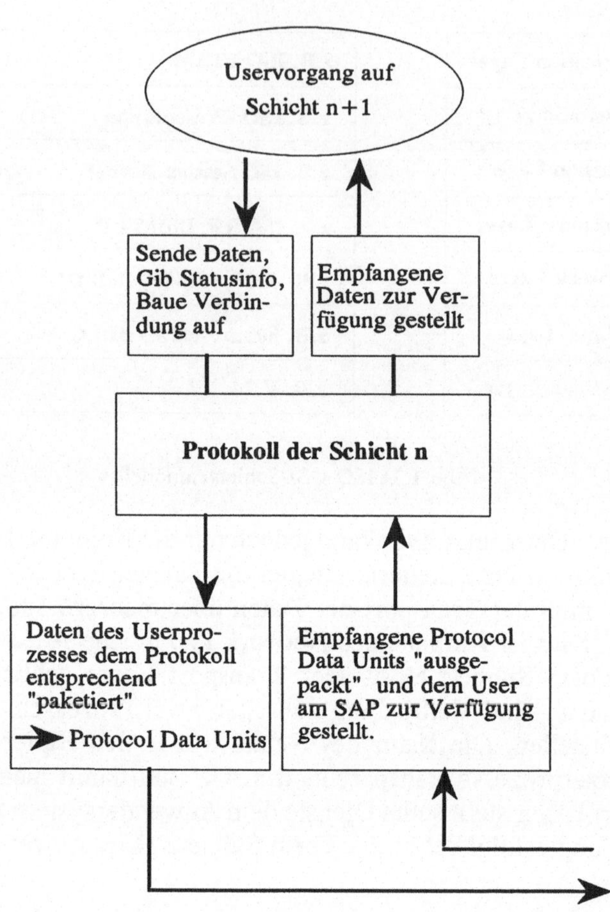

Abb.1.2: Zusammenhang Primitiven - PDU

stanzen bezeichnet. Die Kommunikation zwischen zwei Partnerinstanzen ist in Schichtenprotokollen definiert. Das Protokoll der niedrigeren Ebene stellt seinem Userprozeß auf der nächst höheren Ebene Dienste in Form von Serviceprimitiven zur Verfügung. Mittels dieser Serviceprimitiven kann etwa der Userprozeß (in der Regel das Protokoll der nächst höheren Ebene) z.B. fordern, daß Daten gesendet werden, oder er fordert Statusinformationen an. Auch werden dem User empfangene Daten, Statusinformationen oder Acknowledgements in Form von entsprechenden Primitiven zur Verfügung gestellt. Der Ort, wo diese Primitiven zur Verfügung stehen, ist der SAP (Service Access Point).

Jedes Protokoll der Schichten 2-7 versieht die über den SAP von der nächst höheren Schicht erhaltenen Daten mit Kontrollinformationen (z.B. einem

Header). Das Produkt solcher Protokolle zur Formatierung von Daten zum "Versand" sind Protokolldateneinheiten (Protocol Data Units, PDUs), wobei z.B. die PDUs von Schicht 3 die Nettodaten für Schicht 2 darstellen, die wieder mit einem Header von Schicht 2 versehen werden (vgl. dazu Abb.1.2).

Der Zusammenhang zwischen Primitiven und PDUs der Schicht n folgt mit ganz wenigen Ausnahmen (z.B. im Verkehr zwischen Schicht 6 und 7) immer dem folgenden Schema:

Im Sender wünscht das Protokoll der Schicht n+1 von Schicht n eine bestimmte Funktion X. Daher übergibt es das X-Serviceprimitiv als Request an Schicht n. Primitiv X enthält bestimmte Attribute (z.B. zu übertragende Daten, Optionen oder Adressen). Dieses Primitiv X löst in Schicht n die Erzeugung des X-PDUs aus, das dann auch die entsprechenden Attribute enthält. Dieses X-PDU wird an das Protokoll der Schicht n im Empfänger weitergeleitet. Der Erhalt des PDU löst dort ein Indication-X-Primitiv an das dortige Protokoll der Schicht n+1 aus, dem die im X-PDU erhaltenen Attribute mitgegeben werden. In manchen Fällen kann eine Bestätigung erforderlich sein; dann übergibt der Benutzer auf Schicht n+1 im Empfänger das Response-X-Primitiv an Schicht n. Dieses Response enthält z.B. einen Returncode oder aber eine Liste der vom Empfänger unterstützten Parameter. Dieses Response-X-Primitiv wird wieder in ein X-PDU verpackt und an den ursprünglichen Sender als Antwort zurückgeschickt. Dort empfängt Schicht n das Antwort-PDU, packt es aus und stellt es seinem Benutzer auf Schicht n+1 als Confirmation-X-Primitiv zur Verfügung.

Abb.1.3 und 1.4 fassen die Aufgaben der einzelnen Schichten nochmals zusammen.

-) Physical Layer

Physisches Medium zwischen zwei Knoten; übertragene Bits in elektrische Signale codiert.

-) Link Layer

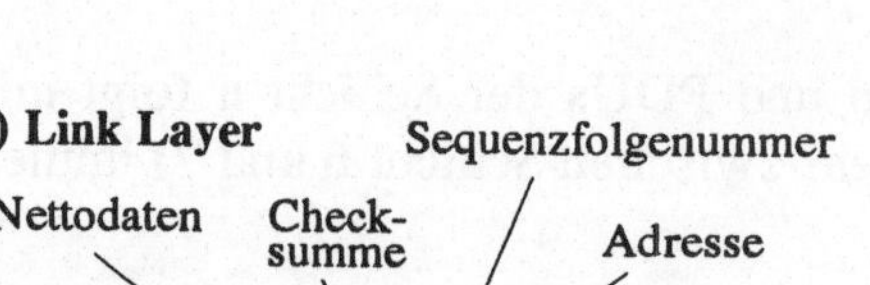

Daten in Rahmen versandt; bitweise codiert; physische Zieladresse der Form .HOST; Flußsteuerung und Fehlerkontrolle für physische Schicht bereitgestellt. Im Beispiel ist die physische Hostadresse 1011, die Sequenzfolgenummer wird modulo 8 (3 bit) geführt, die Checksumme ist die Anzahl der auf 1 gesetzten Bits im Rahmen, excl. Checksumme.

-) Network Layer

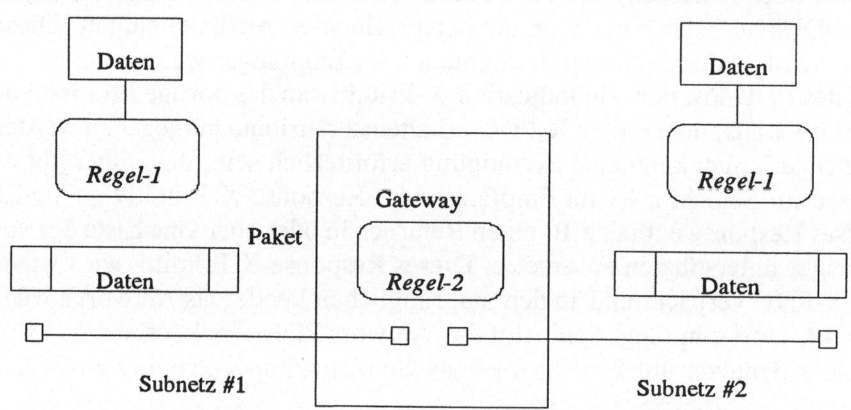

Die Nettodaten werden nach Regel-1 paketiert und über mehrere Subnetze hinweg zum Zielhost verschickt. Regel-2 im Gateway zwischen den Subnetzen übernimmt die Flußsteuerung. Die physische Zieladresse hat die Form SUBNETZ.HOST.

-) Transport Layer

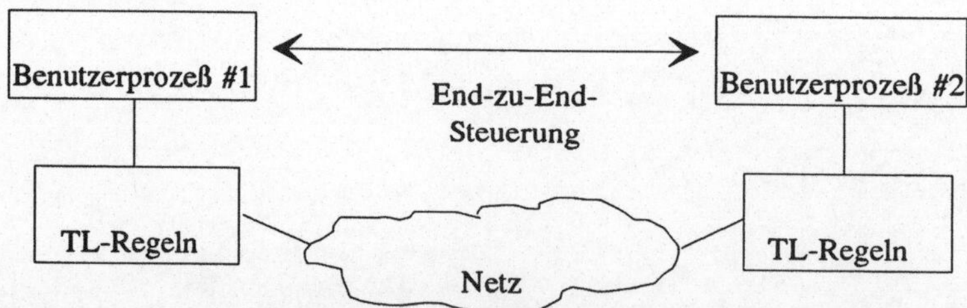

Diese Schicht übernimmt die End-zu-End-Flußsteuerung und Fehlerkontrolle; die logischen Zieladressen haben die Form SUBNETZ.HOST.SAP. Das Netz wird für die Benutzerprozesse transparent, sie werden damit nicht mehr befaßt.

Abb.1.3: Die Schichten des Transportsystems

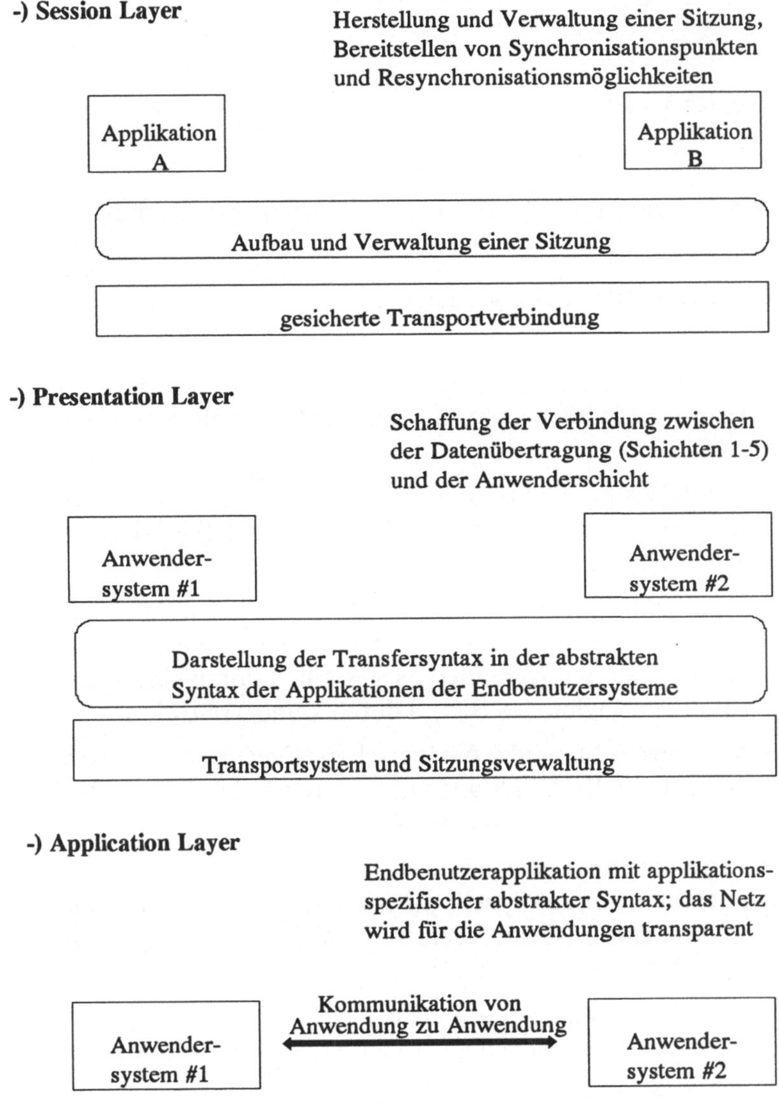

Abb.1.4: Die Schichten des Anwendersystems

1.2 Grundlagen des Transportsystems

1.2.1 Physical Layer

1.2.1.1 Übertragung digitaler Daten mittels digitaler Signale

Diese kann auf folgende Weise geschehen:

- Einfachstrom; die beiden Niveaus ergeben sich daraus, ob Strom fließt oder nicht (2 Niveaus: 0 ... kein Strom / 1 ... Strom).
- Doppelstrom; die logischen Werte 0/1 ergeben sich durch Umpolen, diese Methode ist auch als NRZ (Non-Return to Zero) bekannt.
- Non-Return to Zero Inverted (NRZI); anders als bei NRZ werden die logischen Werte nicht durch einen absoluten Wert, sondern differentiell dargestellt: 1 durch eine Transition am Beginn des Bits, 0 durch keine Transition.
- Manchester Methode; die logischen Niveaus ergeben sich nicht durch die Amplitude selbst, sondern durch Umpolen (Transition) innerhalb eines Bits.
- Differentielles Manchesterverfahren; das Umpolen erfolgt nur mehr zur Synchronisation, die logischen Niveaus werden durch (k)eine Transition am Beginn der Übertragung jedes Bits dargestellt.
- Mehrfachniveaus; pro Schritt kann mehrmals umgepolt werden, daher können auch mehrere Bit in einem Schritt übertragen werden.

Beim Einfachstrom ergibt sich eine Grauzone zwischen den Niveaus; dies kann durch Umpolen (=Doppelstrom) vermieden werden. Codierung mittels Einfach- oder Doppelstromniveaus erschwert aber die Unterscheidung zwischen gleichen, aufeinanderfolgenden Bits. Daher muß bei der Verwendung dieser Codierungsmethoden ein Synchronisator verwendet werden. Außerdem ist bei diesen beiden Codierungsarten die Verwendung von Wechselstrom (mit besserer Isoliercharakteristik) nicht möglich, da innerhalb der Übertragung eines Bytes Serien von 1 bzw. 0 vorkommen können und daher der Strom konstant fließen muß. Bei der Manchester Codierung findet in der Mitte jedes Bits eine Transition statt. Diese Transition dient sowohl der Synchronisation als auch der Datencodierung. Je nachdem, wie umgepolt wird, wird eine 0 oder eine 1 dargestellt. Beim differentiellen Manchester dient die Transition **im** Bit nur noch der Synchronisation, der Datenwert wird durch die Transition/Nicht-Transition **am Beginn** des Bits angezeigt.

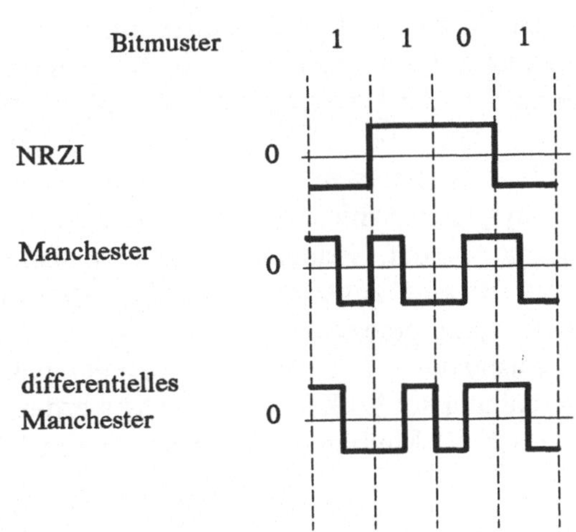

Abb.1.5: Codierungsarten

Bei Einfach- und Doppelstrom entspricht die Anzahl der Schritte/sec. (=baud) der Anzahl der bit/sec. Bei Codierung der Bits auf Mehrfachniveaus ergeben sich die bit/sec aus dem ld (=Logarithmus dualis) der Anzahl der Niveaus. Bei Verwendung von 4 Niveaus können also 2 bit/Schritt übertragen werden.

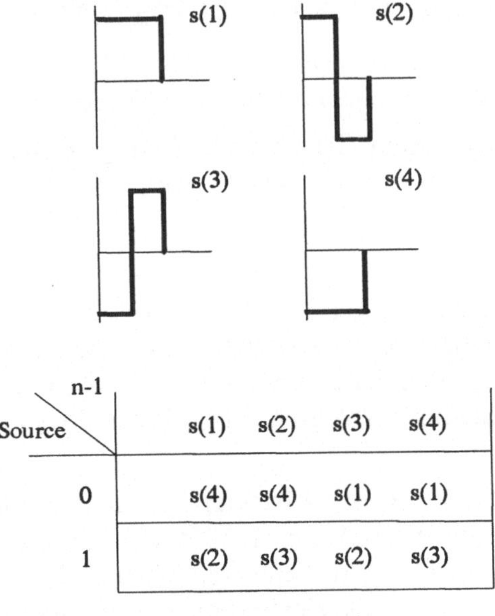

Source \ n-1	s(1)	s(2)	s(3)	s(4)
0	s(4)	s(4)	s(1)	s(1)
1	s(2)	s(3)	s(2)	s(3)

Abb.1.6: Miller-Code

Bei der Verwendung von Codes mit einem Bit pro Schritt ist keine Fehlererkennung auf Schicht 1 möglich. Bei Verwendung von Mehrfachniveaus kann die zusätzliche Übertragungskapazität in zusätzliche Übertragung von Nettodaten, oder aber in die redundante Übertragung von Bitmustern gesteckt werden. In letzterem Fall ist dann eine Fehlererkennung und auch Behebung auf physischer Schicht möglich. Ein Beispiel dafür ist der Miller-Code, der vier Zustände kennt. Fehlererkennung ist dadurch möglich, daß zwei Zustände jedem Bitwert zugeordnet werden; der in Phase n gewählte Zustand zur Übertragung eines Signals ist eine Funktion des zu übertragenden Signals und des Zustandes n-1. Dadurch können gekippte Bits bereits auf physischer Ebene erkannt und der Link Layer entlastet werden. Wann immer es möglich ist, sollte man sich für Medien mit einer derartigen Codierung entscheiden.

1.2.1.2 Übertragung digitaler Daten mittels analoger Signale

Diese kann auf folgende Weise geschehen:

- Nichtmoduliert; die Übertragung erfolgt mittels Gleichstrom, jedoch rasche Verzerrung.
- Amplitudenmoduliert (Amplitude Shift Keying, ASK); die Amplitude gibt die logischen Niveaus, dabei ist eine der Amplituden üblicherweise 0 (On/Off-Keying).
- Frequenzmodulation (Frequency Shift Keying, FSK); die Änderung der Frequenz gibt die logischen Niveaus.
- Phasenmodulation (Phase Shift Keying, PSK); der Phasenwechsel in der Sinuswelle ergibt die logischen Niveaus.

ASK ist eine billige Methode der Modulation, ist aber ineffizient in bezug auf die Sendeleistung, da diese nur dann optimal genutzt wird, wenn die Darstellung von 0 das genaue Gegenteil der Darstellung von 1 ist, was aber bei ASK nicht der Fall ist. ASK wird üblicherweise nicht für Raten über 1200 bit/s verwendet.

FSK (Frequency Shift Key), das z.B. vier Frequenzen (Senden: 0/1070 Hz, 1/1270 Hz; Empfangen: 0/2025 Hz, 1/2225 Hz) der Bandbreite einer Telephonleitung verwendet. Durch die unterschiedlichen Frequenzen von Senden und Empfangen ist Vollduplexbetrieb möglich. Vor allem Modems im unteren Geschwindigkeitsbereich (bis ca. 1200 bit/s) verwenden FSK (um z.B. einen

PC an das Telephonnetz anzuschließen). FSK wird aber auch von manchen LANs für Breitband Koaxkabel verwendet.

Bei PSK (Phase Shift Keying) sind die Phasen von 1 und 0 meist um 180° gedreht dargestellt. Über Fernsprechleitungen ist bei Mehrfachniveaus eine Leistung bis zu 9600 bit/s üblich, wodurch man sich teurere X.25- oder X.21-Anschlüsse erspart. PSK wird auch als differentielles PSK (DPSK) verwendet. Dabei wird die Phasenveränderung zwischen t-1 und t festgestellt und zur Übertragung von mehreren bit pro Schritt verwendet:

Ein solches Modem wäre ein Dibit Modem (2 bit per baud). Ein Tribit Modem (3 bit per baud) muß in der Lage sein 8 ($=2^3$) differentielle Zustände zu unterscheiden, ein Tetrabit Modem 16 (4 bit pro Schritt, zwei mögliche Zustände pro Bit = 2^4 = 16).

z.B.: Bits	Phasenänderung von
11	45°
10	135°
01	225°
00	315°

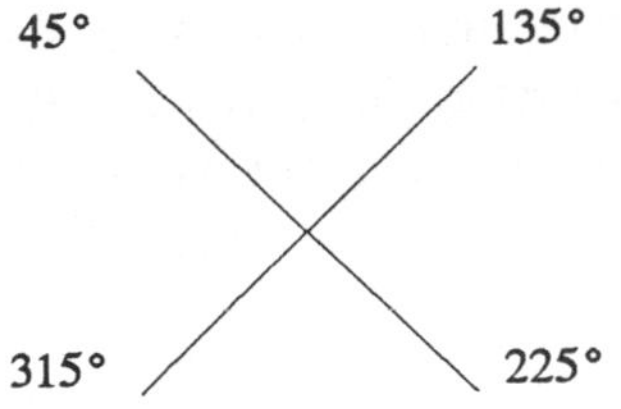

45° 135°

315° 225°

Abb.1.7: Differentielles PSK (Dibit Modem)

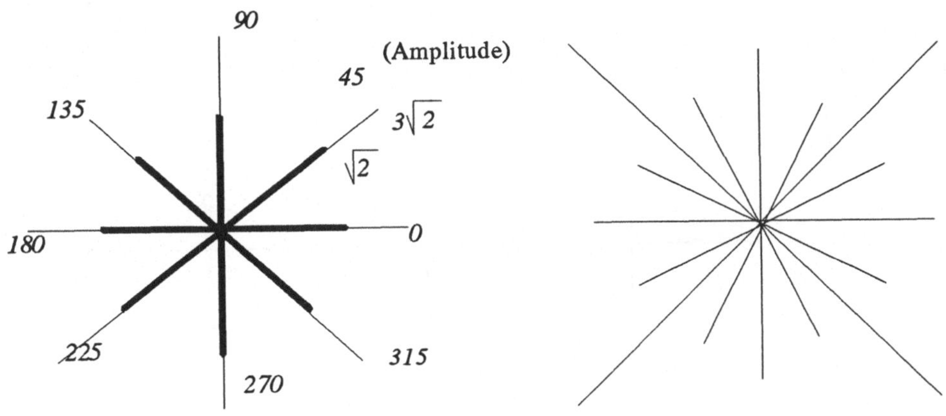

Abb.1.8: 16-QAM - 16-PSK

Diese Technik wird auch als Quadrature Signal Modulation (QSM) bezeichnet. Eine Sonderform davon ist die Quadrature Amplitude Modulation (QAM). Sie wird z.B. in schnellen CCITT DCEs verwendet. Dabei wird PSK mit QSM-Darstellung und ASK kombiniert. Zunächst wird ein Tribit Modem mit PSK dargestellt: dann werden die Achsen zusätzlich amplitudenmoduliert. 16-PSK hingegen weist die selbe Anzahl von bit per baud auf wie 16-QAM, ist aber nicht so leistungsfähig, da der Abstand zwischen den einzelnen Phasenzuständen auf der Sinuswelle bei 16-PSK 22,5° (=360:16), bei 16-QAM jedoch 45° (=360:8) beträgt. Dadurch ist die Möglichkeit der Fehlerentdeckung bei 16-QAM besser.

Eine neuere Entwicklung der 80-er Jahre stellt die Trellis Code-Modulation (TCM) dar. Die TCM-Technik ermöglicht durch redundantes Senden von Bits Fehlererkennung auch auf Schicht 1. Dabei formt die Sendeeinheit das zu sendende Bitmuster um, wobei auch das letzte gesendete Bitmuster bei der Umformung berücksichtigt wird. Die Codierung erfolgt zweistufig: zunächst wird das Bitmuster nach einem Algorithmus umgeformt, dann auf das Trägersignal moduliert.

Tabelle 1.1: Trellis-Codierungstableau

zu sendendes Bitmuster Q(n)	letztes gesendetes Bitmuster Q'(n-1)	umgeformtes, zu sendendes Bitmuster Q'(n)
0 0	0 0	0 0
	0 1	0 1
	1 0	1 0
	1 1	1 1
0 1	0 0	0 1
	0 1	0 0
	1 0	1 1
	1 1	1 0
1 0	0 0	1 0
	0 1	1 1
	1 0	0 1
	1 1	0 0
1 1	0 0	1 1
	0 1	1 0
	1 0	0 0
	1 1	0 1

Im Prinzip kann jede Modulationstechnik verwendet werden. Je größer das Alphabet der Modulationsart ist (je mehr Zustände die Modulation zuläßt, bei einem Tribit-PSK wären das $2^3=8$), desto effizienter ist die Trellismethode. Gebräuchlich ist heute 32-bit QAM.

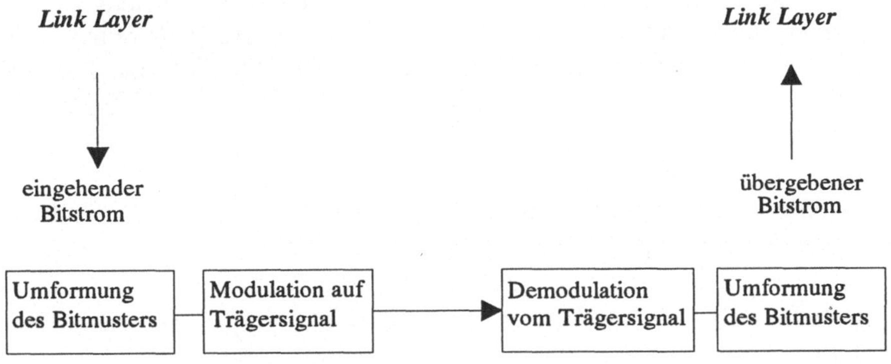

Abb.1.9: Prinzipieller Aufbau einer Trellisstrecke

Der Sender codiert nach in obiger Tabelle gezeigtem Muster:

Q'(n) ist der zu sendende Input, der mit einem fünften Bit versehen wird. Auch dafür gibt es eine Mappingtabelle, die jeder gültigen Kombination aus Q(n) und Q(n-1) ein fünftes Bit zuweist. Daraus ergibt sich Q''(n). Dieser zweifache Mappingmechanismus kann nur bestimmte Bitmuster erzeugen. Der Empfänger kennt nun Q''(n-1) und natürlich auch die Mappingregeln. Er kann nun erkennen, ob ein eingehendes Bitmuster gültig ist, oder nicht. Die Trellis-Codierung geht aber noch ein Stück weiter: Ein V.32-Modem kann eine beste Vermutung anstellen, welche Bitkombination gemeint sein kann, und diese an den Link Layer weiterleiten. Ist die Vermutung des V.32-Modems falsch, so erkennt der Link Layer ohnedies den Fehler und der Link Layer-Protokollfehlermechanismus greift. Ist die Vermutung des Modems aber richtig, so hat man sich all den Overhead, der durch die Fehlerbehandlung auf Schicht 2 entsteht, erspart. Die Trellis-Codierung ist ein Beispiel, wie man einem an sich "unintelligenten" Medium intelligente Funktionen übertragen kann.

Ob die Daten nun digital oder analog übertragen werden, auf Niveau des Physical Layer ist auch zu definieren, ob die Übertragung synchron oder asynchron erfolgen soll. Jedes Oktett wird bei asynchroner Übertragung durch ein Startbit begonnen und durch ein Stoppbit beendet. Die Synchronisation ist einfach und sicher - sie erfolgt bei jedem Stoppbit - die Methode hat jedoch einen Overhead von mindestens 20% der übertragenen Bits (2 Start-/Stoppbits pro Oktett). Bei synchroner Übertragung entfallen Start- und Stoppbits. Daher muß die exakte Ankunftszeit eines Bits bekannt sein. Bei Verwendung von Dipolverfahren (digitale Übertragung) geschieht dies durch die Transition innerhalb eines Bits. Bei synchroner Übertragung muß der Empfänger Beginn und Ende eines Datenblocks erkennen können. Dies geschieht durch Header und Trailer, die zusammen mit den Nettodaten einen Rahmen (Frame) bilden. Mit der Ausformulierung solcher Rahmen und von Protokollen zum Austausch dieser Rahmen, erreichen wir die nächst höhere Stufe des ISO-OSI-Modells - den Link Layer.

Abschließend seien noch kurz zwei Begriffe erklärt, die bei den öffentlichen Netzen der Zukunft wichtig sind: PCM und TDM.

PCM (Pulse Code Modulation) ist die heute wohl häufigst angewandte Form der Digitalisierung analoger Daten. Dabei wird die Anzahl der Nulldurchgänge (Wechsel zwischen positiver und negativer Amplitude) gemessen. Diese Messung erfolgt 8000 mal in der Sekunde, jede Messung wird durch ein Byte dargestellt: somit erhält man als Resultat der PCM-Messung eine Datenrate von 64 kbit/s. Wenn also z.B. Schmalband-ISDN 64 kbit/s pro Übertragungskanal zur Verfügung stellt, so liegt dies mit in der PCM-Methode begründet [2].

TDM (Time Division Multiplexing) ist ein Verfahren, mehrere logische Kanäle geringer Übertragungskapazität über ein gemeinsames schnelles Medium zu führen. Die meisten erhältlichen Systeme sind digital, sodaß analoge Signale zuerst digitalisiert werden müssen. TDM teilt die Übertragungskapazität des Mediums in Rahmen fixer oder variabler Länge. Ein Rahmen enthält n Zeitschlitze (Slots). Jeder der in periodischen Zyklen generierten Slots stellt einen logischen Kanal dar. Eine Schaltung zwischen zwei Teilnehmern wird hergestellt, indem dieser Verbindung bestimmte Slots zugewiesen werden. Dabei müssen Multi- und Demultiplexvorgang exakt koordiniert werden, um die Slots richtig zuordnen zu können [3].

Üblicherweise sind zwei Übertragungsarten definiert: isochron und asynchron. Bei ersterer werden in Echtzeit zu übermittelnde Daten (z.B. Sprache) transportiert. Ein Slot wird einer Verbindung zugewiesen und steht dieser aus-

---

2 Die theoretische Grundlage dafür ist das sog. Nyquist-Theorem. Es besagt in vereinfachter Form, daß eine Funktion (z.B. ein analoges Signal) durch "Samples" so dargestellt werden kann, daß die ursprüngliche Form der Funktion **komplett und richtig** wieder herstellbar ist. Voraussetzung dafür ist, daß die Rate, mit der die Samples genommen werden, mindestens zweimal die Frequenz des abzutastenden Signals ist. Die üblichen Fernsprechverbindungen verwenden maximal 3,3 KHz, daher ist die minimal benötigte Abtastfrequenz 6,6 KHz. Die bei der PCM-Methode verwendeten 8 KHz sind also mehr als ausreichend.

3 Bei 8 KHz Abtastfrequenz muß dies alle 125 Mikrosekunden geschehen (8000 x 0,000125 = 1).

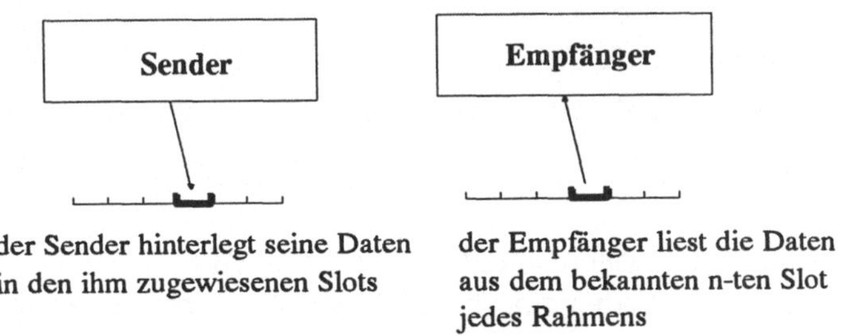

Abb.1.10: TDM

schließlich[4] zur Verfügung. Asynchron zu übertragende Daten (z.B. Filetransferdaten) müssen auf freie, für asynchrone Übertragung vorgesehene Slots warten, sie werden nicht in Echtzeit übertragen.

1.2.2 Link Layer

1.2.2.1 Allgemeines

In dieser Schicht soll der Datenaustausch zwischen zwei Netzteilnehmern zuverlässig garantiert werden. Die Verbindungen zwischen diesen sollen auf- und abgebaut werden. Dabei müssen vor allem Zähler initialisiert und Puffer für unbestätigte Pakete bereitgestellt werden. Fehler in der Übertragung sollen erkannt, und die richtige Reihenfolge der Pakete sichergestellt werden. Ein Protokoll dieser Schicht kann nach folgenden Gesichtspunkten klassifiziert werden:

- Die Topologie; möglich sind Punkt-zu-Punkt-, Mehrpunkt- und geschaltete Punkt-zu-Punkt-Verbindungen .
- Die Duplizität; simplex, halb- oder vollduplex.

Wird ein Link Layer-Protokoll definiert, so muß es vor allem drei Aufgaben erfüllen:

---

4 Wenn nicht ausschließlich, so doch prioritär. Bei 802.6 MAN ist es z.B. möglich, bei Funkstille im Gespräch den Kanal (=den Slot) für eine andere Übertragung zu nutzen; ist die Funkstille beendet, steht der Kanal dem Gespräch sofort und uneingeschränkt wieder zur Verfügung.

- **Flußkontrolle** (Flow Control),
- **Fehlerbehandlung** sowie
- **Sende- und Empfangsalgorithmus** (i.e. Zugriff auf das physische Medium).

Die ersten beiden Funktionen werden auf den Schichten 3 und 4 wiederkehren, mit dem selben Prinzip, aber mit unterschiedlicher Tragweite im Netz.

1.2.2.2 Flußkontrolle

Die Flußkontrolle auf dieser Schicht bezieht sich auf die lokale Flußsteuerung von Knoten zu Knoten, während sich die Flußkontrollmechanismen auf Schicht 3 und 4 auf die Flußkontrolle über mehrere Subnetze hinweg bzw. die End-zu-End-Flußkontrolle beziehen.

Die Flußkontrolle erfolgt in der Regel mit einem Windowmechanismus. Dabei wird eine Windowgröße W definiert. Der Sender darf nur W Rahmen senden, solange der erste der Kette noch nicht bestätigt wurde. Dabei wird jedoch nicht jeder Rahmen einzeln bestätigt (dies würde die Netzlast nur unnötig erhöhen), sondern die Bestätigung erfolgt kumulativ; d.h. wenn Rahmen 3 bestätigt wird, bedeutet dies auch die Bestätigung des korrekten Empfangs der Rahmen 1 und 2 seitens des Senders. In den verschiedenen Protokollen existieren zwar eigene Bestätigungsrahmenformate, die Bestätigung wird aber aus Effizienzgründen meist in einem Datenrahmen mitgeschickt ("Piggybacking").

Die Windowgröße muß dabei nicht starr sein, auch adaptive Algorithmen sind durchaus gebräuchlich, bei denen der Empfänger mit der Bestätigung gleichzeitig einen Kredit zur Versendung weiterer Rahmen an den Sender verschickt.

1.2.2.3 Fehlerbehandlung

Die zweite von einem Schicht 2-Protokoll zu erfüllende Aufgabe ist die Sicherung gegen Übertragungsfehler auf der physischen Ebene, die Fehlerbehandlung (bestehend aus Fehlererkennung und Fehlerbehebung). "Gekippte" Bits (Bits, die während der Übertragung in ihrem Wert geändert wurden), sollten als solche erkannt und wenn möglich korrigiert werden.

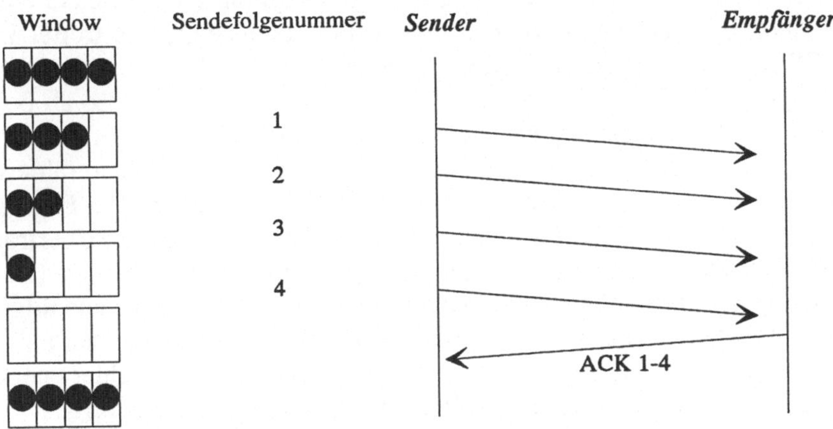

Abb.1.11: Windowmechanismus mit kumulativer Bestätigung

Die einfachste Methode der **Fehlererkennung** ist der Parity Check. In einem Byte wird die Quersumme mod 2 gebildet und nach Übertragung überprüft. Kippt jedoch eine gerade Anzahl von Bits, ist keine Fehlererkennung möglich. Beim Blocksummencheck werden die Bits einiger Bytes als Matrix aufgefaßt. Paritybits werden sowohl über Zeilen als auch Spalten gebildet. Doch auch hier gibt es unentdeckte Fehler. Wenn in der Matrix der Elemente $a(i, j) = a(i + r, j+h)$ und $a(i + r, j) = a(i, j+k)$ und alle 4 Bits kippen, so bleiben alle Spalten- und Zeilenwerte gleich.

Verläßlicher sind Cyclic Redundancy Checks (CRC). Für jedes zu überprüfende Bitmuster werden 16, 32 oder 64 Prüfbits gebildet und als Frame Check Sequence (FCS) an die eigentliche Information gehängt. Dabei wird die Nachricht eines Rahmens als Koeffizientenliste für ein Polynom gesehen. 0 und 1 sind die Koeffizienten. Es ergibt sich ein Polynom der Form... $X^{26} + X^{24}$ ..., wenn das 26. Bit 1, das 25. Bit 0, das 24. Bit 1 usw. ist. Es wird für jedes Protokoll ein Standardpolynom (Generatorpolynom) festgelegt, wobei sowohl das Bit höchster als auch niedrigster Ordnung 1 sein muß. Für 16 Bit ergibt sich also in jedem Fall ein Generatorpolynom (G(x)) von $x^{16} + \ldots + 1$. Der CRC verwendet nun Binärzahlen und mod 2-Arithmetik; d.h. daß die Binärzahlen ohne Vortrag mit einem XOR verknüpft werden. Die Verknüpfung zweier Zahlen sähe also wie folgt aus:

$$\begin{array}{r} 1100 \\ +\ 1010 \\ \hline 0110 \end{array} \qquad \begin{array}{r} 0110 \\ -\ 1010 \\ \hline 1100 \end{array}$$

Um eine FCS zu bilden, muß das Nachrichtenpolynom (N(x)) länger sein als G(x). Zunächst werden an N(x) soviele Nullen angehängt, wie es der Länge der FCS entspricht (Padding-Nullen); dies ergibt N'(x). Der Rest der Division N'(x):G(x) ist die FCS. Sie wird von N'(x) abgezogen, kommt also im Bereich der Padding-Nullen zu liegen. Nun ist die Division N'(x):G(x) ohne Rest möglich. Das Prinzip trivial erklärt: Bei 16:5 bleibt 1 Rest; subtrahiere ich diesen von 16, dann ist die Division durch 5 ohne Rest möglich. Der Empfänger wiederholt nun die Division, bleibt ihm ein Rest, so ist die Übertragung fehlerhaft. Dabei ist es praktisch unmöglich, daß Bits kippen und obige Division trotzdem glatt durchgeführt werden kann. G(x) der CCITT sieht wie folgt aus: $x^{16} + x^{12} + x^6 + 1$. Die DIX-Gruppe hat für Ethernet sogar ein $x^{32} \ldots + 1$ Polynom konzipiert. Dabei ist die Wahrscheinlichkeit, daß ein Fehler unerkannt bleibt 10^{-18}. Ein kleines Beispiel soll die Berechnung des CRC zeigen:

N(x): 10101
G(x): 101

Die FCS ist zweistellig, also werden zwei Padding-Nullen an N(x) angehängt; dies ergibt N'(x): 1010100
Die Division wäre also:

```
1010100 : 101 = 10000
  100
  101
  ---
   01 = FCS
```

Der Empfänger erhält also: 1010101; die Division durch 101 ist ohne Rest möglich, also war die Übertragung fehlerfrei.

Eine weitere, v.a. von Internetprotokollen angewandte Methode ist die Einerkomplementaddition. Hier zunächst das Prinzip des Einerkomplements: alle positiven Binärzahlen erhalten als Vorzeichen 0, v.v.
Es ist also 0110 +6 und 1110 -6.

Rechenoperationen in dieser Form führen jedoch zu falschen Ergebnissen:

```
2 - 3 = -1 oder  0010
                 1011
                 ----
                 1101 also -5
```

Nun sollen alle positiven Zahlen wie oben dargestellt werden, alle negativen ihr Vorzeichenbit behalten, die Zahl selbst aber im Einerkomplement dargestellt werden.

```
0110   +6
1001   -6
```

Das Problem dieser Notation ist, daß es zwei verschiedene Schreibweisen für 0 gibt: 11 und 00. Oben dargestellte Rechnung mit Einerkomplementen ergibt nun ein richtiges Ergebnis:

```
2 - 3 = -1      0010
        +       1100
               ______
                1110  also -1 als Einerkomplement
```

Sollte sich ein Überlauf ergeben, so werden die überschüssigen (linken) Stellen zum Rest dazuaddiert, z.B.:

```
-2 + 7 = +5     1101
        +       0111
               ______
               10100
                   1
                0101  +5
```

Die Addition der Einerkomplemente aller Bytes ergibt die Prüfsumme. Diese wird im Checksummenfeld hinterlegt. Bei Erhalt des Pakets wird die selbe Operation vorgenommen, stimmt das Resultat nicht mit der erhaltenen Checksumme überein, so wird kein Acknowledge gegeben; das Paket muß nochmals gesendet werden. Diese Rechnung wird hopweise vorgenommen. Ein derartiger Algorithmus ist aber einem CRC unterlegen.

Ein Beispiel: nehmen wir an, ein Header hätte (stark verkleinert) folgendes Aussehen:

```
Header                       komplementär
10011010     -26                11100101
10100101     -37                11011010
01001100     +76                01001100
                               __________
             +13             10 00001011
                                      10
                                    1101 = +13
```

Fallen nun die Bits 7, 8, 15 und 16 um, so ergibt sich:

```
                             komplementär
10011001     -25                11100110
10100110     -38                11011001
01001100     +76                01001100
                               __________
             +13             10 00001011
                                      10
                                 1101+13
```

Es kann also sehr leicht vorkommen, daß das Umfallen von Bits nicht erkannt wird. Dies ist einer der strukturellen Nachteile von Protokollen, die solche

Mechanismen verwenden. Der selbe Fehler wäre von einem CRC, selbst bei Verwendung eines kleinen Generatorpolynoms ($x^6 + x^3 + 1$), erkannt worden.

Die CRC-Berechnung im Sender:

100110101010010101001100000000 : 1001001 =1000100110110001001111111

Rest, also die FCS = 000111,

es wird also 100110101010010101001100000111 gesendet.

Der Empfänger erhält nach Umfallen der Bits:

100110011010011001001100000111 : 1001001 =1000101011010111111101110

Es bleibt ein Rest von 11001, also wird der Fehler erkannt.

Ein CRC hätte also den vorliegenden Fehler erkannt, die einerkomplementweise Addition nicht. Je tiefer aber die Schicht ist, in der ein Fehler erkannt wird, desto geringer der Overhead, um diesen Fehler zu beheben.

Zur **Fehlerbehebung** wird heute meist der Automatic Repeat Request (ARQ) verwendet. Es gibt ihn als Stop-and-Wait (Rahmen senden - Bestätigung abwarten - nächsten Rahmen senden, wenn Bestätigung eintrifft) oder als Go-Back-N-ARQ. Dieser ARQ basiert auf dem Windowmechanismus zur Flußkontrolle. Dabei kann der Sender modulo Windowgröße Rahmen senden und erhält sie kumulativ bestätigt.

Geht nun ein PDU verloren oder wird es beschädigt, sendet der Empfänger entweder einen REJ(Reject)-Rahmen mit dem er das PDU ablehnt, oder gar nichts. Im zweiten Fall wird beim Sender irgendwann ein Timeout aktiv und er sendet den Rahmen nochmals an den Empfänger. Durch die Antwort des Empfängers auf diesen Rahmen oder durch oben erwähnten REJ-Rahmen teilt der Empfänger, der alle inzwischen erhaltenen Rahmen mit einer höheren Sequenzfolgenummer ignoriert, dem Sender mit, welche Sendefolgenummer er als nächstes erwartet. Durch Zurückgehen auf die letzte richtig übermittelte Sendefolgenummer und das nochmalige Senden der inzwischen vom Sender verschickten Rahmen (Go-Back-N-ARQ, GBN-ARQ) wird die Verbindung wieder synchronisiert. Der selbe Mechanismus greift bei Verlust einer Bestätigung. (Außer der Empfänger hat inzwischen weitere Rahmen bestätigt, noch bevor das Timeout des Senders aktiv wurde (kumulative Bestätigung!)).

Der Nachteil dieses Mechanismus' ist evident: es muß nicht nur der beschädigte oder verlorene Rahmen bestätigt werden, sondern auch alle nachher gesendeten Rahmen (Out-of-Sequence-Rahmen) nochmals versendet werden, da der Empfänger alle inzwischen angekommenen Rahmen mit einer höheren Sende-

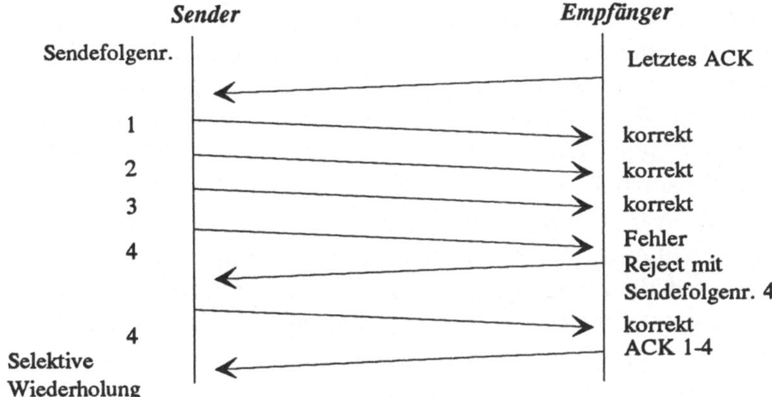

Abb. 1.12: Selective Repeat-ARQ

folgenummer löscht, obwohl sie richtig übertragen wurden. Als Verbesserung werden Selective Reject-Rahmen (SREJ, Selective Repeat-ARQ, SR-ARQ) vorgeschlagen. Dabei werden alle richtig übertragenen Rahmen mit einer höheren Sendefolgenummer als die des schadhaften Rahmens vom Empfänger zwischengespeichert, bis der schadhafte Rahmen richtig wiedergesendet wurde.

Der Nachteil auch des SR-ARQ ist die mangelnde Flexibilität, auf unterschiedliche Fehlerhäufigkeit zu reagieren. Werden nämlich maximale Rahmengröße und Windowzahl für den Fehlerfall ausgelegt (kleine Rahmen und Windowzahl (letzteres vor allem bei GBN-ARQ)), können die Übertragungsressourcen im fehlerfreien Fall nicht voll genutzt werden. Legt man die beiden Werte jedoch zu optimistisch aus (große Rahmen, große Windowzahl), wird das Protokoll bei Verwendung eines physischen Mediums schlechter Qualität (und daher einer entsprechend hohen Anzahl gekippter Bits) im Fehlerfall recht schwerfällig[5].

5 Außerdem benötigt ein SR-ARQ wesentlich größere Pufferspeicher für empfangene Rahmen als ein GBN-ARQ. Alle Rahmen vor dem nochmals zu sendenden müssen bis zum korrekten Erhalt dieses Rahmens zwischengespeichert werden.

Allerdings sind SR-ARQs gerade in Multikanalarchitekturen interessant. Da Nachrichten über mehrere Kanäle getrennt übertragen und erst beim Empfänger wieder zusammengesetzt werden, muß der Empfangspuffer ohnedies entsprechend groß sein. Hier kann die Flexibilität eines SR-ARQ voll genutzt werden.

Daher gibt es sowohl für GBN- als auch für SR-ARQ Vorschläge für adaptive Algorithmen[6]. Dabei wird eine Skala von Zuständen ("Stages", i) definiert, jeder mit einer Windowgröße (W), modulo derer die Rahmen verschickt werden können sowie einer (maximalen) Länge übertragbarer Daten in einem Rahmen (L). W und L in Zustand i=0 (W(0) bzw. L(0)) sind dabei am größten. Das System verläßt den Zustand i=0 nicht, solange kein Übertragungsfehler auftritt. In diesem Fall tritt das System in Zustand i+1 ein. Treten weitere Fehler auf, wird i immer weiter um 1 inkrementiert, bis die Minimalwerte von W und L erreicht sind. Treten ein bestimmtes Zeitintervall lang keine Fehler auf, wird i um 1 dekrementiert. Je weiter i steigt, desto kleiner werden W(i) und L(i). Die Retransmission im Fehlerfall bei adaptivem SR- bzw. GBN-ARQ entspricht den jeweiligen nicht-adaptiven Varianten.

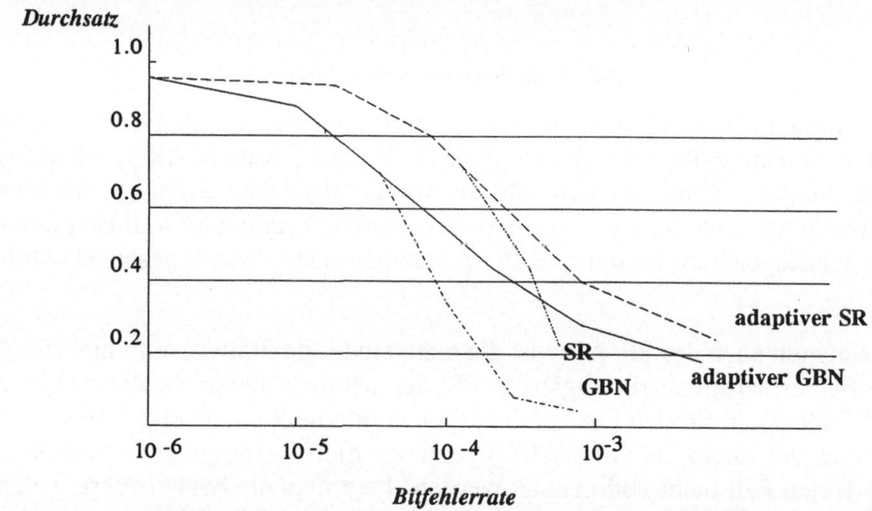

Abb.1.13: Durchsatz und Bitfehlerrate von ARQ-Varianten

Die Durchsatzanalyse des Vorschlags zeigt Abb.1.13, der Performancegewinn gerade im Bereich hoher Bitfehlerraten (10^{-4}) ist evident. In Zukunft sollten daher m.E. bei der Definition des Pflichtenheftes ein adaptiver ARQ ernsthaft in Erwägung gezogen werden (so entsprechende Produkte am Markt erhältlich

6 Vgl. dazu Ishibashi, Iwabuchi; Performance Evaluation of Adaptive ARQ-Schemes Over Half Duplex Transmission Line in The Computer Society of The IEEE; IEEE Infocom 89, Proceedings Vol.II.

sind), vor allem wenn Leitungen unterschiedlicher Qualität (und damit Punkt-zu-Punkt-Verbindungen mit höchst unterschiedlicher Bitfehlerrate) für das Gesamtnetz verwendet werden sollen.

1.2.2.4 Sende- und Empfangsalgorithmus

Der Sende- und Empfangsalgorithmus hängt entscheidend von der Topologie und der Duplizität des Protokolls ab.

Bei halbduplex Protokollen wird in Form von Zustandsdiagrammen eine exakte Folge von Senden und Empfangen festgelegt. Bei vollduplex Protokollen (z.B. HDLC/LAP B) ist dies nicht mehr mittels Zustandsdiagrammen möglich. Für den nicht geschalteten Punkt-zu-Punkt-Fall könnte ein einfaches Protokoll etwa so aussehen:

Der Verbindungsaufbau erfolgt mittels Handshakemechanismus. Prinzipiell gibt es folgende Handshakearten (dies gilt auch für Protokolle der höheren Schichten):

- Zweifacher (two-way) Handshake: Dabei ist der zweite RFC die Bestätigung des ersten. Es hängt sehr von der Qualität der Verbindung ab, ob sich diese Art des Handshake bewährt (näheres dazu in den folgenden Kapiteln).
- Dreifacher (three-way) Handshake: RFC und dessen Bestätigung (ACKnowledgement) sind bei dieser Methode getrennt. Jedes RFC einer Station muß getrennt bestätigt werden.

Handelt es sich um eine geschaltete Punkt-zu-Punkt-Verbindung, so ergibt sich ein Protokoll mit den in Abb.1.16 gezeigten Grundelementen:

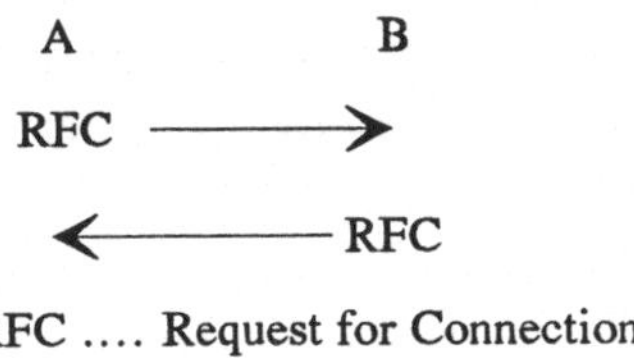

Abb.1.14: Two-way-Handshake

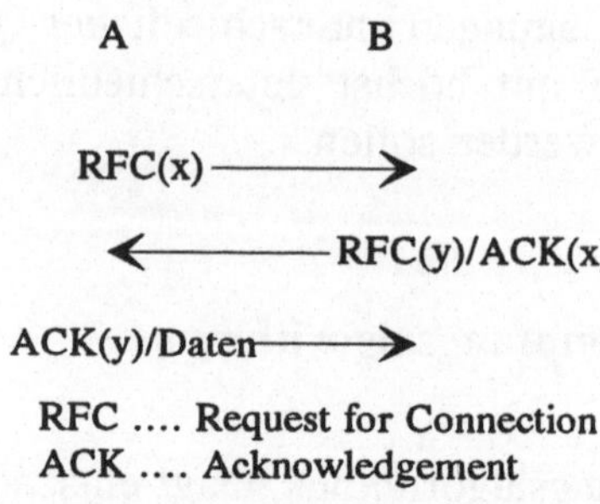

Abb.1.15: Three-way-Handshake

Dieses Protokoll ist um den Verbindungsaufbau (DIAL) und -abbau (DEOT) erweitert. Station 1 fragt die Identität und Empfangsbereitschaft von Station 2 ab (IDREQ). Im Falle eines INVALID/NO REPLY oder der Nicht-Bestätigung der ID (NACKID) setzt die Fehlerroutine vor IDREQ, aber nach DIAL auf. Sollte die ID akzeptiert worden sein (ACKID), kann sie richtig (weiter zur Nachrichtenübermittlung) oder falsch (zurück zu DIAL) sein. Die Nachrichtenübermittlung besteht aus dem Senden von Datenrahmen und deren Bestätigung/Nicht-Bestätigung. End-of-Transmission (EOT) und dessen Bestätigung (ACKEOT) beendet die Kommunikation zwischen Station A und B.

1.2.3 Network Layer

Der Link Layer definiert die Übertragung zwischen zwei Knoten eines Netzes, der Network Layer hingegen betrachtet das Verhältnis zwischen einer Datenendeinrichtung und einer Datenkommunikationseinheit sowie die Versendung von Nachrichten (Paketen) in einzelnen Subnetzen und über Subnetze hinweg. In vieler Beziehung ist Schicht 3 die komplexeste aller 7 Schichten des OSI-Modells. Entsprechend der Aufgaben eines Protokolls der Schicht 3 unterscheidet man Netzzugangsprotokolle (Network Access Protocols, z.B. X.25) und Internetprotokolle (z.B. X.75). Erstere normieren, wie Daten von Schicht vier kommend paketiert und an das Netz weitergegeben werden. Ein Internetprotokoll regelt den Weitertransport über mehrere Subnetze hinweg[7].

7 Im folgenden wird auf die Begriffe DTE und DCE Bezug genommen. Eine DTE (Data Terminal Equipment, z.B. ein Terminal oder ein PC) nutzt das Netz über eine DCE (Data Circuit Terminating Equipment, z.B. ein Modem). Die Normierung betrifft dabei sowohl die Schnittstelle DTE/DCE als auch die Kommunikation über ein oder mehrere Netze hinweg.

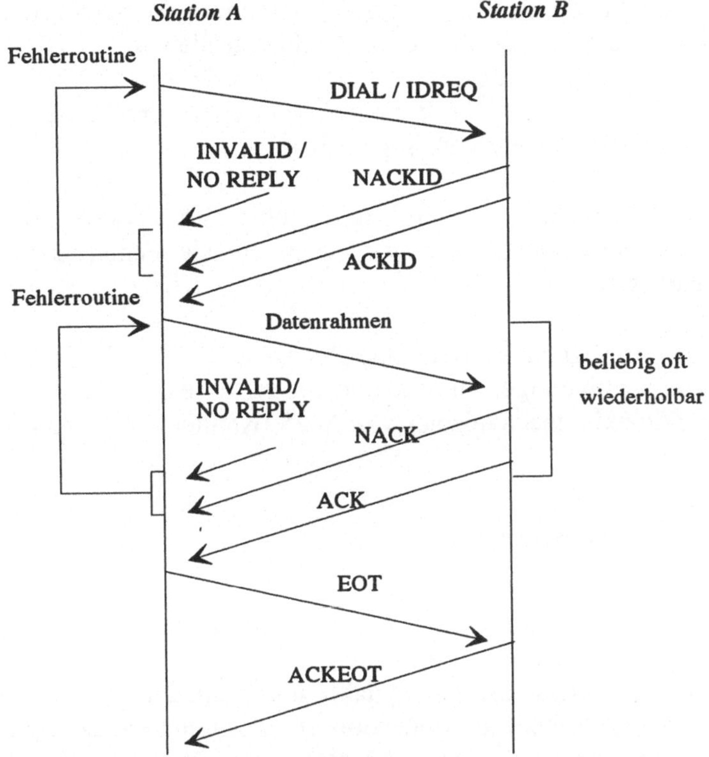

Abb.1.16: Rudimentäres halb-duplex Linkprotokoll

Daher wird dieses Kapitel auch in drei Unterkapitel geteilt: Netzzugang, Internetworking und, in einem eigenen Unterkapitel, verschiedene Routingmethoden.

1.2.3.1 Netzzugang

Solche Protokolle definieren die Schnittstelle DTE-DCE. Dabei müssen Aussagen getroffen werden über:

- Flußkontrolle,
- Fehlerbehandlung und
- eventuelles Multiplexing mehrerer logischer Verbindungen

Die Mechanismen zur **Flußkontrolle** entsprechen weitgehend jenen auf Schicht 2 verwendeten (Sende- und Empfangsfolgenummern, Windowgröße und meist kumulative Bestätigung); so ist z.B. die Flußkontrolle von X.25 der von HDLC prinzipiell ähnlich. Die Flußkontrolle zwischen DTE und DCE dient vor allem dem Schutz der DCE vor Überlastung durch Sendewünsche der DTE. Dabei geschieht die Flußkontrolle von Hop zu Hop.

Auch **Fehlerbehandlungsmechanismen** müssen im Verkehr zwischen DTE und DCE vereinbart werden, sowie entsprechende Fehlerbehebungs- bzw. Resetmechanismen.

Multiplexing ermöglicht es, über eine physische DTE-DCE-Verbindung mehrere logische Verbindungen zu errichten und zu betreiben. Als Beispiel sei hier auf den Multiplexingmechanismus von X.25 (Kapitel 2.2.2) verwiesen.

1.2.3.2 Internetworking

Wichtigstes Unterscheidungsmerkmal von Protokollen der Schicht 3 ist die Tatsache, ob eine (virtuelle) Verbindung zwischen den Kommunikationspartnern besteht, oder nicht. Es werden daher unterschieden: die virtuelle Verbindung (verbindungsorientiert, connection-oriented) und die Datagrammtechnik (verbindungslos, connectionless). An sich kann ein Protokoll jeder Schicht, außer der physischen, da diese an das physische Übertragungsmedium gebunden ist, verbindungsorientiert oder -los sein, je nachdem, was aus Performancegründen vorzuziehen ist; dazu ISO 7498 [8]

> ..., since the International Standard was produced it has been realized that this deeply rooted connection orientation unnecessarily limits the power and scope of the Reference Model, since it excludes important classes of applications ... which have a fundamentally connectionless nature.

Dabei spricht ISO von "applications", nicht aber von Protokollen auf einzelnen Schichten. Das aber bedeutet nun nicht, daß man - bezogen auf das Transportsystem - nur die Wahl zwischen einer ausschließlich verbindungslos oder -orientiert aufgebauten Transportsäule (=Summe aus Standards der Schichten

8 Zitiert aus dem Addendum 1 zu ISO 7498.

1-4, v.a. aber 3 und 4) hätte. Auch folgende Kombinationen sind möglich (und bereits realisiert):

Verbindungsorientiertes Protokoll der Schicht n
Verbindungsloses Protokoll der Schicht n-1

Verbindungsloses Protokoll der Schicht n
Verbindungsorientiertes Protokoll der Schicht n-1

Bei einem **verbindungsorientierten Dienst** wird für die Dauer der Kommunikation eine feste, logische Verbindung hergestellt. Die Kommunikation umfaßt daher drei klar umschreibbare Phasen: Verbindungsaufbau, Datenaustausch und Verbindungsabbau. Parameter, die die Verbindung beschreiben, werden vorher bestimmt oder zwischen den Stationen ausgehandelt. Da die logische Verbindung, einmal hergestellt, fix besteht, kann ihr ein Identifizierer (Identifier) zugewiesen werden, der natürlich wesentlich kürzer sein kann als die volle Adresse der Ziel-DCE. Dies reduziert den Overhead, der mitübertragen werden muß. Außerdem erlaubt ein verbindungsorientiertes Protokoll eine klare Abfolge der einzelnen Übertragungseinheiten, meist Paketen, herzustellen. Damit können Mittel zur Fluß- und Fehlerkontrolle bereitgestellt werden. Bei einem **verbindungslosen Dienst** wird jede Übertragungseinheit getrennt behandelt. Daher sind auch Fluß- und Fehlerkontrolle nicht möglich. Auch die Route, die die einzelnen Pakete nehmen, wird von Datagramm zu Datagramm entschieden.

Bei Verwendung der virtuellen Technik wird von einer DCE der nächste Knoten angesteuert. Dort wird die Wegfortsetzung festgelegt. Dies geschieht so lange, bis die Ziel-DCE erreicht ist. Ist die virtuelle Verbindung einmal gefunden, so werden sämtliche Pakete über sie übertragen. Daher muß nur das erste Paket adressiert sein. Aufgrund der Sende- und Empfangsfolgenummer ist es nicht möglich, daß sich Pakete ein und derselben Nachricht überholen. Durch einen Window-Mechanismus wird zusätzliche Sicherheit erreicht. Die Window-Zahl (W) zeigt an, wieviele Pakete gesendet werden dürfen, ohne daß die Ankunft des ersten quittiert wurde. Dadurch bereitet das Zusammensetzen von Nachrichten bei der Ziel-DCE keine Schwierigkeit. Nachteilig wirkt sich jedoch aus, daß bei Blockierung der gewählten Route keine Alternativroute gewählt werden kann.

Genau das aber ermöglicht die Datagrammtechnik. Ist die ursprünglich gewählte Leitung blockiert, wird auf eine Alternativroute ausgewichen. Dabei ist es jedoch z.B. möglich, daß die Pakete 8 bis 15 bei der Ziel-DCE angekommen sind, während Paket 7 noch "im Stau steckt". Das richtige Zusammensetzen der Pakete bei der Ziel-DCE ist nicht mehr garantiert, außerdem muß jedes Paket seine Zieladresse mitführen. In der Ziel-DCE muß ein Pufferbereich angelegt werden, um später eintreffende Pakete richtig "einordnen" zu können. Deadlocks (gegenseitiges Blockieren des Puffers der Ziel-DCE durch zwei unvollständige Nachrichten) kann dadurch begegnet werden, daß das erste Paket, wenn die Gesamtlänge der folgenden Nachricht mitgegeben wird, einen entsprechenden Pufferbereich reserviert. Generell ist auf Schicht 3 ein verbindungsloser Dienst (Datagrammtechnik) robuster, da Staus im Netz erkannt und umgangen werden können. Doch müssen in diesem Fall entsprechend umfangreiche Sicherungsmechanismen auf Schicht 4 bereitgestellt werden. Abb. 1.17 soll die Funktionsweise der Datagrammtechnik verdeutlichen.

Es soll das Wort SUBNETZ übertragen werden, unter der Annahme, daß jeder Buchstabe ein eigenes Paket wäre; die Windowgröße sei 6.

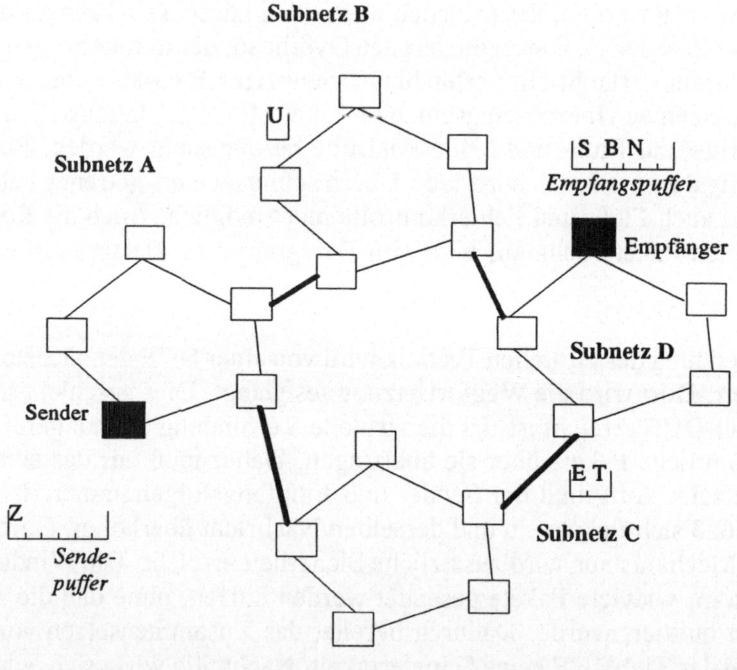

Subnetz B
U
S B N
Empfangspuffer
Subnetz A
Empfänger
Subnetz D
Sender
E T
Z
Subnetz C
Sende-
puffer

Das Paket mit dem Buchstaben U steckt in Subnetz B fest, daher werden die nachfolgenden Pakete über Subnetz C umgeleitet. Paket Z wartet noch auf das Senden, da W=6 und das erste Paket ("S") noch nicht bestätigt wurde.

Abb.1.17: Datagrammtechnik auf Schicht 3

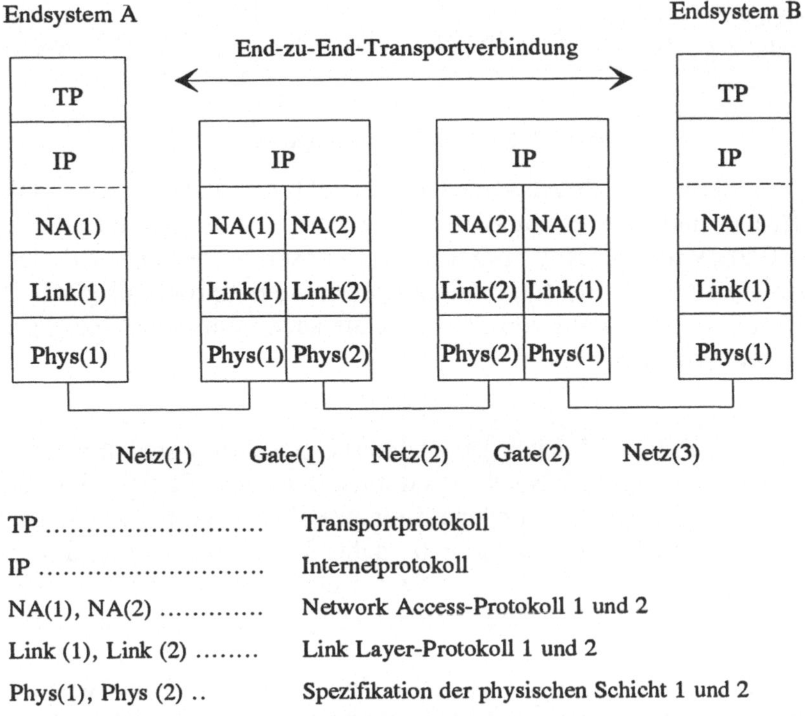

Abb.1.18: Transportsysteme über mehrere Netze hinweg

Die Einbeziehung der anderen Schichten des Transportsystems ergibt obenstehende Netzsystematik, wobei Netz(1) und Netz(3) gleich aufgebaut sind.

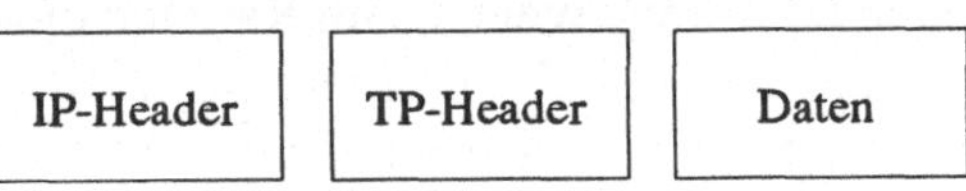

Abb.1.19: Der TP-Header als Teil des IP-Datagramms

Netz(1) versieht das IP-Paket mit seinem Header, der bei Gate(1) wieder entfernt wird. Das Paket hat nun wieder das Aussehen des ursprünglichen Datagramms. Dieses Datagramm wird nun nach den Regeln von NA(2) und Link(2) in Netz(2) verpackt und zu Gate(2) verschickt. Man beachte, daß dabei für eine verbindungslose End-zu-End-Kommunikation ein verbindungsorientiertes Subnetz verwendet werden kann, wenn z.B. NA(2) X.25 und Link(2) LAP B wären. Der auf Netz(2) transportierte Link Layer-Rahmen umschließt nun das ursprüngliche und von NA(2) mit seinem Header versehene Datagramm (Abb.1.20).

Link(2)-Header	NA(2)-Header	IP-Header	TP-Header	Daten	Link(2)-Trailer

Abb.1.20: Struktur des Link Layer-Rahmens

Gate(2) entfernt die Netz(2)-Header, versieht das Paket mit dem lokalen LAN-Header und leitet es zur Ziel-DCE weiter. Die Anzahl der zu überbrükkenden Gates wird als "Hop" bezeichnet. In unserem Beispiel ist B einen Hop von Gate(1) entfernt. Ein (verbindungsloses) Internetprotokoll (DoD IP oder ISO IP) soll somit sowohl von Schicht 2 als auch vom Netzzugangsprotokoll auf Schicht 3 unabhängig sein.

Ein weiteres Problem, das von jedem Internetprotokoll geregelt werden muß, sind **Segmentierung** und Wiederzusammenfügen von Paketen im Zuge des Pakettransports durch verschiedene Subnetze. Die maximal zulässige Paketgröße variiert von Subnetz zu Subnetz, daher kann ein Datagramm für ein zu passierendes Subnetz zu groß sein. Nach welchen Regeln soll es segmentiert werden? Wo und wie sollen die einzelnen Segmente wieder zusammengefügt werden? Was geschieht, wenn ein Segment verloren geht? Auch diese Probleme müssen von jedem IP gelöst werden. Das Internetprotokoll muß weiters Mittel zur **Flow Control** bereitstellen. Dabei geht es um die globale Flußmengensteuerung im Netz (die lokale (i.e. die zwischen einzelnen Knoten) ist ja Teil des Link Layer; die zwischen DTE und DCE muß Teil des Netzzugangsprotokolls der Schicht 3-Definition sein). Es wird global die Menge der im Netz befindlichen Pakete limitiert. Eine Möglichkeit wäre die isarithmische Methode. Permits - spezielle Pakete - zirkulieren dabei im Netz. Ein Datenpaket wird nur dann befördert, wenn es im Rahmen eines Permits mitgenommen wird. Da die Anzahl der Permits limitiert ist, wird auch die gesamte Flußmenge im Netz limitiert. Um Wartezeiten zu vermeiden, verfügt jeder Knoten über einen Permit-Pool, zu dem freie Permits wieder zurückkehren.

Es können also zwei prinzipielle Aufgaben des Network Layer unterschieden werden:

- Die DTE-DCE-Schnittstelle, also der Zugang zum Netz (z.B. X.25)
- Der Pakettransport über mehrere Subnetze hinweg (z.B. X.75)

Dabei kommt der **Ausgestaltung des Gateways** zwischen zwei Netzen entscheidende Bedeutung zu. Das Gate kann auf

- DCE- (also Knoten-) Ebene oder auf
- DTE- (also Stations-) Ebene

implementiert sein.

Erstere Variante setzt in beiden Netzen ein gemeinsames Netzzugangsverfahren (z.B. X.25) voraus. Nur so können Pakete unverändert von Knoten zu Knoten ins andere Subnetz weitergeleitet werden. Der Vorteil dieser Methode liegt darin, daß (abgesehen von der erweiterten Adressierung) die Stationen nicht merken, daß zwei Subnetze existieren. Existiert kein gemeinsames Zugangsprotokoll, müssen die Pakete am Gateway geöffnet und gemäß den Regeln des nächsten Subnetzes neu formatiert werden. In diesem Fall aber braucht es eine DTE als Schnittstelle, da die Vorgänge wesentlich komplexer sind als im ersten Fall.

Eine weitere entscheidende Überlegung betrifft die Übertragungsart:

- End-zu-End (also verbindungslos) oder
- Gate-zu-Gate (verbindungsorientiert).

Erstere erfordert in allen Subnetzen ein gemeinsames IP, während die zweite Variante einen verbindungsorientierten Dienst in **jedem** zu passierenden Subnetz und individuelle (logische) Gates für die einzelnen virtuellen Schaltungen braucht.

Aus diesen Optionen ergeben sich die folgenden Kombinationen:

Tabelle 1.2: Möglichkeiten zur Implementierung eines Gate

Gate auf	DTE-Niveau	DCE-Niveau
verbindungslos	a) Internetprotokoll z.B. ISO IP	c) Bridge
verbindungsorientiert	b) Protokollübersetzer	d) X.75

Fall b) wird, abgesehen von spezifischen LAN-Applikationen, eher kaum verwendet; dabei werden von den beiden Subnetzen unterschiedliche Protokolle der Schichten 1-4 verwendet, die Übersetzung findet auf der Transportschicht statt[9].

Die Implementierung von Fall c) setzt ein gemeinsames Netzzugangsverfahren in allen Subnetzen voraus, da die Brücke auf dem Link Layer vorgenommen wird. Ein gemeinsamer Standard auf physischem Niveau ist dabei nicht nötig. Diese Methode wird vor allem in homogenen LAN-Architekturen verwendet. Es verbleiben also a) und d) als Gegenpole. Folgende Tabelle faßt die wichtigsten Unterschiede nochmals zusammen:

Tabelle 1.3: Vergleich IP - X.75

IP	X.75
Gate auf DTE-Ebene	Gate auf DCE-Ebene
Gate muß IP kennen und die Netzzugangsprotokolle der beiden Netze; alle Hosts verwenden Internetprotokoll	Gate muß zusätzlich die virtuellen Verbindungen verwalten; alle Hosts müssen X.25 kennen
adaptives Routing	fixes Routing von Hop zu Hop
keine Flußkontrolle, die wird vom Transportprotokoll wahrgenommen	Flußkontrolle von Hop zu Hop und Bestätigung per Hop
Source Routing möglich	kein Source Routing möglich
Transportprotokoll behandelt Probleme auf End-zu-End-Basis	ist eine virtuelle Verbindung ausgefallen, bricht die gesamte Verbindung zusammen

1.2.3.3 Routing

Eine Routingfunktion in einem Netzprotokoll ist dann notwendig, wenn Pakete über mehrere Subnetze gesendet werden sollen. Dabei kann es sich sowohl um geschaltete, virtuelle Verbindungen oder um einen verbindungslosen Datagrammdienst handeln; wobei bei ersterem der Pfad für die Dauer einer Sitzung einmal gefunden werden muß, bei der Datagrammtechnik muß/kann für jedes einzelne Paket der optimale Weg durch mehrere Subnetze gefunden werden.

---

9 Dabei besteht keine korrektive End-zu-End-Verbindung auf Schicht 4; d.h. Fehler bei der Übersetzung in den Gateways werden auf End-zu-End-Ebene nicht erkannt. Verlassen sich die Schichten 5-7 auf den sicheren Transportdienst, werden diese Fehler nicht korrigiert!

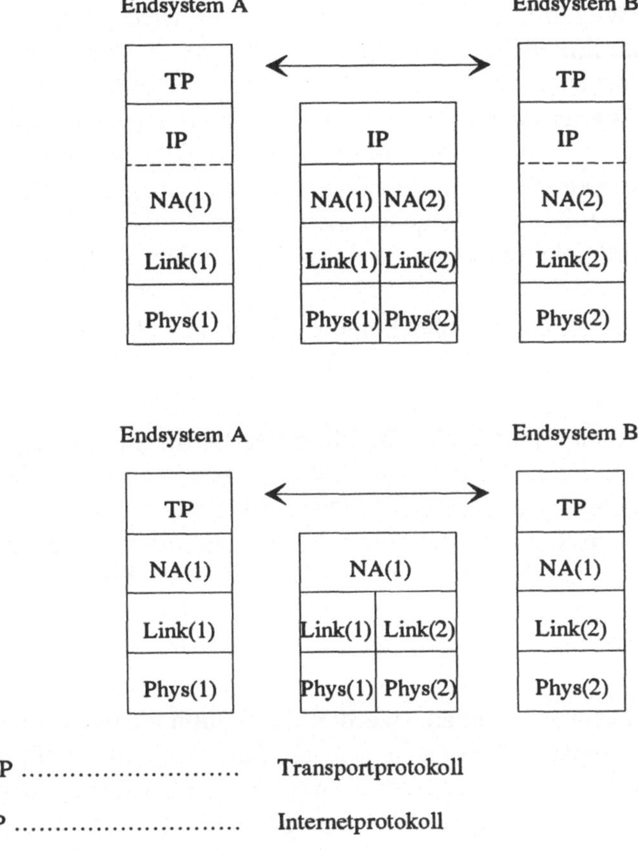

Abb.1.21: Unterschied Internetprotokoll - X.75

Prinzipiell verfügt dabei jeder Netzknoten über eine Routing-Tabelle in der festgelegt ist, über welchen Ausgang ein empfangenes Paket, das nicht für diesen Knoten bestimmt ist, an den Zielknoten weitergereicht wird. Diese Routing-Tabelle des jeweiligen Knotens kann fix oder adaptiv sein. Komplett fixe Routentabellen werden vor allem bei virtuellen Verbindungen eingesetzt. Sie sind einfach zu handhaben, aber ziemlich unflexibel. Es ist jedoch möglich, eine Tabelle "zweiter Wahl" zu definieren. Diese schlägt im Falle des Blockierens der Primärroute eine Alternativroute vor. Diese Systeme sind jedoch nicht adaptiv, da auch die jeweilige Alternativroute fix vorgegeben ist.

Zunächst zwei **fixe Routingmethoden:**

Bei der "shortest path"-Methode wird jeder Verbindung zwischen zwei DCEs ein Wert zugewiesen. Dieser Wert kann nur händisch verändert werden. Er ergibt sich aus der Leitungskapazität, den Übertragungskosten und der Leitungslänge. Der Weg mit dem geringsten Gewicht wird gewählt. Bei der Methode des "least time delay" wird versucht, die durchschnittliche Gesamtverzögerung im Netz zu minimieren. Mit Hilfe der Warteschlangentheorie wird ein Wert für die Wartezeit am Ausgang jedes Netzknotens ermittelt. Daraus ergibt sich für jeden Knoten eine Matrix, die angibt, wie der für einen bestimmten Zielknoten anfallende Verkehr auf die Ausgänge dieses Netzknotens aufgeteilt werden soll. In genau diesem Verhältnis werden Pakete mit der entsprechenden Zieladresse auf die Ausgänge des Netzknotens aufgeteilt.

Da die Matrizen in den Knoten gleichbleiben (bzw. nur "händisch" verändert werden können), ist auch diese Methode fix.

Eine Zwischenstellung nimmt die **Flooding-Methode** ein. Dabei wird ein Paket, wenn es bei einem Knoten ankommt, repliziert und über alle anderen Ausgänge des Knotens weitergereicht. Diese Methode ist jedoch unökonomisch, da sie sehr rasch zur Überlastung des Netzes mit identischen Paketen führt. Für Pakete extrem hoher Priorität, z.B. bestimmte Kontrollinformationen, ist sie jedoch geeignet. Auch bestimmte, in LANs verwendete Bridges arbeiten (zumindest vorübergehend) mit dieser Methode.

Bei **adaptiven Routingverfahren** werden die Routing-Tabellen permanent und automatisch angepaßt. Damit stellt sich das Netz von selbst auf punktuelle Verkehrsüberlastungen ein. Im Extremfall wird sogar für jedes Paket entschieden, welchen Weg es zur Ziel-DCE nehmen soll. Das ist aber nur bei Datagrammtechnik möglich und sinnvoll. Die beiden bedeutendsten adaptiven Methoden sind die "hot-potato-Technik" und der Austausch von Verzögerungswerten im Netz. Bei ersterer versucht jeder Knoten ein erhaltenes Paket so schnell wie möglich los zu werden. Dies kann jedoch zu pingpongartigem Hin- und Herschieben des Paketes führen. Es muß gewährleistet werden, daß das Paket sinnvoll in Richtung Ziel-DCE weitergereicht wird. Dabei allerdings muß jeder Knoten zusätzliche Arbeit leisten, denn um einen zyklischen Umlauf der Pakete zu verhindern, muß jeder Knoten die Vergangenheit jedes weiterzureichenden Pakets untersuchen.

Beim Austausch von Verzögerungswerten besitzt jeder Knoten eine Matrix, die für jede beliebige Kombination von Zielknoten und Netzknotenausgang einen Verzögerungswert anbietet. Dieser wird mehrmals in der Sekunde adaptiert. Der Verzögerungswert ergibt sich durch Addition der Wartezeit beim Ausgang im Knoten selbst und dem minimalen Schätzwert der Verzögerung beim jeweiligen Nachbarknoten. Die Knoten tauschen die Schätzwerte untereinander aus. Der Knoten kann die Verzögerungswerte auf mehrere Arten erhalten:

- Durch ein zentrales Network Control Centre.
- Durch ein lokales Domain Control Centre.
- Durch Informationen der direkten Nachbarn.
- Durch Backward-Learning, wobei der Knoten die Verzögerung auf dem Weg zum nächsten Knoten durch lokale Acknowledge-Pakete selbst beobachtet, diese Methode wird auch als verteiltes Routing bezeichnet.

In der Praxis mischt man diese Verfahren, wobei allerdings ein Problem entsteht. Je öfter die Routing-Matrizen angepaßt werden und je genauer (komplexer) der Updatemechanismus ist, umso mehr Overhead entsteht. Oder anders ausgedrückt: durch die Beobachtung der Netzlast vergrößert sich diese noch mehr.

Routingtabellen können aber auch dazu verwendet werden, Internetdienste, wie z.B. Sicherheits- oder Prioritätsstufen, zu unterstützen. So kann etwa vorgesehen sein, daß einzelne wenig abhörsichere Subnetze nur Pakete bis zu einer bestimmten Sicherheitsstufe transportieren dürfen. Eine Sonderform des Routing ist Source Routing. Dabei stellt der Sender eine Abfolge von auf dem Weg zum Empfänger zu passierenden Hops selbst zusammen.

1.2.4 Transport Layer

Die bisherigen 3 Schichten stellen eine fehlerfreie End-zu-End-Verbindung zweier DCEs her. Der Transport Layer soll die Schichten des Anwendersystems von den Einzelheiten des Transportsystems abschirmen und eine transparente End-zu-End-Verbindung zwischen zwei Anwenderprozessen herstellen. Die Struktur des Netzwerkes selbst tritt in den Hintergrund. Aufgaben der Transportebene sind der Auf- und Abbau der End-zu-End-Verbindung, die **logische** Netzadressierung (wobei "Adresse" nicht nur die Netzadresse auf Schicht 3 ist, sondern auch die Adresse des Transport Service Access Point (TSAP)). Dabei können Session Layer-Module auch mehrere Transportsitzungen (i.e. mehrere TSAPs) gleichzeitig anfordern; diese müssen dann von der Transportschicht verwaltbar sein. Anders ausgedrückt, es muß einen Mappingmechanismus zwischen NSAPs und TSAPs geben.

Die Anwendersysteme greifen über die unterschiedlichen SAPs auf das Transportsystem zu. Was unter dem Transport Layer liegt, ist für das Anwendersystem transparent. Außerdem stellt diese Schicht die End-zu-End-Flow

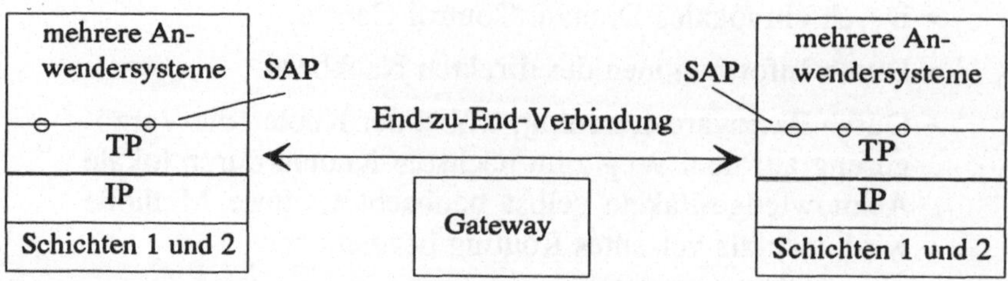

Abb.1.22: Die Dienstzugangspunkte des Transport Layer

Control (vorbehaltlich der gewählten Verbindungsart) zur Verfügung. Das Netz selbst wird zur Black Box, die richtig übertragene und zusammengesetzte Pakete im Zielknoten liefert. Auf dieser Ebene bezieht sich die Fehlerbehandlung nur noch auf Leitungszusammenbrüche, die in diese Schicht hinaufwirken.

Die Komplexität der Transportschicht hängt dabei vom Funktionsumfang des verwendeten Schicht 3-Protokolls ab. Von entscheidender Bedeutung dabei ist, wie sicher die Verbindung ist, die von den unteren Schichten geboten wird. Schicht 3-Fehler können auf eine der folgenden Arten behandelt werden:

- Der Fehler wird vom Schicht 3-Protokoll erkannt und behoben; die Transportschicht ist davon nicht betroffen.
- Der Fehler wird von Schicht 3 erkannt, aber nicht behoben, sondern an Schicht 4 weitergegeben (sog. angezeigte Fehler, AF).
- Der Fehler wird von Schicht 3 nicht erkannt (sog. Residualfehler, RF).

Davon ausgehend kann man Systeme der Schichten 1-3 nach ihrer Qualität folgendermaßen klassifizieren:

a) Geringer Prozentsatz an AF und RF
b) Geringer Prozentsatz an RF, aber hoher an AF
c) Sowohl hoher AF- als auch RF-Prozentsatz

Es ist offensichtlich, daß mit zunehmender Unsicherheit der unteren Schichten das Transportprotokoll immer leistungsfähiger werden muß. Im folgenden werden die grundsätzlichen Anforderungen an ein Transportprotokoll, ausge-

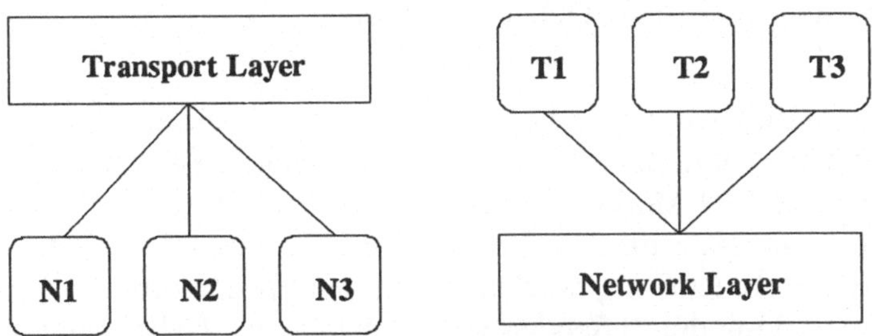

Abb.1.23: Multiplexing zwischen ISO-OSI-Schichten

hend vom einfachen Fall a), angeführt. Hinweise zu Protokollerweiterungen für die Fälle b) und c) werden gegeben. Wie dieses daraus entstehende Anforderungsprofil von konkreten Schicht 4-Protokollen erfüllt wird, ist in den Kapiteln 2.2.3.2 (ISO TP) bzw. 2.3.7 (TCP) beschrieben.

Adressierung. Die Transportebene arbeitet mit logischen Adressen, die aus Internetadressen (Netz.Host) und der logischen Adresse des Dienstzugangspunktes besteht. Ein Transportprotokoll bietet in der Regel mehrere Dienstzugangspunkte.

Multiplexen. Prinzipiell gibt es zwei Arten des Multiplexens (MP):

Beim MP nach unten wird ein Prozeß auf Transport Layer-Ebene auf mehrere Network Layer-Verbindungen aufgeteilt. Beim MP nach oben werden mehrere Transportverbindungen zu einer Verbindung auf Network Layer-Ebene zusammengefaßt.

Beide MP-Methoden haben ihre spezifischen Vorteile: MP nach oben ist dann sinnvoll, wenn es viele Transportverbindungen mit jeweils geringer Datenübertragung gibt. Würde jeder Transportverbindung eine Schicht 3-Verbindung zugewiesen, müßte für jede ein eigener Pufferbereich eröffnet werden. Bei MP nach oben muß nur eine Schicht 3-Verbindung, und damit nur ein Pufferbereich, bereitgestellt werden. MP nach unten ist dann ratsam, wenn aufgrund der gewünschten (hohen) Übertragungsgeschwindigkeit und eines langsamen Übertragungsweges eine Erhöhung der Windowgröße über das vom Schicht 3-Protokoll unterstützte Maß hinaus wünschenswert erscheint. Denn dabei würde eine Transportverbindung auf mehrere Network Layer-Verbindungen aufgeteilt werden. Dieser Methode sind jedoch Grenzen gesetzt. Wenn bei einem verbindungsorientierten Dienst auf Schicht 3 alle VCs über einen Knoten geleitet werden, erhöht sich der maximale Durchsatz trotzdem nicht.

Verbindungsauf- und -abbau. Im einfachen Fall a) geschieht der Verbindungsaufbau über einen zweifachen Handshake:

Der User ist im Ruhemodus. Er kann nun entweder direkt ein Request To Send-TPDU abschicken, und damit in den OPEN-Modus gelangen, oder zuerst in den passiven LISTEN-Modus schalten. Damit fordert er sein Transport Layer-Modul auf, ins Netz hineinzuhorchen. Erhält dieser User ein RFC, oder schickt er selbst ein RFC ab, wechselt er in den OPEN-Modus. Ábgebrochen wird die Verbindung durch Senden von CLS (Close). Dabei kann die Verbindung abrupt oder mit einem Zwischenzustand CLS WAIT abgebrochen werden. Im ersten Fall akzeptiert die Transporteinheit nach Absetzen des CLS keine TPDUs mehr. Im zweiten Fall akzeptiert die Station noch TPDUs bis ihr CLS durch ein CLS des Partners bestätigt wurde. Im ersten Fall können natürlich Teile der Nachricht verloren gehen, vor allem bei einem Datagrammdienst auf Schicht 3. Dieser Mechanismus setzt aber zwei Sachverhalte implizit voraus:

- Die TPDUs weisen eine Sendefolgenummer auf und
- die Verbindung ist zuverlässig.

Als Antwort auf ein RFC sendet die Transporteinheit ein RFC als Bestätigung und eine Kette von TPDUs. Was geschieht aber, wenn eines dieser TPDUs das RFC überholt? Dieses Problem kann durch Zwischenspeichern der erhaltenen TPDUs bei der initiierenden Transporteinheit gelöst werden, bis die Bestätigung ihres RFC eintrifft. Um zu verhindern, daß einzelne TPDUs von einem CLS überholt werden, und damit verloren gehen, sollten auch die CLS mit einer Sendefolgenummer versehen werden.

Ist die Verbindung auf den Schichten 1-3 unzuverlässig (Fall c)), können RFC oder CLS verloren gehen. Daher muß es einen Timer geben, der nach Ablauf eines Timeouts das RFC (CLS) nochmals sendet. Ist nun das ursprüngliche RFC nicht verloren gegangen, sondern wurde nur über das Timeout hinaus verzögert, erhält die initiierende Station ihr RFC zweimal bestätigt. Sie muß darauf vorbereitet sein und diese zweite Bestätigung ignorieren. Hat ein RFC die Verbindung, die es eigentlich aufbauen sollte, überlebt, so würde es bei zweifachem Handshakemechanismus als neuerliches RFC interpretiert werden. Die Lösung in diesem Fall ist ein dreifacher Handshake, bei dem jedes RFC zusätzlich bestätigt werden muß. Das selbe gilt für den Verbindungsabbau; auch hier muß ein dreifacher Handshake verwendet werden, da sonst "alte" CLS aus früheren Sitzungen eintreffen, **einseitig** als aktuelle CLS interpretiert werden und damit beträchtliche Verwirrung stiften können.

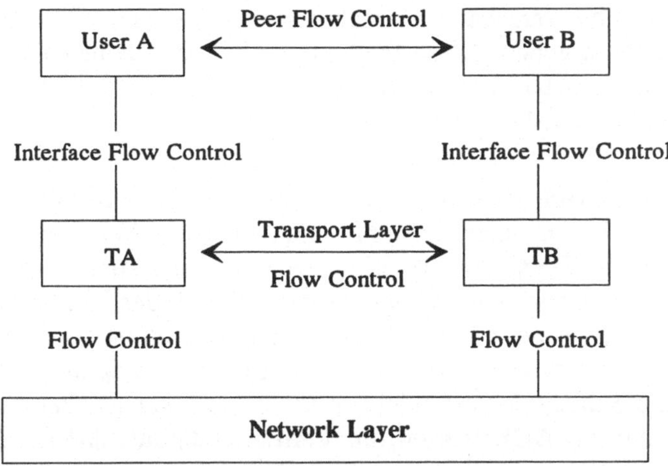

Abb.1.24: Flußkontrolle um den Transport Layer

Flußkontrolle. Dies ist - in Abhängigkeit der Qualität der unteren Schichten des Transportsystems - die vielleicht komplexeste Aufgabe von Schicht 4. Abb.1.24 zeigt die verschiedenen Flußkontrollen rund um die Transportschicht. Wenn User A sein Transportsystem TA auffordert, ein TPDU zu senden, kann TA das Senden dieses TPDU bzw. dessen Bestätigung an A verzögern, wenn die Interface Flow Control, die Transport Layer-FC oder die FC zwischen Transport und Network Layer es erfordert. Erreicht das TPDU TB, so leitet dieses die Daten in Form eines Indication-Primitives an B weiter. B bestätigt den Erhalt des TPDU. Hier greifen die selben FC-Mechanismen wie im ersten Fall.

Jedes Transport Layer-Modul verfügt über einen Empfangspuffer. Wie kann nun ein Überlaufen dieses Speichers verhindert werden?

- Durch Einführen eines reinen **Windowmechanismus'**, was eine Sequenzfolgenummer, eine Windowgröße und die Bestätigung der TPDUs erfordert.
- Durch ein **Kreditverfahren**, bei dem die TPDUs z.B. mod 8 durchnumeriert werden; der Sender erhält nun einen Kredit K . K Pakete können gesendet werden, pro gesendetem Paket wird K um 1 verringert; hat der Empfänger freien Pufferspeicher (oder, was flexibler ist, erwartet er in nächster Zeit freien Pufferspeicher), erhöht der Empfänger den Kredit des Senders. Gibt der Empfän-

ger aber Kredit über Pufferspeicher, den er noch nicht hat, und verschätzt er sich dabei, so können TPDUs verloren gehen. Diese Methode erhöht aber dennoch den Durchsatz und verträgt sich ganz besonders gut mit einem verbindungslosen Dienst auf Schicht 3.

Ist die Verbindung verläßlich und garantiert sie die Übergabe der TPDUs bzw. Schicht 3-Pakete in korrekter Ordnung, kann ein reiner Windowmechanismus verwendet werden. Ein solcher Windowmechanismus nimmt aber implizit an, daß alle Pakete/TPDUs auch ankommen (z.B. W=5: der Sender verschickt 5 TPDUs und wartet, bis er diese bestätigt erhält; Warten ist also bewußter Teil der Taktik bei Windowmechanismen, eine negative Bestätigung erübrigt sich). Wenn aber die Schicht 3-Verbindung nicht zuverlässig ist, kann der Sender nicht einfach auf das ACK warten, im Vertrauen darauf, daß der Empfänger ja sicher seine TPDUs erhält und auch die kumulativ abgesandte Bestätigung sicher ankommt.

In diesem Fall ist ein Kreditverfahren anzuwenden. Das gebräuchlichste Verfahren sieht vor, daß der Empfänger Kontroll-TPDUs der Form

ACK N+1, CREDIT M

an den Sender schickt. Dabei können unabhängig voneinander TPDUs des Senders (ohne Kreditgewährung) bestätigt

ACK N+1, CREDIT 0

und der Kredit des Senders (ohne weiteres ACK) erhöht werden.

ACK N, CREDIT M

Die Bestätigung (ACK) kann bei den meisten Protokollen kumulativ erfolgen, d.h. es muß nicht jedes erhaltene TPDU einzeln bestätigt werden; die Bestätigung von TPDU 3 etwa, bestätigt auch automatisch TPDUs 1 und 2. Bei unsicherer Verbindung jedoch kann ein TPDU verloren gehen. Ist das ACK bis zu einem bestimmten Timeout nicht bestätigt worden, wird es nochmals gesendet. Ein Windowmechanismus würde bei einem unsicheren Dienst auf Schicht 3 versagen. Ein Beispiel:

TB erlaubt dem Sender-TA (siehe nochmals Abb.1.24) eine Windowgröße von 7. TB möchte TA mitteilen, daß die Windowgröße von 7 auf 5 herabgesetzt werden soll. Es sendet also ein weiteres TPDU mit W = 5. Überholt nun dieses TPDU das erste, so erhält der Sender nicht den Eindruck fallender Windowwerte, sondern steigender, und erhöht seine Senderate noch.
Oder:

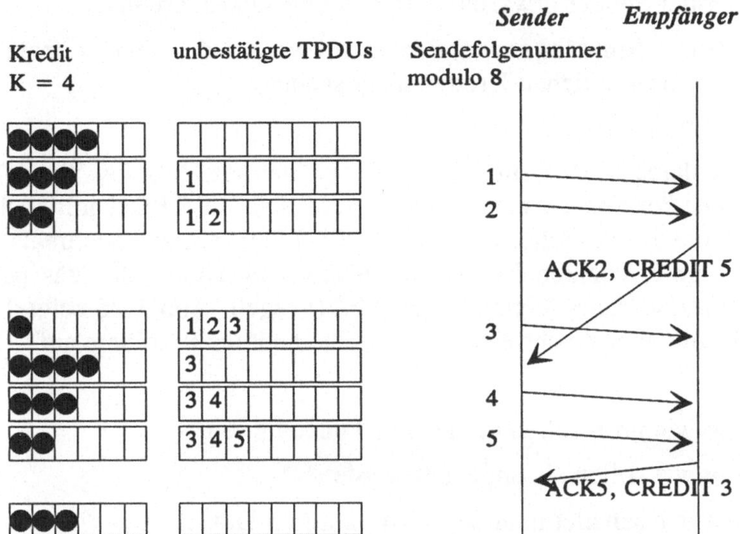

Der Sender beginnt mit einem Kredit von 4 und sendet zunächst 2 TPDUs. Der Empfänger will nun den Kredit des Senders auf 5 erhöhen. Noch bevor dieser CREDIT den Sender erreicht, sendet dieser ein weiteres TPDU. Der Kredit des Empfängers bezieht sich natürlich auf den Zeitpunkt des Absendens des ACK, CREDIT; d.h. wenn der Kredit von 5 den Sender erreicht, hat dieser schon eine Einheit davon verbraucht - sein Window erhöht sich also nur auf 4.

Abb.1.25: Kreditschema und Windowmechanismus

Ein TPDU geht verloren. Es muß also nochmals gesendet werden. Dies ist aber in der Windowgröße nicht vorgesehen und kann zum Verlust von TPDUs, die den Empfangspuffer zum Überlaufen bringen, führen.

Daher empfiehlt sich gerade bei einem verbindungslosen Dienst auf Schicht 3 ein solches Kreditschema.

Aber auch ein Kreditschema ist nicht unproblematisch. Ein Beispiel:

Der Empfänger sendet

ACK N, CREDIT 0

Damit muß der Sender pausieren. Nun will der Empfänger den Kredit wieder erhöhen, ohne zusätzliche TPDUs zu bestätigen

ACK N, CREDIT M

dieses TPDU geht aber verloren. Es entsteht ein Deadlock:

- der Sender erwartet die Erhöhung seines Kredits,
- der Empfänger wundert sich, warum der Sender trotz vermeintlichen Kredits nicht sendet.

Solche Probleme können durch einen Timer (den sog. Window Timer) behoben werden, der bei Senden eines jeden ACK/CREDIT-TPDU initialisiert wird. Bei Timeout wird das letzte ACK/CREDIT-TPDU einfach nochmals gesendet. Davon zu unterscheiden ist der Retransmission Timer, der das nochmalige Senden eines nicht bestätigten Daten-TPDU regelt. Abb. 1.26 zeigt den Unterschied. Damit aber taucht eine ganze Reihe anderer Probleme auf:

- wie groß sollen die beiden Timeouts sein?
- wie sollen sie angepaßt werden?
- wie schaltet man Verwirrung durch Duplikate aus?

Sowohl der Retransmission als auch der Window Timer sollten im allgemeinen etwas größer sein als die Zeit für die Übermittlung eines Daten-TPDU und seine Bestätigung. Dieser Wert variiert jedoch mit der Netzauslastung.

Ist das Timeout zu groß, reagiert der Flow Control-Mechanismus nur recht langsam; der Sender muß unnötig lange warten, bis er nicht bestätigte TPDUs wieder senden kann, er diese dann bestätigt erhält und sein Sendekredit endlich weitergezählt wird. Ist das Timeout zu kurz, neigt der Mechanismus zur Überreaktion, d.h. schon nach kurzer Zeit wird ein Duplikat verschickt, obwohl dieses sich vielleicht nur aufgrund kurzfristiger Durchsatzprobleme des Netzes ein wenig verspätet hat. Außerdem führt ein solches Durchsatzproblem zu massiver Retransmission, was wiederum die Durchsatzprobleme weiter verschärft. So kann sich dieser Prozeß bis zum Netzzusammenbruch aufschaukeln[10].

Daher wurden adaptive Window Timer eingeführt. Ein Problem stellt dabei das kumulative Bestätigen dar, da eben genannte Berechnungsformel davon aus-

10 Im Internet ist dieses Phänomen als Cypress Syndrom bekannt. Dabei ist ein Teil der Verbindung ein verläßliches aber langsames Netz. Der Retransmission Timer des Senders ist auf schnellere Netze eingestellt, was zur Retransmission praktisch aller Segmente führt. Die Netto-Übertragungskapazität fällt auf die Hälfte. Durch eine entsprechende Erhöhung des Retransmissions-Timeouts kann dieses Syndrom umgangen werden.

Retransmission Timer

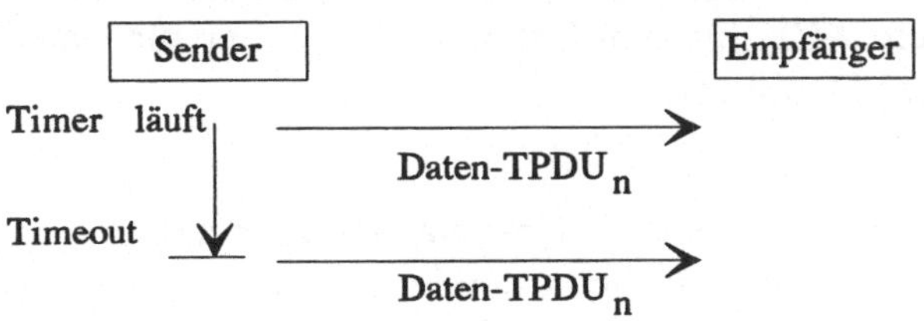

Window Timer

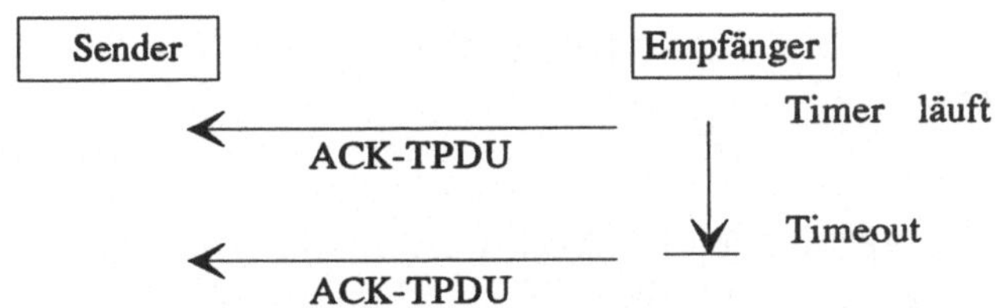

Abb.1.26: Retransmission und Window Timer

geht, daß zwischen Erhalt eines TPDU und seiner Bestätigung praktisch keine Zeitdifferenz ist, was aber bei kumulativer Bestätigung nicht zutrifft.

Wenn das Originalsegment nicht verloren ging, sondern nur über das Timeout hinaus verzögert wurde, so kommt dieses unter Umständen nach dem Duplikat an. Beide Segmente werden vom Empfänger bestätigt, sodaß der Sender durchaus zwei Bestätigungen für ein und dasselbe Segment erhalten kann. Der Empfänger wiederum muß erkennen, daß er bereits ein Segment mit dieser Sequenzfolgenummer hat, und daher das Duplikat ignorieren. Wichtig ist, daß der Sequenzfolgenummernbereich im TP-Header groß genug ist, um zu verhindern, daß lange verzögerte Segmente aus einem "vorherigen" Sequenzfolgenummernzyklus nicht als Duplikat erkannt werden. Dann würde nämlich das richtige Segment aus diesem Nummernzyklus, das später eintrifft als das "Duplikat", gelöscht werden!

Wie aber kann man die Duplikate, die sich aus dem Kreditschema ergeben, in den Griff bekommen? Ein Beispiel:

> Der Sender sendet ein Daten-TPDU, das dazugehörige ACK-TPDU wird aber verzögert. Nach Timeout wird das TPDU nochmals gesendet. Der Empfänger muß nun erst einmal erkennen, daß es sich um ein Duplikat handelt, was

er an Hand der Sendefolgenummer leicht tun kann. Der Empfänger bestätigt das Duplikat. Irgendwann erhält der Sender ein ACK für sein Daten-TPDU. Aber für welches der beiden Duplikate?

Oder:

Ein Duplikat bzw. ein ACK mit Sendefolgenummer n trifft beim Empfänger bzw. beim Sender ein, aber so spät, daß die Sendefolgenummer n in einem neuen Zyklus wieder vergeben worden ist.

Oder:

Die Verbindung ist bereits abgebrochen. Ein Duplikat trifft ein.

Oder:

Die Verbindung ist abgebrochen, eine neue hergestellt. Ein ACK aus der alten Verbindung trifft ein (wobei die Sendefolgenummer des alten TPDU bereits wieder vergeben worden sein kann).

Dadurch ergeben sich folgende Anforderungen an ein Schicht 4-Protokoll zum "Duplikatsmanagement" bei unsicherer Verbindung:

- Ein Duplikat nach Beendigung der Verbindung muß als solches erkannt und eliminiert werden.
- Der Sender muß verstehen, daß er pro Duplikat eines Daten-TPDU ein ACK erhalten kann (Retransmissions-Timeout) bzw. für ein Daten-TPDU mehrere ACKs erhalten kann (Window-Timeout).
- Es muß sichergestellt werden, daß die TPDU-Lebenszeit nicht größer ist als die Zykluszeit der Sendefolgenummer[11].

11 Durch einen genügend kleinen Time-to-Live-Parameter auf IP-Ebene wird dieses Problem entschärft. Überleben Segmente die Verbindung, so können sie bei einer neuerlichen Verbindung fälschlicherweise akzeptiert werden. Um dies zu verhindern, wird die erste Sequenzfolgenummer bei Verbindungsaufbau von der Systemzeit (32-bit-Uhr) genommen. Nach einem Systemzusammenbruch sehen die Standards in der Regel vor, daß das Netz durch eine Sendepause gesäubert wird, wobei diese Sendepause der maximalen Lebenszeit eines Datagramms (und nur bei einem Datagrammdienst auf Schicht 3 kann dieses Problem überhaupt

- Daten-TPDUs und ACKs enthalten nicht nur eine Sendefolgenummer, sondern auch eine ID der Transportverbindung, oder aber die Stationen warten die maximale Lebenszeit eines TPDU ab, bis sie eine neue Verbindung aufbauen, um zu verhindern, daß TPDUs einer alten Verbindung für die neue fehlinterpretiert werden.

Ein Transportprotokoll, mit voller Fehlerbehebungs- und Flußkontrollfähigkeit besitzt also folgende Timer:

- **Retransmission Timer**; regelt nochmaliges Senden nicht bestätigter TPDUs,
- **Reconnection Timer**; gibt die minimale Zeitspanne zwischen Schließen und Wiedereröffnen einer Verbindung zwischen zwei bestimmten Stationen,
- **Window Timer**; regelt nochmaliges Senden eines ACK/CREDIT-TPDU,
- **Retransmit-RFC Timer**; Zeit zwischen zwei Versuchen eine Verbindung zu eröffnen,
- **Persistence Timer**; Zeit, nach der die Verbindung abgebrochen wird, wenn keine TPDUs mehr bestätigt werden und
- **Inactivity Timer**; Zeit, nach der die Verbindung abgebrochen wird, wenn kein TPDU mehr gesendet wird.

Es bleibt noch das Problem, wie der CREDIT-Parameter angepaßt werden soll. Wird er gleich dem verfügbaren Speicher im Empfangspuffer gesetzt, so kann nie ein Segment ankommen, das nicht in diesen Puffer paßt. Diese Regelung ist jedoch unnötig langsam, da während des Sendens bereits Daten vom Empfangspuffer an den User übergeben werden, der verfügbare Pufferspeicher also nicht optimal genutzt werden kann. Wird der CREDIT zu hoch angesetzt, so können Segmente nicht in den Empfangspuffer übernommen werden, und es müssen Segmente unnötigerweise mehrmals gesendet werden.

Zum Abschluß noch ein Wort zur Sequenzierung der ACKs.

---

auftreten) entspricht (Reconnection Timer).

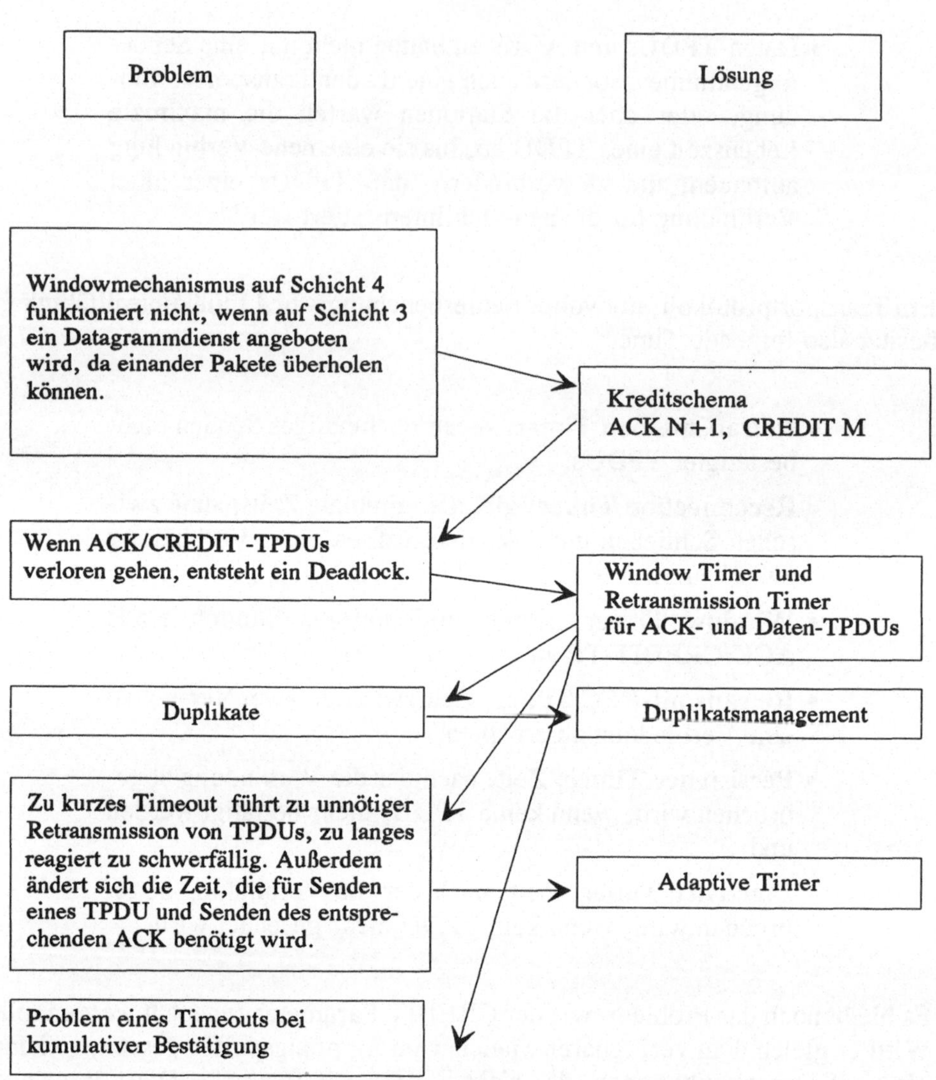

Abb.1.27: Zusammenfassung des Kreditschemas

Wir haben eben gesehen, daß ein Empfänger, der freie Kapazitäten bei sich feststellt, den Kredit des Senders erhöhen kann. Will er später den Kredit wieder senken, so sendet er den nächsten ACK, CREDIT, diesmal mit geringerem Sendekredit. Durch die Datagrammnatur des Dienstes auf Schicht 3 kann es aber geschehen, daß das später gesendete ACK, CREDIT das erste überholt, der Sender also keinen sinkenden, sondern einen erhöhten Kredit empfängt und die Senderate noch weiter steigert. Dieses Problem kann nur durch eine exakte Sequenzierung der ACKs gelöst werden. Wird aber Piggybacking verwendet

(Transport der ACKs in Daten-TPDUs), so ist das ACK selbst nicht sequenziert! In solchen Fällen ist ein Senken des Kredits gefährlich, da eben beschriebener Effekt eintritt (siehe auch TCP). Werden ACK, CREDITs hingegen in eigenen TPDUs verschickt, so ist das ACK selbst sequenziert; Steigern und Senken des Kredits ist problemlos möglich (siehe auch ISO TP4).

1.3 Grundlagen des Anwendersystems

1.3.1 Grundsätzliches

Bei der Normierung des Anwendersystems sind in den letzten Jahren zwei Tendenzen festzustellen:

Einerseits der Versuch, anwendungsspezifische Normen zu schaffen, die bestimmte Funktionen, wie zum Beispiel Filetransfer, abdecken. Diese Normen sind dann aber schichtübergreifend und setzen direkt auf dem Transportsystem auf. Als Beispiel wären etwa die auf TCP/IP aufbauenden anwendungsspezifischen Normen des US Verteidigungsministeriums zu nennen.

Die Internationale Standardisierungsorganisation (ISO), aber auch die Internationale Postvereinigung (CCITT) verfolgen eine andere Strategie. Sie gliedern auch die Normen des Anwendersystems in streng hierarchische Schichten, sodaß nur der Session Layer (z.B. ISO Session Kernel) direkt auf dem Transportsystem aufsetzt. Dies ermöglicht einen besonders modularen Normenaufbau. Auf Vor- und Nachteile dieser beiden Strategien wird in Kapitel 3 ausführlich eingegangen.

1.3.2 Session Layer

Eine Sitzung (Session) ist eine Beziehung zwischen zwei Prozessen, um zu kommunizieren. Diese Kommunikation geschieht mittels Session Protocol Data Units (SPDUs). Der Session Layer stellt Sprachmittel zur Verfügung, um eine Sitzung aufzubauen, geordnet durchzuführen und zu beenden. Derzeit sieht ISO noch nicht vor, mehrere Sitzungen über eine Transportverbindung multiplexen zu können, daher herrscht zu jedem bestimmten Augenblick ein Verhältnis von 1:1 zwischen Sitzung und Transportverbindung. Dies bedeutet jedoch nicht, daß eine Sitzung ihr ganzes Leben lang einer bestimmten Transportverbindung zugewiesen wird oder umgekehrt. Da aber ein Schicht 7-Prozeß gleichzeitig mehrere Partnerinstanzen haben kann, müssen die Sitzungen, an denen er teilnimmt, eindeutig identifizierbar sein (und zwar sowohl lokal als auch global im Netz). Jedes Protokoll der Schicht 5 muß eine solche Identifikation bereitstellen. Ebenso muß im Halbduplexbetrieb geklärt werden, wer zu einem bestimmten Zeitpunkt die Sendeberechtigung hat.

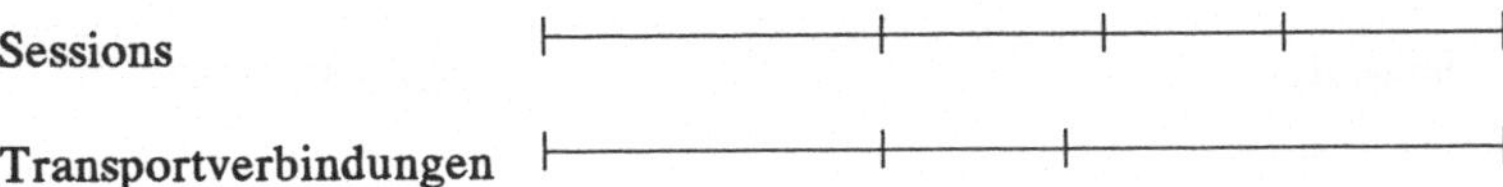

Abb.1.28: Zusammenhang Sitzung und Transportverbindung

Die Koordination der Funktionen ist durch Token möglich: jede Funktion im Netz ist durch ein Token repräsentiert. Wer es hat, kann eine bestimmte Funktion ausüben. Dadurch können bestimmte Konsistenzbedingungen in verteilten Systemen leichter durchgesetzt werden. Funktionen, für die ISO Token vorsieht, sind die Berechtigung Daten zu senden, der Verbindungsabbau oder das Setzen von Synchronisationspunkten in der Übertragung. Im Halbduplexbetrieb würde ein Token den Datenaustausch wie in nebenstehender Abbildung regeln.

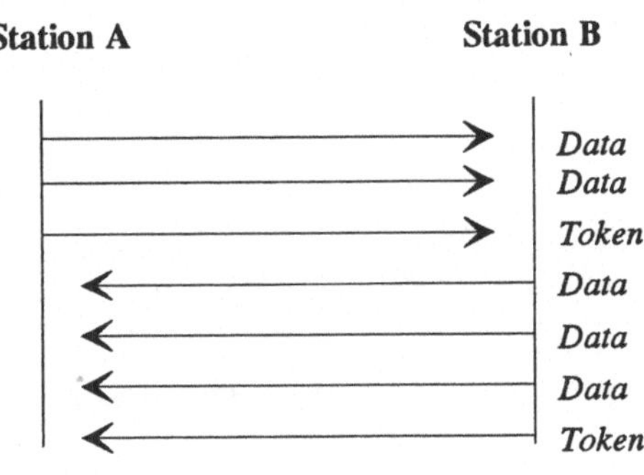

Abb.1.29: Datentoken im Halbduplexbetrieb

Es müssen bei der Synchronisation der Prozesse Marken gesetzt werden, die anzeigen, daß alle Daten vor dieser Marke richtig empfangen und abgespeichert wurden. Im Falle eines Datenverlustes setzt das System auf der letzten Marke auf. Auch können fehlerfreier Empfang und Abspeicherung durch wechselseitige Bestätigungen (two way handshakes) gesichert werden. Auch müssen Maßnahmen für den Fall eines Sitzungszusammenbruchs vorgesehen sein.

1.3.3 Presentation Layer

Diese Schicht soll sicherstellen, daß Anwenderinstanzen miteinander kommunizieren können, selbst wenn sie nicht die gleiche Darstellung verwenden. Eine Presentation Layer-Verbindung wird 1:1 einer Session Layer-Verbindung zugeordnet.

Der Application Layer arbeitet mit der Bedeutung der dargestellten Daten, also der Semantik. Für den Benutzer einer Applikation sind die dargestellten Daten

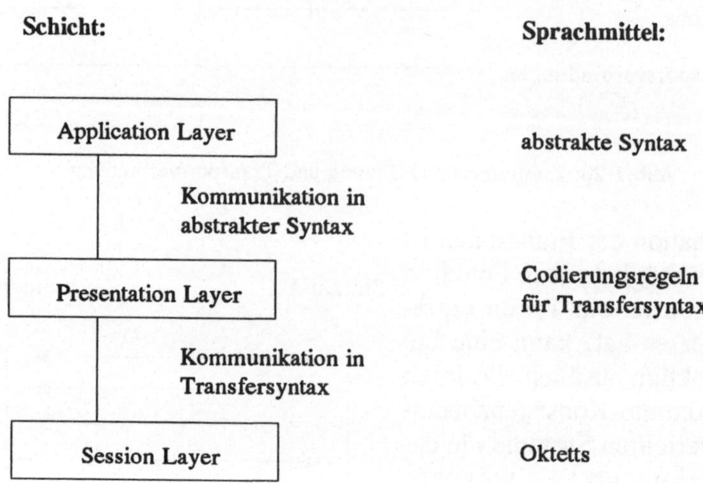

Abb.1.30: Syntaxstruktur im Anwendersystem

interessant, also z.B. eine Textverarbeitungsdatei oder ein Tabellenkalkulationsblatt. Die Semantik in diesen Darstellungen wird in der OSI-Terminologie der ISO als abstrakte Syntax bezeichnet. Sie ist von den verwendeten Programmierhilfsmitteln unabhängig und kann allgemein, z.B. in der Backus-Naur-Form, dargestellt werden. Der Session Layer jedoch benötigt einen Bytestrom zur Übertragung. Aufgabe des Presentation Layer ist es nun, die abstrakte Syntax seiner Applikation in eine Transfersyntax zu übersetzen und an den Session Layer weiterzureichen, v.v.; wobei es in einer Systemlandschaft auch mehrere Transfersyntagmen geben kann. Daher wird auch beim Aufbau einer Presentation Layer-Verbindung über die Wahl einer bestimmten Syntax verhandelt.

Die Transfersyntax beschreibt also die Repräsentation der übertragenen Daten zwischen den beiden Presentation-Modulen; wobei ein Presentation-Modul die Aufgabe hat, zwischen dieser Transfersyntax und der abstrakten Syntax der jeweiligen Applikation zu übersetzen. Ein Paar aus abstrakter und Transfersyntax zu einem gegebenen Zeitpunkt wird auch als Kontext bezeichnet. Ein Presentation Layer-Modul besteht nach ISO aus drei Teilen:

- dem Presentation Kernel
- dem Kontextmanagement und
- der Kontextwiederherstellung

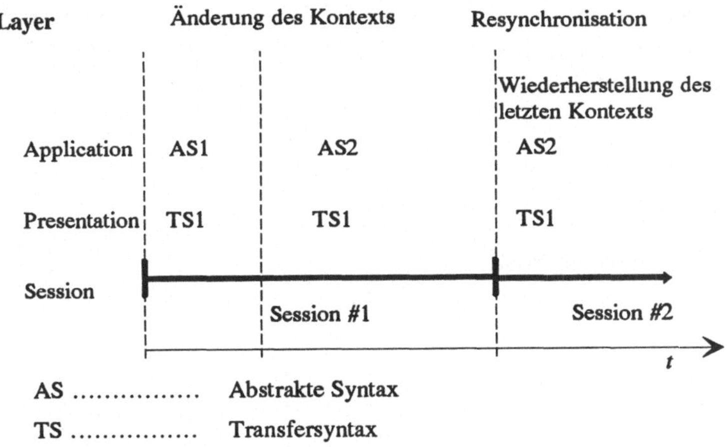

Abb.1.31: Kontextwiederherstellung

Verwenden beide Applikationen die selbe Darstellungsweise, so wird nur der Kernel benötigt. Der reicht die Daten an den Session Layer weiter, der Presentation Layer wird praktisch zum Nullprotokoll. Verwenden die Applikationen unterschiedliche Darstellungsweisen, so muß eine Transfersyntax ausgehandelt und die Daten der Applikation in diese umgewandelt werden und v.v.. Dies ist im Kontextmanagement zusammengefaßt, wobei in einer Sitzung sowohl die Transfer- als auch die abstrakte Syntax geändert werden kann, also mehrere Kontexte bestehen können. Die Kontextwiederherstellung wird benötigt, wenn nach einer Resynchronisation auf Session Layer der Kontext auf Presentation Layer wieder hergestellt werden muß; dies ist vor allem dann nötig, wenn der Kontext während der Sitzung geändert wurde. Abb.1.31 soll nochmals den Zusammenhang zwischen einer Sitzung und dem Kontextmanagement zeigen.

1.3.4 Application Layer

Diese Schicht ist die oberste des ISO-OSI-Systems und stellt die Schnittstelle zum Benutzer her. Eine Definition dieser Schicht umfaßt aber trotzdem einen SAP bzw. die entsprechenden Primitiven. Die Dienste von Schicht 7 werden entweder einem menschlichen Benutzer oder einem Anwendungsprogramm (das außerhalb des Schichtenmodells steht) angeboten.

Die Normierung dieser Schicht durch ISO umfaßt applikationsunabhängige und applikationsspezifische Standards. Applikationsunabhängige Standards beziehen sich auf Verbindungsmanagement oder Konsistenzsicherung (z.B. Rollback). Applikationsspezifisch können folgende Arten von Standards unterschieden werden:

- Virtuelles Terminal
- Dateitransfer
- Elektronische Post
- Verteilte Anwendungsprogramme

Mehr dazu in Kapitel 3.

Weiterführende Literaturhinweise

Für eine Darstellung der Zusammenarbeit zwischen OSI-Schichtenprotokollen:
von Bochmann; Protocol Specification for OSI in
Computer Networks and ISDN Systems, Vol.18/1989.

Für eine Darstellung des Nyquist-Theorems:
Schwartz; Information Transmission Modulation and Noise;
Benedetto, Biglieri, Castellani; Digital Transmission Theory.

Für eine numerische Darstellung der Trellis-Codierung:
Lee, Messerschmitt; Digital Communications.

Einen zusammenfassenden Überblick über verschiedene Flußkontrollmechanismen bietet:
Gerla, Kleinrock; Flow Control: A Comparative Study in
Lam; Principles of Communications And Networking Protocols
Zum SR-ARQ vgl. auch den Beitrag von
Brunneel, deVriendt, Ysebaert; Receive Buffer Behavior for The Selective-Repeat ARQ Protocol in Computer Networks and ISDN-Systems, Vol.19/1990.

Zum IP-Fehlererkennungsmechanismus:
Braden, Borman, Partridge; Computing The Internet Checksum in
Computer Communications Review 1989/19/2.

Für eine numerische Untersuchung von ARQ-Mechanismen:
Wang, Silvester; Delay Minimization of The Adaptive Go-Back-N ARQ Protocols for Point-to-Multipoint Communications in
The Computer Society of The IEEE; IEEE Infocom 89, Proceedings Vol.III.

Prinzipielles zum Network Layer und zum Unterschied Datagrammtechnik - Virtuelle Verbindung:
Tanenbaum; Computer Networks 2nd Edition; Prentice-Hall
Stallings; Local Networks 2nd Edition
Kleinrock; Principles And Lessons in Packet Communications in
Partridge; Innovations in Internetworking.

Zum Cypress Syndrom vgl.:
Comer; Internetworking with TCP/IP.

2. Das Transportsystem

2.1 Physische Standards

2.1.1 V.24/RS-232-C

V.24 ist ein CCITT-Standard, der mit dem EIA (Electronic Industries Association)-Standard RS-232-C kompatibel ist. Die entsprechenden Schnittstellen wurden ursprünglich dazu verwendet, einen PC oder ein Terminal via Modem an das öffentliche Telephonnetz anzuschließen, werden aber mittlerweile für eine Vielzahl von Aufgaben verwendet. Der Standard wurde von CCITT als V.24 übernommen, enthält aber nur noch eine Liste der Schnittstellenleitungen (Pinbelegung). Die elektrischen Charakteristika wurden von CCITT in V.28 festgelegt. Die mechanische Spezifikation des Steckers ist durch 25-pin-Stecker gegeben. Die elektrische Definition der DTE/DCE-Schnittstelle beschreibt einen Generator, wobei eine Spannung von mindestens -3V als "1", von mindestens +3V als "0" interpretiert wird.

Die prozedurale Steuerung erfolgt durch Handshaking; wobei sowohl Hardwarehandshake durch Anlegen von Spannung an einzelne Stifte des Steckers als auch Softwarehandshake durch Übertragung von bestimmten Signalfolgen erfolgen kann.

Die Belegung der Stifte ist wie folgt:

- 7 .... Betriebserde (Common)
- 2,3 ...... Datenaustausch (Transmitted Data/TD - Received Data/RD)
- 20 .... Terminal ist eingeschaltet (=DTE hat Spannung von mehr als 3V); beim Einschalten des Terminals wird auch eine Spannung von mehr als 3V über Stift 20 zum Modem geschickt.
- 6 .... Information des Terminals, ob Modem eingeschaltet ist;

Stifte 6 und 20 stellen ein Hardwarehandshaking dar.

- 4 .... Sendeteil einschalten (Request To Send/RTS)
- 5 .... Sendebereitschaft (Clear To Send/CTS); Stifte 4,5 steuern die Sendeschnittstelle des Terminals zum Modem, um einem Overflow (und dem damit verbundenen Datenverlust) vorzubeugen. Das Terminal schickt an

das Modem die Anforderung zu senden (RTS), das Modem antwortet mit CTS, wenn es sendebereit ist.

- 8 .... Empfangssignalpegel (Data Carrier Detect); steuert die Eingabeschnittstelle des Terminals.

Dies ist sozusagen die "Minimalausstattung" einer einfachen DCE für eine Punkt-zu-Punkt-Verbindung für den Simplex-, Halbduplex- und Duplexbetrieb bei asynchroner Datenübertragung. Will man ein Terminal via Modem ans Telephonnetz anschließen, so sind zwei weitere Schaltungen nötig: ein sogenannter "Ring Indicator", in etwa mit einer Klingel bei einem normalen Telephon vergleichbar; sowie ein Stift "Data Terminal Ready", wodurch das Modem dem Anrufer zu erkennen gibt, daß es empfangsbereit ist, es also quasi den Hörer abhebt.

Die Vorteile von RS-232 bestehen in der Einfachheit der Schnittstelle und in der fast universellen Verwendbarkeit, zum Beispiel für den Anschluß von Druckern an PCs. Dabei sind allerdings oftmals trotz behaupteter "RS-232-C-Kompatibilität" gravierende Abweichungen vom Standard festzustellen. Als nachteilig haben sich die geringe Reichweite und die teils mangelnde Differenzierung der Kontrolle der DCE durch die DTE erwiesen.

2.1.2 X.21

X.21 ist ein Standard der physischen Schicht, der von CCITT ausgearbeitet wurde. Von manchen wird X.21 teilweise auch als Schicht 2-Standard gesehen. Sie unterteilen X.21 in die DCE/DTE-Schnittstelle für synchrone Übertragung in öffentlichen Netzen (Schicht 1) sowie den Kontrollprozeduren für geschaltete Netze (Schicht 2). Die Grundidee war jedenfalls, die Vielzahl von physischen Schaltungen zu reduzieren und durch komplexere logische Schaltungen zu ersetzen. Außerdem ist X.21 ausschließlich für synchrone Übertragung gedacht.

Bei den physikalischen und elektrischen Charakteristika sollte X.21 ursprünglich Datenübertragung über wesentlich weitere Strecken als V.28 ermöglichen. X.21 verwendet einen 15-pin-Connector, benötigt aber derzeit nicht alle Stifte dieses Steckers. X.21 verwendet acht Stifte:

- Schutzerde: sie dient dem Ausgleich von Betriebsspannungen zwischen DTE und DCE.

- Betriebserde: sie ist ein gemeinsamer Rückleiter für die Stromkreise der Schnittstelle.
- Datenleitung-Transmit (T): sendet Bits (auch Steuerzeichen) von DTE zu DTE, was wiederum vom Zustand von Control und Indication abhängt.
- Datenleitung-Receive (R): v.v.
- Control (C): eine Steuerleitung, die in Verbindung mit den Steuerzeichen, die auf der Sendeleitung transportiert werden, der DCE anzeigt, in welcher Phase der Verbindung man sich befindet. Auf dieser Leitung wird kein digitaler Datenstrom übertragen, die Leitung kennt nur die Zustände "ein" und "aus". Sie eignet sich daher nicht zur Übermittlung komplexer Kontrollinformationen. Diese Leitung kann auch zur Steuerung des halb-duplex-Betriebes verwendet werden:

  EIN-Zustand = DTE will senden

  AUS-Zustand = DTE im Empfangsmodus
- Indication (I): Meldeleitung um Statusinformationen an die DTE zu übermitteln. Die Zustände der Empfangsleitung werden an die DTE übergeben; auch hier sind nur zwei Zustände möglich:

  EIN ......Partner will senden,

  AUS ......Sendeerlaubnis.
- Signal Timing (ST): stellt synchrone Übertragung sicher.
- Byte Timing (BT): synchronisiert Oktetts.

Ich habe in 2.1 nur die beiden heute gängigsten Schnittstellen beschrieben. Sobald sich Schmalband-ISDN durchsetzen wird, ist mit einer schrittweisen Ablöse dieser Standards durch die ISDN-Empfehlungen I.430 und I.431 (siehe 2.5) in öffentlichen Netzen zu rechnen.

Weiterführende Literaturhinweise

Einen Überblick über die V.24-Schnittstelle bzw. Kompatibilitätsprobleme in der Praxis geben:
Campbell; V.24/RS-232 Kommunikation
Alisouskas, Tomasi; Digital And Data Communication
Weitere Details zu V.24 bzw. X.21 entnehme man
Tietz; CCITT-Empfehlungen der V-Serie und der X-Serie Bd. 1.1 bzw. 2.1, 6.Auflage

2.2 Normen nach ISO und CCITT

2.2.1 Zwei Link-Protokolle im Vergleich, HDLC und SS7 Signaling Link

2.2.1.1 Einordnung der beiden Protokolle

Diese beiden Link-Protokolle sind nicht nur die Basis bestehender und zukünftiger öffentlicher Netze (z.B. Schmal- und Breitband-ISDN), sondern erlauben auch einen interessanten Vergleich zweier grundsätzlich unterschiedlicher Link-Protokoll-Schemata:

HDLC als Repräsentant eines bitorientierten Protokolls mit Signalisierung im Kanal und SS7 Signaling Link (im folgenden SS7SL genannt), das ebenfalls bitorientiert ist, aber auf einem eigenen (und meist von mehreren Nutzkanälen gemeinsam verwendeten) Signalisierungskanal abläuft (Out-of-Band-Signalisierung).

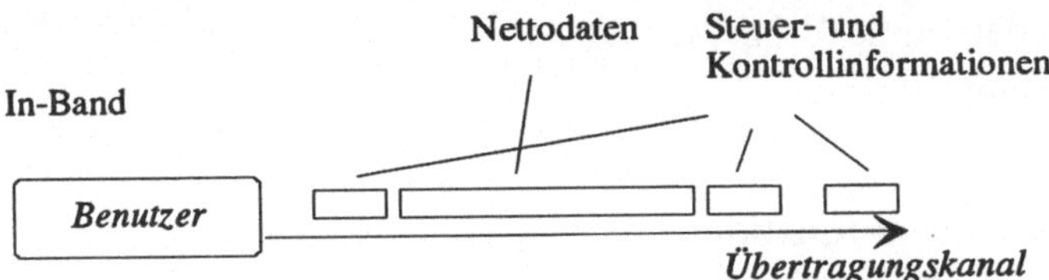

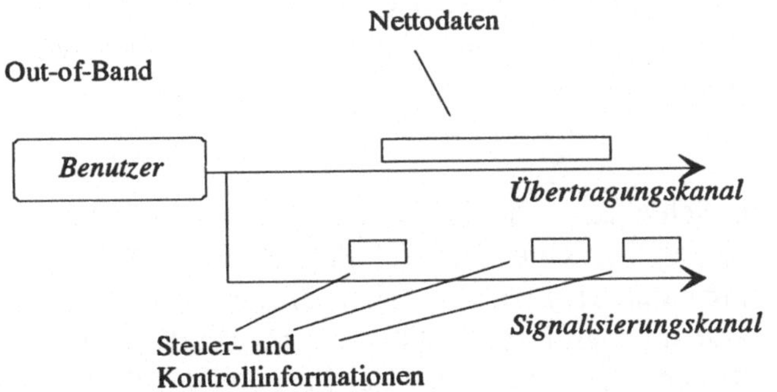

Abb.2.1: In Band- und Out of Band-Signalisierung

HDLC ist auch Bestandteil von X.25 und ist für die synchrone Datenübertragung, sowohl im Vollduplex als auch im Halbduplexbetrieb ausgelegt. Wobei HDLC selbst drei Arten von Stationen kennt:

- Primärstationen, die andere Stationen überwachen, Kommandorahmen an andere abgeben und selbst Antwortrahmen erhalten,
- Sekundärstationen, die von Primärstationen kontrolliert werden und
- Kombinierte Stationen, die sowohl Antwort- als auch Kommandorahmen senden können.

HDLC sieht zwei Verbindungskonfigurationen vor: die gleichberechtigte (balanced), in der kombinierte Stationen miteinander kommunizieren, und die nicht gleichberechtigte (unbalanced), wo es Primär- und Sekundärstationen gibt. LAP B, das in X.25 verwendet wird, sieht nur den gleichberechtigten Modus vor, deshalb auch der Name "Link Access Procedure Balanced".

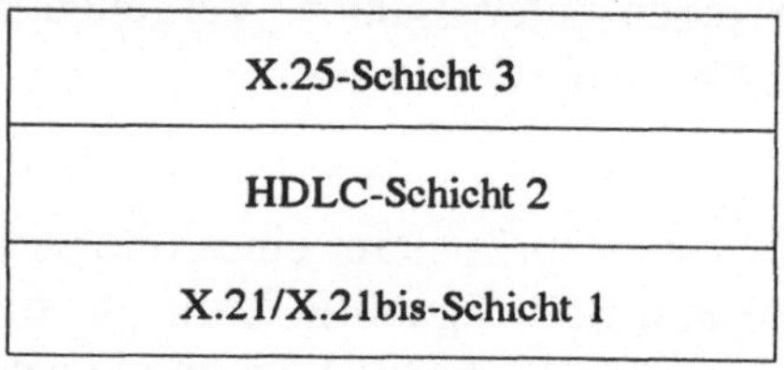

X.25-Schicht 3
HDLC-Schicht 2
X.21/X.21bis-Schicht 1

Abb.2.2: X.25-Architektur

SS7SL definiert zwei funktionale Einheiten: Signalisierungspunkte (SP, jeder Punkt im Netz, der Kontrollnachrichten behandeln kann) und Signaltransferpunkte (STP), die Kontrollnachrichten routen können. SS7SL läuft Punkt-zu-Punkt zwischen SP- bzw. STP-Paaren und zwischen SP und STP ab und unterstützt dabei SS7 Signaling Network (entspricht OSI-Schicht 3), das die Verbindung über einzelne Netzknoten hinweg besorgt (siehe dazu auch Kapitel 2.5.2 über Schmalband-ISDN).

Die drei unteren Schichten von SS7 bilden zusammen einen verläßlichen Datagrammdienst, den Message Transfer Part (MTP). Dieser sorgt für den Versand von Kontrollnachrichten, den Inhalt dieser Nachrichten aber bestimmen die auf ihn aufbauenden User Parts. Zwei für ISDN relevante User Parts wurden bisher definiert: der Telephone User Part und der ISDN User Part, der in Kapitel 2.5.2 näher beschrieben ist. Man beachte, daß MTP-Nachrichten immer als Pakete versandt werden, auch wenn das durch MTP zu kontrollierende Netz leitungsgeschaltet ist. HDLC bietet solche Möglichkeiten natürlich

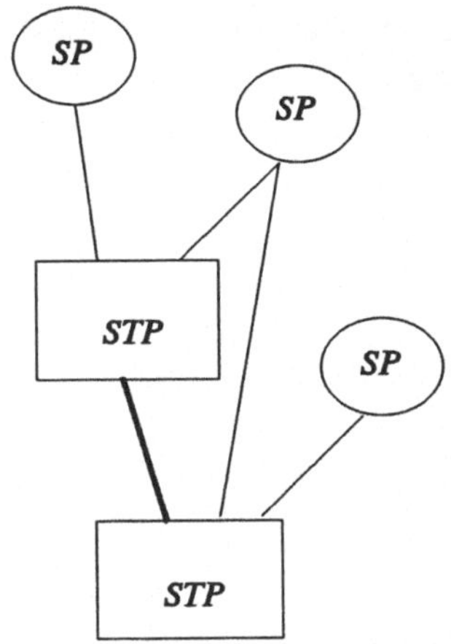

Abb.2.3: STP-SP-Anordnung

nicht. Es ist ausschließlich zur Kontrolle der Übertragung in Rahmen bzw. Paketen formatierter Daten ausgelegt, für hybride Netze also ungeeignet.

2.2.1.2 Gemeinsamkeiten

Beide Protokolle synchronisieren sich über eine Flag, 01111110, die als Start- und End-Delimiter verwendet wird, wobei der End-Delimiter eines Rahmens auch als Start-Delimiter des nachfolgenden verwendet werden kann. Muß innerhalb eines Rahmens ein Byte gleich dem Delimiter übertragen werden, wird dies durch Bit Stuffing umgangen[12].

In beiden Protokollen erfolgt die Flußkontrolle durch Windowmechanismen (HDLC mod 8 oder mod 128, SS7SL mod 128). Zur Fehlererkennung wird ein CRC mit dem CCITT-Standardpolynom verwendet[13]. Zur Fehlerbehebung verwenden beide Go-Back-N-ARQ, HDLC kann allerdings auch einen effizien-

12 Tritt die Kombination 11111 zwischen zwei Flags auf, so wird vom Sender ein Extrabit 0 eingefügt. Erkennt der Empfänger nun die Kombination 11111, so untersucht er das nächste Bit. Ist das 0, wird es ignoriert und der Empfänger fährt fort, den Bitstrom zu analysieren. Folgt 10, so erkennt der Empfänger die Flag, folgt 11, wird ein Abort durchgeführt.

13 Es wird ein Polynom der Form $x^{16}+x^{12}+x^{5}+1$ verwendet. Die Bitfehlerrate beträgt maximal 10^{-12}.

teren Selective Reject-ARQ realisieren (siehe Kapitel 1.2). Beide verwenden, wenn möglich, Piggybacking.

2.2.1.3 HDLC

HDLC unterscheidet drei Arten von Rahmen:

- Information Frame
  Sie tragen die eigentliche Nutzinformation plus Kontrollinformationen für den ARQ. Hier die allgemeine Bitstruktur eines solchen Rahmens:

  0 1 1 1 1 1 1 0
  Adresse
  0 Control
  Information (= n.8 bits)
  FCS (Frame Checking Sequence, 2 Byte)
  0 1 1 1 1 1 1 0

- Unnumbered Frames
  Sie werden beim Verbindungsauf- bzw.-abbau benötigt. Die Bitstruktur ist folgende:

  0 1 1 1 1 1 1 0
  Adresse
  1 1 Control
  Information (3 Byte)
  FCS (2 Byte)
  0 1 1 1 1 1 1 0

- Supervisory Frames
  Sie dienen der Fehler- und Flußkontrolle, wenn Piggybacking nicht möglich ist.

  0 1 1 1 1 1 1 0
  Adresse
  1 0 Control
  FCS (2 Byte)
  0 1 1 1 1 1 1 0

-) I-Rahmen

Sie dienen dem eigentlichen Nutzdatentransfer. Das Adreßfeld umfaßt ein Oktett, kann aber auch auf n Oktetts erweitert werden, wenn das erste signifikante Bit auf 0 gesetzt wird. Die Sendefolgenummer N(S) (mod 8 oder 128) wird im Sendefolgeregister V(S) gespeichert. In der Empfangsstation existiert ein Empfangsfolgeregister V(R), das die Nummer des nächsten erwarteten Rahmens hält. Da HDLC vollduplexfähig ist, muß jede Station sowohl ein V(S) als auch ein V(R) besitzen. Um der sendenden Station mitzuteilen, daß alle bisherigen Rahmen korrekt empfangen wurden, wird der Inhalt von V(R) (die Empfangsfolgenummer N(R)) in einem I-Rahmen an den Sender geschickt. Der erhält N(R) und "weiß", daß alle I-Rahmen bis dahin korrekt empfangen wurden. Das Control-Feld im I-Rahmen hat daher folgendes Aussehen:

Bits	0	1	2	3	4	5	6	7
	0	N(R)	"	"	P	N(S)	"	"

Deutet die FCS darauf hin, daß Bits gekippt sind, so wird V(R) nicht verändert, bei Eintreffen des nächsten Rahmens stimmt daher N(S) mit V(R) nicht mehr überein und es wird mit einem S-Rahmen geantwortet. Stimmt die FCS und N(S) = V(R), so wird V(R) um 1 mod 8 erhöht (siehe Abb.2.4).

Das vierte Bit eines Control-Rahmens ist das P/F- (Polling/Final-) Bit. Es kann im nicht-gleichberechtigten HDLC-Modus anzeigen, ob eine Sekundärstation senden darf und wann diese Sendeberechtigung wieder erlischt. In LAP B, also im gleichberechtigten Modus, zeigt dieses Bit an, ob es sich um ein Kommando (0) oder eine Antwort handelt (1).

-) U-Rahmen

Sie besitzen keine N(R) oder N(S), ändern also die Numerierung der I-Rahmen nicht. Das P/F-Bit ist üblicherweise 0. Es gibt fünf Untertypen dieses Rahmens:

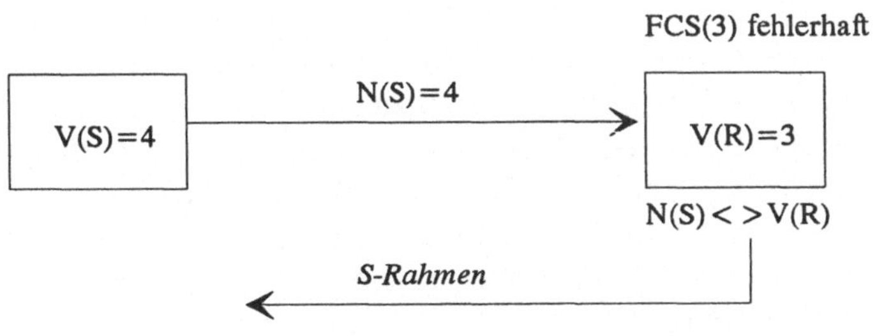

Abb.2.4: Funktionsweise von V(S) und V(R)

- Kommandos, die einen Übertragungsmodus vereinbaren. Damit wird der Verbindungsaufbau eingeleitet. V(S), V(R) werden auf 0 gesetzt. U-Rahmen werden daher auch zum Rücksetzen der Register benutzt. Die Kommandos im einzelnen:

  - SNRM - Set Normal Response Mode
  - SNRME - Set Normal Response Extended Mode
  - SARM - Set Asynchronous Response Mode
  - SARME - Set Asynchronous Extended Mode
  - SABM - Set Asynchronous Balanced Mode
  - SABME - Set Asynchronous Extended Mode

  wobei "Extended" bedeutet, daß ein 7-bit-Sende- und Empfangsfolgeregister verwendet werden soll. Mit UA (Unnumbered Acknowledgement) wird das Setzen des Modus bestätigt.

- SIM (Set Initialisation Mode). Die Partnerstation wird aufgefordert, ihre Kontrollfunktionen zur Datenübertragung zu initialisieren. Diese Funktion kann durch einen RIM-Rahmen (Request Initialisation Mode) von der Partnerstation angefordert werden und erfolgt als Antwort auf ein Kommando zum Setzen eines Übertragungsmodus, der nicht durchgeführt werden kann.

- DISC (Disconnect). Die Verbindung wird abgebrochen, nachdem die Partnerstation einen RD-Rahmen (Request To Disconnect) gesandt hatte.

- UI (Unnumbered Information)-Rahmen werden vor allem zum Austausch von Kontrollinformationen für die Link-Initialisierung verwendet.

- FRMR (Frame Reject). Diese Antwort folgt auf Rahmen, deren FCS richtig ist, deren Inhalt jedoch nicht sinnvoll erscheint. Oktetts 1, 2 und 3 werden für die Fehlerbezeichnung verwendet. So kann z.B. das Datenfeld zu lang oder das Kontrollfeld nicht plausibel sein, oder es wurde ein noch nicht gesendeter Rahmen bestätigt. In solchen Fällen greift der ARQ-Mechanismus nicht.

- RSET (Reset) initialisiert Sende- und Empfangsfolgeregister.

- XID-Rahmen dienen zum Austausch der Stationsidentifikation und eventueller benutzergruppenspezifischer Parameter.
- Testrahmen, um festzustellen, ob eine Verbindung noch aktiv ist.

-) S-Rahmen

Diese Rahmen werden zur Flußkontrolle und Fehlerbehandlung eingesetzt und sind ausschließlich Response-Rahmen. Die Unterformen:

- REJ (Reject). Der empfangene I-Rahmen weist einen Folgefehler auf (d.h. V(R)< >N(S)). Die N(R) des Reject-Rahmens ist der Inhalt von V(R). Damit verlangt der Empfänger, daß dieser bestimmte Rahmen (SREJ) oder dieser und alle seitdem gesendeten Rahmen (REJ) nochmals gesendet werden sollen. REJ realisiert einen Go-Back-N-ARQ, SREJ einen Selective Reject-ARQ.
- RNR (Receive Not Ready). Damit zeigt der Empfänger an, daß er keine weiteren Rahmen akzeptieren möchte (z.B. wegen Überlastung). Bis N(R)-1 wird noch bestätigt, aber erst der Empfang eines REJ- oder eines RR-Rahmens zeigt dem Sender an, daß er wieder I-Rahmen abschicken kann.
- RR (Receive Ready) Dieser Rahmen hebt den nicht empfangsbereiten Zustand wieder auf. Auch können damit empfangene I-Rahmen bestätigt werden, wenn der Empfänger selbst gerade keinen I-Rahmen, in dessen Control er N(R) einbetten könnte, zu senden hat.

S-Rahmen können eines der folgenden Controls besitzen:

Tabelle 2.1: Das Controlfeld in verschiedenen S-Rahmenarten

Bits	0	1	2	3	4	5	6	7
RR	1	0	0	0	P/F	N(R)	"	"
RNR	1	0	1	0	P/F	N(R)	"	"
REJ	1	0	0	1	P/F	N(R)	"	"

2.2.1.4 SS7SL

SS7SL bietet ebenfalls drei Arten von Rahmen (Signaling Units):

- Nachrichten Signaleinheiten, NSE
  Diese entsprechen in ihrer Funktion den HDLC I-Rahmen und werden auch für Piggybacking der Bestätigung verwendet.

  0 1 1 1 1 1 1 0
  N(R) A
  N(S) R
  Längenangabe
  SI SSI
  Information (n Byte)
  FCS (2 Byte)
  0 1 1 1 1 1 1 0

- Link-Status Signaleinheiten, LSE
  Sie dienen der Fluß- und Fehlerkontrolle.

  0 1 1 1 1 1 1 0
  N(R) A
  N(S) R
  Längenangabe
  Statusfeld
  FCS (2 Byte)
  0 1 1 1 1 1 1 0

- Füllsignaleinheit, FSE
  Bestätigung eines NSE, falls gerade kein Piggybacking möglich ist, außerdem zur Flußkontrolle verwendet.

  0 1 1 1 1 1 1 0
  N(R) A
  N(S) R
  Längenangabe
  FCS (2 Byte)
  0 1 1 1 1 1 1 0

N(R) bezeichnet den letzten korrekt empfangenen Rahmen, dient also dem Piggybacking des ACK. Negative Bestätigung erfolgt durch das A-Bit. N(S) ist die Sequenzfolgenummer mod 128 des gesendeten Rahmens, das R-Bit gibt an, ob der Rahmen zum ersten Mal gesendet wird, oder ob es sich um eine Retransmission handelt. In Netzen sehr großer Ausdehnung mit großem Propagation Delay (i.e. der Zeit, die ein Signal braucht, um von einem Ende der

Leitung zum anderen zu gelangen) ist es ineffizient, auf eine Bestätigung zu warten. Selbst bei einer Windowgröße von 128 würde bei kleinen und mittleren Rahmen der Kanal die meiste Zeit leer stehen. Daher werden Rahmen solange wiederholt gesendet, bis ihre (kumulative) Bestätigung eintrifft. Eine negative Bestätigung erübrigt sich in diesem Fall.

Die Längenangabe bezieht sich auf die Länge der zu transportierenden Kontrollnachricht für SS7 Schicht 3. SI (Service Indikator) und SSI (Subservice Indikator) bezeichnen den Typ der Kontrollnachricht einer höheren Ebene, die in dem SS7SL-Rahmen transportiert wird.

Die Informationsbytes in einer NSE gliedern sich in Quell- und Zielpunktcode (je 14 bit), einen 4-bit-Routingidentifikator und die eigentliche Kontrollnachricht einer höheren Schicht. Der 4-bit-Routingidentifikator wird gebraucht, da Kontrollnachrichten im Unterschied zu HDLC zwischen zwei Endpunkten über unterschiedliche Knoten geleitet werden können. Jede dieser Routen erhält einen Identifikator. Quell- und Zielpunktcode, werden auf Schicht 2 *nicht* ausgewertet, da SS7SL im Unterschied zu HDLC nur für den Punkt-zu-Punkt-Fall ausgelegt ist. Diese Adressen werden vom Schicht 3-Protokoll bzw. vom User Part auf Schicht 4 ausgewertet. Diese entscheiden anhand dieser Adressen, ob der Zielknoten erreicht ist, ob also die Kontrollnachricht an die Benutzerschnittstelle übergeben wird oder die Nachricht zum nächsten Knoten weitergeleitet werden muß.

LSE dienen auch dem Schutz des Signalisierungskanals vor Überlastung durch den Sender. Der Empfänger kann nämlich eine LSE mit Busy-Anzeige an den Sender schicken und diesen auffordern, keine NSE mehr über den Signalisierungskanal zu schicken, bis der Busy-Zustand durch ein weiteres LSE wieder aufgehoben wird. Diese Vorgangsweise ist aber extrem gefährlich! Nutzdaten können kaum ohne Kontrollnachrichten am Signalisierungskanal gesendet werden. Daher legt ein derartiges Busy-LSE u.U. Nettoübertragungskapazitäten von mehreren Mbit/s lahm. Außerdem geht dieser Vorgang an der Flußkontrolle des SS7 Schicht 3-Protokolls vorbei, das daher auch keine bessere Route für den Signalisierungskanal wählt oder diesen auf mehrere Routen aufteilt. Die Verbindung steht also, ohne daß sich jemand für die Behebung des Problems zuständig fühlt.

SS7 löst dieses Problem durch einen Timer. Busy-LSE müssen alle 200 ms wiederholt gesendet werden, sonst stellt die SS7SL-Protokollmaschine des Senders einen Ausfall der Verbindung fest. Dauert der Busy-Zustand länger als 10 s, dann wird ebenfalls ein Ausfall der Verbindung festgestellt. Damit wird das Problem Sache der SS7-Schicht 3, die den Signalisierungskanal umleitet oder aufteilt.

2.2.1.5 Funktionaler Vergleich HDLC - SS7SL

Tabelle 2.2: Gegenüberstellung von SS7SL, LAP D und LAP B

	SS7SL	LAP D	LAP B
Sequenzfolgenummer	7 bit	7 bit	3 oder 7 bit
Bit Stuffing Piggybacking	ja ja	ja ja	ja ja
Fehlererkennung Fehlerbehandlung	CCITT-CRC Go-Back-N-ARQ plus zyklischer Retransmission	CCITT-CRC Go-Back-N-ARQ	CCITT-CRC Go-Back-N-ARQ
Adreßfeld in bit	0	16	8

HDLC und SS7SL repräsentieren zwei unterschiedliche Philosophien der Übertragung von Kontrollnachrichten: In-Band-Signalisierung (die Übertragung der Kontrollinformationen auf der Datenverbindung) und Out-of-Band-Signalisierung (die Übertragung der Kontrollinformationen auf einem eigenen Signalisierungskanal). Die Methode, alle Kontrollinformationen auf einem von mehreren Nutzkanälen geteilten Kontrollkanal zu übertragen, hat einiges für sich:

Der Transfer zwischen Kontrolleinheiten stört die Sprach-/Datenübertragung auf den Nutzkanälen nicht. Die Kapazität eines Nutzkanals kann also vom Anwender voll genutzt werden. Über mehrere Vermittlungsstellen aufgebaute Verbindungen sind leichter herzustellen, da der Verbindungsaufbau von der Datenübertragung losgelöst ist.

Will man dagegen in X.25/HDLC Daten über mehrere Knoten hinweg übertragen, so müssen erst eine X.25-Verbindung und LAP B-Verbindungen aufgebaut werden, bevor Nettodaten übertragen werden können. Kommt bei einem Übertragungsprotokoll auch noch die Verhandlung über Optionen und Parameter hinzu (z.B. Fast Select oder geschlossene Benutzergruppe) und bedenkt man, daß bei vielen Kommunikationsvorgängen, z.B. über DATEX-P die Paketgröße recht klein ist (etwa bei Transaktionsprogrammen), so ist der Overhead für den Verbindungsaufbau verhältnismäßig groß.

Sollen die Nettodaten zwischen zwei Kommunikationspartnern gar auf mehreren Kanälen parallel übertragen werden, so ist eine allen Nutzkanälen gemeinsame Kontrolleitung ohnedies angebracht.

Andererseits ist eine solche Kontrolleitung auch die Achillesferse des ganzen Systems. Wenn sie nämlich ausfällt oder überlastet ist, wird dadurch eine ganze Gruppe von Nutzkanälen lahmgelegt oder in ihrer Übertragungskapazität unnötig eingeschränkt.

Im Kapitel über ISDN (2.5) werden wir sehen, daß mit der Einführung von ISDN die Tendenz in öffentlichen Netzen eindeutig in Richtung Out-of-Band-Signalisierung geht. Dabei spielt interessanterweise ein HDLC-Derivat LAP D die entscheidende Rolle. LAP D läuft an der Benutzerschnittstelle ab und überträgt bzw. empfängt am Signalisierungskanal die Steuerzeichen für die Übertragungsprotokolle, die auf den B-Kanälen ablaufen, doch werden die LAB D-Steuernachrichten intern von ISDN auf SS7-Nachrichten umgesetzt. Mehr dazu in Kapitel 2.5.

2.2.2 X.25, X.75 und "Triple X"

2.2.2.1 X.25

X.25 ist ein Standard der CCITT für die Schichten 1 - 3 und umfaßt in Schicht 2 LAP B und in Schicht 1 X.21. X.25 auf Schicht 3 (und auf diese beziehe ich mich im folgenden) stellt eine DCE-DTE-Verbindung her, wobei die DCE der DTE Zugang zu einem paketgeschalteten Netz ermöglicht. X.25 muß in der Lage sein, eine virtuelle Verbindung herzustellen. Diese Verbindung kann permanent (Permanent Virtual Circuit, PVC) oder geschaltet (Switched Virtual Circuit) sein. Die Kommunikation zwischen den DCEs geschieht mittels Paketen. Nutz- und Kontrollinformationen auf Schicht 3 werden von Schicht 2 als Nettodaten aufgefaßt und in I-Rahmen verschickt. Die folgende Abbildung zeigt, wie X.25-Rahmen der Schicht 3 in LAP B I-Rahmen der Schicht 2 eingebettet sind.

HDLC-Header	X.25-Header	Nettodaten von Schicht 4	HDLC-Trailer

Abb.2.5: Einbettung von X.25-Paketen in HDLC-Rahmen

Es gibt 14 verschiedene Pakettypen. Ein Paket besteht aus mindestens drei, maximal 128 Oktetts Benutzerdaten; allerdings erlaubt es X.25 dem Dienstanbieter, auch Maxima von 32, 64, 256, 512, 1024 oder 4096 Oktetts festzulegen. Größere Pakete heben natürlich die Effizienz.

-) Datenpakete

Sie transportieren die von Schicht 4 im Rahmen der Serviceprimitiven übergebenen Daten.

Bits 0 1 2 3 4 5 6 7
Q D 0 1 **logische** Kanalgruppennummer der Ziel-DCE
logische Kanalnummer
P(R)" " M P(S)" " 0
Nettodaten

Q ist derzeit nicht definiert, erlaubt es aber dem Benutzer, zwei verschiedene Arten von Daten zu unterscheiden. D dient der Flußkontrolle (siehe weiter unten), das More-Bit (M) zeigt an, ob noch weitere Pakete einer Nachricht folgen. P(R) Empfangsfolgenummer und P(S) Sendefolgenummer dienen der Synchronisation zwischen Sender und Empfänger. Der Mechanismus ähnelt dem unter HDLC beschriebenen, wobei wiederum P(R) für das Piggybacking des ACK verwendet wird. Analog zu HDLC bezeichnet P(R) den nächsten erwarteten Rahmen.

-) Kontroll- oder Steuerpakete

Sie dienen dem Verbindungsauf- und -abbau, Reset, Flow Control und der Diagnose, hier als Beispiel das Format zum Verbindungsaufbau:

Bits 0 1 2 3 4 5 6 7
0 0 0 1 Logische Kanalgruppennummer der Ziel-DTE
Logische Kanalnummer der Ziel-DTE
Art des Kontrollpakets 1
AL(1) AL(2)
A(1) (variabel lang)
A(2) (variabel lang)
facility length (2 Oktetts)
Facilities
Nettodaten

AL(1) enthält die Adreßlänge der rufenden DTE, AL(2) die der gerufenen DTE. A(1) und A(2) sind die entsprechenden Adressen. Die Facility Length

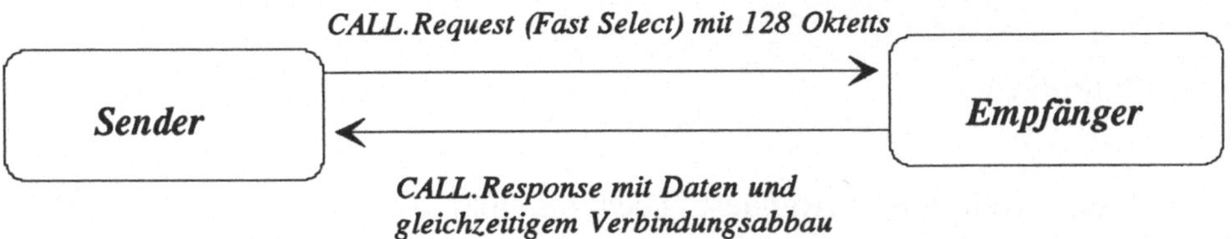

Abb.2.6: Fast Select in X.25

beschreibt die Länge des Facilities-Feldes in Byte. Facilities sind Optionen, die vom Netz unterstützt werden, die aber vom Benutzer angefordert werden müssen. Sie sind in CCITT X.2 normiert. Die wichtigsten sind: Geschlossene Benutzergruppe, Fast Select und Verhandlung über Durchsatz- und Flußkontrollparameter. Die Fast Select-Klausel ist vor allem bei Transaktionsprogrammen, bei denen kurze Nachrichten ausgetauscht werden, sinnvoll. Dabei wird im CALL.Request die Klausel gewählt. In einem normalen CALL.Request sind nur 16 Oktetts erlaubt, bei Fast Select jedoch 128, sodaß die gerufene Station CALL.Indication und Daten zugleich erhält. Die gerufene DTE kann nun entweder auch mit einem einzigen Paket antworten, das bis zu 128 Oktetts hat, oder normal weitersenden. In ersterem Fall ist eine virtuelle Schaltung mit einem einzigen Austausch aufgebaut, benutzt und abgebaut worden.

-) Interrupt Pakete

Sie umgehen die übliche Flow Control, sind also unabhängig von Sende- und Empfangsfolgenummer, aber auch von der Windowgröße.

Bits	0	1	2	3	4	5	6	7
	0	0	0	1	Logische Kanalgruppennummer der Ziel-DTE			
	Logische Kanalnummer der Ziel-DTE							
	0	0	1	0	0	0	1	1
	Nettodaten							

Die Aufgabe dieser Pakete ist es, z.B. ein Break zu übertragen, oder die nochmalige Bestätigung von zurückliegenden Paketen zu verlangen. Die Bestätigung ist von DTE zu DTE; das nächste Interrupt kann erst nach Bestätigung des letzten abgeschickt werden, dies geschieht, um zu verhindern, daß ein Netz mit (nicht der Flow Control unterliegenden) Interrupt Paketen "zugemacht" wird.

Die Kommunikation kann in drei Phasen gegliedert werden:

-) Aufbauphase

DTE 1 sendet ein CALL.Request. Dieses enthält die Adresse der Ziel-DTE. Nur das erste Paket muß die Adresse mitführen, da mit dem ersten CALL.Request an die DCE 1 ein logischer Kanal geschaffen wurde, dem die Adresse von DTE 2 eindeutig zugeordnet wurde; DCE 2 sendet ein Incoming Call-Paket an DTE 2. Es können zwischen einer DTE und DCE auch mehrere logische Kanäle bestehen; sie werden in den ersten beiden Oktetts des Paketes unterschieden. X.25 erlaubt es einer DTE über ihre DCE bis zu 4095 virtuelle Verbindungen gleichzeitig aufzubauen. Logische Kanalgruppen- und logische Kanalnummer identifizieren diese virtuellen Verbindungen. Will DTE 2 mit DTE 1 kommunizieren, so generiert sie ein Call Accepted-Paket, das von DCE 1 als Call Connected-Paket an DTE 1 weitergegeben wird. Dabei ist die logische Kanalnummer die selbe, die im Call Request von DTE 1 angefordert wurde.

-) Datenphase

Datenpakete sind im letzten Bit des 3. Oktetts mit 0 als solche gekennzeichnet. Es existiert zwar ein eigenes Receive Ready-Paket als Acknowledgement (und zwar sowohl für die DCE als auch für die DTE), doch wird die Bestätigung meist im nächsten Datenpaket mitgegeben (Piggybacking). Ist eine Station überlastet, so wird dies mit einem DTE-RNR (Receive Not Ready) bzw. einem DCE-RNR-Paket angezeigt.

-) Verbindungsabbau

Eine DTE sendet ein CLEAR.Request ab, das von ihrer DCE lokal mit einem CLEAR.Confirmation beantwortet wird, wobei diese DCE den Abbauwunsch an die Partner-DCE weiterleitet; diese teilt ihrer DTE das CLEAR.Indication mit. Die DTE beantwortet es mit einem CLEAR.Confirmation an ihre DCE.

Bei einfachen Fehlern bietet X.25 eine Reset-Funktion, um eine virtuelle Verbindung zu initialisieren; d.h. auf beiden Seiten wird die Sequenzfolgenummer auf Null gesetzt. Dabei gehen natürlich Datenpakete, die sich gerade in der Übertragung befinden, verloren - es ist Sache eines Protokolls einer höheren Schicht, dies zu beheben. Kommt es zu unbehebbaren Fehlern, so erfolgt ein Restart, wobei Restart bei SVCs als Clear, bei PVCs als Reset wirkt. Es ergibt sich somit ein hohes Maß an Kongruenz zwischen HDLC und X.25 Schicht 3, was Verbindungsauf- und -abbau als auch die Datenphase betrifft.

Wie HDLC verfügt auch X.25 in Schicht 3 über Mechanismen zur **Flow Control**. Sende- und Empfangsfolgenummer P(S) und P(R) (analog zu N(S) und N(R) in HDLC) werden im 3. Oktett eines Datenpaketes mitgeführt. Dieses dritte Oktett hat daher folgendes Aussehen:

Bits	0	1	2	3	4	5	6	7
	P(S)"		"	M	P(R)"		"	0

Das 8. Bit muß lt. Konvention 0 sein, da es sich um ein Datenpaket handelt. Das More Bit (M) zeigt an, ob ein weiteres Paket einer Sequenz folgt (M=l) oder nicht, denn es kann zum Beispiel nötig sein, daß ein Anwendungsprozeß seine Pakete in einzelne Teile zerlegt, um die maximale Paketgröße von X.25 nicht zu überschreiten. Somit ergibt sich eine zusammengehörige Sequenz von Paketen. P(S) numeriert die Pakete fortlaufend mod 8. P(R) wird für die kumulative Bestätigung verwendet.

Wenn D = 0 (siehe Beschreibung der Paketformate weiter oben), erhält die DTE das Acknowledge für abgesandte Pakete vom Netz. Die Bestätigung kann dabei sowohl von der lokalen DCE als auch von der DCE der Partner-DTE kommen. In beiden Fällen spricht man dabei von "lokalem" Acknowledge. Ist D = 1, kommt die Bestätigung von der Partner-DTE. X.25 definiert anhand dessen zwei Typen von Paketen:

- solche, bei denen M = 1 und D = 0 sind (A-Pakete)
- und alle anderen (B-Pakete).

Eine Sequenz von zusammengehörigen Paketen, die auf einem logischen Kanal transportiert werden, enthält nun Null, eines oder mehrere A-Pakete und genau ein B-Paket. Ist im B-Paket D = 1, wird dieses von der Ziel-DTE selbst bestätigt, was praktisch einer Bestätigung der gesamten Sequenz gleichkommt.

Dieser Window-Mechanismus muß jedoch für jeden logischen Kanal unabhängig betrieben werden. Kommt es zu Fehlern in der Übertragung, kann eine Reihe zurückliegender Pakete mit einem DTE-Reject (REJ-S-Rahmen in LAP B) wieder verlangt werden. Das verwendete Interrupt-Paket (ebenfalls REJ-S-Rahmen) dient für kurze Steuerinformationen und unterliegt nicht der Flußkontrolle, darf also auch nach einem RNR gesendet werden. Reset reinitialisiert eine Verbindung, die Zähler werden auf 0 gestellt, alle Pakete, die

lokale Bestätigung bei D=0

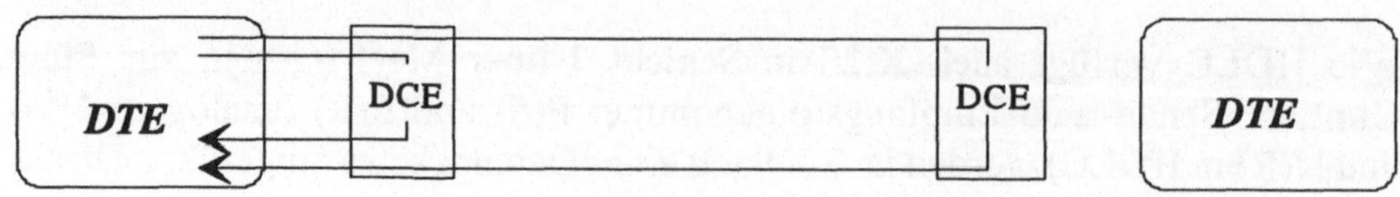

Bestätigung durch Partner-DTE bei D=1

Abb.2.7: Die Funktion des D-Bits in X.25

sich noch auf der Verbindung befinden, ignoriert. Dabei kann der Restart sowohl durch die DTE als auch durch die DCE ausgelöst werden.

2.2.2.2 X.75

Wie bereits erwähnt, normiert X.25 nur den Zugang eines Endgerätes zum Netz, also die DTE-DCE-Schnittstelle. Pakete werden jedoch nicht nur in einzelnen Subnetzen verschickt; es muß auch der Versand über mehrere Subnetze hinweg unterstützt werden. Diese Aufgabe ist ebenfalls Teil des Network Layer und wurde von der CCITT unter X.75 normiert. Während also X.25 den Zugang der DTE zu einem paketgeschaltenen Netz (bei verbindungsorientiertem Modus) normiert, regelt X.75 den Paketverkehr zwischen einzelnen Subnetzen. X.75 ist also

- verbindungsorientiert und
- auf DCE-Ebene implementiert.

Ein solches Gateway zwischen einzelnen paketgeschaltenen Subnetzen wird auch als Signal Terminating Equipment (STE) bezeichnet. Eine virtuelle Schaltung besteht also aus folgenden Schritten:

- DTE-DCE
- DCE-STE
- STE-STE (beliebig oft wiederholbar)
- STE-DCE
- DCE-DTE

Die beiden DCEs sehen X.75 jedoch nicht; für sie ergibt sich ein erweitertes Gesamtnetz. Die STE läßt dabei die Pakete unverändert, es wird kein zusätzlicher X.75-Header verwendet. Die STE muß aber in der Lage sein, verschiedene virtuelle Schaltungen, die über sie gleichzeitig laufen, zu unterscheiden. Der Aufbau solcher virtueller Schaltungen erfolgt dabei schrittweise:

- Ein CALL.Request der DTE initiiert den Aufbau der DCE1-STE-Verbindung; dabei wird die logische Nummer der virtuellen Verbindung mitübergeben.
- Durch ein X.75-Kontrollpaket wird eine STE-STE-Verbindung hergestellt.
- Ist die STE des Zielsubnetzes erreicht, wird schließlich die STE-DCE2-Verbindung aufgebaut; dabei erhält die Ziel-DCE die von DCE1 angeforderte logische Kanalnummer.
- Schließlich wird ein X.25 CALL.Indication an DTE2 übergeben.

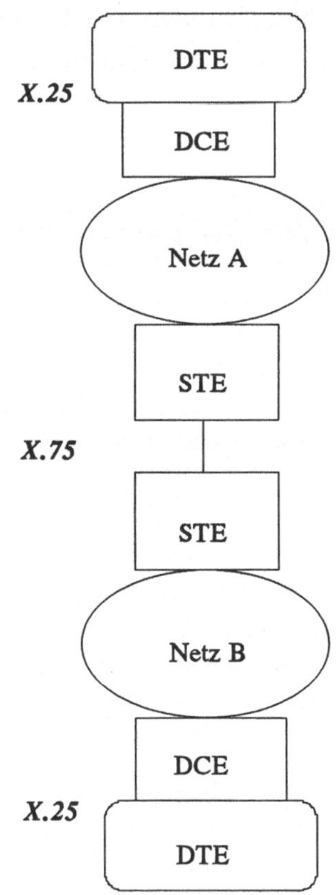

Abb.2.8: Zusammenhang zwischen X.25 und X.75

Die Norm umfaßt wie X.25 drei Schichten:

- Physical Layer (X.21)
- Link Layer (LAP B)
- Network Layer (mit X.25 weitgehend ident)

2.2.2.3 Triple X

"Triple X" ist die Bezeichnung für drei Standards, die eng mit X.25 verknüpft sind: X.3, X.28 und X.29. Diese Trias von Standards soll zeichenorientierte Terminals an paketgeschaltene Netze anschließen, wobei X.3 den PAD (Packet Assembly-Disassembly), X.28 die Benutzerschnittstelle zu X.3 und X.29 die Benutzung von X.25-Paketen zum Transport der Daten definiert. X.29 setzt also direkt auf X.25, nicht aber auf einem Protokoll der Schicht 4 auf.

Der PAD dient der Verbindung zwischen dem "dummen" Terminal und dem komplexen paketgeschaltenen Netz. Der PAD ist einfach gesehen ein Puffer, der Zeichen um Zeichen vom Terminal erhält, zu Paketen zusammenstellt und ans Netz weiter gibt und v.v.. X.3 stellt insgesamt 18 Parameter bereit, die das Verhalten des PAD bestimmen. Diese Parameter können sowohl vom Host als auch vom Terminalbenutzer geändert werden. PAD-Funktionen können aber nicht nur für den Anschluß zeichenorientierter Endgeräte, sondern auch für den Anschluß über das öffentliche Telephonnetz (oder auch DATEX-L) an ein paketgeschaltenes Netz verwendet werden.

2.2.2.4 Zusammenfassung, Ausblick

Worin liegen nun die spezifischen Vor- und Nachteile der Kombination X.25/X.75? Der Vorteil gegenüber dem Telephonnetz ist die in der Regel höhere Geschwindigkeit. X.25 wird von der Österreichischen Post zu Geschwindigkeiten von 2.400, 4.800, 9.600 bit/s und 48 kbit/s angeboten. Aber auch gegenüber dem ebenfalls von der Post angebotenen leitungsvermittelten DATEX-L (X.21) bietet DATEX-P einige Vorteile: die Möglichkeit, Endgeräte unterschiedlicher Geschwindigkeit miteinander kommunizieren zu lassen; das Multiplexen mehrerer virtueller Verbindungen über eine DCE; (virtuelle) Standverbindungen; keine entfernungsabhängige Vergebührung, wie bei DATEX-L; sowie vor allem bei dialogorientierten Anwendungen die bessere Leitungsausnutzung des paketgeschaltenen Netzes.

Ein Nachteil von X.25/X.75 ist, daß in allen Subnetzen das selbe Netzzugangsprotokoll, eben X.25, bestehen muß, da die Datenübertragung verbindungsorientiert ist.

Für den leitungsgeschaltenen Zugriff auf paketgeschaltene Netze, z.B. via ISDN, wurde von der CCITT Mitte der 80-er Jahre X.32 geschaffen. Dabei

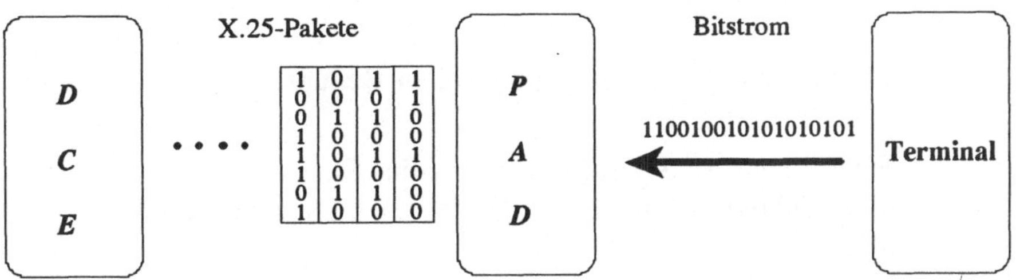

Abb.2.9: Funktionsweise des PAD

wird sowohl der Zugriff auf das Paketnetz (dial in) als auch die Anwahl einer DTE vom Paketnetz aus (dial out) unterstützt.

Mit der Einführung des öffentlichen ISDN wird die Bedeutung von X.25 zunächst nicht abnehmen. Auf mehreren Stufen ist nämlich die Integration von X.25 in ISDN möglich. Allerdings tauchen bereits neue, der hohen Übertragungsqualität und dem hybriden Charakter von ISDN eher entsprechende Paketvermittlungstechniken am Horizont auf: Frame Relaying und Fast Packet Switching. Mehr dazu in 2.5.

2.2.3 ISO IP/TP

2.2.3.1 ISO IP (Internetprotokoll)

Anders als X.25/X.75 bietet ISO IP verbindungslose Kommunikation mit einem Gateway auf DTE-Ebene. Damit ist es natürlich wesentlich flexibler als X.75, das darauf angewiesen ist, daß in allen Subnetzen das selbe Netzzugangsprotokoll gilt. Dabei lehnt sich der ISO-Standard eng an DoD IP an. ISO IP wird der nächst höheren Schicht in Form von zwei Serviceprimitiven zur Verfügung gestellt.

- N-UNITDATA.Request
- N-UNITDATA.Indication

Beide Primitiven führen die globale Quell- und Zieladresse, die Qualitätsstufe des Dienstes und die Benutzerdaten mit. Als Qualitätsparameter sind definiert:

- Timeout für Verzögerung zwischen Request und Indication,
- Sicherheitsstufen (definiert sind: keine Sicherheitmaßnahmen, Schutz gegen passives Mithören oder gegen aktives Stören),
- Einschränkungen bezüglich der akzeptablen Übertragungskosten,
- Prioritätsstufen.

Da es beim verbindungslosen Datentransport keinen Handshake vor der Aufnahme der Datenübertragung gibt, kann es auch keine Verhandlung über diese Qualitätsparameter geben. Sie müssen dem Sender daher von Beginn an bekannt sein. Können die vorvereinbarten Parameter aus irgendwelchen Änderungen im Netz nicht erfüllt werden, wird versucht, das Datagramm in gleich welcher Qualität zuzustellen. Die beteiligten Subnetze können höchst unterschiedliche Paketgrößen aufweisen. Deshalb muß ein Internetprotokoll einen Segmentierungs- bzw. einen Reassemblierungsmechanismus vorsehen, mit dem die Paketgröße an das jeweilige Subnetz angepaßt werden kann. Daher sieht ISO IP einen **Segmentierungsmechanismus** vor. Als Teil des IP-Headers führt das Datagramm die

- ID (bestehend aus globaler Quell- und Zieladresse und Sendefolgenummer),
- Datenlänge,
- Offset (Position des Segments im Originaldatagramm) und
- More Flag (ist noch ein Segment dieses Datagramms zu erwarten?)

mit. Muß nun an einem Gateway zu einem Subnetz, das eine geringere maximale Paketgröße aufweist, ein Datagramm zerlegt werden, so geht ISO IP nach folgendem Schema vor:

- Das Datagramm erreicht das Gate mit einer gegebenen Datenlänge, Offset = 0 und More Flag = 0.

- Das Datagramm wird in zwei oder mehr Segmente zerteilt, wobei aber jedes Segment, außer dem letzten, ein Vielfaches von 64 Oktetts lang sein muß.
- Jedes dieser Segmente enthält den ursprünglichen IP-Header (inkl. der ID), wobei allerdings Offset und More folgendermaßen angepaßt werden:

Beispiel[14]:

Ursprüngliches Datagramm:
Länge = 712 Oktetts
Offset = 0
More = 0

Offset und More sind auf 0 gesetzt, da das Datagramm noch nicht zerlegt wurde. Nun wird z.B. in drei Segmente unterteilt:

1: Länge = 240
Offset = 0 (da es das erste Segment ist)
More = 1 (es folgen weitere Teile des Segments)

2: Länge = 240
Offset = 30 (240 Oktetts = 1920 bit = 30 64-bit-Einheiten;
d.h. es gehen diesem Segment 30 64-bit-Blöcke voraus)
More = 1

3: Länge = 232
Offset = 60 (2 mal 240 Oktetts gehen diesem Segment voraus)
More = 0 (es folgt kein weiteres Segment)

Das Wiederzusammensetzen der Segmente erfordert einen genügend großen Pufferspeicher. Alle Segmente mit der selben ID werden in eine Schlange gereiht. Das Segment mit Offset = 0 und More = 1 muß das erste, dasjenige mit More =0 das letzte sein. Dazwischen ermöglichen es Datenlänge und Offset, das Datagramm puzzleartig wieder zusammenzusetzen. Dabei ist es nicht nötig, daß die Segmente in der richtigen Reihenfolge eintreffen.

Ein Fragmentierungsmechanismus wirft aber seinerseits neue Probleme auf. In Netzen, in denen Authentizitätsmechanismen gewünscht werden, trägt das Datagramm üblicherweise eine digitale Signatur. Wird das Datagramm bei

14 Beispiel verändert entnommen aus:
Stallings; Handbook of Computer Communications Standards I.

Die Segmente 1 und 3 sind bereits eingetroffen. Der Pufferspeicher erkennt anhand des Offsets die richtige Speicheradresse (240 Oktetts) und sieht, daß die Offsets eine lückenlose Kette ergeben, das Datagramm also komplett ist.

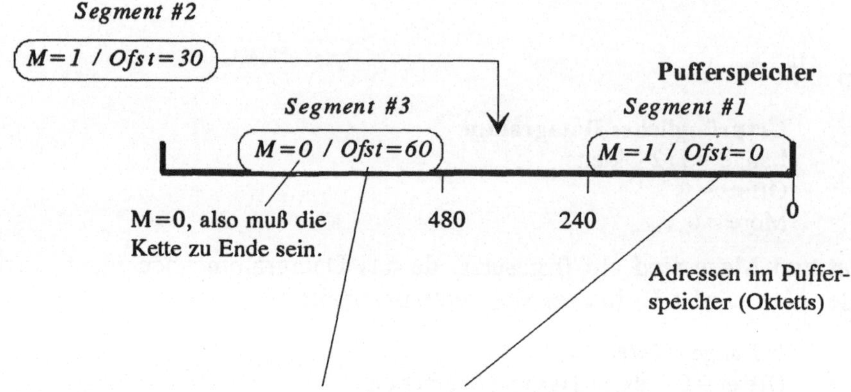

240 Oktetts Segmentlänge wären ein Offset von 30, Segment #3 hat aber ein Offset von 60 eingetragen; es fehlen also noch ein oder mehrere Segmente.
Achtung: Die Pufferspeicherverwaltung kennt die oben angeführten Segmentnummern nicht! Sie dienen nur der besseren Darstellung in der Graphik. Die einzige Orientierung der Pufferspeicherverwaltung sind More, Offset und Segmentlänge.

Abb.2.10: Reassemblierung in unserem Beispiel

einem Knoten fragmentiert, so müssen Mechanismen gefunden werden, wie einerseits die Signatur in allen Fragmenten erhalten bleibt und wie andererseits diese Signatur bei der Reassemblierung wieder hergestellt werden kann, sodaß sie der Empfänger als gültig ansieht. Dies ist kein ISO IP-spezifisches Problem, sondern muß von jedem Internetprotokoll, das (sinnvollerweise) Fragmentierungsmechanismen bereitstellt, gelöst werden.

Ein verbindungsloser Dienst ist von Natur aus unsicher. Es ist nicht garantiert, daß alle Segmente beim Zielknoten auch wieder eintreffen. Auch kann - vor allem bei adaptivem Routing ein Segment "hängenbleiben" und ping- pongartig hin- und hergeschoben werden. Hier muß ein Timeoutmechanismus greifen, da das Datagramm sonst ewig kreisen würde. Zwei Verfahren können verwendet werden:

- Echtzeit Timeout für das erste Segment. Ist das Datagramm binnen einer gewissen Zeit nicht wieder hergestellt, werden alle seine Segmente gelöscht.
- Das IP-Modul der Empfangsstation dekrementiert die Lebenszeit des Datagramms, solange nicht alle Segmente eingetroffen sind, so als ob das Datagramm (als Ganzes) noch auf dem Weg wäre.

Die IP-Funktionen werden in vier Gruppen geteilt:

- **Verpflichtend.** Sie müssen von allen Produkten, die Kompatibilität beanspruchen, erfüllt werden. In dieser Gruppe sind vor allem Segmentierungs- und Reassemblierungsfunktionen, Lebenszeitkontrolle sowie Headerformaterzeugung und -analyse (siehe weiter unten) enthalten.
- **Verpflichtend-wählbar.** Sie müssen ebenfalls in kompatiblen Produkten immer implementiert sein, müssen aber, um wirksam zu werden, von den Partnern vereinbart werden. Dies sind Fehlerreportfunktionen und Checksummenbildung mit Überprüfung an jedem Knoten.
- **Optional-restriktiv.** Diese Funktionen können von ISO IP-Produkten unterstützt werden, müssen es aber nicht. Findet ein IP-Modul, das diese Funktionen nicht unterstützt, ein Datagramm, das diese Funktion benötigt, löscht es dieses. In diese Gruppe gehören Sicherheitsstufen, Source Routing (i.e. die Angabe der zu passierenden Hops durch den Sender) und Route Recording (i.e. ein Protokoll über alle besuchten Gates).
- **Optional-nicht restriktiv.** Unterstützt ein Modul diese Funktionen nicht, so ignoriert es diesbezügliche Informationen im Datagrammheader und leitet diese einfach weiter. Solche Funktionen sind etwa Prioritäts- und Qualitätsstufen, sowie Padding (im Datagrammheader wird ein Platz vorgesehen, um das Datenfeld an Wortgrenzen einzelner Hosts anzupassen, was die Verarbeitungsgeschwindigkeit natürlich wesentlich erhöht).

ISO IP kennt zwei Arten von PDUs (Protocol Data Units):

- Daten-PDUs und
- Fehlerreport-PDUs.

Hier ihre Formate (die meisten Felder wurden bereits beschrieben):

Oktetts	
1	Protokollidentifizierer
1	Länge des Headers in Oktetts
1	IP-Version (für zukünftige Entwicklungen)
1	PDU-Lebenszeit als Vielfaches von 500ms
1	Segmentation erlaubt J/N, More Flag Fehlerreport erwünscht J/N, Typ (Daten- oder Fehlerreport-PDU), bei letzterem sind die anderen drei Flags in diesem Oktett nicht gesetzt
2	Segmentlänge
2	Checksumme
1	Länge der Zieladresse
n	Zieladresse
1	Länge der Quelladresse
m	Quelladresse

Daten-PDU		Fehlerreport-PDU	
2	ID	s	Optionen
2	Offset	t	Fehlerursache
2	Gesamtlänge des ursprünglichen PDU		
r	Optionen		

Als Optionen stehen zur Verfügung:

- Padding
- Sicherheitsstufen
- Source Routing
- Route Recording
- Qualitätsstufen
- Prioritätsstufen (0-14)

Im übrigen lehnt sich ISO IP stark an DoD IP an, bis hin zu ähnlichem Aufbau der PDUs. Das Fehlerreport-PDU entspricht dem ICMP bei TCP/IP. In beiden Fällen sendet ein Gateway, das ein Datagramm vom Netz nehmen muß, einen

Fehlerreport an den Sender, da das Datagramm ja unbestätigt ist und der Sender über das Scheitern der Sendung unterrichtet werden sollte.

Dennoch hat ISO einige Änderungen eingeführt. Die 32-bit-Adresse des DoD IP entsprach nicht den Anforderungen eines weltumspannenden, auch öffentliche Netze integrierenden Internets. Daher ist die Adressierung in ISO IP variabel lang. Außerdem wurde eine Flag eingeführt, ob ein Fehlerreport-PDU erwünscht ist, wenn das Datagramm von einem Gateway vom Netz genommen wird. Auch die Optionen sind etwas anders geregelt. ISO hat in ISO 8348/DAD 2 ein globales Adreßschema für den Network Layer entworfen. Die Pendants in der TCP/IP-Welt sind das Internetadreßschema und das Konzept der Namensdomänen. Ich werde in Kapitel 2.3 auf die beiden Adreßschemata zurückkommen und nach der Besprechung von DoD IP möchte ich dann beide IPs gemeinsam dem Virtual Circuit-Konzept gegenüberstellen.

2.2.3.2 ISO TP (Transportprotokoll)

Für eine allgemeine Einführung in die Funktionsweise des Transport Layer verweise ich auf Kapitel 1.2.4. Dort wurden drei Qualitätsstufen der drei untersten OSI-Schichten definiert, sie seien hier nochmals kurz in Erinnerung gebracht:

a) geringer Prozentsatz an angezeigten Fehlern (AF) und Residualfehlern (RF),

b) geringer Prozentsatz an RF, aber hoher an AF,

c) sowohl hoher AF- als auch RF-Prozentsatz.

ISO TP bietet ein verbindungsorientiertes und ein verbindungsloses Transportprotokoll.

-) Verbindungsorientiertes ISO TP

Dieses Protokoll gibt es in 5 Qualitätsklassen:

Class O = Einfachklasse

Class 1 = Einfache Fehlerbehebungsklasse

Class 2 = Multiplexklasse

Class 3 = Fehlerbehebungs- u. Multiplexklasse

Class 4 = Fehlererkennungs- u. Fehlerbehebungsklasse

Diese Klassen entsprechen den oben genannten Qualitätsstufen: Class 0 und 2 werden in Typ a) Netzen, Class 1 und 3 in b) Netzen und Class 4 in c) Netzen verwendet.

Class 0 ist ident mit CCITT T.70 zur Teletexübertragung. Es gibt hier weder Flußkontrolle noch irgendeine Form der Erkennung oder Behebung von Fehlern der darunterliegenden Schichten. Dies setzt eine verläßliche Verbindung auf den Schichten 1-3 voraus. Segmentierung in Richtung Network Layer und Wiederzusammenbau (falls dieser die maximale Paketgröße nicht unterstützt) ist möglich. Class 0 setzt einen verläßlichen und sequenzierenden Dienst (i.e. die Garantie, daß die TPDUs in der richtigen Reihenfolge zugestellt werden) auf den Schichten 2 und 3 voraus.

Class 1 (einfache Fehlerbehebungsklasse). Die Transportverbindung ist bis zu einem bestimmten Grad von der Netzwerkverbindung unabhängig: die Fehlerbehebung umfaßt aber nur angezeigte Fehler, keine Residualfehler. Der Hauptunterschied im Protokoll besteht in der Sequenzierung der Daten- und Kontroll-TPDUs. Dadurch kann das Transportprotokoll nach einem Reset auf Schicht 3 korrekt wieder aufsetzen. Die Flußkontrolle wird aber wie bei Class 0 vom Network Layer durchgeführt. Auch Class 1 setzt auf den Schichten 2 und 3 einen verläßlichen Dienst voraus. Expedited Data-Anweisungen vom Session Layer (siehe Kapitel 3.2.1) werden unterstützt.

Class 2 ermöglicht zwar das Multiplexen verschiedener Transportverbindungen in eine Netzwerkverbindung (wobei auch einzelne Transportverbindungen unabhängig von den anderen aufgebaut bzw. beendet werden können), bietet jedoch nur eine minimale Fehlerbehandlungsfunktion. Ein Kreditverfahren zur Flußkontrolle (siehe dazu auch Kapitel 1.2.4) wird optional angeboten, da beim Multiplexen von mehreren Transportverbindungen über eine Schicht 3-Verbindung auch eine Flußkontrolle pro Transportverbindung geboten werden muß. Selbstverständlich verlangt auch diese Klasse einen verläßlichen Schicht 2- und 3-Dienst.

Class 3 faßt die Optionen von 1 und 2 zusammen. Das bedeutet Behebung von angezeigten Fehlern, Multiplexen mit Kreditverfahren für jede virtuelle Verbindung und eine Rücksetzfunktion nach Schicht 3-Zusammenbrüchen. Expedited Data-Transfer wird unterstützt. Zusätzlich zu den Klassen 1 und 2 bietet sie auch (optional vereinbar aber verpflichtend in der Protokollmaschine implementiert) eine Fehlererkennung mittels Checksumme.

Class 4 nimmt an, daß die Verbindung auf den Schichten 1-3 nicht zuverlässig ist. Entsprechend umfangreich sind die Mechanismen zur Fehlerbehebung, Flußkontrolle (Kreditverfahren) und Duplikatsmanagement (siehe auch Kapitel 1.2.4). Auch Multiplexen wird geboten.

Sowohl Class 3 als auch 4 können mit einem nicht verläßlichen Schicht 2- und 3-Dienst zurecht kommen. Der Unterschied besteht in der Möglichkeit zur Resequenzierung (ordnen von durch Schicht 3 nicht in der richtigen Reihenfolge zugestellten TPDUs), Retransmission nach Timeout und Stille bei Zusammenbruch der Verbindung (um die Time-to-Live noch kreisender Datagramme abzuwarten). Dies bietet nur Class 4. Daher kann auch nur Class 4 bei einem Datagrammdienst auf Schicht 3 herangezogen werden!

ISO TP bietet seinen Dienst dem Session Layer in Form von Service-Primitiven an[15].

a) T-CONNECT.Request und .Indication

b) T-CONNECT.Response und .Confirm

c) T-DISCONNECT.Request und .Indication

d) T-DATA.Request und .Indication

e) T-EXPEDITED-DATA.Request und .Indication

a) und b) werden für den Handshakemechanismus bei Verbindungsaufbau benötigt. Die sendewillige Station sendet ein CONNECT.Request, das dem Empfänger als CONNECT.Indication übergeben wird. Will dieser die Verbindung aufbauen, sendet er CONNECT.Response, das der Sender als CONNECT.Confirm erhält. Will der Empfänger nicht, so sendet er ein

15 Ein PDU besteht aus drei Teilen, wobei der Detailaufbau natürlich von PDU-Typ zu PDU-Typ verschieden ist:
-) einem fixen Header (u.a. Längenindikator, Kreditangabe, Verbindungs-ID im Sender- und Empfängermodul oder die Sequenzfolgenummer),
-) einem variablen Header (z.B. mit SAP-ID von Sender und Empfänger, Checksumme, Priorität oder benutzerdefinierte Sicherheitsparameter)
-) den Benutzerdaten

Ich erspare dem Leser an dieser Stelle eine explizite Angabe der einzelnen PDU-Formate in den verschiedenen Klassen und verweise auf den Standard.

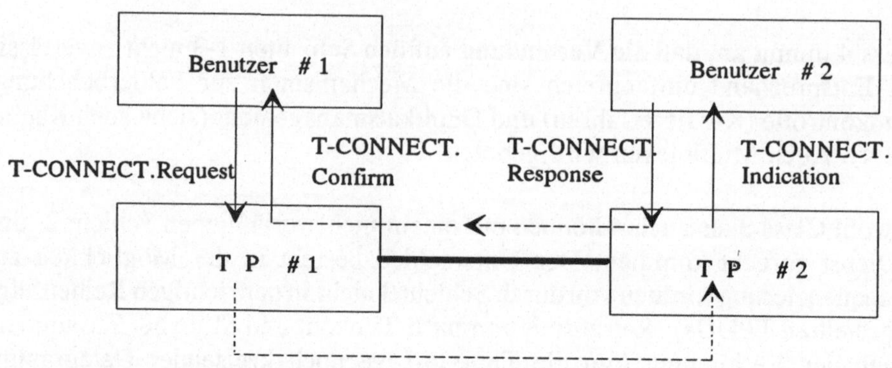

Abb.2.11: Verbindungsaufbau ISO TP4

DISCONNECT.Request, das dem Sender mit DISCONNECT.Indication übergeben wird. CONNECT und DISCONNECT funktionieren auch, wenn Sender und Empfänger sie jeweils gleichzeitig anfordern.

Mit d) werden Daten vom User zum Senden übernommen bzw. erhaltene Daten an den User übergeben. Bei der Wahl des Primitives T-EXPEDITED-DATA garantiert das Protokoll dem Session Layer, daß die gesendeten Daten vor den nachher beim Transport-Modul des Senders eintreffenden zu sendenden Normaldaten beim Empfänger ankommen. Dies aber heißt nichts anderes, als daß die Verbindung steht (bereits in der Sendewarteschlange stehende TPDUs werden gesendet), bis die Expedited Data dem Empfänger erfolgreich zugestellt wurden.

Bei Verbindungsaufbau kommt es zu einer Verhandlung über die Parameter der Verbindung. Im T-CONNECT.Request kann jeder definierte Wert für einen Parameter vom Sender eingetragen werden. Parameter, die vom Sender nicht vorgeschlagen werden, können auch nicht vereinbart werden. Im T-CONNECT.Response teilt die gerufene Station dem Sender mit, welche der vorgeschlagenen Parameter unterstützt werden, welche nicht.

Möchte einer der Partner in TP4 die Verbindung beenden, sendet er im Anschluß an sein letztes Daten- oder Kontroll-TPDU das Disconnect-TPDU, bricht also die Verbindung abrupt ab.

ISO TP4 implementiert zur Fehlererkennung keinen CRC, sondern ein auf Einerkomplementaddition basierendes Prüfsummensystem.

-) Verbindungsloses ISO TP

Dieses Protokoll kann weder geordnetes Eintreffen der Pakete beim Empfänger noch Fluß- oder Fehlerkontrolle sicherstellen. Daher ist es auch wesentlich einfacher als die verbindungsorientierte Variante dieses Protokolls. Es setzt jedoch eine zuverlässige Verbindung auf Schicht 3 voraus. Es werden hier die selben Serviceprimitiven wie beim verbindungslosen ISO IP angeboten:

- T-UNITDATA.Request
- T-UNITDATA.Indication

Beide weisen die selben Parameter auf:

- Quell- und Zieladresse (der jeweilige TSAP!)
- Servicequalität
- Userdaten

Ein einziges PDU wird benutzt: Unidata (UD)-PDU. Erhält die Transporteinheit vom Session Layer ein T-UNITDATA.Request, so wird ein UD-TPDU erzeugt und versandt. Bei der Transporteinheit des Empfängers wird das TPDU wieder zerlegt, seine Checksumme überprüft und die Daten in Form eines T-UNITDATA.Indication an den Session Layer weitergegeben. Ist die Checksumme falsch, wird das TPDU gelöscht, es muß also (da es dem Sender nicht bestätigt wird) nochmals gesendet werden.

Ich unterbreche nun die Darstellung der ISO-Standards im Transportsystem, um die DoD-Pendents zu ISO IP/TP zu untersuchen, werde aber in Kapitel 2.3.8 wieder auf ISO TP zurückkommen, wenn es um einen funktionellen Vergleich TCP - ISO TP gehen wird.

Weiterführende Literaturhinweise

Ein kommentierter Abdruck der erwähnten CCITT-Standards findet sich in
Tietz; CCITT-Empfehlungen der V-Serie und der X-Serie, 6. Auflage, Bd. 2.1 (X.25, X.3), Bd. 2.2 (X.28, X.29), Bd. 4.1 (X.213/ISO IP), Bd. 5.1 (X.214/Definition des Dienstes von ISO TP), Bd. 5.2 (X.224/Protokoll von ISO TP);

Die entsprechenden *ISO-Standards* wären
ISO 3309 und 4335 (HDLC)
ISO 8348 und 8473 (IP)
ISO 8072 und 8073 (TP) sowie 8602 (verbindungsloses TP).

Ins Detail gehende Darstellungen von HDLC finden sich in:
Schauer; Rechnernetze
Hardy; Introducing Data Communications Protocols
Kauffels; Rechnernetzwerksystemarchitekturen und Datenkommunikation;
Kerner; Rechnernetze nach ISO-OSI
Die CCITT-Empfehlung für SS7SL findet sich in Q.703,
eine ausführliche Beschreibung bietet auch:
Stallings; ISDN - An Introduction.

Einen Abriß der Geschichte von X.25 bietet
Burg, Put; X.25 It's Come A Long Way in
Raviv; Computer Communication Technologies for The 90's
Für eine Besprechung der Parameter, die das Verhalten eines PAD bestimmen (X.3), verweise ich auf *Deasington*; X.25 Explained (2nd Ed.).

Eine Besprechung der allgemeinen Probleme, die durch Fragmentierung und Reassemblierung im Hinblick auf Authentizitätsprüfungen entstehen, bietet
Tsudik; Implications of Fragmentation And Dynamic Routing for Internet Datagram Authentication in Computer Communications Review Jahrgang 1988/18/1.

2.3 TCP/IP

2.3.1 Allgemeines

TCP/IP umfaßt die Schichten 3 und 4 und wurde vom Deputy Undersecretary of Defense for Research and Engineering entworfen. TCP/IP ist also im Grund ein anwenderseitiger Beschaffungsstandard des US-Verteidigungsministeriums (DoD, Dept. of Defense), wo es als MIL-Standard seit 1982 im Beschaffungswesen eingesetzt wird. Aufgrund der gewaltigen Anwendermacht des DoD wurden von den meisten großen US-Herstellern TCP/IP Schnittstellen angeboten. Das DoD-Schichtenmodell zeigt folgenden Aufbau:

Tabelle 2.3: Schichtenaufbau von TCP/IP

ISO-Schicht	Service von TCP/IP
5-7	SMTP/Telnet/FTP
4	TCP/UDP
3	IP/ICMP/ARP/RARP
2	unabhängig von TCP/IP, z.B. Ethernet oder Tokenring

Der Network Access Layer (NAL) stellt die Verbindung zwischen Host und dem physischen Medium her; er entspricht dem Link Layer des ISO-Modells. Diese Schicht 2-Protokolle können sowohl als WAN oder als LAN-Protokolle ablaufen. Die heute wohl häufigste Kombination mit TCP/IP ist ein Ethernet nach IEEE 802.3 (siehe dazu auch Kapitel 2.4). Dabei setzt aber TCP/IP nicht direkt auf dem Medium Access Control (MAC) auf, wie in 802.3 spezifiziert, sondern auf dem Logical Link Control Protocol (LLC) nach 802.2.

Da nun aber alle MACs (802.3, 802.4, 802.5) **ein** LLC (eben 802.2) benutzen, ist es vergleichsweise einfach, einmal eine Schnittstelle zwischen TCP/IP und 802.2 zu definieren, wodurch sich automatisch die Zusammenarbeit mit allen MACs der IEEE 802-Norm ergibt. Dies zumindest in der Theorie, da jeder MAC die vom LLC-Standard vorgegebenen Serviceprimitiven der LLC-MAC-Schnittstelle leicht abwandelt. Mehr dazu in 2.4.

IP (Internet Protokoll) ermöglicht den Datentransfer über mehrere Netze hinweg. Es stellt einen Datagrammservice der Schicht 3 zur Verfügung, um es Hosts verschiedener Subnetze zu ermöglichen, miteinander zu kommunizieren.

Tabelle 2.4: IP in einem LAN nach IEEE 802

Schicht 3	Internetprotokoll (IP)
Schicht 2	IEEE 802.2 LLC
	IEEE 802.3/802.4/802.5 MAC

ICMP (Internet Control Message Protocol) liefert Feedbackinformationen über Netzzustände und verwendet ein eigenes Protokollformat. ARP (Address Resolution Protocol) ist ein Mappingprotokoll, das IP-Adressen in Ethernetadressen umwandelt. RARP (Reverse ARP) ist der zu ARP inverse Mappingmechanismus. TCP (Transmission Control Protocol) entspräche in der ISO-OSI-Welt einem Transportprotokoll der Schicht 4. Es ist ein verbindungsorientiertes Protokoll (was es aufgrund der Datagrammnatur des Internetprotokolls auch sein muß). Parallel dazu existiert UDP (User Datagram Protocol), das - wie der Name schon sagt - einen verbindungslosen Dienst bereitstellt.

Standards auf Anwenderebene (Schichten 5-7), die TCP benutzen, sind vor allem das virtuelle Terminalprotokoll Telnet, das File-Transfer-Protokoll FTP und das Simple Mail Transfer-Protokoll SMTP. Mehr zu den Anwenderstandards und ihrer Relation zu denen von ISO bzw. CCITT in Kapitel 3. Den prinzipiellen Zusammenhang zwischen den einzelnen Schichten zeigt Abb.2.12.

Möchte z.B. der User(-prozeß) in Port 3 in Host A mit Port 2 in Host B kommunizieren, übergibt er die Nachricht mit der Adresse Host B/Port 2 an TCP in A. Für TCP sind dies Nettodaten, die im Sendepuffer gesammelt werden. Zum Datentransport segmentiert TCP die Daten im Sendepuffer, versieht sie mit seinem Header und bildet eine Checksumme. TCP reicht sodann die Nachricht an das IP von A weiter, damit sie an Host B gesandt wird (für

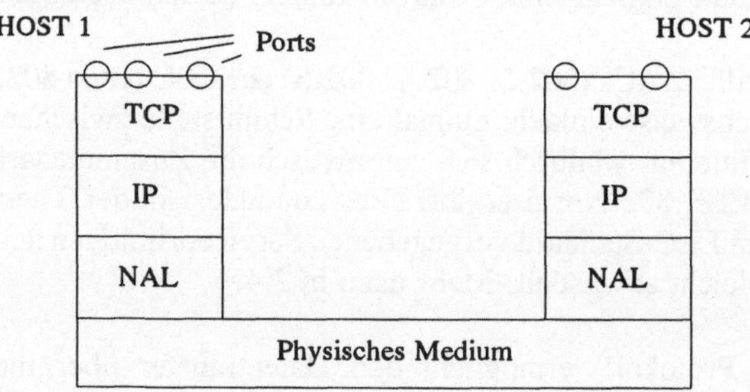

Abb.2.12: Schichtenaufbau bei TCP/IP

die beiden IPs ist es egal, für welchen Port die Nachricht bestimmt ist). Die TCP-Segmente sind für die IP-Protokollmaschine wiederum Nettodaten, die sie nun ihrerseits mit Header versehen, in Datagramme segmentiert. Schließlich wird die Nachricht über das Network Access Protocol an das Trägernetz weitergegeben.

Beim Empfängerhost hinterlegt IP den Nettodateninhalt seines Datagramms (i.e. das TCP-Segment) beim Ziel-TCP. Die TCP-Protokollmaschine entfernt nach einigen Eingabeüberprüfungen den TCP-Overhead und legt die Nettodaten in den TCP-Empfangspuffer, von wo sie der Ziel-Userprozeß abholen kann; wobei Anwenderstandards auf Serverseite einen wohldefinierten Port verwenden. Telnet Port 23, SMTP Port 25, FTP Port 20 und 21. Dabei muß TCP in der Lage sein, mehrere logische Verbindungen mittels Multiplexens gleichzeitig zu ermöglichen.

Alle eben erwähnten Standards sind im ARPANet des DoD in Verwendung, haben aber bereits OSI- bzw. CCITT-Pendants gefunden. CCITT X.400 (Elektronische Post), ISO FTAM (File Transfer Access and Management) bzw. ISO VT (Virtuelles Terminal) sind in ihrer Funktionalität den DARPA-Standards überlegen und es sind auch bereits konforme Produkte am Markt erhältlich. Außerdem umfassen die TCP-Anwenderstandards bestimmte, von der ISO bereits normierte Bereiche nicht, wie etwa verteilte Datenbankzugriffe und Transaktionsverarbeitung. In den nun folgenden Unterkapiteln möchte ich zunächst IP etwas näher beschreiben (2.3.2), IP mit der OSI-Welt vergleichen (2.3.3 und 2.3.4) sowie zwei Protokolle beschreiben, die als Ergänzung zu IP entworfen wurden (2.3.5 ICMP und 2.3.6 ARP, RARP). Den Abschluß dieses Kapitels bilden TCP (2.3.7) und eine Gegenüberstellung von TCP und TP4 (2.3.8).

2.3.2 Internetprotokoll (IP)

IP bietet TCP seine Dienste in Form von 2 **Primitiven** an. Mit SEND fordert TCP die IP-Protokollmaschine auf, Datagramme zu senden, mit DELIVER stellt IP seinem TCP die eingegangenen Nettodaten (i.e. das TCP-Segment) zur Verfügung. Beide Primitiven verwenden als Parameter:

- Zieladresse
- Sendeadresse
- Zielprotokoll (Art des IP-Users, üblicherweise TCP)

- Art des Dienstes
- Identifikator, der vom IP-User mitgegeben wurde. Zusammen mit den beiden Adressen und dem Zielprotokoll ist die Dateneinheit somit eindeutig identifiziert
- Nettodatenlänge
- Optionen
- Nettodaten

Das SEND-Primitiv verwendet zusätzlich:

- Fragmentierung möglich J/N
- Time to live (i.e. Datagrammlebenszeit, siehe weiter unten und Kapitel 1.2.3)

Mit diesem Primitiv fordert der IP-User die Formatierung der Nettodaten zu Protocol Data Units (PDUs) und deren Versenden an.

Die **Adressierung** im Internetprotokoll ist zweiteilig (Subnetz.Host). Damit ist jeder am Gesamtnetz angeschlossene Host eindeutig identifiziert. Die Schwierigkeit dabei ist jedoch die Verwendung unterschiedlicher Adreßlängen und Adressierungskonventionen in den einzelnen Subnetzen. Außerdem kann bei komplexen Netzwerkarchitekturen ein Host mehrmals ans Netz angeschlossen sein. Je nach Größe der Organisationseinheit wird ihr ein in der Welt eindeutiger Nummernkreis in der 32-bit-Internetadresse (Subnetz.Host) in einem der in Tabelle 2.5 dargestellten Formate zugewiesen. Diese Zuweisung geschieht durch das Network Information Center (NIC) in SRI-International, das eine Netzadresse vergibt, die Vergabe der Hostadressen aber an den Netzbetreiber delegiert. Ein Ansuchen um eine solche Adresse ist aber nur nötig, wenn das betreffende Netz mit dem DARPA-Internet (auch TCP/IP-Internet oder einfach Internet genannt) kommunizieren möchte. Drei Klassen sind definiert:

Tabelle 2.5: Adreßklassen in IP

Klasse	Darstellung der Klassenbits	Anzahl der Netzbits	Anzahl der Hostbits
a	0	7	24
b	10	14	16
c	110	21	8

Außerdem gibt es noch ein erweitertes Format (Klassenbits 111), das aber noch nicht weiter definiert ist. Eine Internetadresse kann durch vier Dezimalzahlen, die die vier Bytes der Adresse (N.N.N.N) angeben, repräsentiert werden. Da das erste Byte bei Klasse a-Adressen die Form 0XXXXXXX hat, hat die höchste Klasse a-Adresse die Form 127.255.255.255 . Die höchste Klasse b-Adresse hat die Form 191.255.255.255; alle darüberliegenden Adressen sind Klasse c- (bzw. wenn definiert, d-) Adressen. Sind alle Bits der Hostadresse auf 0 gestellt, so bezeichnet die Adresse das Subnetz als Ganzes; alle Bits der Hostadresse gleich 1 bezeichnen eine Broadcastnachricht an alle Stationen des Subnetzes.

Erhält die Internetprotokollmaschine des Senders eine Adresse für ein zu verschickendes Datagramm, so kann aus der oben dargestellten Adreßstruktur leicht die Netzadresse extrahiert werden. Die Protokollmaschine kennt natürlich die eigene Internetadresse; so sie diese nicht kennt, muß (!) sie wenigstens ihre (Schicht 2-) LAN-Adresse kennen und wir werden in einem der nächsten Unterkapitel sehen, daß sie daraus die Internetadresse ableiten kann. Die IP-Protokollmaschine vergleicht nun die Internetadresse des zu verschickenden Datagramms mit der eigenen Internetadresse. Somit erkennt sie, ob der Adressat am eigenen Subnetz zu finden, oder ob das Datagramm über ein Gateway weiterzuleiten ist. Das Gateway entscheidet dann über die Weitergabe des Datagramms.

Internetadressen sind also strukturierte 32-bit Strings. Menschliche Benutzer aber ziehen Namen in menschlicher Sprache vor. Diese Namen werden als Adressaten angegeben und es ist die Aufgabe von eigenen Servern, den Namensservern, diese Namen in Internetadressen umzuwandeln. Ist das Internet isoliert und in seiner Ausdehnung begrenzt, können sehr einfach zentral verwaltete mnemonische Namen für die einzelnen Internetadressen vergeben werden. In einem weltumspannenden Internet ist dies nicht möglich.

Daher wurde ein hierarchisches Namenskonzept eingeführt, in dem baumförmig zusammengehörige Bereiche, sog. Domänen, angeordnet sind. Nur auf höchster Ebene ist die Namensvergabe zentral geregelt. So ist z.B. der gesamte Bildungs- und Universitätssektor in den USA auf höchster Hierarchieebene zur Domäne edu, der Militärbereich zu mil usw. zusammengefaßt. Für die europäischen Staaten wurden Länderdomänen eingeführt, etwa at für Österreich. Auf zweiter Hierarchieebene wurden Subdomänen, wie z.B. ac.at für den Universitätssektor in Österreich definiert. Die Verwaltung dieser Subdomänennamen erfolgt dezentral in den einzelnen Domänen. Subdomänen sind praktisch beliebig tief verschachtelbar, z.B. die Subdomäne Wirtschaftsuniversität-Wien, wu-wien.ac.at, als Untermenge von ac.at .

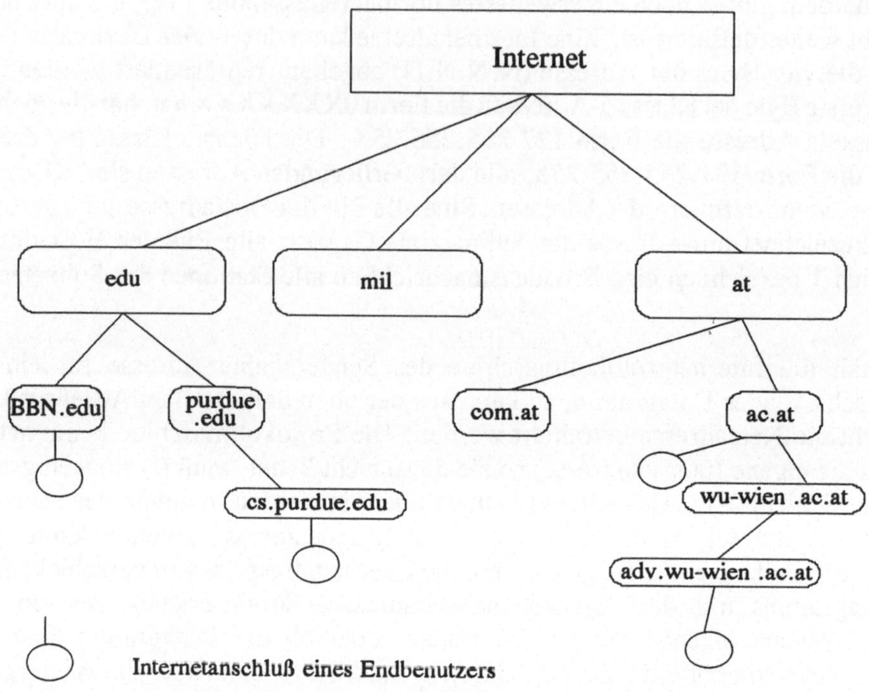

Abb.2.13: Beispiel für die Strukturierung von Domänen

Im Prinzip verfügt jede Domäne über einen eigenen Namensserver, in dem den vom Benutzer eingegebenen Namen Internetadressen zugeordnet werden, ein Server kann jedoch auch seine und mehrere ihr untergeordnete Domänen bedienen (z.B. kann ein Server die Subdomäne wu-wien.ac.at und die ihr untergeordneten Sub-Subdomänen adv.wu-wien.ac.at und rz.wu-wien.ac.at bedienen). Die Kommunikation zwischen Station und Namensserver zu diesem Zweck erfolgt mittels eigener Pakete im Domain Server Message Format. Durch diese hierarchische Schachtelung wird zweierlei erreicht:

- Die Eindeutigkeit des Namens für eine konkrete Internetadresse muß nur innerhalb der untersten Subdomäne gegeben sein, also der Name prosser muß nur innerhalb seiner Subdomäne adv.wu-wien.ac.at eindeutig sein;
- Da (bei sinnvollem Design der Subdomänen) der Verkehr sich zumeist innerhalb der untersten Subdomäne abspielt, wird das Verkehrsaufkommen über diese Subdomänen hinaus und die Belastung von höherrangigen Namensservern in Grenzen gehalten (natürlich nur dann, wenn nicht

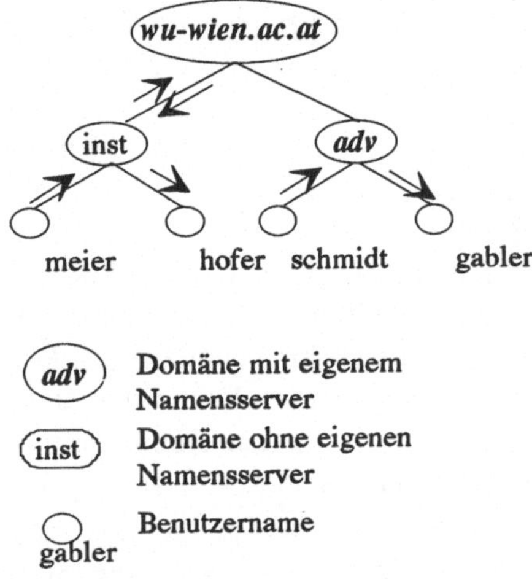

Will Benutzer *meier* an *hofer* ein IP-Datagramm schicken, so muß dieses vom Namensserver der Domäne *wu-wien.ac.at* behandelt werden, da die Domäne *inst* keinen eigenen Namensserver hat, sondern von *wu-wien* mitverwaltet wird. Die Domäne *adv* hingegen verfügt über einen eigenen Namensserver, die Internetadressenzuordnung geschieht in der eigenen Domäne. Bei der Entscheidung, ob ein eigener Namensserver sinnvoll wäre, ist das lokale Verkehrsaufkommen entscheidend.
Hinweis: die Domänennamen *inst* und *adv* sind (aus Platzgründen) nicht vollständig angegeben.

Abb.2.14: Konzept hierarchischer Namensserver

Sub- und Sub-Subdomänen über einen gemeinsamen Namensserver verfügen).

Es wird immer erst versucht, einen Namen lokal aufzulösen; erst wenn dies unmöglich ist und die anfragende Station eine vollständige Auflösung der Adresse wünscht, wird der hierarchisch nächst höhere Server gefragt. Jede Station muß zumindest einen Namensserver kennen, an den sie sich wenden kann. Hat ein Namensserver eine nicht-lokale Adresse aufgelöst (was unter Umständen über teure öffentliche Leitungen geschah), so wird die Internetadresse vom Server in einem Cache aufbewahrt, da mit weiteren Anfragen für diese Adresse zu rechnen ist. Mit den Namensservern bietet TCP/IP ein verteiltes und daher leicht zu administrierendes und robustes Namens/Adreßkonzept, das effizient mnemonischen Namen Internetadressen zuweist und umgekehrt.

Der Standard unterstützt prinzipiell sowohl adaptives als auch statisches **Routing** an den Gates zwischen zwei Subnetzen. Wird adaptives Routing oder statisches Routing mit Alternativen verwendet, muß es eine maximale Lebenszeit für ein Datagramm geben, um ewiges Loopen eines Datagramms zu verhindern. Da die einzelnen vom Datagramm am Weg zum Zielhost passierten Subnetze unterschiedliche maximale Paketgrößen aufweisen können, muß auch ein **Fragmentierungs**- bzw. ein Reassemblierungsmechanismus bereitgestellt werden. Der Fragmentierungsmechanismus mit Morebit und Offset (hier Fragmentierungsadresse genannt) ähnelt dem bereits bei ISO IP beschriebenen (siehe 2.2.3). Das Fragmentierungsbit zeigt an, ob ein Paket fragmentiert werden kann. Dies geschieht abhängig von der Fähigkeit des Zielrechners, fragmentierte Pakete zu reassemblieren. Natürlich muß bei der Wahl des nächsten zu passierenden Subnetzes im Rahmen des Routing berücksichtigt werden, ob ein Paket fragmentiert werden kann oder nicht. Ist ein Paket nicht fragmentierbar, können natürlich nur solche Subnetze passiert werden, deren maximale Paketgröße größer oder gleich dem Umfang dieses Pakets ist.

IP-Pakete werden häufig über X.25-Netze verschickt; nutzt man die maximale PDU-Größe von 65.535 Oktetts, muß selbst bei einem X.25-Dienst, der 4096 Oktetts Benutzerdaten zuläßt, das Datagramm in 16 Teile fragmentiert werden.

Im IP-PDU-Format können auch **Optionen** variabler Länge für den Pakettransport untergebracht werden. Jede Option besteht aus 3 Typen von Oktetts:

- einem Oktett, das den Optionstyp enthält,
- einem Oktett, das die Länge der Option angibt und
- beliebig vielen Options-Oktetts, die die eigentliche Optionsinformation enthalten.

Die beiden wichtigsten Optionstypen sind Qualitäts- und Serviceoptionen, wobei erstere unter "Art des Dienstes", letztere unter "Optionen" im SEND-Primitiv angegeben werden. Qualitätsoptionen sind vor allem die Priorität des Datagramms und der Delayparameter. Der Delayparameter gibt an, ob eine sofortige Zustellung des Datagramms gewünscht wird; er wird üblicherweise in Abhängigkeit der von TCP übergebenen Prioritätsstufe, die im Sendeprimitiv angegeben wurde, gesetzt.

Serviceoptionen, die explizit als Optionen angegeben werden, sind:

- Versehen des Datagramms mit einer bestimmten Geheimhaltungsstufe. Bei jedem Hop muß überprüft werden, ob das nächste Netz der Geheimhaltungsstufe des Datagramms genügt.

- Source Routing; der Sender gibt explizit die am Weg zum Empfänger zu passierenden Hops an.
- Route Recording; während des Transports wird ein Protokoll über die passierten Hops geführt.
- Time Stamping; wie vorherige Option, zusätzlich aber wird die (natürliche) Zeit, zu der ein Gateway passiert wird, festgehalten. Die beiden letzten Optionen eignen sich besonders gut zum Sammeln von Informationen über das Zeitverhalten beim Pakettransport über mehrere Netze hinweg.
- Stromidentifikation; sie gibt dem Gate des Subnetzes an, daß weitere Pakete der selben Sendung zu erwarten sind. Damit kann ein "Stream Identifier" auch über solche Subnetze gebracht werden, die dieses Konzept nicht unterstützen. Die "Ankündigung" der weiteren Datagramme kann die Wartezeit dieser Datagramme reduzieren.

Die **Fehlererkennung** beruht auf der Addition von binären Einerkomplementen. Wir haben bereits in der Einleitung gesehen, daß ein solcher Algorithmus einem CRC strukturell unterlegen ist. CRCs werden aber sowohl in WANs (LAP B) als auch in LANs (alle 802.x MACs haben einen CRC zur Fehlerkontrolle) auf Schicht 2 berechnet. Die Absicherung gegen während der Übertragung umgefallene Bits ist ja primär Aufgabe des Link Layer. Die Fehlererkennung auf den Schichten 3 und 4 hingegen soll die Übertragung vor allem gegen während der Behandlung des Datagramms in einem Zwischenknoten umgefallene Bits und durch Speicherüberlauf verursachte Fehler absichern. Für diese Zwecke ist eine Einerkomplementaddition sicher ausreichend und in der Berechnung wohl auch effizienter.

2.3.3 Vergleich der Adreßschemata im TCP/IP-Internet und nach OSI

Das TCP/IP-Internet haben wir im vergangenen Unterkapitel bereits kennengelernt. Sehen wir uns nun einmal das OSI-Adreßschema an.

Das OSI-Adreßschema muß zwangsläufig umfassender sein, einerseits muß es global verwendbar sein (wie auch das TCP/IP-Internet), andererseits soll es alle Dienste und Übertragungsmedien integrieren, vom Telephon bis zu paketgeschaltener Datenübertragung. Daher - und das ist vielleicht der entscheidendste Unterschied zu TCP/IP - konnte einfach kein Namens- und Internetadreßschema aus der Retorte entworfen werden. Adreßschemata wie X.121 für paketgeschaltene Datennetze oder E.163 für das Telephonnetz sind ein Faktum, eine Änderung dieser Schemata kommt kaum in Frage. Analog zum TCP/IP-Internet definiert ISO auf höchster Ebene sechs Adreßdomänen, die aber anders als das TCP/IP-Internet unterschiedlich strukturierte Adressen verwenden. Die sechs Domänen lt. ISO 8348/DAD2 sind:

- paketgeschaltene Datenübertragung
- Telex
- Telephon
- ISDN
- Ländercodes (falls die Adresse nicht unter eine der eben genannten fällt)
- internationale Organisationen

Die Domänen werden dezentral verwaltet, wobei die ersten vier von der CCITT und innerhalb der nationalen Subdomänen von den jeweiligen Postverwaltungen administriert werden. ISO 8348/DAD 2 definiert aber nur den grundsätzlichen Aufbau der Adresse, wie die Adresse konkret aufgebaut ist, hängt von der jeweiligen Adreßdomäne und ihrem Adressierungsschema ab. Abb.2.15 zeigt den grundsätzlichen Aufbau einer ISO 8348 Adresse. Der (IDP) Initial Domain Part gliedert sich in den AFI (Authority and Format Identifier) und den IDI (Initial Domain Identifier). Der AFI bezeichnet eine der oben erwähnten sechs Adreßdomänen. Damit aber legt er Struktur und Bedeutung der nachfolgenden Adreßteile fest. Aus dem AFI kann also abgelesen werden, welches Adreßschema (z.B. X.121) verwendet wird. Im IDI wird der Teilnehmer im jeweiligen Adreßformat angegeben. Ist der Teilnehmer keine Einzelstation, sondern ein Subnetz, so ist die Subnetzadresse im DSP (Domain Specific Part) enthalten. Dieser Adreßteil wird erst am entsprechenden Gateway ausgewertet. Ein kleines Beispiel soll die Funktionsweise dieses Adreßaufbaues verdeutlichen.

Nehmen wir an, der Adressat einer Nachricht ist Station S auf einem LAN, das über das Gateway G an DATEX-P angeschlossen ist. Der AFI weist auf das verwendete Adreßschema X.121 hin. Der IDI enthält die X.121-Adresse von G, der DSP die LAN-Adresse. Für das Routing der Nachricht auf dem WAN ist aber der DSP vollkommen uninteressant. Erst im Gateway wird der DSP ausgewertet und die Nachricht zugestellt.

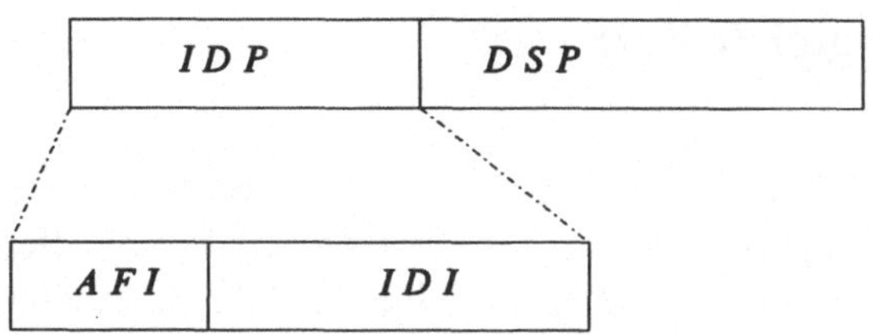

Abb.2.15: OSI-Adreßstruktur

Das TCP/IP-Internet-Adreßschema und ISO 8348 sind beide hierarchisch aufgebaut; anders ist ein weltweites Internet einfach nicht zu administrieren. Beide Adreßschemata bestehen prinzipiell aus den Bestandteilen Subnetz.Host, wobei in ISO 8348 noch die Spezifikation der Art der Adresse hinzukommt. Allerdings sind ISO-Adressen meist wesentlich stärker strukturiert. Die Bezeichnung unserer Station S in Abb.2.16 geschieht z.B. durch eine Adresse der Form Subnetz.Subnetz.Subnetz.Host; oder im Klartext: X.121_Schema.Staatencode.Teilnehmerkennung_des_Gates.LAN_Adresse. Die Trennung Subnetz.Host geht bei ISO also quer durch den IDI. Ich möchte aber nochmals betonen, daß Art und Tiefe der Strukturierung einzig vom AFI abhängen. Das ISO-Adreßschema ist also hinreichend flexibel und es könnte durchaus ein AFI für das TCP/IP-Internet vergeben werden. Damit könnten TCP/IP-Internetadressen recht einfach in das globale OSI-Adreßschema integriert werden.

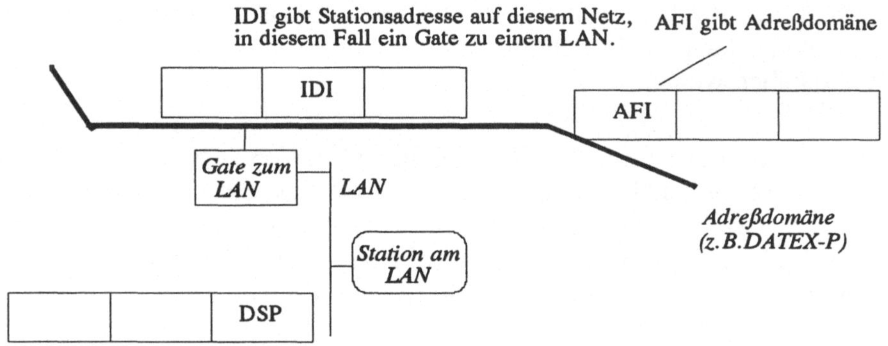

Abb.2.16: OSI-Adreßauflösung

2.3.4 Ein Vergleich X.75 - IP

In mehr als einer Hinsicht repräsentieren X.75 und IP unterschiedliche Philosophien zum Internetworking. Der auffälligste betrifft natürlich die Verläßlichkeit des Dienstes; IP ist ein Datagrammdienst, X.75 wurde entwickelt, um die virtuellen Verbindungen von X.25 zu unterstützen. Ich habe beide Techniken bereits in der Einleitung (siehe Kapitel 1.2.3) einander gegenübergestellt. Aus dieser Unterscheidung ergeben sich einige Konsequenzen. X.75 hat es mit homogenen Netzen zu tun, auf denen X.25 das Netzzugangsprotokoll und HDLC das Linkprotokoll sind. Daher sind Fragmentierung und Reassemblierung nicht nötig.

Ein IP, das ja gerade deshalb entwickelt wurde, um über sehr inhomogene Subnetze hinweg zu arbeiten, muß hingegen einen solchen Mechanismus bieten. Außerdem muß ein X.75-Gateway für jede bestehende virtuelle Verbindung Statusinformationen speichern. Ein IP-Gateway hat es zumindest in dieser Beziehung wesentlich leichter: kommt ein Datagramm vorbei, wird eine Routingentscheidung getroffen, das Datagramm weitergeschickt - fertig. Eventuell wird das Datagramm vom Netz genommen, wenn seine Time-to-Live abgelaufen ist.

Die Komplexität eines IP-Gateways aber liegt gerade in diesem "wird eine Routingentscheidung getroffen". Ich habe bereits in der Einleitung einige unterschiedliche Routingmethoden für Internetprotokolle vorgestellt. Bei adaptiven Methoden kann die Routingfunktion und der damit verbundene Overhead recht ansehnlich werden.

Aus dem Konzept der virtuellen Verbindung ergibt sich auch ein Unterschied in bezug auf Sende- und Empfangspuffer der Gateways. Ein X.75-Gate "weiß", welche virtuellen Verbindungen es gerade verwaltet; es kann daher Speicherbereiche für eine Verbindung im vorhinein reservieren und den anfallenden Verkehr zumindest grob abschätzen. Ein IP-Gate kann dies nicht.

Zusammenfassend kann gesagt werden: die IPs punkten eindeutig in Punkto Robustheit und Flexibilität (adaptives Routing möglich, Ausfall eines Gates kann umgangen werden etc.). Diese höhere Robustheit der IPs zeigt sich auch darin, daß problemlos X.25-Teilstrecken benutzt werden können. Umgekehrt - also die Verwendung einer Datagrammteilstrecke für eine an sich virtuelle Verbindung - ist dies praktisch nicht möglich. Eine solche Datagrammteilstrekke (vor allem über mehrere Hops) brächte mit ziemlicher Sicherheit Sequenzierung, Paketierung (wenn fragmentiert wird), Fluß- und Fehlerkontrolle der virtuellen Verbindung gehörig durcheinander. Dies war Grund für die Aufnahme von IP in den OSI-Stack. X.25/X.75, wie geeignet sie auch in WANs sein mögen, sind einfach für heterogene LAN- und Internetlandschaften wenig geeignet. MAP oder TOP auf X.25-Basis wären in der Form sicherlich nicht möglich gewesen.

2.3.5 Internet Control Message Protocol (ICMP)

Das DoD definierte als Ergänzung zu IP das Internet Control Message Protocol (ICMP). ICMP liefert Feedbackinformationen über das Netzverhalten, es ist zwar als Teil von IP definiert, liegt aber über IP, jedoch eindeutig unterhalb der Transportschicht, definiert durch TCP. ICMP konstruiert eigene Rahmen, die an IP weitergegeben und dort als Nettodaten aufgefaßt werden.

Wichtigste Aufgabe von ICMP ist es, das Sender-IP bzw. alle vorher liegenden Gateways über Probleme bei der Weiterleitung der Datagramme zu informieren. Diese Probleme können mehrere Ursachen haben:

- Zielhost oder Gateway(s) auf dem Weg zum Zielhost nicht verfügbar;
- Gateway mußte Paket fragmentieren, Fragmentierungsbit wurde jedoch auf "nein" gesetzt;
- Eine explizit angegebene Route existiert nicht;

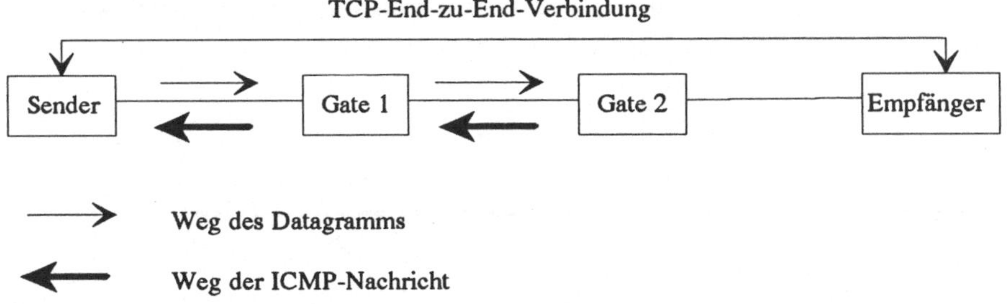

Nehmen wir an, Gate 2 müßte das Datagramm fragmentieren, das Fragmentierungsbit sei aber auf "nein" gesetzt. Also muß Gate 2 das Datagramm vom Netz nehmen, und generiert eine ICMP-Nachricht zur Information des Senders.

Abb.2.17: ICMP-Funktionsweise

- Time exceeded. Time-to-live des Datagramms abgelaufen;
- Parameter fehlt im IP-Header;
- Source Quench. Kann von einem betroffenen Gateway oder vom Zielhost gesendet werden, um den Sender zu bitten, die Senderate zu senken;
- Redirect. Erkennt ein Gateway, daß es ein Datagramm an ein anderes Gateway schicken soll, das mit dem Sender auf einem Netz liegt, so teilt es dies dem Sender mit. Dies geschieht, um künstliches Hin- und Hertransportieren von Datagrammen zu vermeiden;
- Echo/Echo reply. Dient zum Testen des Kommunikationsweges zwischen zwei Hosts;
- Timestamp/Timestamp reply. Zusatzfunktion zum letzten Punkt. Dient der Erfassung der Dauer der Datenübertragung, um Verzögerungswerte und Time-to-live-Parameter abschätzen zu können.

2.3.6 ARP, RARP

Das häufigste in Kombination mit TCP/IP verwendete Schicht 2-Protokoll ist heute Ethernet. Dieses arbeitet jedoch mit einer 16 oder 48 bit langen Adresse. Diese kann in der maximal 32 bit langen IP-Adresse aber nicht abgebildet werden, außerdem soll die physische LAN-Adresse einer Station hinter der IP-Adresse, zu der es auch einen mnemonischen Namen gibt, versteckt werden. Daher gibt es das Address Resolution Protocol (ARP).

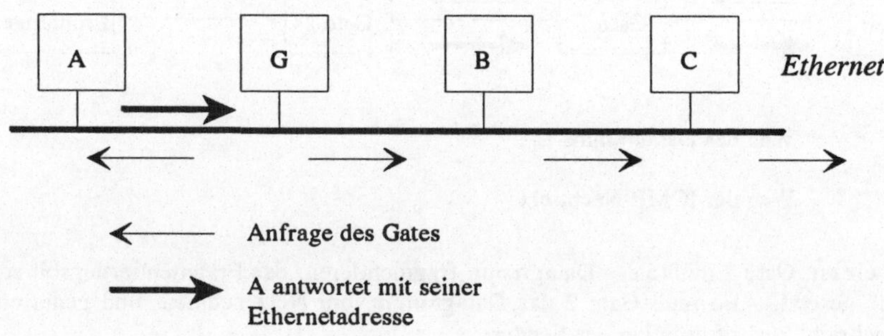

Abb.2.18: ARP-Mechanismus

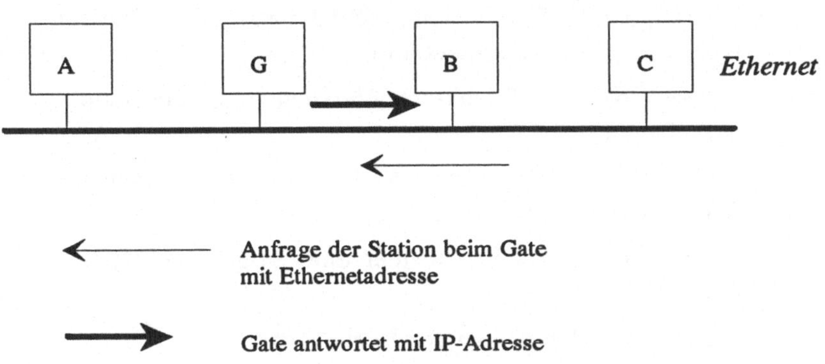

Abb.2.19: RARP-Mechanismus

Gelangt ein Datagramm zu einem Knoten, ohne daß es seine Ethernetadresse mitführt, so sendet dieser Knoten im Broadcastverfahren ARP-Rahmen aus, um die Ethernetadresse zu erfragen. Der Empfänger erkennt in dem ARP-Paket seine IP-Adresse wieder und antwortet mit seiner Ethernetadresse. Diese wird vom Gateway in einem Cache-Speicher aufbewahrt, da mit hoher Wahrscheinlichkeit weitere Pakete folgen. Auch fixe Mappingtabellen im Gateway sind möglich und im Einsatz auch schneller. In diesem Zusammenhang ist jedoch wichtig, daß die Reichweite der ARP-Pakete durch die Ausdehnung des Ethernetbusses begrenzt ist.

Reverse ARP wird bei der Initialisierung einer Ethernetstation verwendet, die zwar (klarerweise) ihre Ethernetadresse kennt, nicht aber ihre IP-Adresse. Sie kann nun im Broadcastverfahren RARP-Rahmen aussenden, um das Gateway in ihrem Netz, das die Mappingtabelle IP - Ethernetadresse hat, nach ihrer IP-Adresse zu fragen.

2.3.7 Transmission Control Protocol (TCP)

Die Aufgabe von TCP als Protokoll der 4. Schicht (Transport Layer) ist es, eine gesicherte End-zu-End-Verbindung zwischen zwei Netzteilnehmern herzustellen. TCP stellt seine Dienste in Form von **Primitiven** zur Verfügung. Anfrageprimitiven in TCP sind:

- Unspecified Passive Open (UPO); passives Hineinhorchen ins Netz, ob von irgendeiner Station eine Nachricht vorliegt.

- Fully Specified Passive Open (SPO); wie UPO, aber mit einer bestimmten Partnerstation.
- Active Open (AOP); aktiver Versuch, eine Verbindung aufzubauen.
- Active Open With Data (AOD); wie AOP, aber mit Senden des ersten Datenblocks.
- Send; Senden von Daten über eine aufgebaute Verbindung.
- Close; normaler Abbau der Verbindung.
- Abort; unvorhergesehener, abrupter Abbau der Verbindung.
- Status; Statusanfrage an Partnerhost bezüglich der Verbindung.
- Allocate; Benutzer teilt TCP-Protokollmaschine mit, wieviele Oktetts an Daten er entgegennehmen will.

Als Antwortprimitiven stehen in TCP zur Verfügung:

- Open ID (OID); teilt dem User(-prozeß) mit, welcher Name der soeben aufgebauten Verbindung zugewiesen wurde.
- Open Failure (OPF); teilt dem User mit, daß sein AOP oder AOD scheiterte.
- Open Success (OPS); AOP oder AOD erfolgreich durchgeführt.
- Deliver; TCP teilt dem User mit, daß Daten im Empfangspuffer eingetroffen sind.
- Closing; es wurden alle Daten vom Partnerprozeß erhalten. Der Partner wünscht die Beendigung der Verbindung.
- Terminate; die Verbindung wurde abrupt abgebrochen. TCP versucht, die Ursache dem User mitzuteilen.
- Status Response; Ergebnis eines Tests der Verbindung wird an den User weitergegeben.
- Error; interner TCP-Fehler.

TCP übernimmt die Daten in Segmenten vom Port, diese Segmente werden aber nicht notwendigerweise 1:1 in TCP-TPDUs umgewandelt. TCP entscheidet, wann genügend Benutzerdaten eingetroffen sind, um ein TCP-TPDU zu generieren; es sei denn, daß die PUSH-Flag im Sendeprimitiv gesetzt ist, durch die der Benutzer TCP explizit auffordert, zu senden, egal, wieviele Daten sich im Sendepuffer befinden. Die PUSH-Flag wirkt auch am anderen Ende der Verbindung. Wenn nämlich TCP eine PUSH-Flag erhält, werden die Daten des Empfangspuffers sofort an den Benutzer weitergegeben.

Die **Adressierung** erfolgt der Form Subnetz.Host.Port. Dem IP genügt eine Hostadresse als Destination, TCP jedoch benötigt auch den logischen Port zum Zielprozeß als Adreßbestandteil. Es ergibt sich also eine dreistufige Adresse, eine sogenannte "socket" Subnetz.Host.Port. Eine TCP-Einheit muß simultan mehrere Userprozesse bedienen können.

Zur **Fehlererkennung** verwendet TCP einen DoD IP ähnlichen Checksummenmechanismus.

Ich habe bereits in der Einleitung auf die prinzipiellen Probleme der Flußkontrolle eines verbindungsorientierten Transportprotokolls, das auf einem Schicht 3-Datagrammprotokoll aufsetzt, beschrieben. Wie löst nun TCP diese Probleme?

Die **Flußkontrolle** erfolgt bei TCP mit Hilfe eines Kreditschemas mit adaptivem Window- und Retransmissionstimer, die die Retransmission von Daten- bzw. ACK-TPDUs an die jeweilige Netzlast angepaßt regeln. Das Duplikatsmanagement basiert auf einer 32-bit-Sequenzierung sowie dem Reconnection Timer, der natürlich mit der maximalen Lebenszeit eines Datagramms auf Schicht 3 abgestimmt sein muß. Diese kann mit dem IP-Sendeprimitiv eingestellt werden. TCP verwendet ebenfalls wegen des unsicheren Schicht 3-Dienstes einen 3-Weg-Handshake für Verbindungsauf- und abbau (!), da nur so verhindert werden kann, daß alte TPDUs beim Verbindungsaufbau Verwirrung stiften.

Um zu verhindern, daß der Empfänger sinkende Windowwerte an den Sender schickt, diese einander aber überholen und der Sender statt sinkender steigende Windowwerte empfängt, empfiehlt der Standard dringend, kein Reduzieren der Windowgröße zu gestatten. Das heißt aber nichts anderes, als daß eine Erhöhung des Kredits während der Verbindung nicht rückgängig gemacht werden kann.

2.3.8 Ein Vergleich TCP - ISO TP4

In den vergangenen Kapiteln haben wir zwei Lösungsmöglichkeiten zu dem selben Problem kennengelernt: wie schaffe ich eine zuverlässige und sichere Verbindung, aufbauend auf einem unsicheren Datagrammdienst auf Schicht 3.

Nur ISO TP Class 4 kann funktional mit TCP verglichen werden, da nur Class 4 einen Datagrammdienst auf Schicht 3 sinnvoll unterstützt. TCP und TP4 lösen das selbe Problem, haben daher eine Menge Gemeinsamkeiten: beide implementieren Verbindungsaufbau mit 3-Weg-Handshake, Datenphase und Verbindungsabbau, beide verwenden keinen CRC, sondern verschiedene Checksummenalgorithmen, beide lösen Probleme bei der Retransmission von Daten- und ACK-TPDUs, Kreditschema zur Flußkontrolle und Duplikatserkennung. Dennoch unterscheiden sich beide Protokolle strukturell deutlich voneinander.

Zunächst ist TP4, wie praktisch alle OSI-Protokolle der Schichten 2-7 blockorientiert; d.h. Daten und Kontrollinformationen werden in Paketen, TPDUs oder APDUs (Applikations-PDUs) verschickt. Die DoD-Standards - das gilt nebenbei gesagt auch für die Anwenderstandards - sind stromorientiert. Am deutlichsten wird dies durch die Sequenzierung: TCP sequenziert nach Oktetts, TP4 nach TPDUs.

TCP kennt nur ein PDU-Format; d.h. der Header muß für alle möglichen Kontrollfunktionen ausgelegt und dadurch entsprechend umfangreich sein; andererseits vereinfacht dieser Ansatz das Protokoll. Im Unterschied dazu kennt TP4 10 unterschiedliche PDU-Formate. Dadurch und durch die Auslagerung von nicht immer benötigten Parametern in einen variabel großen Headerteil reduziert sich natürlich die Größe des Headers. Ein Beispiel: in TP4 hat der Header eines Daten-TPDU 5 Byte in TCP 20 (ohne Option und Padding). Beide Ansätze haben ihre Vorteile. Die ISO-Variante bringt sicherlich eine Übertragungsersparnis durch die kurzen Header. Bei der TCP-Variante wiederum ist der Header zwar länger, der Minimumsfaktor in einem Netz (siehe zu diesem Problem auch Kapitel 2.6) ist aber eher die Protokollmaschine denn die eigentliche Übertragung, wodurch die Ersparnis bei der Bearbeitung der TPDUs schwerer wiegt.

Ein ebenfalls wichtiger Unterschied besteht in der Art des Verbindungsaufbaus. TCP/IP-Server "hören" im Listen-Zustand über einen definierten Port ins Netz, bis eine Klientenstation eine Verbindung aufbauen will. TCP/IP sieht daher einen passiven Openmodus vor. Alle OSI-Protokolle gehen jedoch davon aus, daß die entsprechenden Treiber (egal welcher Schicht) in den Hauptspeicher resident geladen werden, die Protokollmaschine jedoch erst mit dem CONNECT.Indication aktiv wird und vorher nicht passiv ins Netz horcht. Dieser Unterschied ist wichtig, gibt er doch allen TCP/IP-basierten Protokollen einen inhärenten Klient-Server-Charakter, während die Rollenverteilung bei den OSI-basierten Protokollen auch des Anwendersystems nicht a priori festgelegt ist.

Wie wir gesehen haben, sammelt TCP Daten, die von einem Port kommen und entscheidet selbst (außer bei gesetzter Push-Flag), wann daraus ein TPDU erzeugt wird, das dann in einem an das Internetprotokoll weitergegeben wird. Dadurch wird eine bessere Ausnutzung der Netzkapazität erreicht. TP4 wiederum kann bereits erzeugte TPDUs (natürlich in Abhängigkeit von der Maximalgröße eines Datagramms) verketten und diese Kette an den Network Layer weitergeben. Diese Techniken sparen Leitungskapazität.

In TCP kann ein ACK, CREDIT mittels Piggybacking in einem Daten-TPDU versandt werden, in TP4 nicht. TP4 erspart sich dadurch einen fixen Bereich für ACKs, der dank der Kumulierung von ACKs nicht effizient genutzt würde. Andererseits ist das Senden eines ACK ohne Daten-TPDU ineffizient. TP4 bietet aber die Verkettung von TPDUs; daher können ein Daten- und ein ACK-TPDU verkettet werden, was Piggybacking gleich kommt. Ein weiterer Unterschied ergibt sich durch die Identifizierung einer TP-Verbindung. TCP identifiziert sie nach den beteiligten Sockets; TP4 teilt ihr einen internen Identifizierer zu. Ist der Unterschied wichtig, könnte man fragen. Nun, wenn zwei TP-Module gleichzeitig eine Verbindung miteinander aufbauen wollen, so entsteht in TCP **eine** TP-Verbindung (dank des 3-Weg-Handshakes wird die Kollision erkannt und die Datenphase eröffnet); in TP4 aber erhält jeder Aufbauwunsch einen Identifizierer, es entstehen also **zwei** Verbindungen.

Im Kapitel über TCP haben wir gesehen, daß ein Senken des Kredits in TCP gefährlich sein kann und daher vom Standard nicht empfohlen wird. TP4 sequenziert die ACKs selbst (in TCP werden diese ja mittels Piggybacking in Daten-TPDUs verschickt) und hat diesbezüglich keine Probleme. Daher kann sich TP4 wesentlich besser an die Netzlast und die aktuelle Speichersituation des Empfängers anpassen als TCP.

Auch der Verbindungsabbau ist anders gelöst: TCP verwendet wie beim Verbindungsaufbau einen 3-Weg-Handshake, es können also keine Daten verloren gehen. **TP4 hingegen bricht die Verbindung ohne Rücksicht auf Datenverlust einfach ab!** Dadurch können natürlich Daten-TPDUs, die vom Disconnect-TPDU überholt werden, verloren gehen. Im OSI-Stack wird dieses

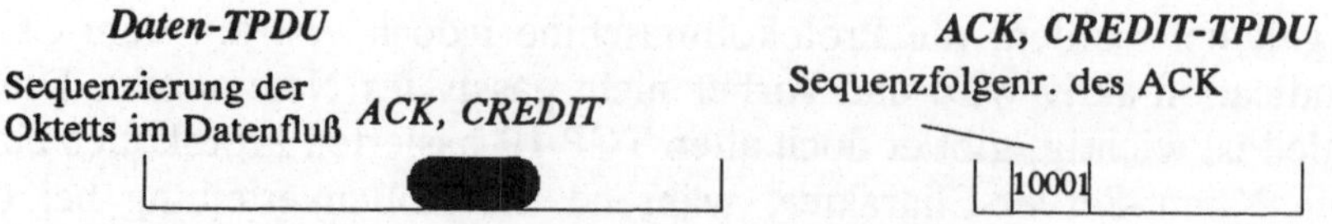

Daten-TPDU

Sequenzierung der
Oktetts im Datenfluß

ACK, CREDIT

ACK, CREDIT-TPDU

Sequenzfolgenr. des ACK

10001

Piggybacking des ACK in einem Daten-TPDU (TCP) oder
eigenes TPDU-Format mit getrennter Sequenzierung (TP4).

Abb.2.20: Piggybacking oder Sequenzierung der ACKs

Problem vom Session Layer behandelt (ich werde darauf in 3.2.1 zurückkommen), trotzdem ist m.E. dieses Feature von TP4 ein echter Rückschritt gegenüber TCP. So ist es z.B. schwer möglich, eine Sitzung zu unterbrechen, aber an sich inklusive Parametern "stehen zu lassen", um zwischendurch andere Datentransfers durchzuführen, die TP-Verbindung aber abzubrechen. Auch beim Multiplexen von mehreren Sessions über eine TP-Verbindung führt dies zu Problemen, beim Multiplexen einer Session über mehrere TP-Verbindungen zu Ineffizienzen, da eine nicht mehr benötigte TP-Verbindung nicht vor Beendigung der Session freigegeben werden kann.

Derzeit ist zu einem gegebenen Zeitpunkt nur ein 1:1-Verhältnis zwischen OSI-Session und OSI-Transport möglich (schon allein deshalb, weil das OSI-Sessionprotokoll keine eigene Flußkontrolle bereitstellt, sondern auf die Schicht 4-Flußkontrolle zurückgreift).

Weiterführende Literaturhinweise

Eine Gesamtdarstellung von TCP/IP bieten
Comer; Internetworking with TCP/IP
Davidson; An Introduction to TCP/IP
Santifaller; TCP/IP And NFS, Internetworking in A UNIX Environment
Stallings; Handbook of Computer Communications Standards III.

Insbesondere zur Fragmentierung vgl.
Postel, Sunshine, Cohen; The ARPA Internet Protocol; in
Lam; Principles of Communications And Networking Protocols.

Eine Darstellung der Checksummenalgorithmen bieten
Plummer; TCP-Checksum Function Design sowie
Braden , Borman, Partridge; Computing The Internet Checksum
beide in Computer Communications Review Jahrgang 1989/19/2.

Den Stand der Diskussion zu Detailproblemen erhält man durch die sogenannten Requests for Comment (RFC); eine Möglichkeit, diese einfach zu beziehen, ist der Infoserver

infoserver@nnsc.nsf.net

Diesem automatischen Infoserver kann eine strukturierte E-Mail-Nachricht gesandt werden, in der bestimmte RFCs angefordert werden. Als Antwort erhält man die entsprechenden Dokumente an seine E-Mailbox zugesandt.

Der Infoserver bearbeitet nur strukturierte Anfragen mit folgendem Aussehen (in unserem Beispiel wird RFC1006 [die Verwendung von OSI TP auf TCP] angefordert):

request: rfc
topic: rfc1006
request: end

Der **topic**-Eintrag ist beliebig oft wiederholbar, es können also auch mehrere RFCs in einer Anfrage angefordert werden. Hilfeinformationen und eine Liste der verfügbaren RFCs erhält man durch folgende Anfrage:

request: rfc
topic: help
request: end

Die Syntax ist nicht groß-klein-sensitiv, d.h. die Strings "RFC", "rfc" und "RFc" sind gleichwertig; man beachte den Abstand nach dem ":".

2.4 Die Standards nach IEEE 802

2.4.1 Allgemeines

Diese Standards verwenden ein etwas anderes Schichtenmodell als das von ISO. Hier eine Gegenüberstellung:

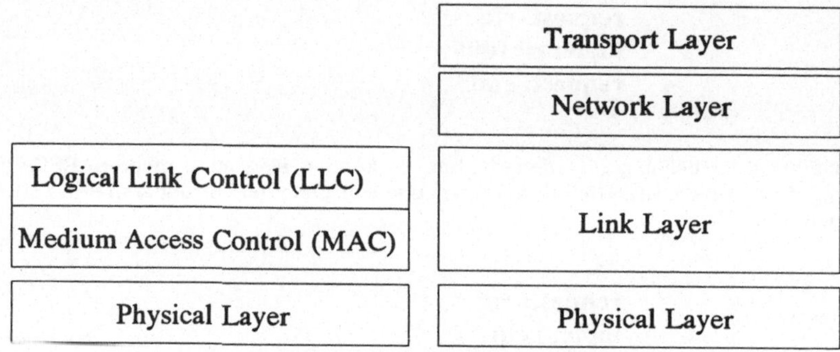

Abb.2.21: Schichtenmodell nach IEEE 802 und nach ISO

Der Umfang der physischen Schicht entspricht in etwa der des ISO-OSI-Modells. Verwendet werden: Verdrillte Kupferkabel, Basisband, Ein- und Mehrkanalbreitband Koaxkabel sowie Lichtwellenleiter.

Der MAC normiert den Zugriff der Station auf das physische Medium, also eine Funktion von Schicht 2 des ISO-OSI-Modells. Als MACs stehen 802.3 CSMA/CD, 802.4 Tokenbus und 802.5 Tokenring zur Verfügung. Diese drei MACs organisieren auf höchst unterschiedliche Weise den Zugriff auf das physische Medium. Bestimmte Funktionen aber, wie das Verwalten logischer Verbindungen am LAN oder das Anbieten mehrerer SAPs für die Schicht 3 sind unabhängig von der Art des Zugriffs auf das physische Medium. Es war daher unnötig, diese Bereiche dreimal redundant zu definieren; dies geschah nur einmal - eben in 802.2 LLC. Ein Network Layer wird nicht benötigt, da es auf Schicht 2 in einem LAN keine Zwischenknoten geben kann. Adressierung, Versehen der Pakete mit Sequenzfolgenummern, Fluß- und Fehlerkontrolle werden von LLC/MAC gehandhabt. 802.2 definiert bestimmte Serviceleistungen, die von einem MAC erbracht werden müssen. Wir werden später sehen, daß es dennoch z.T. nicht unerhebliche Abweichungen zwischen den Serviceprimitiven der einzelnen MACs gibt.

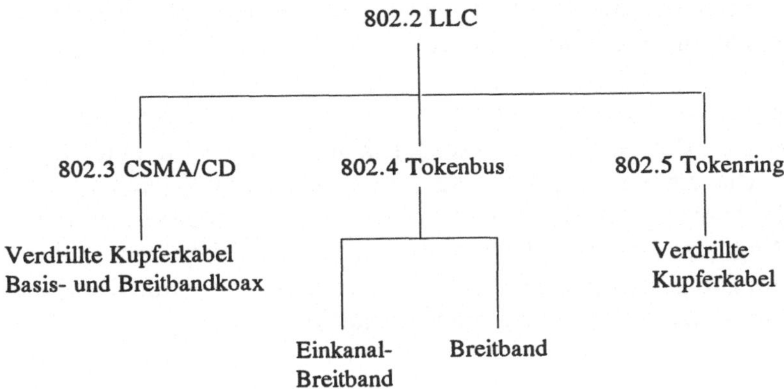

Abb.2.22: LAN-Standards nach IEEE 802

Es ergibt sich somit (ohne Berücksichtigung der Glasfasertechnologie) die in Abb.2.22 gezeigte Struktur von LAN-Standards nach IEEE 802. Dieses Set von Normen der IEEE wurde auch bereits von der ISO übernommen. Im nächsten Unterkapitel möchte ich zunächst kurz die beiden in LANs dominanten Netztopologien vorstellen. Danach werden wir uns mit den von der IEEE angebotenen LLC-Protokollen (2.4.3) und der LLC-MAC-Schnittstelle (2.4.4) beschäftigen. In 2.4.5 habe ich die "konventionellen" MACs zusammengefaßt, nämlich CSMA/CD (2.4.5.2), Tokenbus (2.4.5.3) und Tokenring (2.4.5.4); in 2.4.5.5 schließlich werde ich diese drei MACs miteinander vergleichen. Die Glasfasertechnologie kommt in 2.4.6 bzw. 2.4.7 zu Wort, wenn FDDI I und II bzw. 802.6 Metropolitan Area Network vorgestellt werden. Den Abschluß macht die Kopplung von lokalen Netzen mittels Bridges und Router in 2.4.8.

2.4.2 Topologien

Bei lokalen Netzen dominieren die Topologien Ring und Bus (Linie).

Beim **Ring** ist eine Station mit genau einem Vorgänger und einem Nachfolger direkt verbunden. Zu einem bestimmten Zeitpunkt können sich ein oder mehrere Rahmen am Netz befinden. Jede Station entscheidet selbst, ob eine Nachricht vom Netz genommen, verändert oder unverändert weitergegeben wird. Dies kann zu Problemen führen, wenn eine Station ausfällt, da die Daten unidirektional weitergegeben werden, eine Etappe aber nun ausfällt. Durch Sekundär- oder Tertiärleitungen können jedoch schadhafte Stationen umgangen werden. Vorteil der Ringtopologie ist die geringe benötigte Sendeleistung der einzelnen Station, da sie nur zur nächsten Station senden muß.

Bei einem **Bus** sind alle Stationen an ein durchgehendes Übertragungsmedium angeschlossen. Der Nachrichtentransport kann prinzipiell in beide Richtungen erfolgen. Die einzelne Station wird dabei nicht zum Weitertransport eines Datenpakets benötigt, ist also passiv. Daher ist ein Bus auch wesentlich robuster als ein Ringnetz. Dafür muß die Sendeleistung der einzelnen Station größer sein, da im Broadcastverfahren (einer an alle) gesendet wird. Dies beschränkt auch die maximale Ausdehnung eines Busnetzes.

2.4.3 802.2 LLC

Wie auch der OSI Link Layer befaßt sich LLC mit der Übertragung von Rahmen zwischen zwei Stationen ohne zwischengeschaltete Knoten. Dabei wird zwischen drei verschiedenen Diensttypen unterschieden:

- Typ I: unbestätigter, verbindungsloser Datagrammdienst
- Typ II: verbindungsorientierter Dienst
- Typ III: bestätigter, verbindungsloser Dienst

Tabelle 2.6: LLC-Klassen

Typ	I	II	III
Klasse 1	*		
2	*	*	
3	*		*
4	*	*	*

Eine LLC-Einheit kann mehrere dieser Typen unterstützten: im Unterschied zu HDLC muß 802.2 außerdem anbieten:

- mehrfachen Zugang zum Netz (Multiplexen von Verbindungen),
- **sowohl** einen verbindungsorientierten als auch einen Datagrammdienst und
- Multicast und Broadcast.

Mehrfacher Zugang zum Netz bedeutet, daß eine LLC-Einheit über mehrere SAPs Daten erhalten kann. Jedem dieser SAPs entspricht eine andere Zieladresse, eine andere logische Verbindung. Das LLC-Protokoll muß in der Lage sein, jedem SAP eine Verbindung, und jedes von verschiedenen Verbindungen eingehende Paket einem SAP zuzuordnen.

Der **verbindungsorientierte LLC** stellt eine dem Virtual Circuit-Konzept ähnliche logische Verbindung zwischen zwei SAPs her. Dieser Dienst muß natürlich Verbindungsauf- und -abbau, Fluß- und Fehlerkontrolle und Sequenzierung bieten. Dabei griff IEEE großteils auf HDLC zurück. Es werden hier wie dort I-, S- und U-Rahmen mit den selben Unterarten von Rahmen verwendet. Auch die Windowmechanismen sind einander ähnlich. Bei den dabei angebotenen Serviceprimitiven gibt es jedoch einen Unterschied zwischen dem IEEE 802.2-Original und dem von der ISO übernommenen Standard: beim Verbindungsaufbau kennt IEEE nur Request, Indication und Confirm, nicht jedoch Response. IEEE dürfte jedoch den (besseren) ISO-Mechanismus in Zukunft übernehmen, worin liegt aber der Unterschied?

Der IEEE-Confirm bedeutet nur, daß das Partner-LLC den Request erhalten hat, nicht jedoch, daß ihn der User dieses LLC erhalten hat, oder daß dieser empfangsbereit ist. Genau das zeigt aber das Response-Primitiv, mit dem der Userprozeß des Partner-LLC selbst bestätigt, ob er die Verbindung aufgebaut hat oder nicht. Der OSI-Mechanismus ist daher sicherer und vorzuziehen.

An Primitiven existieren (wenn wir von der ISO-Variante des Standards ausgehen):

- DL-CONNECT
- DL-RESET

jeweils als .Request, .Indication, .Response und .Confirm, sowie

- DL-DATA
- DL-DISCONNECT
- DL-CONNECTION-FLOW-CONTROL

jeweils als .Request und .Indication.

Ist eine logische Verbindung zwischen zwei SAPs aufgebaut, werden Daten mit DL-DATA.Request vom Sender SAP an sein LLC-Modul und mit DL-DATA.Indication vom Empfänger-LLC über einen bestimmten SAP an den dahinterstehenden User übergeben. Als Flußkontrollmechanismus wird wie bei HDLC ein Windowmechanismus mittels Piggybacking (Bestätigung wenn

Handshake nach IEEE

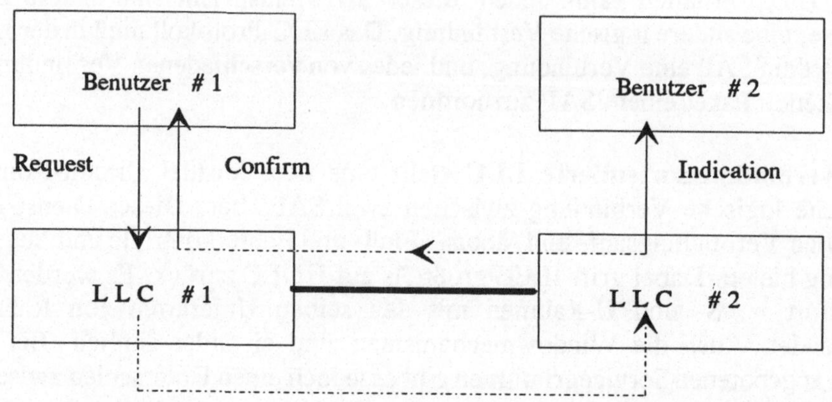

Handshake nach ISO

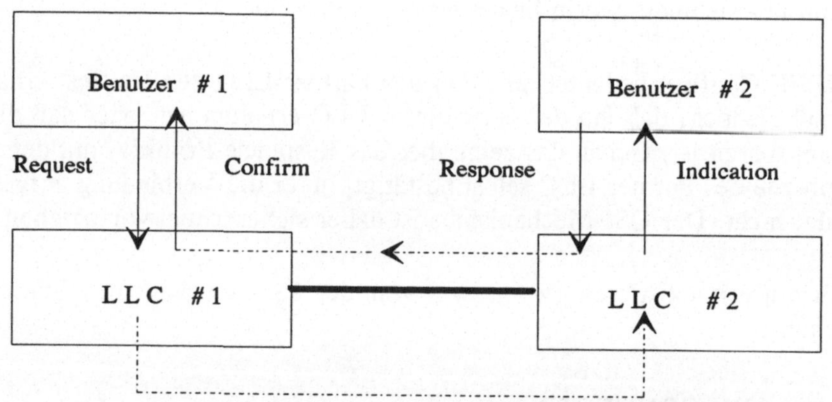

Abb.2.23: LLC-Handshake nach IEEE und nach OSI

möglich in einem Datenrahmen) verwendet. Ein DL-DATA.Confirm, mit dem der Partner-LLC den Erhalt eines Rahmens quittieren würde, ist auf Grund der Sicherheit des Dienstes (verbindungsorientiert!) nicht nötig.

Mit DL-DISCONNECT.Request seitens des LLC-Users wird entweder ein DL-CONNECT.Indication, das vom LLC an den User übergeben wurde, negativ beantwortet, oder eine existierende Verbindung abgebrochen. Mit DL-DISCONNECT.Indication wird dies dem User des Partner-LLC angezeigt. DL-CONNECTION-FLOW-CONTROL erlaubt es dem LLC-User, direkt in die Flußkontrolle einzugreifen. Ein solches Primitiv enthält als Parameter die

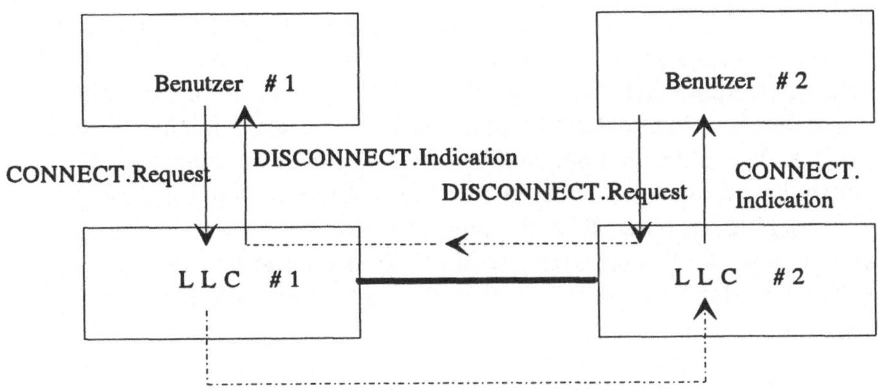

Abb.2.24: Ablehnung des Verbindungsaufbaues

Datenmenge, die versendet werden darf. Das entsprechende Indication-Primitiv informiert den User des Partner-LLC darüber.

Die Fehlerbehandlung erfolgt durch ARQ, wobei auch die Verwendung von Selective Reject-ARQ vorgeschlagen wurde.

Der derzeitige Standard sieht eine starre Windowgröße (W) vor, doch ließe sich die Leistungsfähigkeit eines solchen Systems durch einen adaptiven Windowmechanismus verbessern. Bei kleiner Netzlast nämlich wäre ein großes W nützlich, da viele weitere Pakete ohne Bestätigung des ersten gesendet werden könnten, ohne das Netz lahmzulegen. Steigt die Netzlast jedoch, wäre ein kleineres W besser. Vor allem wenn Bridges verwendet werden (siehe 2.4.8), kann die Verlustrate (und damit die Rate der nochmals zu sendenden Rahmen) bei zu hohem W empfindlich steigen. Der Anteil der Out-of-Sequence-Rahmen steigt an. Abhilfe würde hier eine dynamische Windowgröße schaffen, die sich der Netzlast anpaßt.

W wird auf einen bestimmten Wert W_i initialisiert. Muß ein Rahmen wiederholt gesendet werden, fällt W automatisch auf $W = 1$. Dann wird nach jeweils n richtig übertragenen Rahmen W um 1 inkrementiert (n ist implementierungsabhängig), bis $W = W_i$. Leider kann diese Erweiterung nicht so leicht in 802.2 integriert werden, da dieses keinen Mechanismus zum Verändern von W vorsieht.

Es wurde aber auch noch eine andere recht interessante Performanceverbesserung vorgeschlagen, die im Unterschied zur dynamischen Windowgröße vergleichsweise recht einfach in 802.2 zu integrieren ist: AAD (Acknowledgement Accumulation with a Dynamic Threshold, Kumulative Bestätigung mit dynamischem Schwellenwert). Dabei wird das ACK des Empfängers zeitlich und nicht nach der Anzahl der Rahmen kumuliert [16]. Bei der zeitlichen Kumulation ist jedoch zu beachten, daß der Sender einen Rahmen nochmals sendet, wenn nach einem bestimmten Timeout ein gesendeter Rahmen vom Empfänger weder bestätigt noch durch einen REJ-Rahmen beantwortet wurde. Wenn der Empfänger nun sein ACK kumuliert, so darf die Kumulationszeit t (Threshold) dieses Timeout des Senders (t_{max}) nicht überschreiten (wobei zusätzlich noch die Übertragungszeit zu berücksichtigen wäre).

Der AAD-Mechanismus funktioniert nun so: zunächst wird t mit 0 initialisiert, d.h. jedes Paket muß gesondert bestätigt werden. Wird der Verlust oder ein Fehler in einem Rahmen erkannt, wird ein REJ- (oder SREJ-) Rahmen gesendet und t auf t_{max} gesetzt. Durch die Verzögerung des ACK wird die Netzlast gesenkt. Werden dann z Rahmen richtig erhalten, wird t um ein fixes t_{red} gesenkt. t_{max}, z und t_{red} sind implementierungsabhängig.

Das Interessante an dieser Methode ist, daß keine mengenmäßige Windowgröße verwendet wird, sondern fixe Zeitintervalle als Windowmechanismus dienen. Dadurch geht dieser Mechanismus nicht bloß auf die zu übertragende Menge an Rahmen ein, gleichgültig wie lange zu ihrer Übertragung benötigt wird, sondern die Kontrolle der Senderate und der Bestätigungen durch den Empfänger erfolgt ausschließlich zeitgesteuert. In unserem Beispiel wird zunächst ein Rahmen gesendet und sofort ($t=0$) bestätigt. Bei der Übertragung des zweiten Rahmens tritt ein Fehler auf, t wird auf $t_{max}=6$ gesetzt und bleibt auf diesem Wert bis $z=4$ richtige Rahmen in Folge empfangen wurden, dann wird t um 2 ($=t_{red}$) gesenkt. Man beachte, daß die Windowgröße bei diesem Mechanismus nicht in der Anzahl der übertragenen Pakete, sondern in der Anzahl der zur Übertragung benötigten Zeiteinheiten gegeben ist, was den Mechanismus wesentlich flexibler in bezug auf die tatsächliche Netzverzögerung macht als ein einfaches Zählen von Rahmen.

---

16 Biersack; Performance Improvements of The IEEE 802.2 LLC Type 2 Protocol in The Computer Society of The IEEE; Proceedings of The 13th Conference On Local Computer Networks.

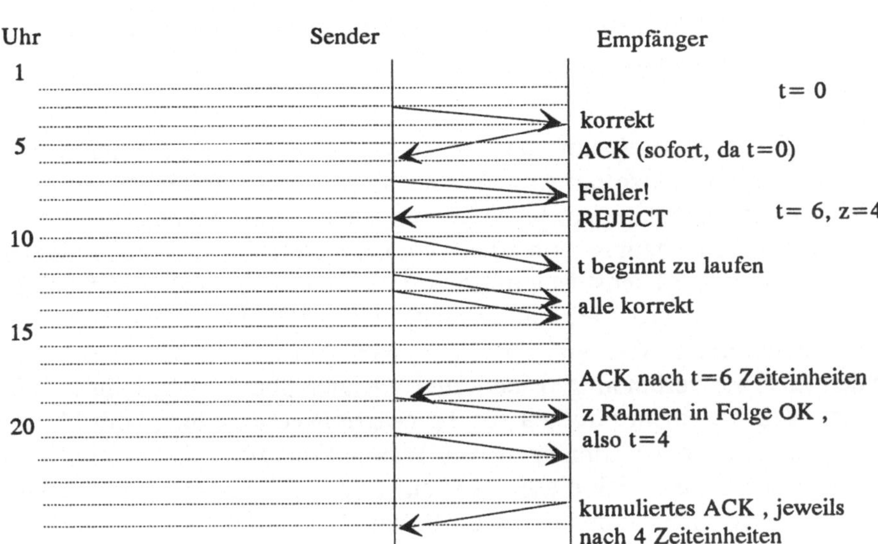

Abb.2.25: Der AAD-Mechanismus

Das verbindungsorientierte 802.2 bietet sich immer dann an, wenn auf Ebene des Anwendersystems der Austausch großer Datenmengen zu erwarten ist, etwa weil ein Schwergewicht des zu erwartenden Verkehrsaufkommens im Netz auf Filetransfers oder ähnlich umfangreichen Applikationen liegt; andererseits aber auch relativ wenige logische Verbindungen gleichzeitig erwartet werden. Durch die verbindungsorientierte LLC-Variante wird auf möglichst niedriger Ebene Fluß- und Fehlerkontrolle bereitgestellt und ein Großteil der Fehler zu einem Zeitpunkt repariert, wo dies noch mit wenig Overhead möglich ist; denn je später (je höher die Schicht liegt, in der) ein Fehler erkannt wird, desto mehr Overhead - und Netzressourcen - sind zu seiner Behebung nötig. Wird also ein verbindungsorientierter LLC verwendet, können einfache Protokolle auf Netzwerk- und Transportschicht verwendet werden.

LLC bietet jedoch auch einen unbestätigten und einen bestätigten Datagrammdienst. Bei der **unbestätigten Datagrammvariante** werden Daten vom SAP übernommen und versendet bzw. bei Erhalt von Daten diese über den SAP an den User ohne Bestätigung für den Sender weitergegeben. Daher gibt es auch - wie in solchen Fällen üblich - nur zwei Serviceprimitiven:

- DL-UNITDATA.Request zum Übernehmen von Daten vom User über den SAP zum Versenden
- DL-UNITDATA.Indication zur Übergabe von empfangenen Daten an den User am SAP

Fluß- und Fehlerkontrolle auf LLC-Ebene sind so natürlich nicht möglich. Es muß ein vorheriges Abkommen zwischen Sender und Empfänger geben, um Daten austauschen zu können. Jedes Datenpaket ist - vom Standpunkt des LLC - vollkommen unabhängig von allen vorangegangenen und nachfolgenden Paketen. Ein solcher Dienst ist einfach zu implementieren und wird wohl dann sinnvoll sein, wenn pro Verbindung relativ kleine Datenmengen transportiert werden; andererseits aber viele Verbindungen gleichzeitig bestehen müssen, was den LLC der verbindungsorientierten Variante überfordern könnte. Wenn z.B. das Netz zu einem Großteil für Transaktionsverarbeitung (mit üblicherweise recht kleinen Datenmengen pro Transaktion) oder elektronische Post verwendet wird, bietet sich dieses LLC an. Der verbindungslose, unbestätigte LLC ist aber nur dann sinnvoll, wenn zusätzlich höhere Protokolle verwendet werden, die eine genügend sichere Verbindung bereitstellen.

IEEE 802.2 bietet aber auch einen **bestätigten Datagrammdienst.** Dieser enthält die Serviceprimitiven:

- DL-DATA-ACK.Request und .Indication
- DL-DATA-ACK-STATUS.Indication
- DL-REPLY.Request und .Indication
- DL-REPLY-STATUS.Indication
- DL-REPLY-UPDATE.Request
- DL-REPLY-UPDATE-STATUS.Indication

Mit DL.DATA-ACK.Request und .Indication werden Daten zum Empfänger-LLC übertragen. DL-DATA-ACK-STATUS.Indication ist die Rückmeldung, ob die Daten erfolgreich bei dem Partner-LLC hinterlegt werden konnten, oder nicht. Dabei wird auch ein Scheitern der Übertragung angezeigt, was recht zeiteffizient ist, denn der Sender weiß sofort positiv, daß die Übertragung scheiterte, und muß nicht erst ein Timeout für den Erhalt einer positiven Bestätigung abwarten. Eine weitere Dateneinheit kann erst gesendet werden, wenn die vorhergehende bestätigt wurde. (Stop-and-Wait-ARQ).

Erfolgreich:

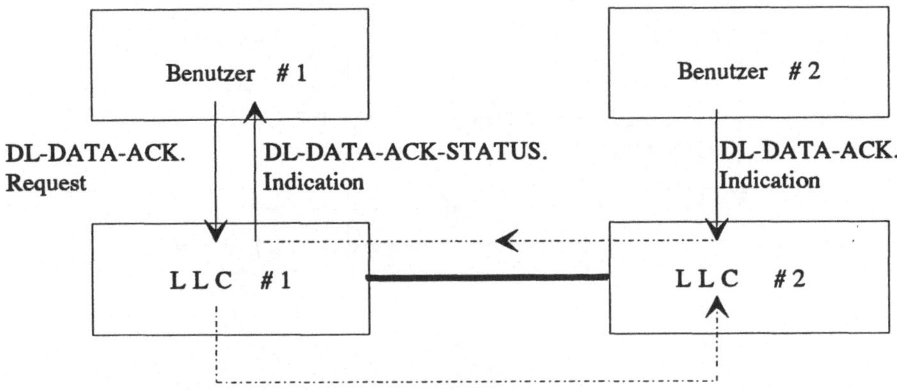

Nicht erfolgreich:

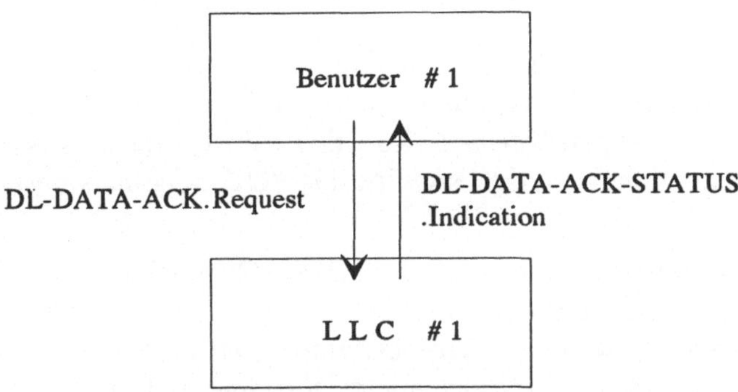

Abb.2.26: Datentransfer mit bestätigtem Datagrammdienst

Die DL-REPLY-Primitiven erfüllen folgende Aufgaben: mit einem DL-REPLY.Request und .Indication fordert der User eines LLC-Moduls eine Partnerinstanz auf zu senden. Mit DL-REPLY-STATUS.Indication wird dem User mitgeteilt, ob das LLC-Modul seiner Partnerinstanz (nicht jedoch, ob die Partnerinstanz selbst!) die Aufforderung erhalten hat. Mit DL-REPLY-UPDATE.Request kann ein User Daten bei seinem LLC hinterlegen, die später auf Anforderung der Partnerinstanz gesendet werden. Das LLC-Modul merkt sich den SAP, hinter dem der User steht und sendet die Daten, sooft es dazu von einem mit dem entsprechenden SAP verbundenen Partner-LLC-Modul aufgefordert wird.

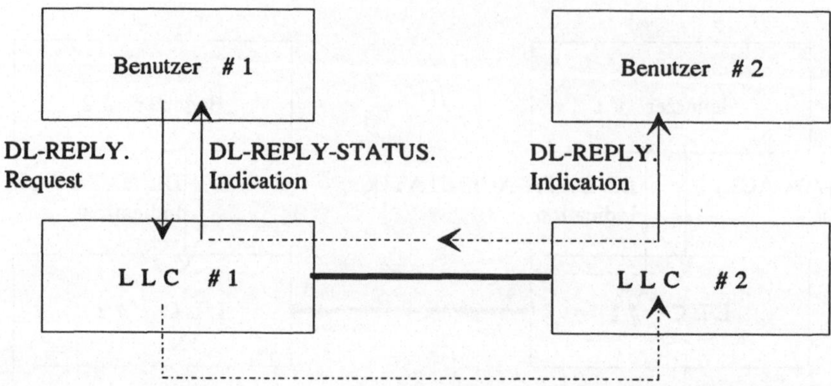

Mit dem Request können auch gleichzeitig Daten übergeben werden. Diese Möglichkeit ist vor allem für Kommunikation, die aus kurzen Dialognachrichten besteht, wie z.B. bei Transaktions-programmen, interessant.

Abb.2.27: Reply Primitiv

Die Fehlerkontrolle geschieht - analog zur Flußmengensteuerung - mittels Stop-and-Wait-ARQ. Bei Absenden jedes PDU setzt der Sender ein Timeout. Wird ein PDU - wegen Verlusts des PDU selbst, oder des ACK - innerhalb eines Timeouts nicht bestätigt, so wird das PDU nochmals gesendet.

Dieser Standard wurde erst später dem IEEE-Original hinzugefügt, unterstützt aber nur Punkt-zu-Punkt-Verbindungen. Diese Implementierung ist immer dann vorzuziehen, wenn größere Datenmengen sicher transportiert werden müssen, aber die verbindungsorientierte Variante nicht in Frage kommt, etwa weil der LLC zu viele logische Verbindungen gleichzeitig verwalten müßte, oder weil es zu langsam wäre, eine solche aufzubauen, man aber trotzdem eine Bestätigung der Datenpakete braucht.

2.4.4 Die LLC-MAC-Schnittstelle

Teil des LLC-Standards sind die Primitiven, die der MAC dem LLC anbieten muß:

- MA-UNITDATA.Request und .Indication
- MA-UNITDATA-Status.Indication

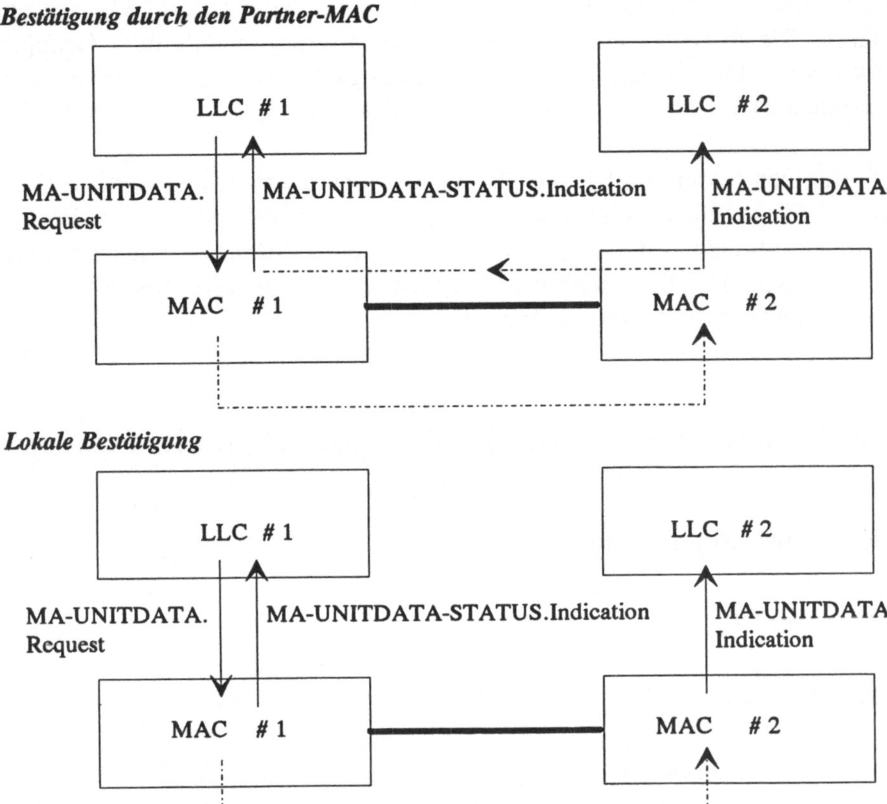

Abb.2.28: Serviceprimitiven des MAC

Die Parameter der ersten beiden sind (physische) Quell- und Zieladresse, (vom Sender-LLC **angeforderte** bzw. an Empfänger-LLC übergebene) Servicequalität und Prioritätsstufe. MA-UNITDATA-STATUS.Indication weist neben Quell- und Zieladresse die bei der Versendung der PDUs **tatsächlich verwendete** Qualitäts- und Prioritätsstufe, das .Indication den Empfangsstatus auf. In diesem Statusfeld wird dem LLC des Empfängers mitgeteilt, welche Fehlerart aufgetreten ist:

- FCS-Fehler
- Codeverletzung
- Gültiger, aber für den Empfangspuffer zu langer Rahmen
- Rahmen kleiner als Minimum

Die ersten beiden Primitiven werden dazu benutzt, alle LLC-PDUs zu transportieren. Die Adressen auf MAC-Ebene können individuelle oder Gruppenadressen sein. Die Bestätigung eines UNITDATA.Request kann lokal durch den eigenen MAC oder durch den Partner-MAC erfolgen (siehe Abb.2.28).

MAC-Rahmen fassen ein LLC-PDU als Nettodaten auf. Dabei ergibt sich die in Abb.2.29 gezeigte Rahmenstruktur. Dabei stellt der MAC den Verkehr zwischen Stationen auf dem LAN sicher; seine Adressen sind physische LAN-Adressen. Der LLC stellt die Verbindung zwischen zwei SAPs her; seine Adressen sind logische Prozeßadressen.

2.4.5 Medium Access Control MAC und physische Schicht

2.4.5.1 Allgemeines zu den MACs

Die Standards 802.3 bis .5 werden üblicherweise als CSMA/CD, Tokenbus und Tokenring bezeichnet, umfassen aber nicht nur den MAC, sondern auch die physische Schicht. Sie bestehen im Detail aus der Spezifikation der

- MAC-Serviceprimitiven,
- dem Netzzugangsprotokoll,
- einem PDU-Formatierungsprotokoll,
- der mediumsunabhängigen physischen Spezifikation und
- mehreren mediumsabhängigen physischen Spezifikationen.

Auf diese Weise sind auch die nun folgenden Kapitel gegliedert. Außerdem werden auch aus wirtschaftlicher Sicht interessante Neuerungen bzw. Ergänzungsvorschläge zum Standard vorgestellt, wobei vor allem auf die Diskussion innerhalb der IEEE eingegangen wird.

MAC-Header	LLC-Header	Schicht 3 Userdaten	MAC-Trailer

Abb.2.29: Der LLC-Rahmen eingebettet in das MAC-Format

2.4.5.2 802.3

Die Serviceprimitiven, die LLC von einem MAC erwartet, wurden bereits in 2.4.4 aufgelistet.

Die Primitiven, die in 802.3 spezifiziert sind, weichen jedoch von den allgemeinen, in 802.2 genannten Anforderungen an einen MAC leicht ab. Vor allem werden keine Prioritätsstufen unterstützt. Das entsprechende Parameterfeld in MA-UNITDATA.Request wird zwar aus Vereinheitlichungsgründen mitgeführt, aber von 802.3 ignoriert. Ebenso die entsprechenden Felder in MA-UNITDATA-STATUS.Indication.

Das **Netzzugangsverfahren** basiert auf der sogenannten ALOHA-Methode. Das Zugangsverfahren nach ALOHA funktioniert ohne Synchronisation und ist recht einfach: ohne ins Netz zu "horchen" beginnt eine Station zu senden. Kollidieren zwei Sendewünsche, so bestimmt jede der konkurrenzierenden Stationen eine Zufallszeit und wartet diese ab, bevor sie den Sendeversuch wiederholt. Dies führt bei hoher Netzlast zu einer Blockierung des Netzes, da - egal welche Verzögerungszeit gewählt wird - immer zwei Rahmen kollidieren. Die Stationen müssen also ihre Verzögerungszeit der Auslastung des Netzes anpassen. Stellen Sie eine Erhöhung der Netzlast fest, erhöhen sie ihrerseits die Verzögerung, entweder linear (Linear Incremental Backoff, LIB) oder binär (Binary Exponential Backoff, BEB). Diese Methode kann jedoch dazu führen, daß bei an sich geringer Netzlast, aber zufälligem Kollidieren zweier Sendewünsche, der Verzögerungswert unnötigerweise hinaufgesetzt wird.

Eine weitere Verbesserung war Slotted ALOHA, bei dem eine zentrale Uhr Zeitschlitze (Slots) festlegt. Nur zu Beginn eines solchen Zeitschlitzes kann versucht werden, zu senden. Trotzdem ist ALOHA immer noch ein Verfahren, das Netzressourcen verschwendet. Es geht nämlich davon aus, daß die Zeit, in der es sich am Kanal herumspricht, daß eine Station sendet (Propagation Delay),wesentlich kleiner ist als die eigentliche Sendezeit für einen Rahmen. Wenn es sich "schnell herumspricht", daß eine Station sendet, und sich die anderen Stationen vernünftig verhalten, ist die Chance recht groß, daß der Rahmen durchkommt. Aber auch Slotted ALOHA verschwendet Netzressourcen, denn die Station sendet, ohne sich vorher zu vergewissern, daß sie keine gerade laufende Sendung stört.

Aus diesem Grund wurde das ursprüngliche ALOHA zum Carrier Sense Multiple Access- (CSMA-) Verfahren weiterentwickelt. Dabei horcht die Station zunächst in das Netz, ob es belegt ist. Wenn es belegt ist, wartet die Station einen anderen Slot ab. Ist der Kanal frei, beginnt die Station zu senden.

Versuchen dies nun mehrere gleichzeitig, brechen die Stationen ab und verzögern nach einem der drei folgenden Verfahren:

- 1-persistent CSMA; sofort nach Beendigung der aktuellen Sendung versucht die Station nochmals zu senden. Es ist wahrscheinlich, daß mehrere Stationen darauf warten und einander gegenseitig blockieren.
- non-persistent CSMA; die Station verzögert nach einem Zufallswert.
- p-persistent CSMA; die Station verhält sich mit Wahrscheinlichkeit p 1-persistent, mit 1-p wartet sie länger.

Dieses letzte Verfahren ist sicherlich das effizienteste, da über Beeinflussung von p der Verkehr im Netz gesteuert werden kann. Bei geringer Last ist 1-persistent CSMA sicher vorzuziehen, da die Wahrscheinlichkeit gering ist, daß nach Beendigung einer Sendung zwei Stationen gleichzeitig senden wollen. Genau diese Wahrscheinlichkeit wächst aber mit steigender Netzlast. Bei einem p-persistent CSMA kann die Verzögerungstaktik der Station an die Netzlast angeglichen werden.

Auch ein Modell mit zwei Verzögerungswerten wurde vorgeschlagen: Wenn eine Station während eines Slots senden will, muß sie bis zum Ende des Slots warten. Ist dann der Slot frei (bzw. erkennt die sendewillige Station keine Sendung, was noch lange nicht heißt, daß nicht eine andere Station nun ebenfalls zu senden beginnt), so verzögert sie p-persistent, wie oben beschrieben. Ist aber auch der nächste Slot besetzt, so nimmt die Station mit Wahrscheinlichkeit q an, daß der Kanal mit dem nächsten Slot frei wird, mit 1-q, daß er nicht frei wird. Diese q-Persistence spielt sich also ab, bevor noch die Station versucht, analog zu ihrem p-Persistence-Wert zu senden. Durch dynamische Steuerung dieses Faktors q kann das Persistenceverhalten noch besser an die Netzlast angepaßt werden.

Aber auch CSMA verschwendet Netzressourcen. Kollidieren zwei Sendungen, wird dies von den Stationen nicht entdeckt. Erst wenn keine Bestätigung durch den Empfänger kommt, weiß die Station, daß ihre Sendung nicht erfolgreich war. Deshalb wurde CSMA zu CSMA/CD (CSMA mit Collision Detection) weiterentwickelt, indem der Sender während des Sendens ins Medium hineinhorcht und eine eventuelle Kollision entdeckt. Dabei spielt der Propagation Delay eine entscheidende Rolle. Das grundlegende Problem ist nämlich: wann entdeckt die Station eine Kollision? Man definiert einen Slot als die Zeit, die benötigt wird, um ein Signal von einem Ende des Busses zum anderen und zurück zu senden plus die Zeit für das Störsignal bei Kollision. Die Slotzeit ist somit die maximale Zeit, die benötigt wird, um eine Kollision zu entdecken.

Abb.2.30 zeigt den Zusammenhang. P, der Propagation Delay, ist die Signallaufzeit von A nach B, wenn A und B die beiden am Bus am weitesten voneinander entfernten Stationen sind. Das aber bedeutet, daß vor dem Zeitpunkt t(0)+P Station B nicht erkennen kann, daß A sendet. Beginnt B vor diesem Zeitpunkt zu senden, entsteht eine Kollision. Zum Zeitpunkt t(0)+P erkennt nun B die Kollision mit der Sendung von A, die sie nun erreicht hat. t' gibt also den Abstand des Kollisionspunktes von B an. Erst zum Zeitpunkt t(0)+2P-2t' erkennt nun auch A, daß seine Sendung gescheitert ist. Ist nun der

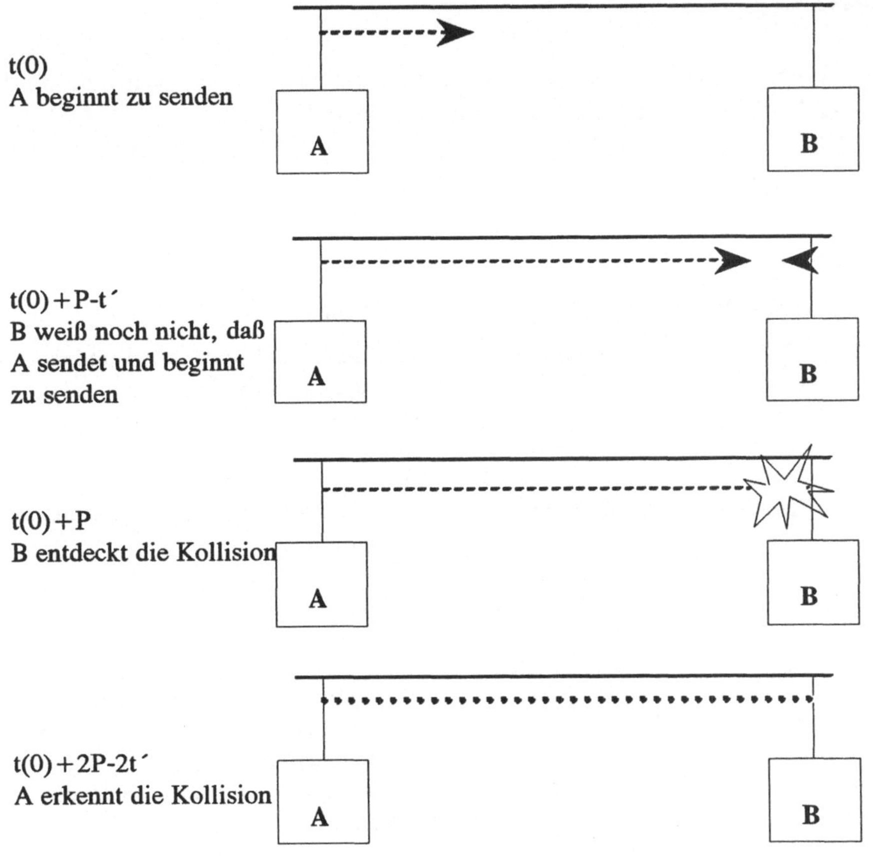

Abb.2.30: Kollisionserkennung unter CSMA/CD

Rahmen lang genug, sodaß der letzte Teil zum Zeitpunkt t(0)+2P-2t' noch nicht gesendet wurde, wird die Kollision entdeckt und A kann entsprechend reagieren. Das aber bedeutet nichts anderes, als daß ***A zum Zeitpunkt t(0)+2P noch immer senden muß***, um zu erfahren, ob die Sendung gut gegangen ist (!); also der Propagation Delay bzw. die Slotzeit die **minimale** Rahmengröße determiniert, wenn man CSMA/CD und nicht bloß CSMA verwenden will. Die Kollision selbst wird durch das Blockierungssignal (Jamming Signal) angezeigt.

Es konnte gezeigt werden[17], daß auch bei einer Netzlast jenseits 50% bei Applikationen, die viel Übertragungskapazität erfordern (Filetransfer), die Kollisionsrate und die Zeit, die eine sendewillige Station benötigt, um den Kanal zu akquirieren, zwar steigen, aber der Benutzer kaum eine Verzögerung bemerkt.

Bliebe noch zu klären, wie Bestätigungen versandt werden. Würden sie dem üblichen Kollisionslösungsmechanismus unterworfen, so könnte das ACK unter Umständen zu lange verzögert werden. Daher wird der erste freie Slot nach Beendigung einer Sendung für das ACK des Empfängers genutzt.

Das **PDU-Format** hat folgendes Aussehen:

Oktettlänge	Feld	Funktion
7	Präambel	alternierendes Muster aus 1 und 0, um die beiden Stationen zu synchronisieren
1	Start Frame Delimiter	zeigt Beginn des eigentlichen Rahmens an
2 oder 6	Zieladresse	auch Multicast- oder Broadcastadressen sind möglich
2 oder 6	Quelladresse	
2	Länge der folgenden LLC-Daten in Oktetts	
n	LLC-Daten	
m	Padding	um Mindestlänge des Rahmens zu erreichen
4	FCS	Frame Checking Sequence 32-bit CRC (Start Frame Delimiter und Präambel nicht erfaßt

17 Francis, Frost, Soldan; Measured Ethernet Performance for Multiple Large File Transfers in The Computer Society of The IEEE; Proceedings of The 14th Conference On Local Computer Networks.

Die Rahmengröße muß zwischen 72 und 1526 Oktetts betragen.

Die **mediumsunabhängige physische Spezifikation** umfaßt zunächst die Serviceprimitiven, die dem MAC zur Verfügung gestellt werden:

- PLS-DATA.Request (Parameter: Output-Unit)[18]
- PLS-DATA.Indication (Input-Unit)
- PLS-DATA.Confirm (Output-Status)
- PLS-CARRIER.Indication (Carrier-Status)
- PLS-SIGNAL.Indication (Signal-Status)

Mit PLS-DATA.Request werden Daten vom MAC an die physische Schicht übergeben. Die physische Schicht codiert dann die Nachricht bitweise und verschickt sie. Mit der entsprechenden Indication-Primitive wird der umgekehrte Prozeß angestoßen. Sobald ein Bit codiert und gesendet ist, wird von der physischen Schicht ein PLS-DATA.Confirm an den MAC zurückgeschickt. Die Bestätigung ist also bloß lokal. Der Parameter dieses Primitivs zeigt an, ob das Senden gelang.

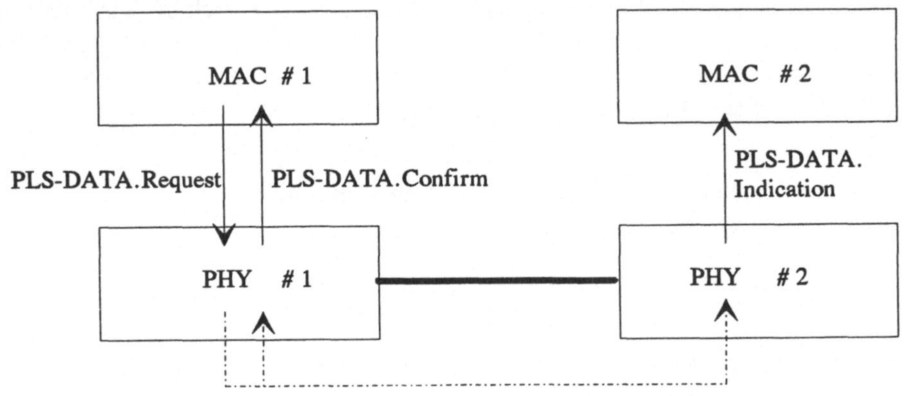

Abb.2.31: Die Serviceprimitiven der physischen Schicht

18 PLS steht für Physical Layer Specification.

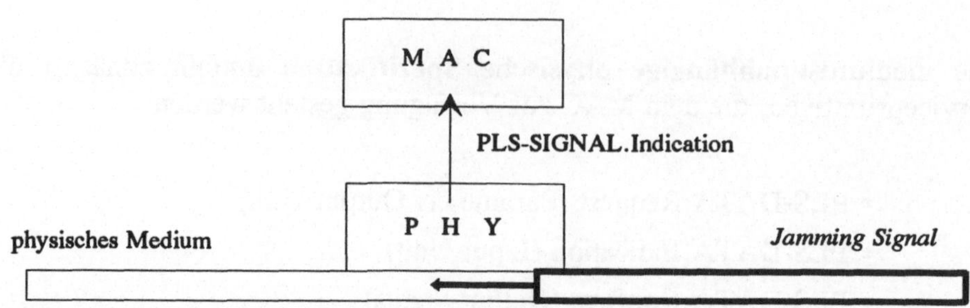

Abb.2.32: Erkennen des Jamming Signals

Mit PLS-CARRIER.Indication wird dem MAC mitgeteilt, ob der Kanal aktiv ist. Dieses Primitiv muß vom MAC nicht extra angefordert werden, sondern wird bei jeder Statusänderung des Kanals emittiert, daher gibt es auch kein Request-Primitiv dazu. Wird eine Kollision entdeckt, so wird PLS-SIGNAL.Indication mit Signal-Status "Error" an den MAC geschickt. Ist der Kollisionszustand auf dem Medium vorbei, so wird dieses Primitiv mit Zustand "No Error" an den MAC gesandt.

LLC, MAC und PLS laufen in einer DTE ab. Diese DTE ist aber üblicherweise nicht direkt an das LAN angeschlossen. Dieser direkte Anschluß wird über ein Medium Attachment Unit (MAU oder Transceiver) hergestellt. Zwischen diesem und der eigentlichen DTE gibt es ein Attachment Unit Interface (AUI). IEEE 802.3 spezifiziert, daß der MAU folgende Funktionen erfüllen muß:

- Austausch von Signalen mit dem Medium
- Kollisionsentdeckung
- Feststellung, ob am Kanal gesendet wird

Dabei besteht das AUI aus 4-5 verdrillten Kupferkabel:

- Zwei zum Austausch von Daten zwischen DTE und MAU
- Zwei zum Austausch von Kontrollsignalen
- Stromleitung von Station zum MAU

Das AUI (auch als Dropkabel bezeichnet) wird bis zu einer Maximallänge von 50 m unterstützt und verwendet Manchestercodierung.

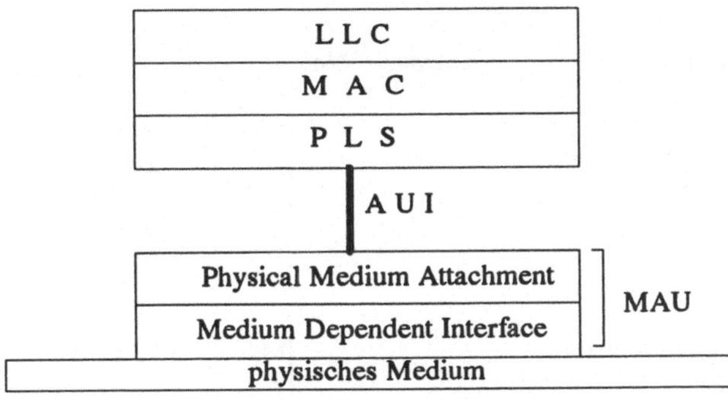

Abb.2.33: Schematischer Aufbau des CSMA/CD-Anschlusses

Die Varianten der mediumsabhängigen physischen Spezifikation zeigt Tabelle 2.7. Die Namen setzen sich aus der zur Verfügung stehenden Geschwindigkeit, der Codierungsart (Basis- oder Breitband) und der maximalen Länge eines Kabelsegments zusammen; 10BASE5 steht also für 10 Mbit/s, Basisbandcodierung und 500 m maximaler Segmentlänge (Ausnahme: bei 10BROAD36 wird die gesamte mit Repeatern erzielbare Netzlänge angegeben).

Tabelle 2.7: Mediumsabhängige physische Spezifikation in 802.3

Parameter	10BASE5	10BASE2	1BASE5	10BROAD36
Medium	Koax 50 Ohm		Verdrillte Kupferkabel	Koax 75 Ohm
Codierung	Manchester Basisband			Breitband DPSK
Mbps	10	10	1	10
Maximale Segmentlänge	500m	180m	500m	1800m
Slotzeit in bit	512			
max. Netzlänge	2500m	925m	2500m	3600m

Mehrere Segmente können mit einem Repeater verbunden werden. Dieser Repeater besteht im wesentlichen aus zwei MAUs, die miteinander verbunden sind, und die ihrerseits zwei auf zwei verschiedenen Segmenten liegende MAUs miteinander verbinden. Dabei ist den an das Gesamtnetz angeschlossenen Stationen nicht klar, daß sie in verschiedenen Segmenten liegen. Kollidieren Signale auf einem Segment, so trennt der Repeater die beiden Segmente, damit sich die Kollision nicht auf alle Segmente ausdehnt; die Verbindung wird wieder aufgenommen, wenn die Kollision bereinigt ist. Zwischen zwei Stationen in zwei verschiedenen Segmenten darf es nur einen Weg geben, da sonst eine

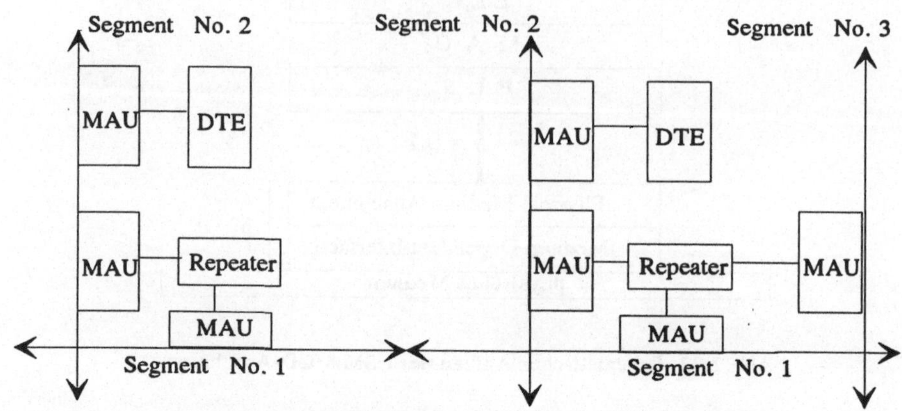

Abb.2.34: Repeater und Multiport-Repeater

Sendung mit sich selbst kollidieren würde. Aus der maximalen Segmentlänge und der maximalen Anzahl der Repeater zwischen zwei Stationen ergibt sich die maximale Netzlänge. Dabei gibt es jedoch eine Einschränkung: ein Rahmen darf maximal nur eine beschränkte Anzahl von Repeatern passieren, da die Signallaufzeit limitiert ist. Dies ist einer der Gründe, warum sich bei Verwendung vieler Segmente eine Backbonestruktur empfiehlt. Außerdem darf kein 10BASE2-Segment verwendet werden, um zwei 10BASE5-Segmente zu verbinden.

Am Markt sind aber auch sog. Multiport-Repeater, die mehrere Segmente miteinander verbinden.

Zwei mit einem Repeater verbundene Segmente können maximal 100 m voneinander entfernt sein, da ein Dropkabel nur bis zu einer Länge von 50 m möglich ist. Sollen Segmente, die weiter als 100 m voneinander entfernt sind (z.B. in zwei Pavillons eines größeren Geländes), verbunden werden, so werden dazu am Markt Remote Receiver angeboten.

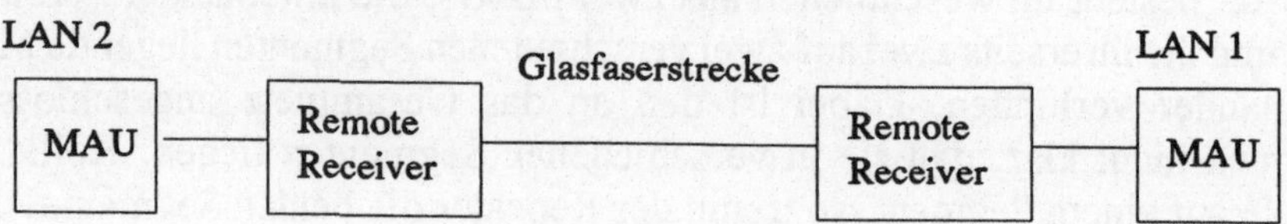

Abb.2.35: Remote Receiver

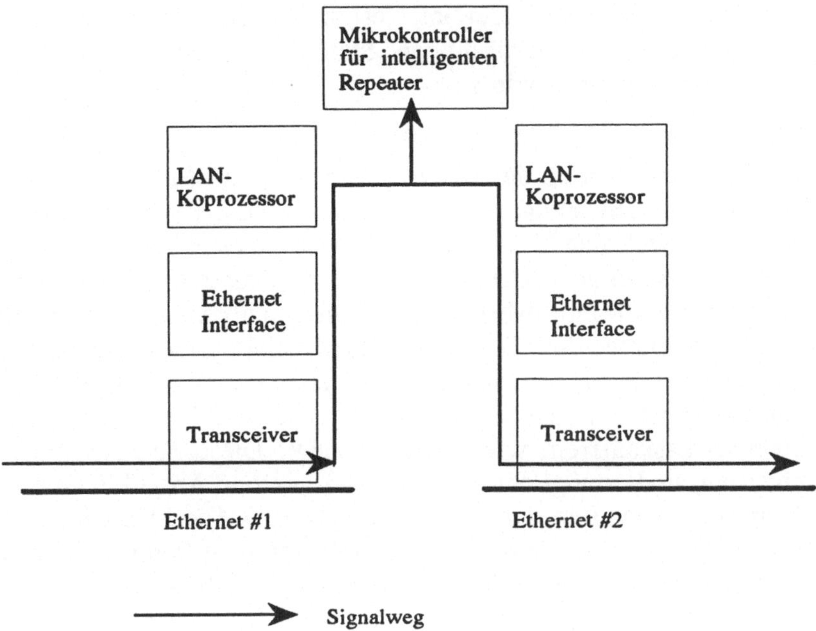

Abb.2.36: Signalweg in einem Ethernetrepeater

Dieses Design ist aber nicht mit dem Anschluß von mehreren LANs an ein Backbonenetz zu verwechseln. Bei Verwendung von Remote Receivern ist die Verbindung zwischen den Segmenten, wie bei allen Repeatern, für die beteiligten Stationen **transparent**. Die elementare Funktion eines Repeaters ist es, zwei Segmente transparent miteinander zu verbinden, doch können Repeater auch zur Unterstützung von Netzwerkmanagementaufgaben herangezogen werden. Dazu benötigen sie allerdings ein wesentlich höheres Maß an Intelligenz.

Solche intelligenten Repeater besitzen in der Grundausbaustufe einen Qualitätsanalysator, der die Parameter der elektrischen Signale in beiden Segmenten aufzeichnet. Es empfiehlt sich, einen solchen intelligenten Repeater in einen PC zu integrieren, um auf diesem gleich verschiedene Auswertungsroutinen laufen zu lassen. Als weitere Ausbaumöglichkeiten stehen u.a. zur Verfügung:

- Performanceanalyse der Netzbelastung durch einzelne Stationen
- Statistikanalyse über die Netzaktivitäten

- Testmodus, um Fehler im Netz zu lokalisieren (indem Testrahmen zu "verdächtigen" Stationen gesendet und die Reaktion geprüft wird)

Ebenfalls eine Bereicherung des LAN-Designs stellen Multiport Transceiver (oder Fan-out Transceiver) dar. Gerade bei Verwendung von 10BASE5 kann es durch den vorgegebenen Mindestabstand zwischen zwei Stationen von 2,5 m in dicht besetzten Büros zu Verkabelungsproblemen kommen. Nur um den vom Standard geforderten Mindestabstand zu erfüllen, müßten so Kabel in künstlichen Schleifen gelegt werden. Ein Fan-out Transceiver ermöglicht es, mehrere Dropkabel an einen MAU anzuschließen und etwa pro Büro nur einen Transceiver an das Netz anzuschließen. Es ist sogar möglich, solche Fan-out Transceiver zu kaskadieren, wie Abb.2.37 zeigt. Diese Technik spart teure Transceiver ein, und ermöglicht außerdem den raschen Anschluß eines neuen Netzteilnehmers an den Fan-out Transceiver. Bis zu 8 Anschlüsse können über einen Fan-out Transceiver laufen. Bis zu 64 Stationen können so an einen Netzanschluß gekoppelt sein, keine Station darf aber mehr als 50 m vom ersten (am Netz selbst hängenden Transceiver) entfernt sein.

Der ursprünglich im IEEE 802.3-Original definierte Standard war 10BASE5. Er wird auch als "Yellow Cable" bezeichnet. Als billigere Alternative wurde 10BASE2 ("Cheapernet") eingeführt. Diese Variante hat dünnere und daher

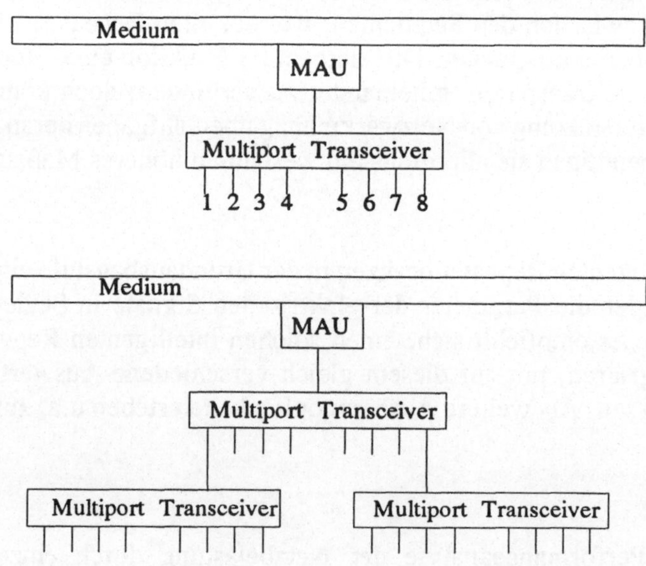

Abb.2.37: Multiport Transceiver und ihre Kaskadierung

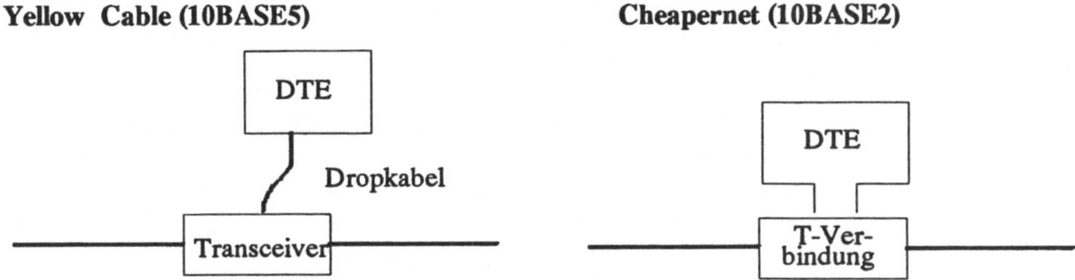

Abb.2.38: Yellow Cable und Cheapernet

auch flexiblere Kabel, was es aber empfindlicher gegenüber Interferenzen macht. Durch die größere Flexibilität kann das Kabel direkt an die Station herangeführt werden, der MAU kann also in die Station integriert werden. Diese Verbindung wird als "T"-Verbindung bezeichnet. Das AUI erspart man sich dabei. Es können aber selbstverständlich auch hier AUIs und externe MAUs verwendet werden.

10BROAD36 verwendet die selben AUIs wie 10BASE5, nur andere MAUs. Eine "Hochrüstung" eines bestehenden LAN wird dadurch erleichtert. Die Schwierigkeit dabei ist, daß der Verkehr zwischen DTE und MAU digital mittels Manchestercodierung, aber auf dem LAN selbst analog mittels DPSK geschieht. Die dazu benötigten Modems verteuern natürlich den Anschluß. Die 10Mbit/s müssen vom MAU auf eine Bandbreite von 14MHz gebracht werden. Einem solchen Kanal wird ein 4MHz Kollisionskanal zugeordnet. Entdeckt ein MAU nämlich eine Kollision, sendet es ein Jammingsignal konstanter Amplitude über diesen zweiten Kanal, um die anderen MAUs zu informieren. Denn würde man den im 802.3-Original verwendeten Mechanismus zur Kollisionsentdeckung verwenden, könnten manche Kollisionen unentdeckt bleiben, wenn etwa zwei Stationen mit Signalen unterschiedlicher Stärke miteinander kollidieren. Die Station mit den stärkeren Signalen würde die Kollision überhaupt nicht merken, sondern die Signale der anderen für Rauschen halten und die Station mit den schwächeren Signalen einfach "überfahren". Der schwachen Station hingegen fällt die Kollision sehr wohl auf, doch wie soll sie den anderen Stationen dies mitteilen, wenn nicht über einen separaten Kanal. Ein Jamming-Signal auf dem Datenkanal von der schwächeren Station ausgesandt, würde von der stärkeren Station ebenfalls als Rauschen interpretiert und übergangen werden.

1BASE5 ist quasi die Billigvariante eines 802.3-Netzes. Dennoch ist sie nicht bloß eine "abgespeckte" Version der anderen. Die ihr zugrunde liegende

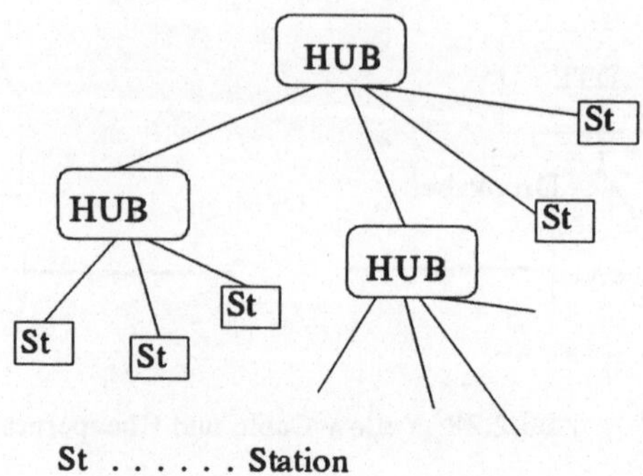

Abb.2.39: 1BASE5 (Star LAN)

(physische) Topologie ist ein Stern (deshalb auch die Bezeichnung "Star LAN" oder "Tree LAN"), obwohl es logisch einen Bus darstellt. Im Zentrum des Sterns oder Baumes ist ein "Hub". Dieser Hub übernimmt die Regeneration der Signale und die Kollisionsentdeckung. Er empfängt das von einer Station gesendete Signal, richtet es aus, verstärkt es und sendet es an alle Netzteilnehmer. Senden mehrere Stationen gleichzeitig an den Hub, stellt dieser eine Kollision fest und sendet ein Jamming-Signal. Bis zu fünf Niveaus von Hubs können hierarchisch verwendet werden. Dabei kann eine Station maximal 250 m vom ihr hierarchisch übergeordneten Hub entfernt sein.

Der Vorteil dieser Methode liegt in der Verwendbarkeit einer eventuell vorhandenen Telephonverkabelung und der leichten Erweiterbarkeit. Es können Star LAN-Kabel in einem Bündel mit Telephonleitungen (aber elektrisch isoliert) geführt, oder überhaupt ungenutzte Telephonkabel verwendet werden. Aufgrund der besonderen Struktur der Hubs kann relativ einfach ein Kollisionsvermeidungsschema eingeführt werden, das (zumindest theoretisch) den Anteil der für die Kollisionslösung verbrauchten Zeit am Netz auf 0 % reduzieren

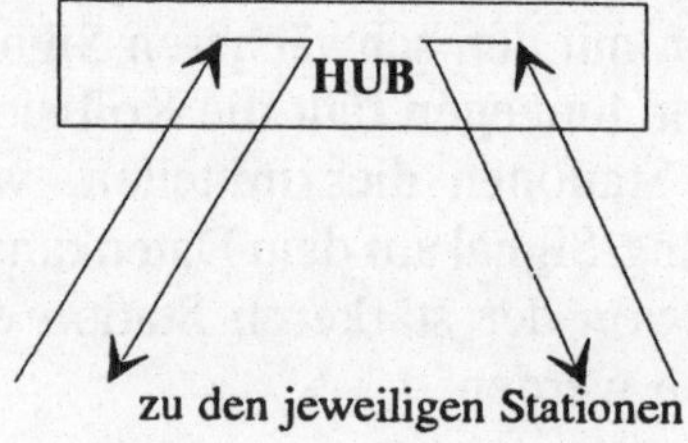

Abb.2.40: Die Struktur des Hub in 1BASE5

kann. Will eine Station senden, so muß sie ihre Rahmen zunächst an den Hub zur Verstärkung senden. Kollidieren mehrere solcher Anforderungen an den Hub, so wählt dieser nach einem bestimmten Algorithmus eine davon aus und sendet sie im Broadcastverfahren an alle Stationen über seine Ausgangsleitung. Diese wird daher durch eine Kollision nicht blockiert, die Kollision findet im Hub statt und wird dort, ohne Sendezeit zu verbrauchen, gelöst.

Daher ist diese Technik für die Zukunft sicher interessant, da sie die ohnehin vorhandene Topologie des Netzes ausnutzt, die durch Kollisionen verursachte "Stehzeit" des Netzes zu minimieren.

Nicht nur PCs oder Drucker, sondern auch Terminals können ans LAN angeschlossen werden. Nicht jedoch direkt, sondern über einen Terminal Server. Damit aber ist Remote Terminal Access über ein 802.3 LAN möglich. Auch der Anschluß von Druckern an solche Terminalserver ist möglich, um z.B. einen Druckerpool zu schaffen. Der Terminalserver agiert dabei LAN-seitig wie jede andere Station, terminalseitig bestehen serielle Verbindungen, über die auch z.B. Terminals über öffentliche Leitungen angeschlossen werden können.

Eine mögliche Ergänzung stellt **Virtual Time CSMA** dar[19].

Damit soll die Kollisionsrate so weit gesenkt werden, daß die Übertragung eines Rahmens praktisch beim ersten Versuch klappen soll. Dabei enthält jede Station zwei Uhren - eine Echtzeit- (C) und eine virtuelle Uhr (C'). Das System wird durch Setzen von C=C'=0 initialisiert. Die Echtzeituhr läuft kontinuierlich weiter. Die virtuelle hält an, wenn der Kanal belegt ist. Bei Verwendung von Slots zum Senden geht C' in Schritten, die den Slots entsprechen, weiter. Der Propagation Delay gibt einen Minislot, sodaß - wenn wir die Jamming-Signalzeit einmal außer acht lassen - ein Slot in zwei Minislots geteilt wird.

C' schreitet in konstanten Minislots voran, die Differenz der beiden Uhren wird Verzögerung (V) genannt. C' schreitet in n Minislots weiter, wenn V größer gleich n, oder in V Minislots wenn V < n, sodaß C' C nie überholen kann. Wird ein neuer Rahmen generiert, wird seine Ankunftszeit (A) beim Sender-MAC in einem Register hinterlegt. Der Rahmen wird bei Beginn eines neuen

19 Meditch, Yin; Performance Analysis for Virtual Time CSMA in The Computer Society of The IEEE; IEEE Infocom 86.

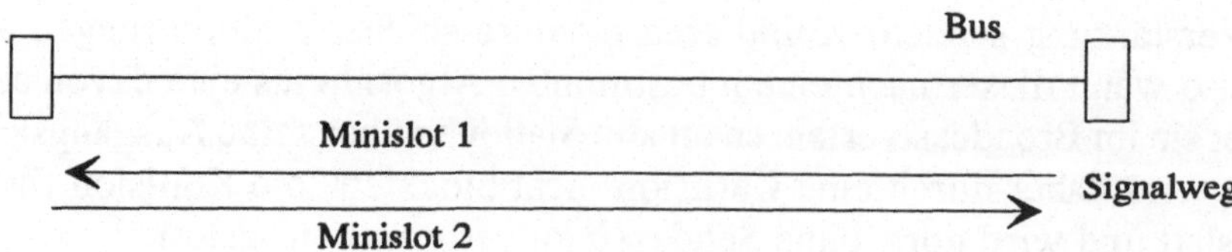

Abb.2.41: Slotaufbau in VT-CSMA

Minislots gesendet, wenn C' diese Ankunftszeit erreicht hat. Den Mechanismus kann man sich als Window vorstellen, wobei W = min(n,V) ist.

Wozu dient aber nun dieser Mechanismus? Zunächst einmal kann, wenn der Kanal nicht frei ist, nicht gesendet werden (denn da hält C' ja an und kann folglich A eines Rahmens gar nicht erreichen). Wird der Kanal frei, geht C' weiter und erreicht A eines Rahmens. Daher werden zu versendende Rahmen mit unterschiedlicher Ankunftszeit fair abgearbeitet - eben in der Reihenfolge ihrer Ankunftszeit beim Sender-MAC. Damit ist ein struktureller Nachteil des klassischen CSMA/CD, die Unfairness - behoben. Ein Rahmen kann also drei Zustände aufweisen:

- Wartezustand (sein A ist von C' noch nicht erreicht)
- gesendet (sein A ist erreicht und es trat keine Kollision auf)
- blockiert (sein A ist erreicht, aber es trat eine Kollision auf)

Innerhalb eines Fensters werden die Rahmen mit der entsprechenden A gesendet (nötigenfalls wiedergesendet). Ist dies geschehen, schreitet das Fenster weiter. Innerhalb eines Fensters können keine, ein oder mehrere Rahmen versendet werden. Im ersten Fall dauert das Fenster genau einen Minislot lang, um festzustellen, daß kein Rahmen zu senden ist. Im zweiten Fall ist das Fenster genau soviele Minislots groß, wie zur Übertragung des einen Pakets benötigt werden, plus einem Minislot zur Feststellung, daß nichts mehr zu senden ist. Bei mehreren Rahmen kommt noch die Zeit zur Erkennung und Behebung eines Konflikts und zum nochmaligen Senden hinzu.

Ein ebenfalls in den letzten Jahren gemachter Vorschlag, der recht sinnvoll erscheint, ist **CSMA/CF (CSMA/Collision Free)**. Dabei werden zwei Kanäle

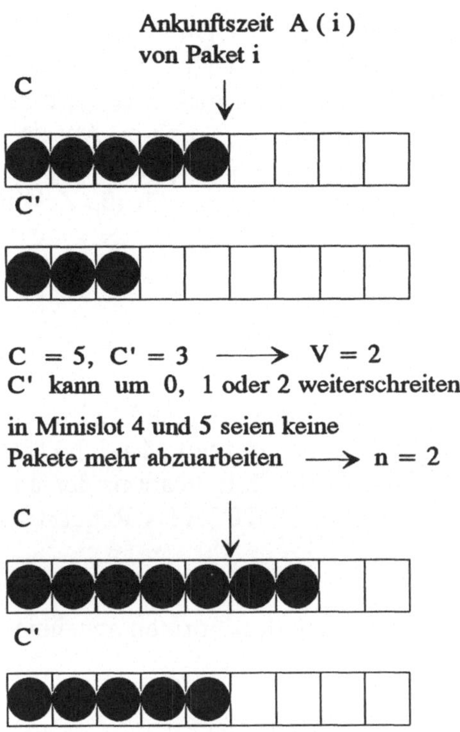

Abb.2.42: Windowmechanismus in VT-CSMA

- ein Daten- und ein Kollisionskanal - verwendet. So kann, noch während eine Übertragung auf dem Datenkanal läuft, auf dem Kollisionskanal geklärt werden, wer als nächster sendet. Eine sendewillige Station verhält sich dabei nach folgendem Schema:

- Horche in den Kollisionskanal; ist er untätig, verzögere um ein Intervall I1 und sende das Trägersignal aus.
- Warte I2 und stelle fest, ob noch jemand am Kollisionskanal sendet; wenn ja, verzögere 1-persistent, wenn nein, darf nach Beendigung der laufenden Übertragung am Datenkanal gesendet werden.

Somit überlappen sich die Phase zur Lösung der Kollision und die Sendephase; der Durchsatz kann gesteigert werden. Dabei wird das prinzipielle Problem von kollidierenden Sendewünschen nicht gelöst, es wird nur vom Datenkanal weg auf den Kollisionskanal verlagert[20]. Dieser Ansatz wurde bereits für homogene Multiprozessorsysteme vorgeschlagen und stellt trotz der höheren Installationskosten einen interessanten Ansatz für die Zukunft dar.

2.4.5.3 802.4

Die **Serviceprimitiven** des Tokenbusses für den LLC stimmen nicht exakt mit denen der 802.2-Definition überein. So fehlt MA-UNITDATA-STATUS.Indication. Hinzu kommt MA-P-ABORT.Indication, der an das LLC gegeben wird, wenn ein vorhergegangener UNITDATA.Request nicht erfüllt werden konnte.

Ein MA-UNITDATA.Request kann drei Formen annehmen:

- Request ohne Bestätigung,
- Request, bei dem das LLC(!) des Partners als Bestätigung des UNITDATA.Indication ein UNITDATA.Request über seinen MAC abschickt (vgl. dazu die Bestätigung durch den MAC bei 802.3),
- da es kein eigenes Primitiv für eine Bestätigung gibt, wird ein UNITDATA.Request, bei dem eine Flag gesetzt ist, dazu verwendet. Dabei kann auch Piggybacking verwendet werden.

Das **Zugangsverfahren.** Über einem physischen Bus wird ein logischer Ring konfiguriert, wobei jede Station ihren logischen Vorgänger und Nachfolger kennt. Es zirkuliert ein Rahmen ("Token"), der die Sendeberechtigung darstellt. Hat eine Station das Token, darf sie (zeitlich limitiert) senden. Ist die Sendung vorbei, läuft die maximale Sendezeit ab oder will die Station nicht senden, gibt sie das Token an den logischen Nachfolger weiter, wobei das Token an sich an

20 Gerade in 10BROAD36, das ja bereits - aus ganz anderen Gründen einen zweiten (nicht physisch, sondern mittels DPSK getrennten) Kanal zur Kollisionserkennung verwendet, sollte CSMA/CF vergleichsweise einfach zu realisieren sein.

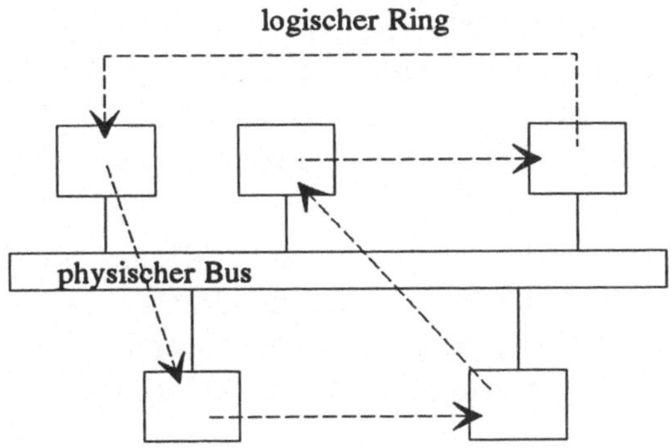

Abb.2.43: Tokenbus - logische und physische Struktur

alle geschickt wird (Broadcastbus), aber nur eine Station sich als Adressat des Tokens erkennt. Das Token muß also die Zieladresse enthalten. Der logische Ring wird durch absteigend geordnete Adressen geschaffen, wobei jede (bis auf die Station mit der kleinsten Adresse) das Token an die nächst kleinere Adresse weitergibt. Dabei ist zwischen statischen Ringen, bei denen die Stationen die gesamte Zeit am Ring hängen, und dynamischen Ringen, bei denen nur sendewillige Stationen am Ring teilnehmen, zu unterscheiden. Letztere Methode reduziert die Tokenumlaufzeit natürlich erheblich.

Zwei Methoden des Sendens von Rahmen bei Erhalt des Tokens wurden vorgeschlagen:

- Single Packet Service; pro Token kann eine Station nur einen Rahmen senden; dies limitiert die Tokenumlaufzeit nach oben und ist vor allen bei Echtzeitanwendungen (z.B. in der Fertigungsautomation) nützlich.
- Exhaustive Service; dies erlaubt es einer Station den gesamten Sendepuffer an LLC-Daten mit einem Tokenbesitz zu senden. Dies führt zu einer besseren Nutzung der Bandbreite des Kanals und verkürzt die Wartezeit vor allem bei niedriger Last (da bei voriger Methode die Sendung nach jedem Rahmen unterbrochen werden muß und das Token wahrscheinlich unnütz kreist.

Beide Methoden gibt es sowohl in Verbindung mit dem statischen und dynamischen Ringkonzept. Bei Verwendung eines dynamischen Ringes ergäbe sich folgende Möglichkeit:

Bei geringer Last löst sich der logische Ring auf, der Bus nimmt CSMA/CD als Zugangsverfahren mit einem Exhaustive Service an. Bei hoher Last (Rechnungen ergeben einen Schwellenwert von immerhin 40 %) erst lohnt sich das deterministische Zugangsverfahren des Tokenbusses, der logische Ring konfiguriert sich und ein Single Packet-Service wird angenommen.

Da aber die Konfiguration bzw. der Abbau des Ringes eine gewisse Verzögerung bringen, müßte eine Sicherung gegen unnötiges Konfigurieren des Ringes bei nur kurzzeitiger Laststeigerung vorgesehen werden. Außerdem würde der CSMA/CD-Standard die Prioritätsstufen von 802.4 nicht unterstützen.

Der logische Ring ist anfälliger als es seiner physikalischen Struktur entspräche. Fällt nämlich eine Station aus, so wäre der Bus selbst weiter intakt. Logisch steht der Ring jedoch, da die ausgefallene Station ihrem Nachfolger das Token nicht weiterreichen kann.

Das Problem kann umgangen werden, indem die Station, die das Token eben weitergegeben hat, auf das Token oder auf Daten des Nachfolgers wartet. Token und Daten müssen also auch die Quelladresse enthalten. Da ein Broadcastbus vorliegt, hören ja alle mit. Wenn die Station feststellt, daß der Nachfolger, dem sie eben das Token weitergegeben hat, nicht sendet, so wird der Ring neu konfiguriert.

Stellt eine Station fest, daß eine andere Station auch ein Token haben muß, weil "fremde" Rahmen am Bus entdeckt werden, nimmt sie das Token vom Ring. Damit wird die Anzahl der Token auf 1 reduziert. Entdecken beide Stationen, daß zwei Token existieren, gibt es plötzlich überhaupt kein Token. Dieser Zustand kommt auch beim Start-Up und bei Versagen einer Station, die gerade das Token hat, vor. Nach einem Timeout beginnen die Stationen einen Tokenanspruch (Token Claim) zu senden. Das Claimtoken wird (in Abhängigkeit von den ersten zwei Bits seiner Adresse) nach 0, 2, 4 oder 6 Antwortfenstern gesendet.

Ein Antwortfenster ist zweimal die Zeit, die für das Senden eines Signals von einem Ende des Tokenbusses ans andere (plus Verzögerung in den einzelnen Stationen) benötigt wird. Die Stationen hören ins Netz; wenn nun die Station vor ihrem Antwortfenster den Tokenclaim einer anderen Station hört, zieht sie ihren Anspruch zurück. Andernfalls wiederholt sie diesen Vorgang mit dem dritten und vierten Bit ihrer Adresse. Dies wiederholt sich solange, bis eine Station übrigbleibt und die Berechtigung erworben hat. Diese Station nimmt nun an, sie habe das Token.

Station 011 sendet Sollicit Successor-Rahmen aus:

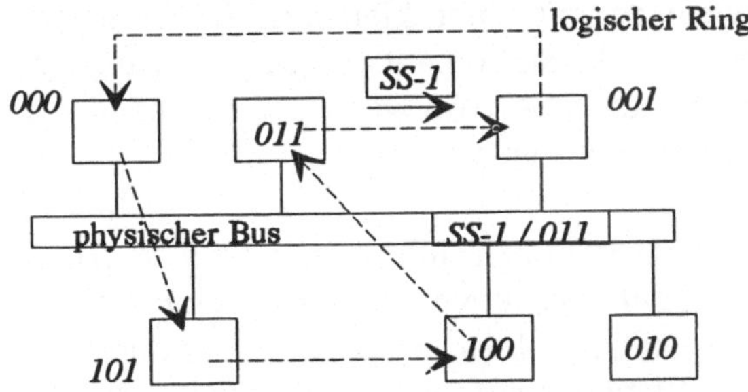

Die eintrittswillige Station 010
antwortet mit Set-Successor-Rahmen

Der Ring konfiguriert sich neu:

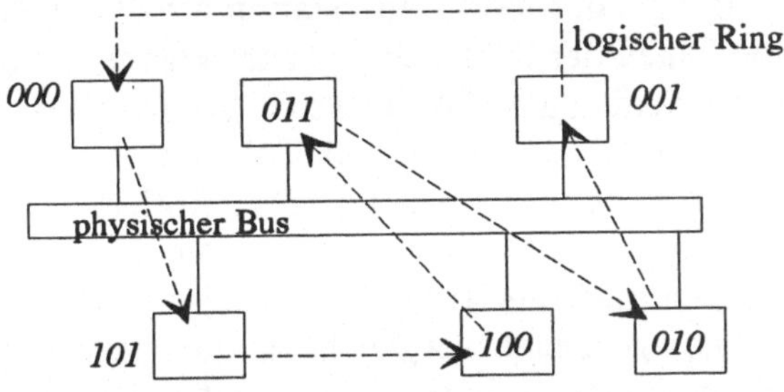

Die einladende Station paßt ihre Nachfolgetabelle an.

000 ...... Stationsadressen
SS-1 .... Sollicit Successor-Rahmen

Abb.2.44: Eintritt einer neuen Station in den Tokenbus

Dieser Mechanismus greift auch bei Erweiterung des Rings. Jede Station - außer die mit der kleinsten Adresse - sendet in regelmäßigen Abständen die Einladung aus, sich an den Ring anzuschließen (Sollicit-Successor-1-Rahmen). Dabei kann eine Station, deren Adresse zwischen der einladenden und der nächst niedrigeren Stationsadresse liegt, einen Set-Successor-Rahmen senden. Die einladende Station paßt daraufhin ihre Nachfolgeradresse an, die neue Station schiebt sich logisch zwischen die einladende Station und deren ursprünglichen Nachfolger. Die Station mit der kleinsten Adresse sendet ebenfalls eine solche Einladung aus (Sollicit-Successor-2), wartet jedoch zwei Antwortfenster lang, denn in ihrem Fall sind zwei Arten von potentiellen Nachfolgern zu berücksichtigen: diejenigen mit einer kleineren Adresse und diejenigen mit einer höheren Adresse als die Station mit der jetzt höchsten Adresse im Ring. Erstere haben das Recht im ersten Antwortfenster nach der Einladung zu senden, letztere müssen ein Fenster warten.

Antworten mehrere Stationen auf die Einladung, so tritt der selbe Mechanismus in Kraft, wie bei der Lösung von konkurrierenden Tokenclaims. Dabei sendet die einladende Station einen Resolve-Contention-Rahmen und fordert die eintrittswilligen Stationen auf, sich nach oben beschriebenem Mechanismus zu bewerben. Der "Sieger" wird in den Ring aufgenommen, die anderen Stationen müssen bis zur nächsten Einladung warten.

Im Unterschied zu 802.3 kennt 802.4 auch einen Prioritätsmechanismus. Vier Klassen (6,4,2,0) sind definiert. Jede Station erhält ein Kontingent an Zeit für das Senden von Daten der höchsten Prioritätsklasse 6 (Token Holding Timer, THT). Nimmt die Station das Token an sich, kann sie THT lang Klasse 6-Daten senden. Für die Klassen 4 bis 0 sind Token Rotation Times definiert - je niedriger die Klasse, desto kleiner die TRT. Rotiert das Token schnell genug (und die eben erfolgte Sendung der Station an Klasse 6-Daten zählt dazu!), können auch Daten niedriger Priorität gesendet werden. Hat die Station also ihre Klasse 6-Daten gesendet, vergleicht sie die tatsächliche TRT mit der TRT der Klasse 4 (bzw. 2 oder 0, je nachdem, welche Daten sie zu senden hat). Ist TRT der Klasse 4 noch nicht erreicht, können Klasse 4-Daten bis zum Erreichen der TRT/Klasse 4 gesendet werden. Ist danach TRT/Klasse 2 noch nicht erreicht und sind entsprechende Daten zu senden, so werden diese bis zum Erreichen von TRT/Klasse 2 gesendet (Klasse 0 analog). Dieser Mechanismus ist ziemlich einfach, trotzdem (oder vielleicht gerade deshalb) robust und fair.

Die Wahl des THT und des TRT hat entscheidenden Einfluß auf die Effizienz des Netzes. Ist die für die einzelnen Prioritätsklassen definierte TRT zu niedrig gewählt, so kann Netzkapazität ungenutzt bleiben, obwohl Daten niedriger Priorität zu senden wären, das Token aber noch nicht schnell genug rotiert, um ihre Sendung zu erlauben. Im umgekehrten Fall wird das Netz gegen massenhaft zu sendenden Verkehr niedriger Priorität zu wenig geschützt.

Ein hohes THT bewährt sich bei niedriger Last, da dies der Station ermöglicht, eine große Menge an Daten auf einmal zu senden; unnötige Umläufe des Token werden vermieden. Umgekehrt ist ein kleines THT bei mittlerer und hoher Netzlast zu empfehlen, da dadurch die Bandbreite gerecht zwischen den Stationen verteilt wird.

Das **PDU-Format** hat folgendes Aussehen:

Oktettlänge	Feld	Funktion
n	Präambel	Synchronisation des Empfängers
1	Start Delimiter	markiert Beginn des Rahmens
1	Frame Control	zeigt, ob es sich um Datenrahmen, Token oder anderen Kontrollrahmen handelt. das Token hat 00000000
2 od. 6	Zieladresse	physisch (Multi- und Broadcastadressen möglich).
2 od. 6	Quelladresse	physisch
0 - 8.191	LLC-Daten	
4	FCS	32-bit-CRC; umfaßt nicht Start- und End Delimiter, sowie die FCS selbst.
1	End Delimiter	Markiert Ende des Rahmens

Die Serviceprimitiven der **mediumsunabhängigen physischen Spezifikation** umfassen:

- PHY-UNITDATA.Request und .Indication (Parameter: Symbol)
- PHY-NOTIFY.Invoke
- PHY-MODE.Invoke (Modus)

Mit den ersten beiden Primitiven übergibt der MAC der physischen Schicht Daten zum Senden bzw. erhält angekommene Daten von der physischen Schicht. Dabei erhalten jedoch alle MACs am Bus die Nachricht und müssen entscheiden, ob sie diese betrifft. (Das aber bedeutet, daß der logische Ring erst auf MAC-Niveau gebildet wird!). Mit PHY-NOTIFY teilt der MAC der physischen Schicht mit, daß ein End Delimiter empfangen wurde, die eingehende Sendung also beendet sein sollte. Die Reaktion der physischen Schicht hängt vom jeweiligen Produkt ab.

Der PHY-Mode steuert den Arbeitsmodus der physischen Schicht: senden oder wiederholen. Dieses Primitiv dient der Konfigurierung einer Station als Repeater.

Die **mediumsabhängige physische Spezifikation** in IEEE 802.4 umfaßt:

Tabelle 2.8: Mediumsabhängige physische Spezifikation in 802.4

Parameter	phasenkontinuierliches Einkanalbreitband	phasenkohärentes Einkanalbreitband	Breitband
Mbit/s	1	5/10	1/5/10
Modulationsart	phasenkontinuierliches FSK	phasenkohärentes FSK	AM/PSK
Topologie	Bus		Baum
Medium	Koax mit 75 Ohm		

Bei der Einkanalbreitbandtechnik (auch als Carrierband bezeichnet) wird die gesamte Bandbreite von einem Kanal zur Übertragung analoger Signale benutzt (vgl. auch Kapitel 1.2.1). Die Übertragung ist dabei bidirektional, daher gibt es auch keine Verstärker. Meist wird FSK mit geringer Frequenz verwendet, was die Dämpfung reduziert. Da nur auf einem Kanal gesendet wird, können billigere Modems benutzt werden. Die Station liegt nicht direkt am Kabel, sondern ist mit einem Trunk Coupling Unit (TCU) und einem Verbindungskabel angeschlossen. Über Bridges können diese Carrierband-Segmente an Breitbandsegmente gekoppelt werden.

Die phasenkontinuierliche Variante verwendet 6,25 bzw. 3,75 MHz, um (durch Übergänge zwischen den beiden Frequenzen) die beiden logischen Niveaus darzustellen. Der Wechsel zwischen den Frequenzen erfolgt dabei kontinuierlich. Im Schnitt beträgt also die Frequenz 5 MHz. Da die Übertragungsrate nur 1 Mbit/s beträgt, ist die verfügbare Bandbreite höher als die eigentlich verwendbare Datenrate. Nicht-Datensymbole werden immer in Paaren übertragen. Diese Variante kommt mit Kabel mit kleinerem Durchmesser aus, die Kabel sind daher flexibler und lassen sich leichter verlegen. Repeater werden wie in

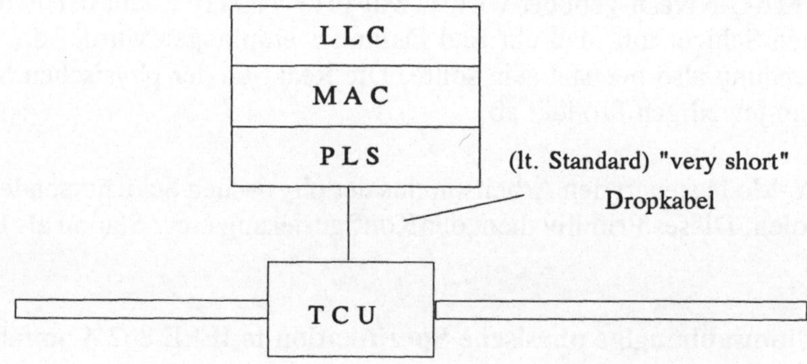

Abb.2.45: Schematischer Aufbau einer Tokenbusstation

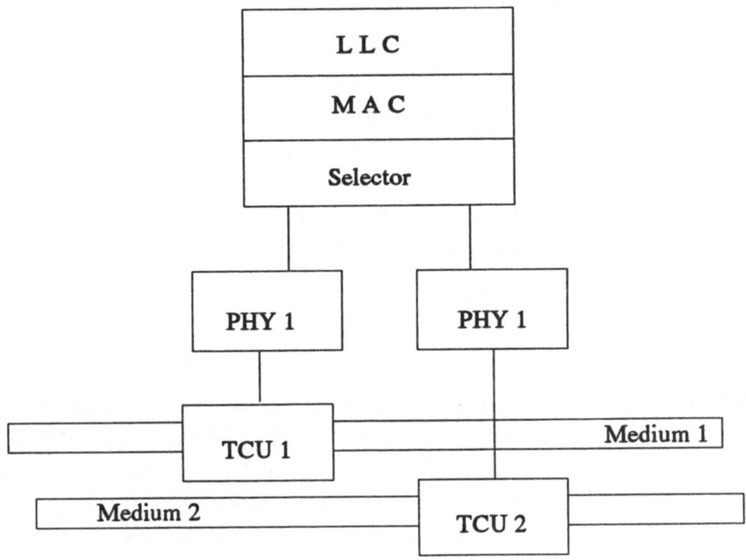

Abb.2.46: Station am dualen Tokenbus

CSMA/CD verwendet, um Segmente eines Netzes zu verbinden, wobei auch hier die Segmentierung für die Stationen transparent ist.

Bei der phasenkohärenten FSK-Methode werden zwei Frequenzen definiert: eine doppelt so groß und eine gleich groß wie die Übertragungsgeschwindigkeit. 1 wird als volle Phase der langsameren Frequenz, 0 als zwei Phasen der schnelleren Frequenz (beides = 1 Bitzeit) dargestellt. Der Frequenzwechsel erfolgt abrupt beim 0-Durchgang. Diese Variante ist leistungsfähiger, aber auch teurer als die erste, kann aber relativ leicht zu einer echten Breitbandlösung erweitert werden.

Die Breitbandspezifikation erfordert Bandbreiten von 1,5; 6 und 12 MHz je nach Übertragungsgeschwindigkeit. Dabei wird kombiniertes AM/PSK verwendet.

Bei **Immediate Response** kann eine Station, die das Token hält, die Sendeberechtigung temporär an eine andere weitergeben (indem ein Request-with-Response gesandt wird). Die angesprochene Station kann nun sofort antworten, ohne erst das Token abwarten zu müssen. Dies ist v.a. bei transaktionsartigen Vorgängen sinnvoll, wenn kurze Nachrichten gesendet werden sollen, auf die der Empfänger sofort mit einer kurzen Nachricht antwortet, und um Bestätigungen sofort an den Sender zurückgeben zu können.

Um die Ausfallsicherheit zu erhöhen, wurde auch ein **dualer Tokenbus** vorgeschlagen. Durch den Selector, der den Zugang zu den beiden Medien (wobei "Medium" hier nicht nur das Übertragungsmedium, sondern auch das Protokoll der physischen Schicht ist) verwaltet, können schadhafte Stellen umgangen werden. Dies stellt auch das Problem dar: nicht bei jedem Sendeaussetzer (Omission to Transmit) kann von einem schadhaften Medium ausgegangen werden.

Es muß also ein Schwellenwert von *aufeinanderfolgenden* Aussetzern beim Senden definiert werden, ab dem ein Systemfehler angenommen wird. Alle Stationen versuchen, über das primäre der beiden Medien zu senden, an das alle Stationen angeschlossen sind. Erst bei einem Fehler wird über das zweite Medium gesendet, an das aber u.U. nicht alle Stationen angeschlossen wurden. Der Empfänger (genauer sein Selector) kann zwischen den beiden Medien schalten. Für den MAC ist das duale Medium transparent; d.h. er merkt nicht, über welchen Kanal gesendet wird.

2.4.5.4 802.5

Die **Serviceprimitiven** orientieren sich an den LLC-Anforderungen an ein MAC-Protokoll, weisen aber wie üblich einige Abweichungen auf. MA-UNITDATA.Request und .Indication haben als zusätzlichen Parameter Frame-Control. Auf seine Verwendung werde ich noch zurückkommen. MA-UNITDATA-STATUS.Indication ist nur eine lokale Bestätigung, daß der MAC die LLC-Daten verschickt hat.

Das **Zugangsprotokoll** weist einige Ähnlichkeiten zum Tokenbus auf, doch muß berücksichtigt werden, daß beim Tokenring kein Broadcastbus als Basismedium zur Verfügung steht, bei dem der Ring erst auf MAC-Ebene logisch auf den physischen Bus aufgesetzt wurde. Bei IEEE 802.5 besteht auch physisch ein Ring. Erhält eine sendewillige Station das Token, ändert sie es in ein Start Frame-Bitmuster um und sendet den gewünschten Rahmen. Pro Sendeberechtigung wird nur ein Rahmen verschickt. Dieser Rahmen umkreist den gesamten Ring, wird vom Empfänger kopiert und schließlich vom Sender vom Ring genommen. Wenn der Beginn des Rahmens wieder beim Sender eintrifft, wird er nun wieder zum Token umgewandelt; die Sendeberechtigung wird damit weitergegeben. Diese ist an eine maximale Token Holding Time (THT) gebunden.

Der Rahmen (siehe Rahmenformatbeschreibung weiter unten) enthält eine Flag, die vom Adressaten gesetzt wird, wenn er sich als Adressat des Rahmens erkennt (A-Bit). Ebenso wird eine Kopierflag (C-Bit) bei erfolgreichem Kopieren des Rahmens durch den Adressaten gesetzt. Somit kann der Sender erkennen, ob sein Rahmen vom Adressaten erkannt und kopiert wurde. Bei Fehlern versucht der MAC jedoch **nicht**, nochmals zu senden, sondern überläßt dies der Kontrollogik des LLC.

Diese Technik bewährt sich vor allem bei hoher Last, da sie deterministisch und fair ist, und keine Sendezeit zur Lösung von Konflikten oder Kollisionen benötigt. Bei geringer Last neigt dieses Konzept jedoch zur Ineffizienz, da eine sendewillige Station erst aufs Token warten muß, um zu senden. Außerdem ist dieses Zugriffsverfahren fehleranfälliger als die beiden anderen, da die einzelne Station aktiv an der Übertragung teilnimmt. Sie analysiert und kopiert durchgehende Oktetts. Dabei kann jede Station den CRC durchführen und Fehler erkennen. Wird ein Fehler erkannt, wird das E-Bit gesetzt.

Eine Station wird als Monitor bestimmt. Dieser sendet in periodischen Abständen einen Monitor-Aktiv-Rahmen aus, um den anderen Stationen anzuzeigen, daß er aktiv ist. Jeder Rahmen wird bei Passieren des Monitors von diesem markiert (Monitorbit). Kommt dieser Rahmen nochmals vorbei, wird er vom Ring genommen. Geht das Token verloren und wird ein Timeout (=die Zeit, die zur kompletten Umkreisung des Ringes benötigt wird; dieses Timeout wird bei jedem Passieren eines Frei- oder Belegttokens beim Monitor neu initialisiert) überschritten, so generiert der Monitor ein neues Token. Der Ring wird durch Aussenden von Leerzeichen gereinigt.

Ähnliches geschieht bei Existenz von zwei Token. Zwei Token bedeuten, daß zwei Stationen gleichzeitig senden. Die Sender erhalten jedoch nicht ihre eigene Sendung zurück, sondern die des anderen Senders. Die Sender erkennen dies und schweigen. Der Monitor reinigt wie oben beschrieben den Ring.

Prinzipiell kann jede Station Monitor werden. Fällt der Monitor aus (wird ein Fehler nicht behoben), so sendet die Station, die das bemerkt, Claim-Token-Rahmen aus. Die anderen Stationen erkennen dies und tun das gleiche. Außerdem untersuchen sie die Quelladresse von eingehenden Token-Claims. Ist die Adresse eines solchen Claims kleiner als die eigene, wird sie ignoriert, im anderen Fall hört die Station auf, Claims zu senden. Erhält sie ihren eigenen Claim, weiß sie, daß keine andere Station mit einer höheren Adresse am Ring existiert und ist somit neuer Monitor. Kann dies in einer bestimmten Zeit nicht durchgeführt werden (etwa aufgrund des Ausfalls einer Station), so sendet diese Station sogenannte Beacon-Rahmen aus (vergleiche dazu auch den Beaconprozeß im FDDI-Kapitel). Dadurch wird die schadhafte Station identifiziert und umgangen.

802.5 bietet einen **Prioritätsmechanismus**, mit dem acht Prioritätsstufen definiert werden. Zu diesem Zweck führen Token und Datenrahmen das Access Control-Feld (AC) mit. In diesem werden unter anderem (siehe PDU-Beschreibung weiter unten) je 3 Bits für die aktuelle und die reservierte Prioritätsstufe mitgeführt. Wir definieren nun folgende Felder:

P_s .... Priorität einer zu sendenden Nachricht

P_e .... Priorität einer empfangenen Nachricht

R_s .... Reservierung in einer gesendeten Nachricht

R_e .... Reservierung in einer empfangenen Nachricht

S_a .... Speicher für alte Priorität

S_n .... Speicher für neue Priorität

Jedes Token und jeder Datenrahmen führt ein Prioritätsfeld und ein Reservierungsfeld mit. Im Reservierungsfeld kann eine Station sich mit einer bestimmten Priorität entsprechend ihren Stationsparametern eintragen. Eine Station verfährt nun nach folgendem Schema:

a) wenn ein Token mit einer kleineren oder der gleichen Priorität wie der des zu sendenden Pakets vorbeikommt ($P_e <= P_s$), wird das Token vom Ring genommen und gesendet,

b) wenn ein Datenrahmen (gleich welcher Pe) oder ein Token (mit $P_e > P_s$) vorbeikommt und die Station senden will, setzt sie $R_s = P_s$, wenn $R_e < P_s$,

c) wenn eine Station das Token an sich nimmt, läßt es das Prioritätsfeld unverändert,

d) gibt eine Station das Token nach dem Senden weiter, so setzt es P auf das Maximum von P_e, P_s und R_e, sowie R auf das Maximum aus P_s und R_e.

Abb.2.47 soll diesen Mechanismus etwas deutlicher machen. Der eben beschriebene Mechanismus allein würde sehr schnell dazu führen, daß am Ring

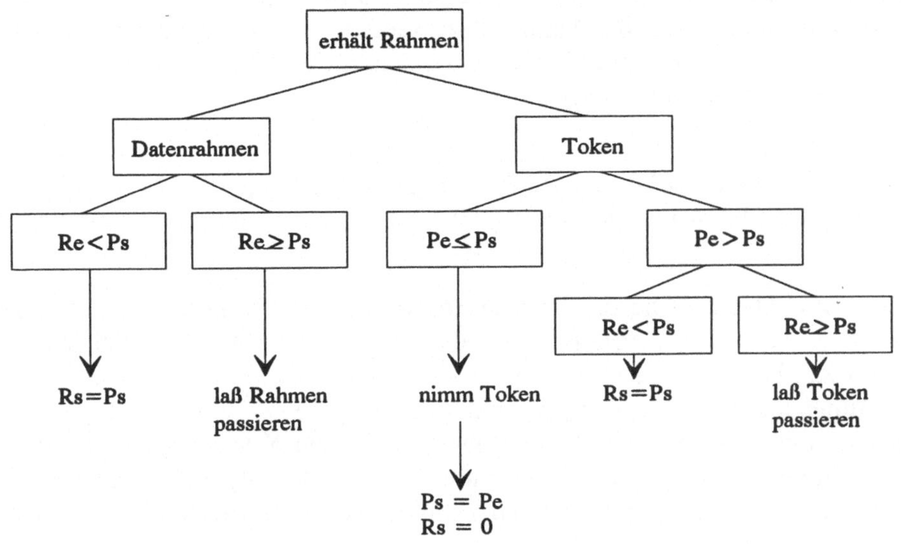

Abb.2.47: Der Tokenring-Prioritätsalgorithmus

die höchste Prioritätsstufe erreicht und diese nicht mehr verändert würde. Dies wird durch Bedingung b) erreicht, aber auch dadurch, daß sich Stationen mit hoher Priorität das Token aneignen und eventuelle Reservierungen im Datenrahmen durch Stationen geringer Priorität überschreiben können.

Um dies zu vermeiden, werden S_a und S_n eingeführt. Jede Station aktualisiert diese Werte, wenn sie die Priorität am Ring verändert. Wenn eine Station X ein Token an sich nimmt (weil a) erfüllt ist), dann läßt sie P unverändert (Bedingung c)). Sie sendet und erhält schließlich den Rahmen nach einer Ringumkreisung wieder zurück. Es gibt nun drei verschiedene Möglichkeiten:

1. wenn $R_e <= P_e$ und $P_s <= P_e$ (!)
dann $P_s = P_e$ und $R_s = \max(R_e \text{ und } P_s)$

Wenn während des Umlaufs des Rahmens keine Reservierung höherer Priorität vorgenommen wurde und auch die Station X keine höhere P_s hat, so bleibt P gleich. X emittiert also ein Token mit der gleichen Priorität wie sie sie ursprünglich (siehe c)) empfangen hat. Die Station hat dabei nicht das Recht, einfach weiter zu senden, wenn die nächste Nachricht die gleiche Priorität hat wie die eben gesendete. Die Station X, die eben gesendet hat, wird in bezug auf die Reservierung also mit allen anderen Stationen gleich behandelt.

R_s wird gesetzt, je nachdem, ob eine andere Station eine Reservierung höherer Priorität als die der von der Station X zu sendenden Nachricht vorgenommen hat oder nicht. Die Priorität kann also später nicht unter die von wartenden Daten herabgesetzt werden (vgl. b)).

2. wenn $[R_e > P_e$ oder $P_s > P_e]$ und $S_n < P_e$
dann $P_s = \max(R_e$ und $P_s)$, $R_s = 0$, $S_a = P_e$ und $S_n = P_s$

Wenn LLC-Daten höherer Priorität (entweder von X oder einer anderen Station) zu senden sind, die Priorität also hinaufgesetzt werden muß, und die Station X, als sie für die Übertragung des letzten Rahmens das Token an sich genommen hat, P nicht hinaufgesetzt hat (i.e. $S_n < P_e$)[21], dann wird P mit der Reservierung einer anderen Station oder mit P_s von X versorgt, je nachdem, welche höher ist (wiederum wird Station X nicht bevorzugt behandelt). R wird auf 0 gesetzt und $S_{a,n}$ entsprechend aktualisiert, damit die Station später die Priorität wieder herabsetzen kann.

3. wenn $R_e > P_e$ und $S_n = P_e$
dann $P_s = \max(R_e$ und $P_s)$, $R_s = 0$ und $S_n = P_s$

Wenn eine andere Station P hinaufsetzen will ($R_e > P_e$) und P beim letzten Senden von dieser Station hinaufgesetzt wurde ($S_n = P_e$), dann werden P und R wie in 2. gesetzt. S_n wird auf die neue P_s aktualisiert, damit später das Herabsetzen der Priorität in einem geschehen kann. Denn X hat nun **zweimal** die Priorität hinaufgesetzt: beim letzten Mal ($S_n = P_e$) und dieses Mal ($P_s = \max(R_e$ und $P_s)$). Herabgesetzt kann aber in einem werden (Bemerke: S_a wird nicht verändert, daher ergibt jetzt $S_n - S_a$ die Gesamtdifferenz, um die X P später herabsetzen muß). Abb.2.48 faßt den gesamten Mechanismus nochmals graphisch zusammen.

Wie erfolgt nun das Herabsetzen von P?

Empfängt eine Station ein Token mit $P = S_n$, kann es P auf S_a herabsetzen und $S_{n,a}$ initialisieren. Dabei muß jedoch auf eine eventuelle Reservierung R_e einer

21 Man beachte, daß der Rahmen eben beim Sender nach einer Ringumkreisung wieder eingetroffen ist. Daher ist S_n der neue Wert, der beim letzten Senden gesetzt wurde, solange S_n nicht aktualisiert wurde.

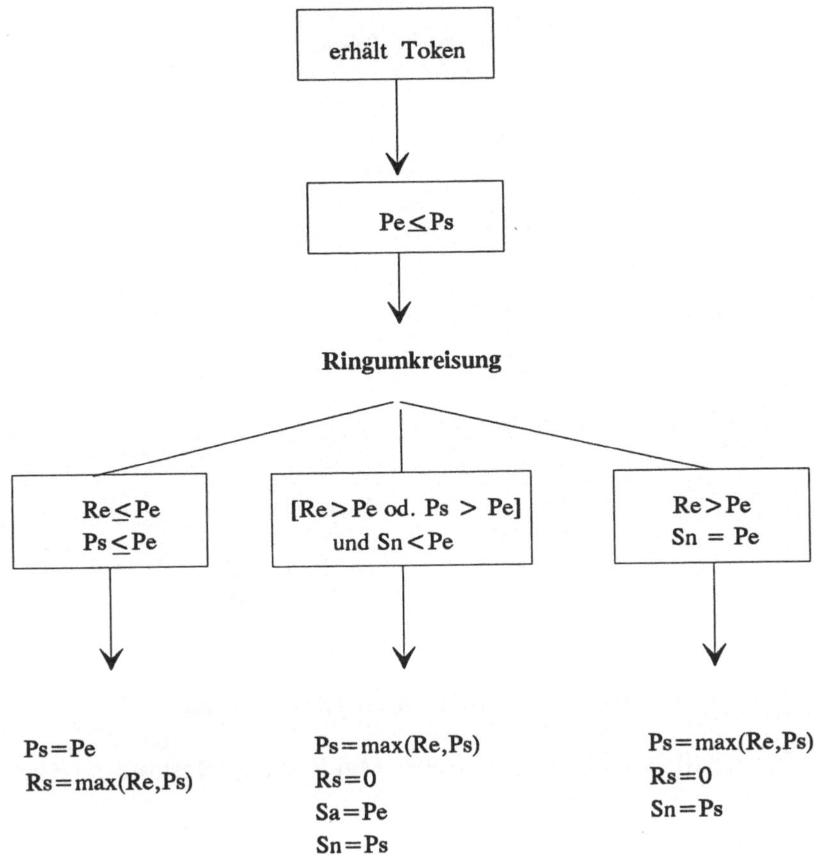

Abb.2.48: Prioritätsmechanismus am Tokenring

anderen Station Rücksicht genommen werden. Nur wenn R_e nicht größer als S_a ist, kann rückgesetzt werden:

$P = S_a$

$R = R_e$

$S_{a,n}$ init

Wenn $R_e \geq S_a$, aber $R_e < P_e$, dann wird nur auf die Prioritätsstufe der Reservierung herabgesetzt und S_n entsprechend aktualisiert:

$P, S_n = R_e$

R_s init

S_a bleibt unverändert.

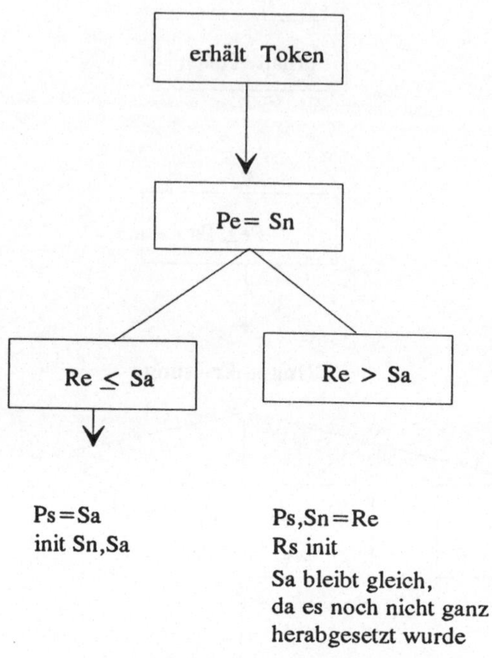

Abb.2.49: Herabsetzung der Priorität von Re

Es ist offensichtlich, daß hier ein zweites Mal P um die Restdifferenz herabgesetzt werden muß.

Zusammengefaßt kann gesagt werden: Stationen können nur senden, wenn sie auf ein Token mit keiner größeren Priorität als die der zu sendenden Daten treffen. Treffen sie auf Datenrahmen mit niedrigerer Priorität, können sie diese natürlich nicht einfach vom Netz nehmen, sondern müssen sich in die Reservierung eintragen, wobei Reservierungen niedrigerer Priorität überschrieben werden. Gelangt ein gesendeter Rahmen zu der sendenden Station zurück, muß sie die Priorität ihres nächsten Rahmens mit der aktuellen Reservierung vergleichen, hat also keine bevorzugte Stellung. Setzt eine Station (aufgrund einer Reservierung oder der Priorität der eigenen Sendedaten) die Priorität hinauf, so hat sie auch die Verpflichtung, diese wieder herabzusetzen. Dabei wird mehrfaches, unmittelbar hintereinanderfolgendes Hinaufsetzen kumuliert. Der ursprüngliche Wert vor dem ersten Hinaufsetzen wird von der Station gemerkt.

Herabgesetzt wird möglichst in einem, aber nur soweit es eine allfällige aktuelle Reservierung erlaubt. Wenn aber eine Station eine Reservierung mit einer bestimmten Prioritätsstufe vornimmt, kann jede Station zwischen dem Sender des Datenrahmens und der reservierenden Station, die Daten mit der selben Stufe zu senden hat, das Token an sich nehmen. Eine Reservierung in einem Datenrahmen ist also noch lange keine Garantie dafür, als nächster zu senden. Die Wahrscheinlichkeit, dies trotzdem zu tun, steigt aber mit der Prioritätsstufe. Stationen mit Daten sehr niedriger Priorität haben von der Reservierung eigentlich recht wenig, kann diese doch jederzeit von einer anderen Station mit Daten höherer Priorität überschrieben werden. Sie haben vor allem dann eine Chance, wenn eine nahe gelegene Vorgänger-Station die Priorität herabgesetzt hat. IEEE 802.5 hat sicher von allen MACs in IEEE 802 den komplexesten Prioritätsmechanismus. Ob dieser Algorithmus aber auch hinreichend fair und effizient ist, hängt davon ab, wie zurückhaltend in der konkreten Implementierung die höheren Prioritätsstufen vergeben werden.

Nun zum **PDU-Format:** Es gibt zwei Rahmentypen, Datenrahmen und Token:

Tokenformat:

-) Starting Delimiter; zeigt den Start eines Rahmens an.
J K 0 J K 0 0 0 J,K sind (in Abhängigkeit von der physischen Kodierung der Signale Nicht-Datensignale)

-) Access Control; enthält Priorität und Reservierung.
P P P T M R R R PPP .... Prioritätsbits (8 Stufen codierbar)
T .... 0 im Token
M .... Monitorbit (s.oben)
RRR .... Reservierungsbits

-) Ending Delimiter; zeigt Ende eines Rahmens an.
J K 1 J K 1 I E JK1....... Endecodierung mit Nicht-Datensignalen.
I .... Intermediate Frame Bit. Zeigt an, ob noch ein Rahmen der Nachricht folgt (I=1) oder nicht (I=0), beim Token = 0.
E .... Fehler entdeckt J/N

Format des Datenrahmens

-) Starting Delimiter; wie oben
-) Access Control; s.oben, T = 1
-) Frame Control; handelt es sich um LLC-Daten oder um MAC-Kontrollrahmen.
T T C C C C C C TT .... Typ des Rahmens
C .... Kontrollbits
-) Zieladresse
-) Quelladresse
-) Nettodaten

-) FCS; 32-bit CRC, basierend auf Frame Control, den Adreßfeldern und den Nettodaten
-) Ending Delimiter; wie oben
-) Frame Status (FS); enthält die A- und C-Bits, mit denen der Sender erkennt, ob der Empfänger den Rahmen erkannt und kopiert hat

A C X X A C X X

A .... Adreßbit
C .... Kopierbit, da beide von der FCS nicht erfaßt werden; sie sind redundant, um Fehler zu erkennen
X .... dzt. nicht genutzte Bits.

Die FCS enthält 4, die Nettodaten beliebig viele, die Adreßfelder je nach Implementierung 2 oder 6 Oktetts und die übrigen Felder 1 Oktett.

Die **mediumsunabhängige physische Spezifikation** umfaßt folgende Primitiven:

- PH-DATA.Request und Indication
- PH-DATA.Confirmation

Sie alle haben als einzigen Parameter das zu übertragende Symbol. Ein von einer MAC-Einheit mit Request gesendetes Signal wird von allen anderen MACs auf dem Ring mit .Indication empfangen. Die Bestätigung durch das Confirmation-Primitiv ist nur lokal von der physischen Schicht zum MAC des Senders.

Die **mediumsabhängige physische Spezifikation** sieht differentielle Manchestercodierung (siehe Kapitel 1.2.1) vor. Die Nicht-Datensymbole J und K werden durch Phasen ohne Transition dargestellt, wobei J auch keine Transition am Beginn der Phase hat. J und K werden immer paarweise übertragen, um eine zu lange Gleichstromphase zu vermeiden.

Zwei Datenraten sind definiert: 1Mbps und 4 Mbps. Das Medium nach 802.5 sind 175 Ohm verdrillte Kupferkabel. Die Station ist nicht direkt an das Medium angeschlossen, sondern über einen Trunk Coupling Unit (TCU). Eine genaue Spezifikation wird in 802.5 nicht gegeben, dies wird der einzelnen Implementierung überlassen. Jede Station, außer dem Monitor, verzögert die Übertragung um genau ein Bit, also 1 μs bei 1 Mbit/s und 0,25 μs bei 4 Mbit/s. Der Monitor besitzt einen eigenen Pufferspeicher für das Token (24 bit). Eine wichtige Einschränkung ist die Limitierung der Anzahl der Stationen auf 256 Knoten pro Netzwerk ohne Bridge.

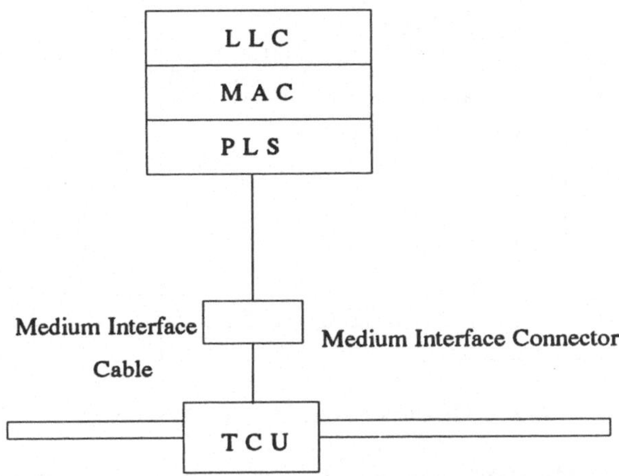

Abb.2.50: Anschluß einer Station am Tokenring

802.5 ist der einzige der drei 802 LAN-Standards, bei dem Leitungsausfälle automatisch behoben werden. Die Zweidrahtverbindungen bilden zwar physisch und logisch einen Ring, sind aber meist sternförmig um einen Ringleitungsverteiler (RLV) angeordnet. Bis zu acht Stationen können an einen RLV angeschlossen werden. Am Beginn und Ende des RLV ist der Eingangs- bzw. Ausgangsstecker für die Verbindung zum nächsten RLV. So entsteht über die Verbindung der RLVs miteinander der Gesamtring.

Fällt eine Station aus oder nimmt sie gerade am Ring nicht teil, so ist das Bypass Relay geschlossen, der Anschluß der betreffenden Station wird umgangen. Will die Station am Ring teilnehmen, so öffnet sich das Relay automatisch - die Station ist Teil des Ringes. Der Ringleitungsverteiler ist nicht formaler Teil des

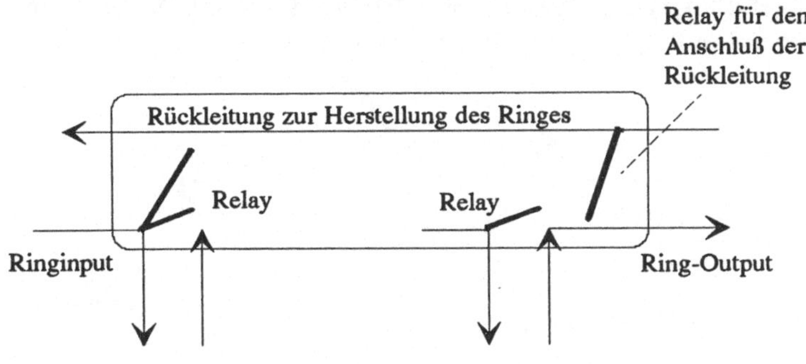

Abb.2.51: Ringleitungsverteiler

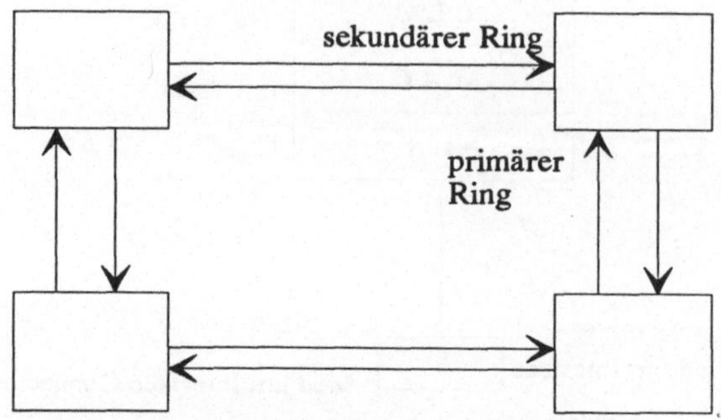

Abb.2.52: Dualer Tokenring mit 4 Stationen

Standards, empfiehlt sich aber durch seine erhöhte Ausfallssicherheit und Wartbarkeit. Der Standard sieht aber Relays in der TCU vor, mit denen die Station umgangen werden kann.

Um die Ausfallssicherheit des Ringes zu erhöhen, wurde auch ein dualer gegenläufig rotierender Ring vorgeschlagen. Wenn der primäre Ring ausfällt (entweder durch physischen Defekt oder einen MAC-Fehler), wird automatisch auf den sekundären geschaltet, wodurch sich aber die Ringrichtung ändert - der Ring muß rekonfiguriert werden. Selbst bei Unterbrechung beider Ringe kann sich der Ring aus den verbleibenden Stationen rekonfigurieren. Dieser Prozeß wird auch als "Wrapping " bezeichnet.

Um den Ring rekonfigurieren zu können, muß zuerst mittels eines Beaconprozesses die fehlerhafte Station ermittelt werden. Ist nur der primäre Ring ausgefallen, wird auf den sekundären Ring geschaltet. Sind an einer Stelle beide Ringe ausgefallen, wird "gewrappt". Einen ähnlichen Mechanismus werden wir im folgenden Kapitel über FDDI näher kennen lernen.

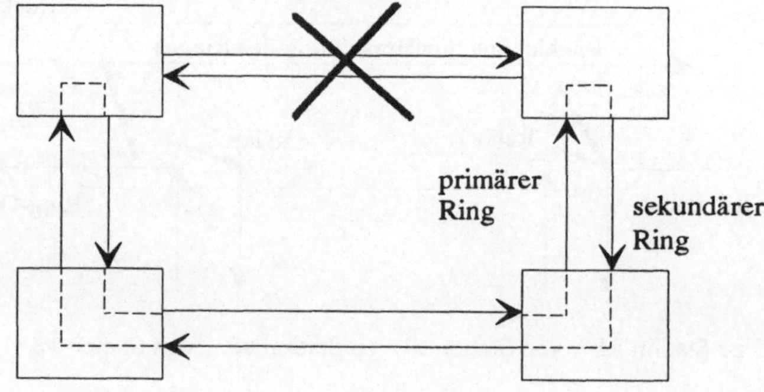

Abb.2.53: Wrapping eines dualen Tokenringes

Dieses Protokoll wurde der IEEE als Vorschlag zur optionalen Ergänzung des 802.5-Standards vorgelegt. Da die Ergänzung des Standards optional wäre, könnten duale Stationen und konventionelle Stationen, die nur mit dem primären Ring verbunden sind, parallel existieren; ein Ausbau vorhandener Ringe (auch teilweise) wäre vorstellbar. In Bereichen, in denen die geforderte hohe Ausfallssicherheit die Mehrkosten eines solchen Netzes rechtfertigt, könnten entsprechende Produkte ihren Markt finden. Auf Grund seiner einfachen und billigen Verkabelung und der guten Effizienz auch bei hoher Netzlast, wird der Anteil des Tokenringes am LAN-Markt immer stärker wachsen.

Mittlerweile sind auch Tokenringprodukte mit 16 Mbit/s am Markt erhältlich. Diese Karten implementieren prinzipiell das Standardprotokoll, allerdings mit optional 4 oder 16 Mbit/s. Werden alte 4 Mbit/s-Karten am Ring weiter verwendet, so können die neuen Karten natürlich ebenfalls nur mit 4 Mbit/s betrieben werden. Das implementierte Protokoll weicht allerdings in einem wesentlichen Punkt vom Standard ab: unter 802.5 hält die sendende Station das Token bis sie die Nachricht vom Empfänger bestätigt zurückerhält. Diese neuen Tokenringkarten hingegen hängen das Token unmittelbar an die gesendete Nachricht an (Early Token Release). Dadurch entsteht bei einem Ring größerer Ausdehnung der Effekt, daß zu bestimmten Zeitpunkten zwei(!) Datenrahmen gleichzeitig am Ring sind. Außerdem bieten diese Karten über den Geschwindigkeitsgewinn hinaus die Unterstützung von Glasfaserkabel als physisches Medium, sodaß später der Umstieg von Tokenring auf einen FDDI-Ring (siehe dazu 2.4.6.1) durch einfaches Austauschen der Adapterkarten in den beteiligten Stationen möglich ist.

2.4.5.5 Ein Vergleich 802.3, 802.4, 802.5

Wir haben nun die drei heute dominanten MACs für Lokale Netze kennengelernt. Fassen wir die wichtigsten Unterscheidungsmerkmale vielleicht nochmals zusammen:

802.3 bietet einen einfachen Zugangsalgorithmus, der bei niedriger Netzlast auch hinreichend fair und effizient ist, bei hoher Belastung schlagen jedoch die strukturellen Nachteile des Protokolls voll durch: Datenübertragung und Bewerbung um die Sendeberechtigung am selben Medium, Verlust aller bisher gesendeten Daten einer Sendung, wenn eine Kollision auftritt und der Zwang zu einer minimalen Rahmengröße in Abhängigkeit vom Propagation Delay. Wir werden später sehen, daß gerade diese letzte Eigenschaft den Einsatz von

CSMA/CD in Hochgeschwindigkeitsnetzen problematisch (wenn nicht sogar unmöglich) macht.

Die Fertigungsautomation ist nicht Gegenstand dieses Buches. Trotzdem mag ein Beispiel aus der Fertigungsautomation einen kleinen Beitrag zur laufenden Diskussion über die Performance von 802.3 bei hoher Last darstellen. Es mag im ersten Augenblick vielleicht überraschen, aber das heute meistverwendete Zugangsprotokoll im Bereich Fertigungsautomation ist 802.3! Eine Studie aus 1989[22] zeigt, daß 61%(!) aller Fertigungsautomationssysteme ("plant floor ... local area networking") 802.3 als Standard verwenden. Die leichte Erweiterbarkeit, die gute Widerstandsfähigkeit gegenüber elektromagnetischen Feldern und die Tatsache, daß der Ausfall einer Station keine Auswirkung auf das Gesamtnetz hat, trugen zum Erfolg bei. Das einzige Problem kann daher nur die Überlastung des Netzes und das in der Folge nicht mehr exakt vorhersagbare Netzverhalten sein. Untersuchungen aber zeigen, daß im Normalfall die theoretische Gesamtkapazität des Netzes nur zu einem Bruchteil ausgenutzt wird:

Tabelle 2.9: LAN-Netzlast in verschiedenen Industriezweigen

Sparte	Netzlast in Prozent	
	Durchschnitt	Spitzenbelastung
Automobilassembling	0,2	2,8
Stahlwerk	2,0	14,0
Schwermaschinenbau	0,8	3,0
Chemie/Textil	0,1	8,1
Motorenbau	0,8	1,6
Aerospace (Triebwerke)	1,7	13,9
Aerospace (Montage)	1,5	4,0

Diese kurze Tabelle zeigt, daß Modelle und Simulationen, die Ethernet bei einer Netzlast von 50% untersuchen und bewerten (und dabei höchstwahrscheinlich zu recht schlechten Performance-Resultaten kommen), nicht unbedingt praxisrelevant sein müssen. Und bei geringer Netzlast ist 802.3 Tokenprotokollen

22 AMR Report Advanced Manufacturing Research; Cambridge, MA, 1989 - zitiert in Adams; Why 802.3/Ethernet LANs Flourish in Manufacturing Operations in: Computer Integrated Manufacturing Systems Bd.3/Nr.1.

überlegen, da die Station einfach senden kann, ohne vorher das Token abzuwarten.

Die oben erwähnten Nachteile sind Gegenstand von Verbesserungsvorschlägen, vor allem innerhalb der IEEE selbst. So unterschiedlich die Vorschläge auch sind (und ich habe hier nur eine kleine Auswahl der Diskussion dargestellt), prinzipiell kann die Unfairness des Protokolls auf zwei Arten behoben werden: Auslagerung der Kollisionsentdeckung und -lösung auf einen eigenen Kanal (auf dem selben Kabel oder überhaupt getrennt) oder durch Minimierung der Kollisionen und faire Abarbeitung der Sendewünsche (VT-CSMA).

Ich halte nicht sosehr die oft zitierte mangelnde Fairness bzw. die Kollisionslösung auf dem Sendekanal für den wunden Punkt von CSMA/CD, sondern vielmehr den Zwang zu einer minimalen Rahmengröße in Abhängigkeit vom Propagation Delay, sowie die Tatsache, daß eben dieser Propagation Delay die Slotzeit und damit die Performance beeinflußt. VT-CSMA löst dieses Problem meines Erachtens nicht, da Rahmen mit der selben Ankunftszeit dem üblichen Kollisionsentdeckungsmechanismus unterworfen werden. CSMA/CF bietet hier schon eher eine Lösungsmöglichkeit, denn wenn durch den Mechanismus a priori sichergestellt ist, daß es keine Kollision geben kann, wird auch die CD-Komponente des 802.3-Protokolls nicht mehr benötigt. Damit wird auch der Propagation Delay für die Performance praktisch bedeutungslos. CSMA/CF benötigt aber zwei Kanäle (einen zum Senden, einen für die Konfliktlösung), den es aber mit Ausnahme von 1BASE2 (als eigenes Kabel zum Hub) und 10BROAD36 (am selben Kabel durch unterschiedliche Frequenzen vom Sendekanal getrennt) nicht gibt.

Es werden bei 802.3 keine Modems benötigt (abgesehen von 10BROAD36), da sowohl am Dropkabel als auch auf dem Netz digital (Manchester) übertragen wird. Das spart Installationskosten. Cheapernet bietet überhaupt die Integration des MAU auf dem Board.

Die beiden Tokenprotokolle haben andererseits keinerlei Probleme mit Fairness, Effizienz bei hoher Netzlast und der minimalen Rahmengröße. Beide bieten ein Prioritätsschema. Allerdings hängt, wie wir gesehen haben, die Effizienz und Fairness des 802.5-Prioritätsschemas stark vom Setzen der Prioritätsparameter ab. Der 802.4-Prioritätsmechanismus ist einfacher, trotzdem fairer. 802.5 erlaubt zusätzlich die Reservierung des Tokens für den nächsten Umlauf im gerade gesendeten Datenrahmen, wobei allerdings bereits eingetragene Reservierungen niedrigerer Priorität überschrieben werden können. Zwar ist die, die Priorität hinaufsetzende Station verpflichtet, nach der Sendung die Priorität wieder herabzusetzen, Sendungen hoher Priorität der nächsten Station(en) können aber das Token sofort wieder an sich raffen. Ist man bei der Vergabe der Prioritäten nicht zurückhaltend, so kann es beim Senden Daten niedriger Priorität zu spürbaren Verzögerungen kommen.

802.4 kann in der Breitbandversion mehrere Kanäle unterstützen, außerdem kann der Prioritätsmechanismus dazu verwendet werden, bestimmte Daten (z.B. isochronen Verkehr) prioritär zu behandeln. Der Tokenbusmechanismus ähnelt im Aufbau ein wenig einem TDM-Schema. Seine spezifischen Vorteile erkauft sich 802.4 durch ein ziemlich komplexes Protokoll, das bei geringer Last zu an sich unnötigen Verzögerungen führt.

Der Tokenring wiederum verbucht ein einfaches und bei Verwendung von RLVs auch in hohem Maße ausfallsicheres und leicht wartbares Verkabelungssystem für sich. Twisted Pair-Verdrahtung ist zudem billig und flexibel zu verlegen. Schwachpunkt des Tokenrings ist die Existenz eines zentralen Monitors. Problem dabei macht nicht sosehr ein Ausfall des Monitors (hier greift der Bewerbungsmechanismus der anderen Stationen und der nächste Monitor ist in Bruchteilen einer Sekunde neu gekürt). Vielmehr kann ein defekter Monitor, der weiter sendet, beträchtliche Verwirrung stiften: wenn er z.B. mehrere Token in Umlauf setzt und so kein geordnetes Senden mehr möglich ist.

Man könnte sich zum Abschluß dieses Kapitels vielleicht fragen, wann denn nun endlich ein Performancevergleich der drei Protokolle kommt. Ich muß den Leser enttäuschen - er kommt nicht. Es besteht sicher kein Mangel an Beiträgen zu diesem Thema, und ich habe auch in den Einzelkapiteln einige davon zitiert (siehe auch die Literaturhinweise zu Kapitel 2.4). Einen regelrechten Vergleich lassen sie aber letztlich nicht zu. Man kann immer eine Kombination von Parametern wählen, mit der bewiesen wird, daß ein bestimmtes Protokoll "schneller" ist als alles andere. Außerdem ist die Effizienz des LAN-Standards nur ein Aspekt in einem Gesamtsystem. Verbindungen von Einzel-LANs über WANs, die sinnvolle Segmentierung von LANs, die Effizienz der Protokolle auf Schicht 3 und 4, die Rechnergeschwindigkeit entfernter Systeme, die Effizienz des Anwendersystems bzw. der Anwendersoftware u.v.a.m. beeinflußt die Effizienz, die der Endbenutzer schließlich empfindet - und nur das ist letztlich entscheidend.

2.4.6 Glasfaser LANs

2.4.6.1 FDDI I

FDDI wird von einem zu IEEE 802 akkreditierten Komitee, X3T9, ausgearbeitet. Es wurden eine MAC- sowie eine mediumsab- und -unabhängige Spezifikation erstellt. Das wohl wichtigste Subkomitee ist T9.5, das sich mit den Stationsmanagementroutinen beschäftigt. Der Standard ist in den Hauptpunkten komplett und technisch stabil, einzelne Bereiche, wie etwa der Allokationsmechanismus für synchrone Sendeberechtigungen, sind entweder noch nicht oder nur sehr allgemein formuliert. Die **Serviceprimitiven** umfassen (Parameter in Klammer):

- MA-DATA.Request (n-mal [Frame Control, Zieladresse, MA-SDU, Serviceklasse, Stromparameter])
- MA-DATA.Indication (Frame Control, Ziel- und Quelladresse, MA-SDU Empfangsstatus)
- MA-DATA.Confirmation (Anzahl der SDUs, Sendestatus, Serviceklasse)
- MA-TOKEN.Request (Tokenklasse)

Der Übertragungsgeschwindigkeit des Mediums entsprechend können pro MA-DATA.Request mehrere MAC-Service Data Units (MA-SDUs) in einem Request vom LLC an den MAC gegeben werden. Ein Request besteht also aus mehreren Subrequests. Als Serviceklasse kann synchrone oder asynchrone Übertragung angegeben werden. Der Stromparameter zeigt an, ob noch ein Subrequest kommt, oder nicht. Es kann allerdings nur solange übertragen werden, als die Tokenberechtigungszeit läuft. Ist diese zu Ende und stehen noch einige Subrequests aus, so werden sie erst später gesendet. Ob automatisch gesendet wird, oder ob für den Rest ein neuer Request seitens des LLC nötig ist, hängt von der Implementierung ab. Mit .Indication wird ein Subrequest-Rahmen an das Ziel-LLC übergeben. Die Parameter entsprechen denen des .Request. Der Empfangsstatus gibt an, ob der MAC einen Fehler (FCS-Fehler, Längenfehler, interner Fehler der MAC-LLC-Schnittstelle) entdeckte.

Die Bestätigung ist lokal vom MAC zum LLC des Senders. Es wird die Anzahl der gesendeten MA-SDUs, der Sendestatus (senden geglückt J/N) und die gewählte Serviceklasse des LLC bestätigt. Mit dem MA-TOKEN-Primitiv fordert das LLC das Token und damit die Sendeberechtigung an. Daraufhin nimmt der MAC das nächste verfügbare, vorbeikommende Token an sich.

Ebenfalls um die gewaltige Kapazität dieses Ringes nutzen zu können, wurde vorgesehen, daß der MAC mehrere SAPs gleichzeitig unterstützen können muß. Daher muß auch immer der logische SAP in den Serviceprimitiven angegeben werden.

Das **Zugangsverfahren** ist demjenigen in 802.5 sehr ähnlich. Um aber die enorme Kapazität eines Glasfaserringes besser nutzen zu können, gibt es einige Abweichungen. In der Folge wird das Protokoll nicht detailliert beschrieben, sondern nur sofern es Abweichungen bezüglich des 802.5-Standards gibt.

Zunächst wartet die sendende Station nicht wie in 802.5 auf die ersten Oktetts des eigenen Rahmens bis sie das Token freigibt, sondern hängt es sofort an das Ende der Sendung an. Der Sender absorbiert seine eigene Nachricht am Ende des Umlaufs, erkennt das Ende seiner Nachricht und läßt einen weiteren Rahmen, der von einer anderen Station gesendet wurde, vorbei (oder kopiert ihn, wenn er der Adressat ist). Daher können mehrere Rahmen zugleich auf dem Ring sein. Aus diesem Grund kann der Prioritätsmechanismus von 802.5 nicht funktionieren, da dieser von der Prioritätsstufe eines Tokens bzw. *eines* Datenrahmens, der zu einem bestimmten Zeitpunkt am Netz kreist, ausgeht.

Außerdem definiert FDDI zwei Übertragungsarten, um die Übertragungskapazität besser nutzen zu können: synchroner und asynchroner Modus. Einzelnen Stationen kann ein Kontingent K(s) zur synchronen Übertragung gegeben werden. Es wird eine Target Rotation Time (TTRT) definiert, wobei Summe K(s) + SZ + FM + TSZ < = TTRT

SZ .... Sendezeit für eine Ringumkreisung

FM .... Zeit, um den größtmöglichen Rahmen (4.500 Oktetts) zu senden.

TSZ .... Zeit zum Senden eines Token

Die Zuweisung der synchronen Sendeberechtigung geschieht durch einen Allokator, wobei dieser auch eine bestimmte Kapazität an Suballokatoren delegieren kann. Auch das parallele Existieren mehrerer gleichberechtigter Allokatoren wird vom Standard nicht ausgeschlossen, wobei diese einander natürlich ständig über ihre vergebenen Sendeberechtigungen informieren müssen, um nicht die Gesamtbandbreite des Ringes zu überschreiten.

Bei der Initialisierung des Ringes (siehe weiter unten) bewerben sich die Stationen unter Angabe einer TTRT. Jede Station gibt jene TTRT an, die ausreicht, um ihre Kommunikationsanforderungen zu erfüllen. Die Station mit dem niedrigsten Vorschlag gewinnt. Ihre TTRT wird benutzt, um den TRT (Token Rotation Timer) aller Stationen zu laden.

Jede Station erhält nun ein Kontingent für synchrones Senden zugewiesen. Nimmt die Station das Token an sich, sichert sie die beobachtete Zeit seit der letzten "Tokensichtung" (die beobachtete Token Rotation Time, TRT) in THT und initialisiert TRT. Sie kann nun im Rahmen ihres K(s) synchron senden. Dabei steht THT still. Für die unterschiedlichen Prioritätsklassen ist jeweils ein THT/Klasse n definiert. Im Rahmen dieser THT/n können asynchrone Daten gesendet werden. Dabei aber beginnt THT weiterzulaufen. Es können nun solange asynchrone Daten gesendet werden bis THT TTRT erreicht hat; dann muß die Station das Token weitergeben.

Man beachte: die beobachtete TRT geht in THT ein, THT nach asynchronem Senden gibt also die Zeit für die Ringumkreisung seit der letzten Tokensichtung plus die Zeit für asynchrones Senden in der Station wieder. K(s) allerdings geht in THT nicht ein.

Dieser Mechanismus erinnert ein wenig an das Tokenbus-Prioritätsschema, die Klasse 6-Daten, die im Tokenbus in jedem Fall für ein bestimmtes, zugewiesenes THT gesendet werden können, entsprechen dem synchronen Sendekontingent. Daten niedriger Priorität können nur dann gesendet werden, wenn das Token schnell genug kreist. Dieses "schnell genug kreist" bedeutet im Tokenbus eine TRT pro Prioritätsklasse, in FDDI ist die TTRT das Limit.

Außerdem gibt es zwei Arten von Token, um einen Dialog aus kurzen Nachrichten zwischen zwei Stationen zu ermöglichen. Das übliche Token ist uneingeschränkt verfügbar. Jede Station kann sich dieses Tokens bedienen. Eine Station kann aber am Ende der Nachricht auch ein eingeschränktes Token senden, das nur einer bestimmten Station erlaubt zu senden. Diese kann ebenfalls mit einem eingeschränkten Token antworten. Allerdings nur solange, bis die oben angeführte TTRT-Ungleichung erfüllt ist. Dies ist vor allem bei kurzen Nachrichten, wie sie bei Transaktionsprogrammen üblich sind, sinnvoll. Dieser Mechanismus entspricht dem Immediate Response in 802.4.

Anders als bei 802.5 gibt es hier keine Monitorstation; alle Stationen sind für das Funktionieren des Ringes verantwortlich. Wurde über eine bestimmte Zeit lang keine Aktivität am Ring festgestellt, oder werden etwa nur mehr Daten übertragen, stellt eine Station einen Fehler fest. Jede Station merkt, wann sie das Token zum letzten Mal "gesehen" hat. Überschreitet die Wartezeit aufs Token die TTRT beträchtlich, wird der Ring initialisiert.

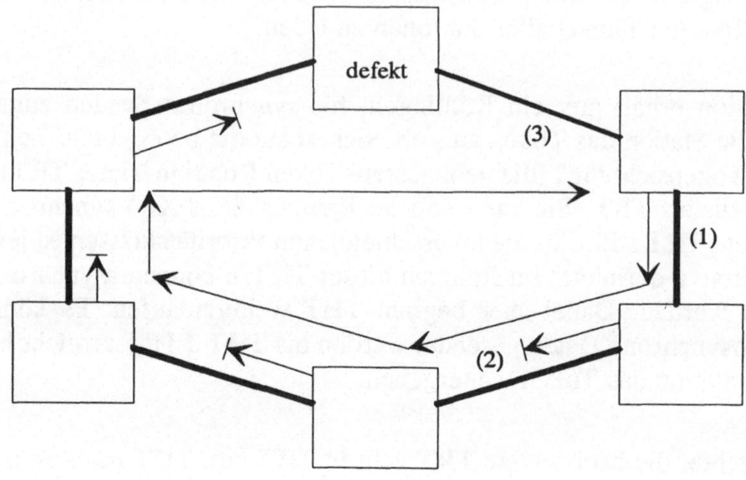

(1) Alle Stationen beginnen, Beaconrahmen zu senden.

(2) Erhält eine Station einen solchen Rahmen von ihrem Vorgänger, hört sie auf, eigene Rahmen zu senden.

(3) Nur der Nachfolger der defekten Station erhält die eigenen Rahmen zurück.

Abb.2.54: Selbstheilung eines FDDI- Ringes

Dafür gibt es zwei Timer: den TRT, den wir schon bei synchroner und asynchroner Übertragung kennengelernt haben, und den TVX (Valid Transmission Timer). Passiert das Token nach Ablauf einer bestimmten Zeitspanne die Station nicht, so nimmt diese an, daß der Ring defekt ist. Es genügt jedoch nicht nur festzustellen, ob am Ring überhaupt gesendet, sondern ob gültig gesendet wird. Dies wird mittels des TVX überwacht. Dieser Timer wird initialisiert, wenn ein uneingeschränktes Token oder ein gültiger Rahmen empfangen wird. Der Wert des TVX ist implementierungsspezifisch. Die Tatsache, daß TVX bei Empfang eines eingeschränkten Tokens nicht initialisiert wird, verhindert, daß nach Ende der Kommunikation zwischen zwei Stationen mittels eingeschränkter Token und dem irrtümlichen Senden eines eingeschränkten Tokens als Abschluß, der Ring durch das ewig zirkulierende, eingeschränkte Token blockiert würde.

Der prinzipielle Unterschied im Wiederanlaufsverfahren zu 802.5 ist das Fehlen eines zentralen Monitors. Der Fehler muß also dezentral behoben werden. Die Station, die den Fehler als erste entdeckt, sendet Tokenclaims aus.

Dieser Tokenanspruch enthält das Angebot der Station über die TTRT. Diese Target Token Rotation Time ist die angestrebte TRT. Eine Station, die einen fremden Anspruch erhält, hört entweder auf, eigene Ansprüche zu senden und kopiert die eingehenden Ansprüche oder sie absorbiert die fremden Claims und sendet ihre eigenen aus, und zwar nach folgender Regel:

- Der Anspruch mit der kleineren TTRT gewinnt.
- Bei gleicher TTRT gewinnt die Station mit der längeren Adresse.
- Ist auch das gleich, gewinnt die höhere Adresse.

Wenn eine Station ihren eigenen Claim erhält, weiß sie, daß sie gewonnen hat. Dieser Prozeß sollte nicht mehr als einige Millisekunden benötigen. Wenn die "Siegerstation" feststeht, werden noch zwei Umläufe benötigt, um den Ring zu initialisieren. Der erste um die Stationsparameter (TRT, TVX, K(s) u.a.) zu setzen. Im zweiten Umlauf ist nur synchrone Übertragung erlaubt.

Ist der Ring jedoch (logisch) unterbrochen, führt der eben beschriebene Prozeß nicht zum Erfolg, keine Station kann bei unterbrochenem Ring den eigenen Claim zurückerhalten und so gewinnen. Nach Ablauf des TRT beginnen daher die Stationen Beaconrahmen zu senden. Erhält eine Station einen Rahmen von ihrem Vorgänger, läßt sie diesen weiter und hört auf, eigene Beaconrahmen zu senden. Nur der Nachfolger der defekten Station fährt fort Rahmen zu senden; der Defekt konnte lokalisiert werden. Erhält eine Station ihre eigenen Beaconrahmen zurück, erkennt sie den Defekt des Vorgängers und initialisiert den Ring. Somit kann sich ein FDDI-Ring nach logischen Defekten einzelner Teilnehmer selbst heilen.

Das **PDU-Format** von FDDI weicht ganz erheblich von 802.5 ab. Die Codierung erfolgt nicht in Oktetts, sondern in 4-bit-Symbolen. Dies hängt mit der verwendeten Codierungstechnik auf physischer Ebene zusammen.

Tokenformat:

-) Präambel; Nicht-Datensignalmuster zur Synchronisation
-) Starting Delimiter aus Nicht-Datensignalen
-) Frame Control
S L T T X X X X S .... synchron/asynchron
L .... 16-bit- oder 48-bit-Adresse
TT .... Kontroll- oder LLC-Datenrahmen
XXXX.. nähere Spezifikation des Rahmens
-) Ending Delimiter; bestehend aus Nicht-Datensignalen.

Format eines Datenrahmens:

-) Präambel wie oben.
-) Starting Delimiter wie oben.
-) Frame Control siehe oben.
-) Zieladresse (16 oder 48 bit).
-) Quelladresse (16 oder 48 bit).
-) Nettodaten.
-) FCS; 32-bit-CRC, der Frame Control, die Adreßfelder und die Nettodaten umfaßt.
-) Ending Delimiter wie oben.
-) Frame Status; Enthält E, A, und C Felder, die wie in 802.5 verwendet werden.

Durch die Definition von 16- und 48-bit-Adressen ergeben sich keine Komplikationen bei Verknüpfung mit 802.x-LAN-Standards, da auch diese 16- oder 48-bit-Adressen verwenden.

Die **mediumsunabhängige physische Spezifikation** umfaßt folgende Primitiven:

- PH-DATA.Request, .Indication und .Confirmation
- PH-INVALID.Indication

Sie entsprechen denen in 802.5.

Die Codierung erfolgt mittels einer 4B/5B genannten Methode. Pro Schritt werden dabei 4 Bits codiert. Dabei werden 4 Datenbits mit 5 Bits übertragen, d.h. daß 100 Mbit/s netto mit 125 Mbit/s brutto erreicht werden. Die Codierungsart wurde vereinbart, um zu lange Gleichstromkomponenten zu verhindern. Der Mappingmechanismus stellt sicher, daß nie mehr als drei gleiche Bits aufeinander folgen. Das dabei entstehende Bitmuster wird nun mittels der NRZI-Methode (siehe 1.2.1) codiert.

Die **mediumsabhängige physische Spezifikation** definiert einen dualen Glasfaserring mit 850, 1300 oder 1550 nm Wellenlänge. Kosten und Leistung steigen mit der Wellenlänge. Die maximale Distanz zwischen zwei Repeatern ist 2 km. 1000 physische Anschlüsse und eine Maximalausdehnung von 200 km sind möglich.

Anders als 802.5 bietet FDDI umfangreiche Sicherungsmechanismen gegen den Ausfall auf physischer Ebene. So kann durch einen optischen Schalter eine schadhafte Station umgangen werden. Außerdem initialisiert sich der Ring bei

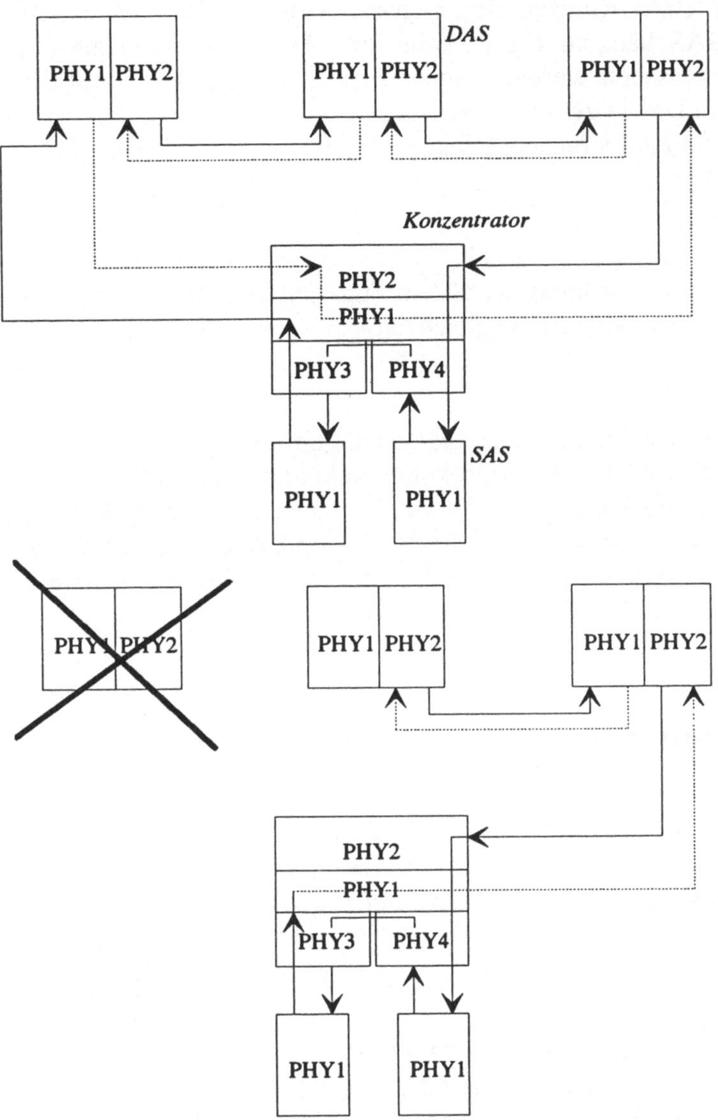

Abb.2.55: Rekonfiguration eines dualen FDDI-Ringes

physischem Defekt eines Ringes auf dem zweiten selbst, wobei eine Klasseneinteilung der Stationen vorgenommen werden kann: solche, die auf dem dualen Ring liegen (DAS, Dual Attachment Station) und solche, die nur über einen Anschluß verfügen (SAS, Single Attachment Station).

DAS haben zumindest zwei PHYs, es werden jedoch auch DAS mit zwei MACs angeboten. SAS können direkt am dualen Ring angeschlossen sein, können aber auch über einen Konzentrator angeschlossen werden, an dem baumförmig mehrere SAS hängen. Damit kann ein FDDI-Ring auch als ein Ring von Bäumen angesehen werden, wobei Konzentratoren auch kaskadiert werden können. Bei Defekt des primären Ringes, wird auf den zweiten, in umgekehrter Richtung funktionierenden Ring geschaltet. Abb.2.55 soll diesen Vorgang verdeutlichen.

Die Formulierungen in X3T9.5 lassen sowohl die Möglichkeit offen, den Sekundärring bei ordnungsgemäßem Funktionieren des Primärringes ruhen zu lassen oder aber beide Ringe gleichzeitig zu verwenden, was die Übertragungskapazität auf 200 Mbit/s steigern würde.

In Europa werden seit Anfang 1990 FDDI unterstützende Produkte angeboten, und zwar sowohl für den Bürokommunikations- als auch den Fertigungsbereich, wobei die Schwergewichte zunächst verständlicherweise auf dem Gebiet des Mainframeverbundes und der Backbone-LANs liegt. Es werden aber am Markt immerhin bereits Workstations angeboten, die standardmäßig mit CSMA/CD- und FDDI-Schnittstellen ausgestattet sind.

2.4.6.2 FDDI II

Als Ergänzung zu FDDI I wurde FDDI II normiert, das zusätzlich leitungsgeschaltene Verbindungen ermöglicht (HRC, Hybrid Ring Control). Damit ist auch die Übertragung von Sprache und Video über das LAN möglich.

Es wurde ein eigener MAC für die Übertragung isochroner Daten (z.B. Sprache) definiert. Das HRC liegt zwischen der physischen Schicht und den beiden MACs und besorgt das Multiplexen der von den beiden MACs kommenden Sendeanforderungen auf das physische Medium. Mehrere leitungsgeschaltene Verbindungen werden über einen Leitungsmultiplexer (Circuit Switching Multiplexer, CS-MUX) verwaltet. Sendeanforderungen des CS-MUX werden an den MAC für isochronen Verkehr (I-MAC) weitergegeben, Datenpakete des LLC an den P-MAC. I- und P-MAC greifen aber nicht direkt auf das physische Medium zu, sondern werden zunächst über einen hybriden Multiplexer (Hybrid Multiplexer, H-MUX) mittels Zeitmultiplexens ineinander verschachtelt.

Der Latency Adjustment Buffer (LAB) wird vom Slotgenerator benötigt, um sicherzustellen, daß der Ring immer eine Ganzzahl von Rahmen hat.

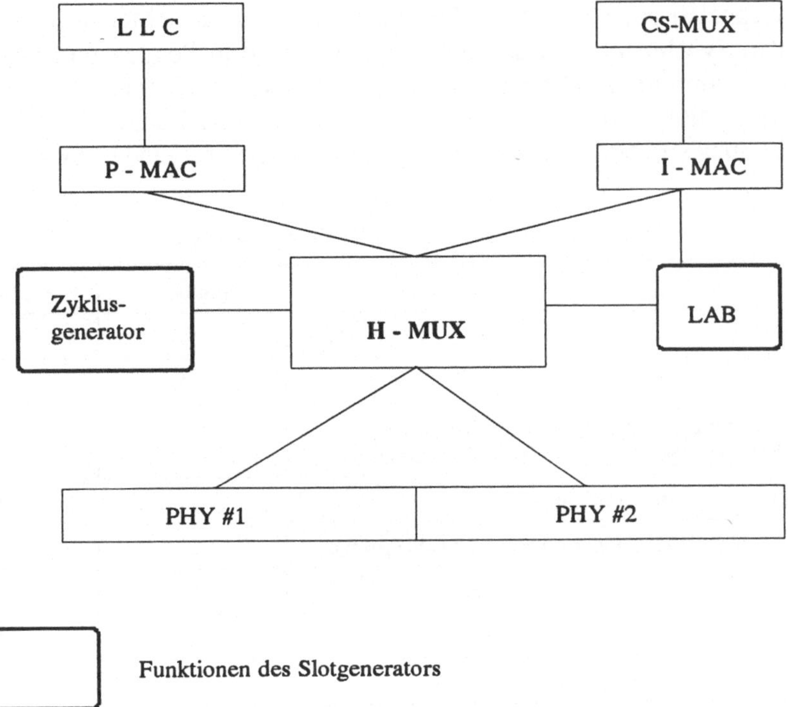

Abb.2.56: Architektur von FDDI II

Ein FDDI II-Ring kann zwei Betriebsarten unterstützen: Basismodus (kein isochroner Verkehr, daher ident mit Standard-FDDI) und Hybridmodus mit dynamisch geregelter Verteilung zwischen paketübertragenem und isochronem Verkehr. Die Gesamtkapazität des Ringes wird in logische Breitbandkanäle (WBC, Wide Band Channel) zu je 6,144 Mbit/s geteilt, wobei dynamisch bis zu 16 solcher Kanäle der Sprachverbindung (oder anderen isochronen Verkehrsarten) zugewiesen werden können. Daneben werden die üblichen Datenrahmen des konventionellen FDDI übertragen.

Im Unterschied zum Basismodus wird der Hybridmodus von einem Zyklusgenerator (Cycle Master) zentral überwacht und synchronisiert. Die Stationen sind in zwei Kategorien geteilt: Monitor- und Nicht-Monitorstationen. Erstere können sich um die Stellung als Zyklusgenerator bewerben; der Monitor mit der höchsten (vom Netzmanager vergebenen) Stationspriorität gewinnt. Der Zyklusgenerator generiert spezielle Rahmen, die die Zyklen auf dem Ring ergeben. Alle 125 Mikrosekunden wird ein solcher Zyklus generiert; ein Zyklus besteht aus 3.125 Symbolen, oder 15.625 Bits (bei 4B/5B-Methode Multiplikation mal 5!), dies multipliziert mit den 8.000 Zyklen pro Sekunde, ergibt die

Bruttokapazität von 125 Mbit/s. Die anderen Stationen richten sich nach dieser zentralen Synchronisation aus, verwenden aber zum Senden ihre eigene Uhr zur Synchronisation. Die dadurch entstehenden Unterschiede zur zentralen Synchronisation werden durch eine Präambel variabler Länge am Anfang jedes Zyklus' ausgeglichen. Ein Zyklus besteht daher aus folgenden Symbolen:

Tabelle 2.10: FDDI II-Zyklusaufbau brutto

	Symbole	bit brutto
Präambel	5	25
Header	24	120
fix dem Pakettransport zugewiesene Gruppen: 2 Symbole pro Zykluseinheit x 12 Zykluseinheiten	24	120
den WBCs zugewiesene Gruppen:		
ein WBC in einer einzelnen Zyklusgruppe	2	
x 16 WBCs pro Zyklusgruppe	32	
x 8 Zyklusgruppen pro Zykluseinheit	256	
x 12 Zykluseinheiten pro Rahmen	3072	15.360
Rahmengröße brutto		15.625
x 8.000 Zyklen pro Sekunde		125,000.000

Der Zyklusaufbau von der Nettoübertragungskapazität her gesehen:

Tabelle 2.11: FDDI II-Zyklusaufbau netto

	Nettoübertragungskapazität
pro WBC und Zyklusgruppe = 2 Symbole (i.e. 8 bit) x 96 Zyklusgruppen = 768 bit pro Zyklus u. WBC x 8.000 Zyklen pro Sekunde	6,144 Mbit/s
den 16 gleichzeitig möglichen WBCs zugewiesene Kapazität	98,304 Mbit/s
pro fixer Datengruppe: 24 Symbole (i.e. 96 bit netto) pro Zykluseinheit x 8.000 Zyklen	768 kbit/s

Der Zyklusheader dient den Stationen zu entscheiden, in welchem Modus (Basis oder Hybrid) sich das System befindet sowie der Synchronisation der Stationen.

Der Zyklusheader besteht aus folgenden Teilen:

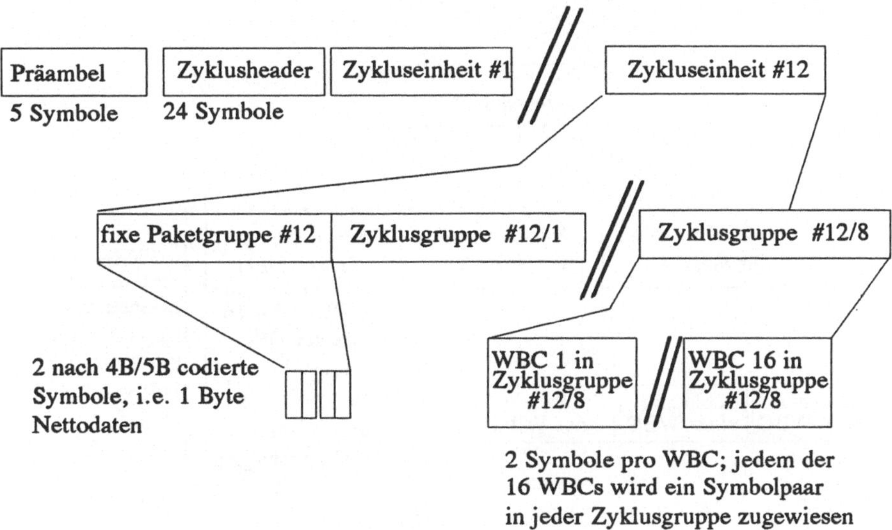

Abb.2.57: Rahmenaufbau von FDDI II

- Dem Starting Delimiter (2 Symbole); erlaubt es dem FDDI-PHY den Beginn eines Zyklus' zu erkennen,
- Synchronisationskontrolle (1 Symbol); gibt an, ob die Synchronisation hergestellt werden konnte, oder ob der Zyklus durch Senden eines neuen Zyklus' unterbrochen werden kann,
- Sequenzsteuersymbol (1 Symbol); wird vom Zyklusgenerator mit dem Wert "fehlerfrei" initialisiert und kann von jeder Station, die einen Fehler entdeckt, auf "fehlerhaft" gesetzt werden.

Diese Kombination aus 4 Symbolen soll nicht nur absolut sicher die Synchronisation herstellen, sondern auch einen gültigen Zyklus im Hybridmodus vom Basismodus abgrenzen; sobald auf Hybridmodus geschaltet wurde, muß ein gültiger Zyklus die entsprechende Kombination dieser Headerwerte aufweisen, um akzeptiert zu werden.

- In den folgenden beiden Symbolen wird der Rang einer Station hinterlegt, was für die Ermittlung des Zyklusgenerators wichtig ist,

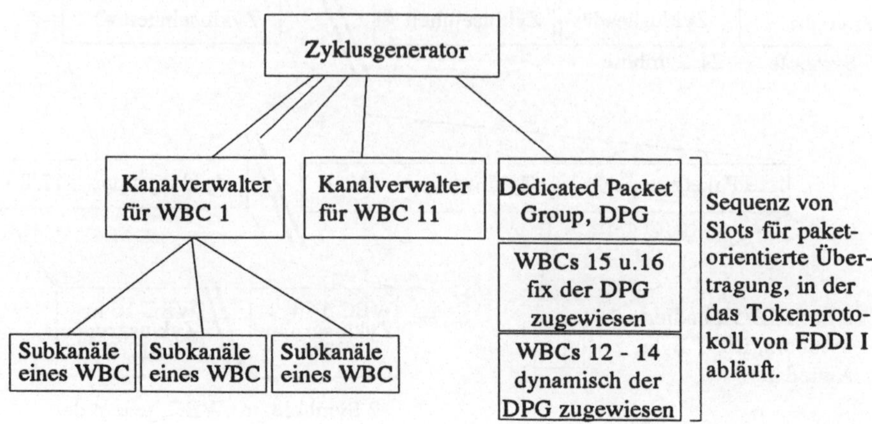

Abb.2.58: Beispiel für die Kanalallokation von FDDI II

- Codierungstableau (16x1 Symbol); diese Symbole zeigen, welcher Übertragungsart der entsprechende WBC zugeordnet wurde (Paket oder isochron).
- Isochroner Wartungskanal (2 Symbole); soll isochronen Verkehr zu Wartungszwecken aufnehmen, die genaue Verwendung ist aber noch nicht spezifiziert.

Der Zyklusgenerator entscheidet dynamisch, wieviele 6,144 Mbit/s-Kanäle dem paketgeschaltenen bzw. dem isochronen Verkehr zugewiesen werden. Ein Kanal kann vom I-MAC weiter logisch unterteilt werden; das Multiplexen der Einzelverbindung geschieht über den CS-MUX. Zusätzlich zur für Paketübertragung reservierten Gruppe (Dedicated Packed Group), die eine minimale Paketübertragungskapazität am Ring bereitstellt, weist der Zyklusgenerator dynamisch einen oder mehrere WBCs dem paketgeschaltenen Verkehr zu. Diese WBCs werden mit der Dedicated Packet Group sequentiell verkettet; auf ihnen läuft das konventionelle FDDI I-Tokenprotokoll ab.

Kommt es zu einem Zusammenbruch des Verkehrs auf dem Netz, so kann dieser nicht im Hybridmodus bereinigt werden. Das Netz kehrt in den Basismodus von FDDI zurück und startet die entsprechenden Wiederanlaufsmechanismen (z.B. einen Beaconprozeß, um eine defekte Station zu identifizieren und zu umgehen). Dennoch kennt auch der Hybridmodus Stationsmanagementroutinen:

- um isochrone Kanäle dynamisch zu verwalten und
- zum Management spezifischer FDDI II-Einheiten, wie H-MUX und I-MAC.

Die Zuweisung eines WBC einer bestimmten Verkehrsart (Paket oder isochron) geschieht durch den Zyklusgenerator. Eine Station fordert einen WBC vom Zyklusgenerator an, der diesen vom paketgeschaltenen Verkehr abzieht. Wird der WBC vom Kanalverwalter nicht mehr benötigt, so wird er an den Zyklusgenerator zurückgegeben. Üblicherweise wird ein WBC nicht bloß für eine isochrone Verbindung verwendet, d.h. ein WBC wird nochmals in mehrere logische Subkanäle gegliedert. Diese weitere Untergliederung wird vom Zyklusgenerator an die Station, die den WBC angefordert hat, delegiert. Sie agiert nunmehr als Kanalverwalter (Channel Allocator) für Stationen, die diesen bestimmten, ihr zugewiesenen WBC benutzen wollen. Andererseits können einem Kanalverwalter auch mehrere WBCs zugewiesen werden (z.B. für Videoübertragung). Dies bedeutet ein verteiltes Allokationsschema für isochrone Verbindungen, das vor allem den Zyklusgenerator von der Verwaltung möglicherweise hunderter Einzelverbindungen für isochronen Verkehr entlastet.

Der(die) einer Station zugewiesene(n) Breitbandkanal(-kanäle) können von dieser wiederum weiter untergliedert (suballocated) werden, wobei etwa in die üblichen Schmalband ISDN-Kanäle (16, 64, 384, 1536 und 2048 kbit/s) untergliedert werden kann. Es wird sowohl der europäische (2048 kbit/s) als auch der US-Primäranschluß (1536 kbit/s) unterstützt, da die 6,144 Mbit/s eines WBC in drei europäische und vier amerikanische Primäranschlüsse unterteilbar sind. Dadurch ist eine Voraussetzung für die reibungslose Integration eines FDDI II-Ringes und des Schmalband-ISDN gegeben, sei es nun eine private ISDN-Nebenstellenanlage oder bereits das öffentliche ISDN.

2.4.6.3 Bus

Glasfaserkabel können auch für ein LAN in Form eines unidirektionalen Busses verwendet werden.

Um Broadcast zu ermöglichen, müssen zwei Glasfaserbusse (A und B), in denen in unterschiedlicher Richtung gesendet wird, kombiniert werden, oder aber ein Bus wird "gefaltet", um jede Station zweimal anzusteuern. Jede Station ist mit jedem Busteil mittels eines Sende- und eines Empfangsanschlusses verbunden. Eine sendewillige Station weicht einer Sendung von einer Vorgängerstation,

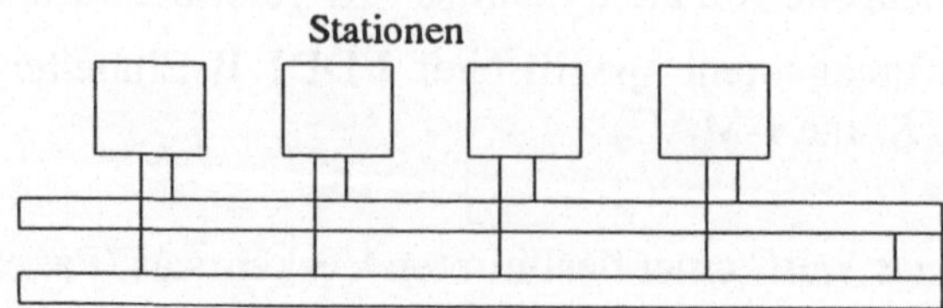

Abb.2.59: Gefalteter Glasfaserbus

während diese fortfährt zu senden, obwohl die ersten Bits durch (zurückgezogene) Sendeversuche von Nachfolgern gekippt sein können. Ist die Präambel eines Rahmens lange genug, so stellt dies kein Problem dar. Wie weiß nun eine Station, daß sie senden kann? Die Station hört in Bus A und stellt fest, daß er belegt ist. Sie wartet auf EOA (End of Activity). Stellt sie EOA fest, sendet sie Signale (noch keine Daten) auf A aus. Damit ziehen alle Nachfolgestationen ihre Sendewünsche zurück.

Findet sie kein EOA, so nimmt sie nach einem Timeout EOA an und sendet Daten auf **beiden** Bussen aus. EOA ist somit eine Art Token, das die Sendeberechtigung darstellt.

Problematisch scheint die Verwendung eines nicht deterministischen Zugangsverfahrens, wie einzelne Untersuchungen zeigen. Tobagi und Hunt konnten schon Anfang der 80-er Jahre zeigen, daß eine erhöhte Übertragungsrate auf physischer Ebene die Performance des gesamten Transportsystems bei Verwendung von CSMA/CD **nicht wesentlich** erhöht. Die Effizienz sinkt signifikant mit dem Anstieg des Faktors $a=P/T$, wobei P der Propagation Delay und T die Rahmenübertragungszeit ist.

Die Slotzeit ist durch 2P gegeben; je länger das Netz, desto länger der Propagation Delay und die Slotzeit und damit auch die minimale Rahmengröße, wenn Kollisionen erkannt werden sollen. Da bei steigender Übertragungsrate auf physischer Schicht der Wert T sinkt, wächst a und somit sinkt die Effizienz des Transportsystems. Ein immer kleiner werdender Prozentsatz der physisch zur Verfügung stehenden Übertragungskapazität wird für Nettodatenübertragung verwendet.

Die Effizienz von CSMA/CD sinkt also mit zunehmender Länge und Bandbreite des Netzes. Genau dies sind aber die Ziele der neuen glasfaserbasierten Protokolle, wie FDDI oder 802.6 MAN.

2.4.7 MAN, Metropolitan Area Network

Grundsätzliche Anforderungen an diesen noch nicht endgültig normierten Standard waren:

- Schaffung eines hybriden Netzes, also eines Netzes für Daten- und Sprach/Videoübertragung, wobei Sprache und Video leitungsgeschaltet, Daten paketgeschaltet übertragen werden,
- Verwendbarkeit von Glasfasertelephonleitungen,
- wesentlich größere Reichweite als LANs, minimale Reichweite von wenigstens 50 km,
- Anschließbarkeit von wesentlich mehr Stationen als bei einem LAN sowie
- leicht realisierbare Schnittstelle zum zukünftigen öffentlichen Breitband-ISDN.

802.6 setzt auf dem Glasfasertelephonnetz auf, für private Anwendungen soll es aber auch eine komplette, separate physische Spezifikation geben. Hier wird

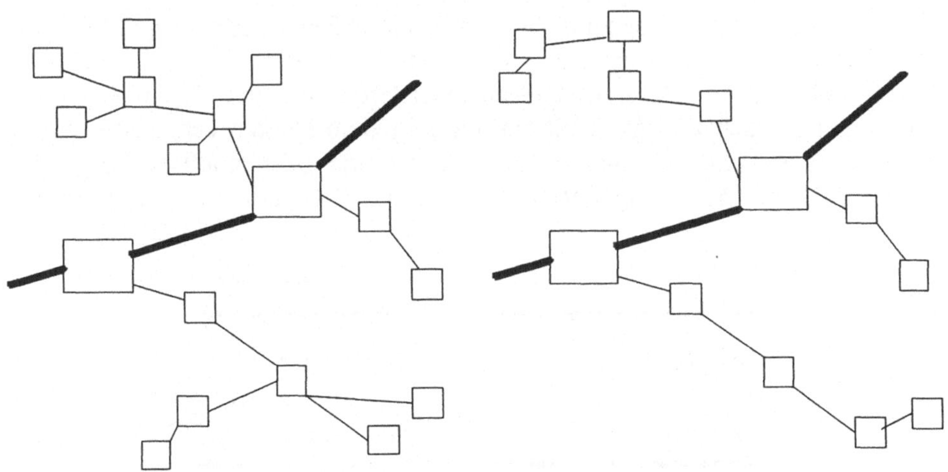

Abb.2.60: Konventionelles Schema eines WAN - MAN

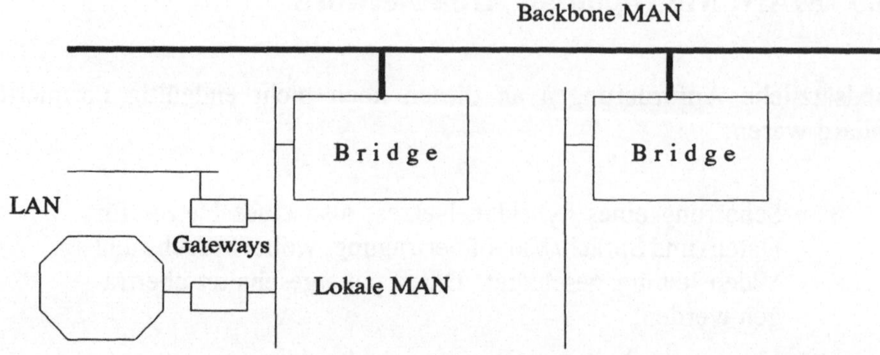

Abb.2.61: MAN-Architektur

eine maximale Kompatibilität mit anderen auf Glasfasertechnologie basierenden Netzen (vor allem ATM) angestrebt. Die **Architektur** besteht aus einzelnen DQDB (Distributed Queue Dual Bus)-Breitband-Subnetzen, die, durch Bridges mit einem Backbonenetz verbunden, das Metropolitan Area-Netzwerk ergeben. Dabei sollen nach einem Vorschlag von AT&T Multiport-Bridges verwendet werden, wobei ein Teil dieser Bridge ein Subchannel-Controller ist, der die einzelnen Subkanäle, die an die Bridge angeschlossen sind, steuert und überwacht. Abb.2.60 soll den Unterschied zu herkömmlichen, in ihrer Struktur wesentlich komplizierteren, Architekturen zeigen.

Jeder Knoten auf dem Weg zum Zielhost bedeutet Zeitverzögerung. Dies kann mit zunehmender Anzahl der angeschlossenen Hosts und der damit zunehmenden Komplexität des Gesamtnetzes zu einer beträchtlichen Verringerung der Übertragungsgeschwindigkeit führen, da bei jedem Knotenrechner die Pakete in einer Warteschlange zwischengespeichert und sequentiell weitergeleitet werden müssen ("Store-and-Forward"). Die 802.6-Architektur wiederum ver-

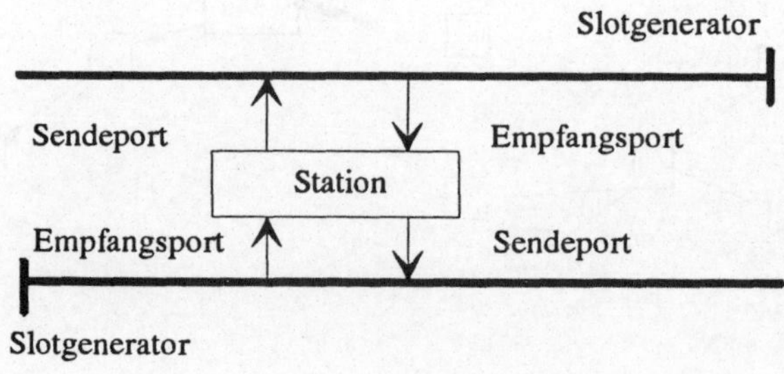

Abb.2.62: Dualer Bus

sucht, die Anzahl der zu passierenden Knoten durch eine einfache Netzarchitektur zu minimieren. Das MAN ist daher zweistufig hierarchisch: regionale Netze hoher und Backbonenetze höchster Geschwindigkeit, die durch Bridges (gleicher MAC, unterschiedliche physische Spezifikation) miteinander kommunizieren.

Der MAC basiert, was die **Topologie** betrifft, auf einem DQDB, wie er im Rahmen der 802.6-Gruppe von Telecom Australia vorgeschlagen wurde. Ein dualer Bus besteht aus zwei, in entgegengesetzte Richtung weisenden, unidirektionalen Bussen, mit einem Slotgenerator jeweils am Kopf jedes Busses. Dabei ist die Generierung der Slots üblicherweise in die erste bzw. letzte Station des Netzes integriert. Wie aus Abb. 2.62 ersichtlich, ist jede Station mit jedem Bus zweifach verbunden: mit einem Empfangsport und (in Busrichtung gesehen nachfolgend) einem Sendeport. Je nachdem, in welcher Richtung der Empfänger liegt, wird einer der unidirektionalen Busse gewählt. Auch ein geschlossener dualer Bus ist möglich und beide duale Busvarianten werden vom DQDB-Mechanismus unterstützt. Die 802.6-Spezifikation wird einen MAC und die entsprechende physische Ebene definieren. Wie auch die Standards 802.3 bis .5 wird auch das MAN seine Dienste in Form von **Primitiven** dem LLC nach 802.2 zur Verfügung stellen.

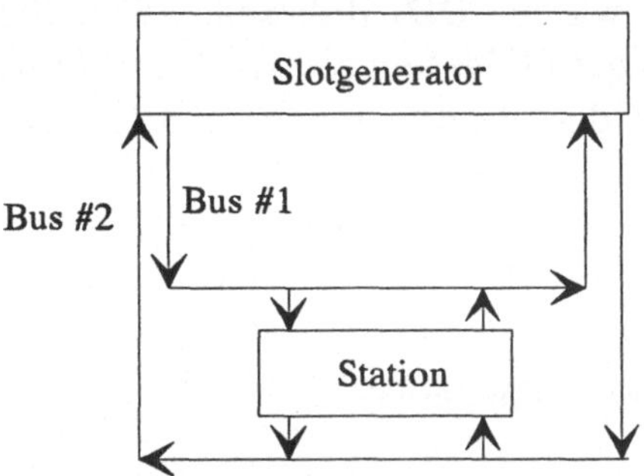

Abb.2.63: Geschlossener dualer Bus

Das **Zugriffsverfahren** basiert auf einem Slotted Bus. Diese Slots oder Zeitschlitze werden vom Slotgenerator am Kopf des Busses erzeugt und fließen den Bus entlang. Mehrere Slots ergeben einen Rahmen. Dieser ist auch gleichzeitig das PDU, das vom Generator erzeugt wird und die Stationen passiert, zur freien Verfügung der Stationen. Drei Arten von Slots werden verwendet:

- asynchrone,
- isochrone und
- silence/speech Slots.

Sie bilden einen Rahmen der folgenden allgemeinen Form:

Header	ISC	ISC	ISC	SS	ASYN	ASYN	PAD

Abb.2.64: Rahmenstruktur MAN

ISC .... Isochrone Slots

SS .... Silence/Speech Slots

ASYN .... Asynchrone Slots

Das Verhältnis von asynchronen zu isochronen Slots ist nicht fix, sondern richtet sich nach dem Bedarf an isochronem Verkehr. Alle 125 μs wird ein Rahmen generiert, der wiederum in Slots untergliedert ist. Wiederum begegnen wir wie in FDDI II diesen 125 μs. Sie stehen in einem engen Zusammenhang mit der PCM-Technik, die 8.000 Mal pro Sekunde ein analoges Signal abtastet und digitalisiert. Ein Byte in einem solchen Rahmen, alle 125 μs erzeugt, repräsentiert einen Kanal mit 64 kbit/s. Beide Slottypen bestehen aus 69 byte. Das PDU-Format (vorbehaltlich der endgültigen Formulierung des Standards) ist (in Klammern die Länge in bit):

Asynchrone Slots:

Feld für Zugangskontrolle, Access Control Field
-) BUSY (1)
-) Slottyp (1)
-) Reserviert für späteren Gebrauch (1)
-) PSR (1)
-) Request (4)

Eigentliches Segment
-) Header (32)
-) Typ der Segmentdaten / Segment Data Unit Type (3)
-) Länge der Nachricht (13)
-) Nettodaten (496)

Isochrone Slots:

Access Control Field, wie oben beschrieben (8)

Segment
-) Header (16)
-) Reserviert für späteren Gebrauch (16)
-) 64 Oktetts für Übertragung von Sprache/Video

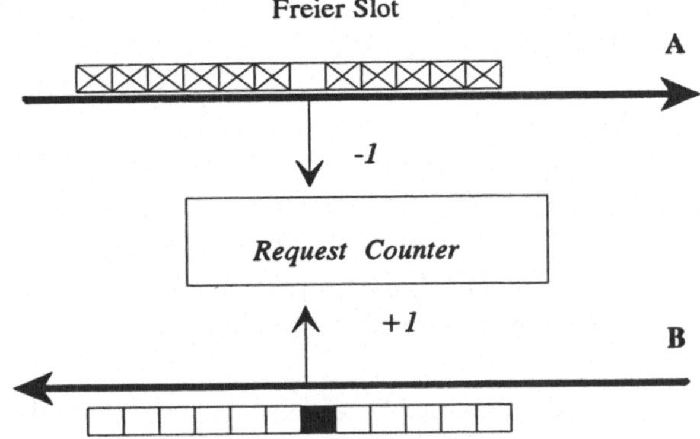

Abb.2.65: Die Station beobachtet den Verkehr am Bus

Die Gesamtkapazität des Busses hängt nun davon ab, wieviele solcher 69-byte-Slots man in einen Rahmen packen kann. Ein Slot jedenfalls bringt 4,416 Mbit/s (69 x 8 x 8000).

Daten werden durch **asynchrone Slots** übertragen. Die Koordination der verschiedenen Sendewünsche erfolgt durch eine verteilte Warteschlange (daher auch der Name Distributed Queue). Jede einzelne Station sammelt die zu sendenden Daten in einer Warteschlange. Wie werden nun diese dezentralen Warteschlangen koordiniert? Jede Station besitzt einen Request Counter (RC) für jeden der beiden Busse. Eine Station S_i, die zunächst keine Daten senden möchte, beobachtet das Geschehen um sich. Folgendes Beispiel bezieht sich auf Bus A, der Mechanismus für Senden auf Bus B ist spiegelbildlich. Die

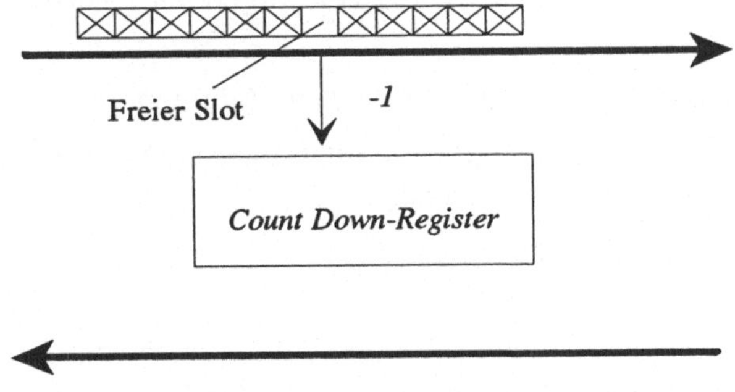

Abb.2.66: Die Station dekrementiert ihr CD-Register

BUSY-Flag zeigt an, ob der Slot bereits von einer Station verwendet wurde, oder ob der Slot noch frei ist.

Im Request Counter für Bus A (RCA) wird die Anzahl der Sendeanforderungen der Nachfolgestationen von S_i auf Bus A evident gehalten. Jedes Mal, wenn eine Sendeanforderung einer Nachfolgestation auf Bus B vorbeikommt, wird RCA erhöht; wenn ein freier Slot auf A die Station passiert, wird RCA um eins dekrementiert, da eine der Nachfolgestationen nun Gelegenheit hat, eine ihrer Sendeanforderungen mit dem leeren Slot zu erfüllen.

Will Station S_i nun selbst auf Bus A senden, so emittiert sie ebenfalls eine Sendeanforderung auf B und kopiert den aktuellen Stand von RCA in ein "Count Down"-Register (CDA). CD enthält die Anzahl der Sendeanforderungen, die von Nachfolgestationen emittiert wurden, bevor S_i seinen Sendewunsch äußerte. Mit jedem freien Slot, der S_i passiert, wird CD um eins dekrementiert. Bis die Station schließlich CD=0 erreicht hat, keine früheren Sendewünsche von Nachfolgestationen auf Bus A mehr bestehen und S_i den nächsten freien Slot benutzen kann, seine Daten zu senden.

Dieser Mechanismus ist sicher nicht deterministisch, wie etwa ein Tokenring, er ist aber insofern fair, da in einem bestimmten Zeitraum die anfallenden Sendewünsche der Reihe nach abgearbeitet werden. Liegen jedoch keine Sendeanforderungen vor, so dauert es eine Zeitlang (bedingt durch den Propagation Delay) bis die Sendeanforderungen zu den ersten Stationen auf einem Bus durchgedrungen sind. In der Zwischenzeit können diese das Medium bevorzugt benutzen.

Numerische Untersuchungen (soweit bereits vorliegend) zeigen folgende Ergebnisse:

Der Durchsatz hängt im wesentlichen von folgenden Faktoren ab:

- der Anzahl der angeschlossenen Stationen,
- der Länge des Mediums (und damit dem Propagation Delay) und entscheidend,
- der Lage der Station am Netz.

Setzen wir zunächst die Anzahl der angeschlossenen Stationen konstant. Bei großer Netzausdehnung (100 km) wirkt sich der Propagation Delay voll aus. Die Stationen, die auf einem Bus dem Slotgenerator nahe sind (am meisten natürlich der Slotgenerator selbst), profitieren, der Durchsatz der anderen

Stationen ist wesentlich geringer. Bei sinkender Netzausdehnung schwindet dieser Effekt immer mehr, das System wird fairer. Bei einer Ausdehnung von 1 km hat der Propagation Delay kaum mehr eine Auswirkung auf den Anteil einer Station am Gesamtdurchsatz. Dies ist vor allem interessant, wenn man den hierarchischen Aufbau eines MAN bedenkt. Die lokalen Subnetze mit vergleichsweise geringer Ausdehnung sind allein auf Grund ihrer Ausdehnung strukturell fairer als ein Backbone-MAN von 100 km.

Betrachtet man die Busse nicht bloß isoliert, sondern den Anteil der einzelnen Station am Gesamtdurchsatz beider Busse, so ergibt sich ein leicht verändertes Bild. Bei großen Entfernungen bemerkt man noch die Auswirkung des Propagation Delay; die Stationen nahe der beiden Enden erreichen einen weit überdurchschnittlichen Anteil am Gesamtdurchsatz. Bei mittlerer bis kleinerer Netzausdehnung aber, sind es die in der Mitte gelegenen Stationen, die überdurchschnittliche Werte erzielen, da sich bei ihnen der Verkehr gleichmäßig auf Stationen beider Seiten aufteilt; sich ihr Verkehr daher auf beide Busse gleichermaßen aufteilt. Je höher der Gesamtdurchsatz im Netz ist, desto fairer wird das System, da in diesem Fall immer irgendeine Warteschlange aus Reservierungen vorliegt, also die nahe dem Kopf gelegenen Stationen aus einer durch den Propagation Delay entstehenden Verzögerung einer Reservierung keinen Nutzen ziehen können. Dieser Effekt wirkt sich bei extrem weitläufigen Netzen natürlich am stärksten aus.

Bei allen vorangegangenen Performanceüberlegungen wurde die Anzahl der an das Netz angeschlossenen und aktiven Stationen als konstant angenommen. Wie aber verändern sich Fairness und Performance mit der Anzahl der Netzteilnehmer? Ist die Zahl der Teilnehmer gering, absorbieren der Slotgenerator und Stationen in seiner Nähe einen überdurchschnittlichen Anteil des Durchsatzes. Dieser Effekt steigt mit der Netzausdehnung. Mit zunehmender Anzahl der Netzteilnehmer wird dieser Effekt abgeschwächt, da immer eine Kette von Reservierungen vorliegt. Bei einer großen Anzahl angeschlossener Teilnehmer und hohem Gesamtdurchsatz (einer für ein reales MAN realistischen Annahme), ist das System auch bei großer Ausdehnung hinreichend fair.

Was nun die DQDB-Methode so interessant macht, ist die Tatsache, daß sie durch die verteilten Warteschlangen, Performanceverluste, wie sie bei der konventionellen Store-and-Forward-Methode auftreten, vermeidet. Slots breiten sich den Bus entlang aus und werden nirgends in eine Warteschlange gereiht (dies geschieht ja bereits dezentral vor dem Senden in der Station selbst). Daher kann auch eine wesentlich größere Anzahl von Subnetzen und damit eine größere Anzahl von Teilnehmern unterstützt werden.

Isochrone und **Silence/Speech (S/S) Slots** dienen der Übertragung regelmäßiger, periodischer Daten, wie Sprache oder Video. Ein Telephongespräch besteht zum Großteil aus Stille, die nicht unbedingt übertragen werden muß. Gelingt es nun, am Kanal anzuzeigen, daß in einem Gespräch gerade Funkstille herrscht, kann der Kanal in der Zwischenzeit für ein anderes Gespräch benutzt werden, die Netzeffizienz wird beträchtlich erhöht. Ob ein Gespräch gerade Übertragungskapazität benötigt, oder ob Funkstille herrscht und die Kapazität dieses Kanals einem anderen Gespräch zugewiesen werden kann, wird im S/S-Slot angezeigt. Diese Information wird im nächsten Rahmen benutzt, um Kanalkapazität für isochrone (Sprach-)Übertragung zuzuweisen.

Die eigentliche Übertragung von Sprache oder Video erfolgt in den **isochronen Slots**. Kernpunkt dabei ist die Verteilung der Leitungskapazität auf die anfallenden Gespräche; diese kann zentral, wie im AT&T-Vorschlag vorgesehen, oder dezentral geschehen. Bei zentraler Verwaltung der Leitungskapazität muß die sendewillige Station eines Subnetzes sich an ihre (üblicherweise Multiport-) Bridge wenden, um freie Bandbreite von dieser zugewiesen zu bekommen. Dies bedeutet natürlich einen gewissen Overhead, weshalb auch hier dezentrale Mechanismen vorgeschlagen wurden. Eine zentrale Lösung via die Bridges würde praktisch bedeuten, daß im Unterschied zu FDDI der direkte Anschluß von Stationen ans MAN nicht vorgesehen wäre.

Die **Flow Control** in einem MAN muß zwei Hauptprobleme lösen:

- den Geschwindigkeitsunterschied zwischen dem Backbone und den daran angeschlossenen Neben-MANs bzw. den MANs und den daran angeschlossenen LANs sowie
- das Nebeneinander von leitungs- und paketvermittelten Daten.

2.4.8 Kopplung von Lokalen Netzen

2.4.8.1 Grundlegendes

Die Kopplung von LANs kann über Repeater, Bridges oder Router erfolgen. Repeater verbinden einzelne Segmente eines homogenen Netzes und wurden bereits in 2.4.5 behandelt. Bei nicht homogenen Netzen muß die Verbindung auf der untersten Schicht, auf der ein gemeinsames Protokoll existiert, verbun-

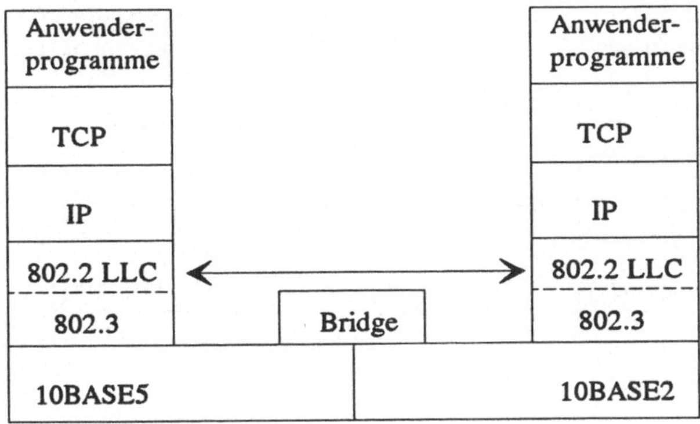

Abb.2.67: Schematischer Aufbau einer Bridge

den werden. Eine einfache Bridge stellt eine Verbindung auf MAC-Ebene her, benötigt daher ein gemeinsames Netzzugangsprotokoll. Die physische Ebene kann zwischen den beiden Netzen differieren; ein Netz kann also z.B. ein 10BASE5-Ether, das andere ein 1BASE5 sein, beide müssen (in diesem Fall) jedoch den MAC nach 802.3 unterstützen. Es gibt aber auch Bridges, die mit unterschiedlichen MACs arbeiten und auf einem gemeinsamen LLC aufbauen.

Router verbinden LANs auf Internetprotokollebene. Auch wenn das Endsystem des Senders zwar die Zieladresse eines Pakets, nicht aber den genauen Platz des Endsystems der Zieladresse kennt, werden Router verwendet. Der Router "weiß" außerdem den besten Weg des Paketes zum Ziel, unter Berücksichtigung von Netzlast und Serviceparametern, da das IP über das einzelne LAN hinaussieht.

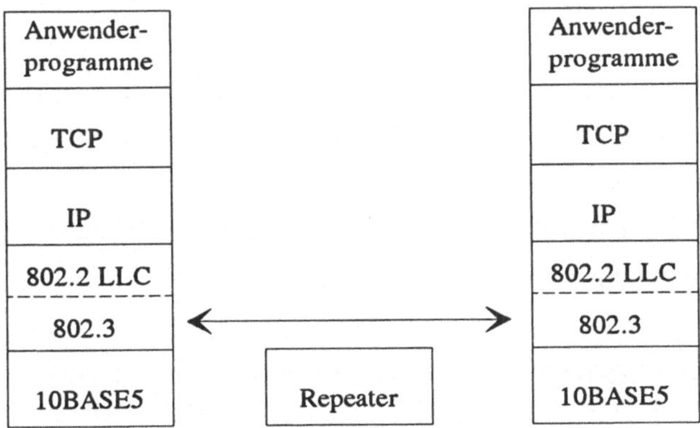

Abb.2.68: Schematischer Aufbau eines Repeaters

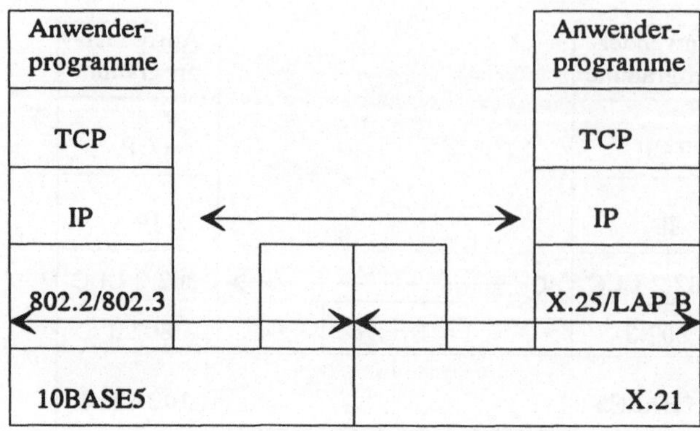

Abb.2.69: Schematischer Aufbau eines Routers

2.4.8.2 Bridges

-) Warum eigentlich eine Bridge?

Absolut notwendig sind Bridges immer dann, wenn Subnetze mit unterschiedlicher physischer Schicht oder unterschiedlichem MAC miteinander gekoppelt werden müssen, oder wenn sich ein LAN über die Maximalausdehnung, die mit Repeatern erreichbar ist, hinaus erstrecken soll.

Darüber hinaus können Bridges aber auch aus anderen Gründen verwendet werden:

- Isolierung von Fehlern (fehlerhaften Stationen),
- Implementierung von Subnetzen mit unterschiedlichen Sicherheitsstufen,
- Performanceverbesserung durch Segmentierung und
- Verbindung via öffentliche Netze.

Auf die beiden letzten Punkte möchte ich in diesem und im folgenden Unterkapitel etwas genauer eingehen. Üblicherweise werden Bridges dazu verwendet, um unabhängig voneinander entstandene LANs miteinander zu verbinden. Aber auch der umgekehrte Weg - ein existierendes LAN mit Bridges zu segmentieren - ist durch die gesunkenen Preise für Bridges sinnvoll:

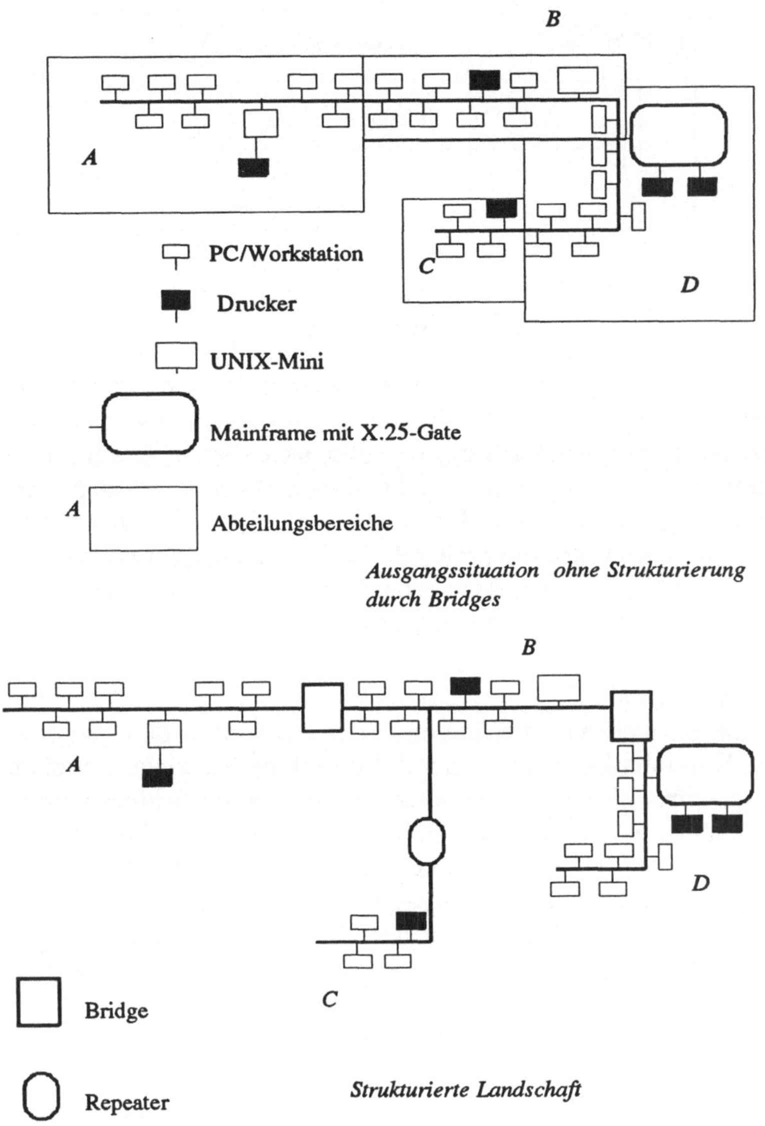

Abb.2.70: Segmentierung eines LAN mit Bridges

Zunächst erleichtert ein so segmentiertes Netz die Fehlersuche und -behebung. Außerdem sind die anderen Segmente vom Ausfall eines Segments nicht betroffen; die Verfügbarkeit des Gesamtsystems steigt. Aber auch die Performance eines LAN läßt sich durch Segmentierung steigern. Die "Ungeduldsschwelle" (i.e. die Wartezeit, nach der ein Benutzer das Warten auf Beendigung

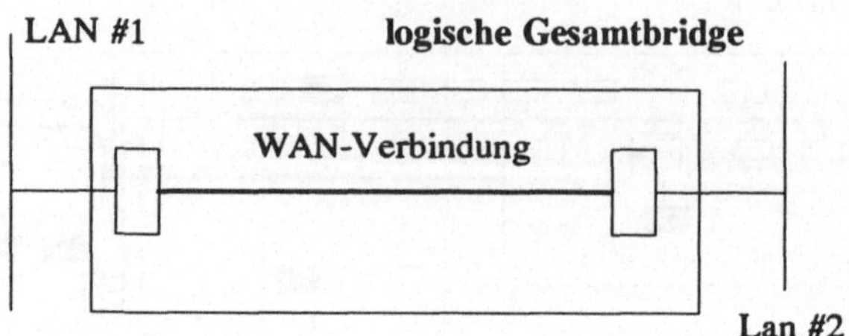

Abb.2.71: Remote Bridge

eines Vorgangs als unangenehm empfindet) variiert je nach Art der Anwendung. So ist sie etwa für einen Filetransfer wesentlich höher als für ein Dialogprogramm zur Datenerfassung; sie sollte sich aber in jedem Fall empirisch ermitteln lassen. Wenn immer mehr Stationen ans LAN angeschlossen werden, wird irgendwann einmal der maximal mögliche Durchsatz erreicht, und der erzielbare Durchsatz sinkt mit jeder weiteren angeschlossenen Station. In einem 802.3-LAN z.B. ist die Anzahl der Kollisionen ein Indikator, wie weit das Netz noch wachsen kann, ohne zu blockieren.

Die Stationen an einem LAN werden für höchst unterschiedliche Anwendungen verwendet. Lassen sich nun die Stationen des LAN nach den hauptsächlich verwendeten Kommunikationspartnern der einzelnen Stationen räumlich und organisatorisch sinnvoll in Gruppen teilen, so können mit Bridges verbundene Segmente gebildet werden. Der Verkehr spielt sich zu einem Gutteil innerhalb der Segmente ab, der Verkehr im Gesamtnetz wird so vermindert. Im Unterschied zu Repeatern kontrollieren Bridges, ob ein Rahmen ins nächste Segment weitergegeben werden muß, dies dient dem Ziel, den Verkehr zwischen den Segmenten zu minimieren.

-) Remote Bridges

Ein weiterer wichtiger Grund für die Verwendung von Bridges ist der Wunsch, eine Verbindung zwischen LANs in entfernten Dependencen (etwa ausgelagerten Instituten einer Universität) und dem Hauptgebäude herzustellen. Remote Repeater wurden bereits besprochen, doch haben sie wie alle Repeater den Nachteil, den Verkehr nicht zu filtern, d.h. **alles** an Verkehr in das entfernte Segment zu senden, ob notwendig oder nicht. Daß dies für die Effizienz der teuer von der Post angemieteten Leitungen zwischen den Remote Repeatern nicht förderlich ist, ist offensichtlich. Hier helfen Remote Bridges. Diese können mit leitungs- oder paketgeschaltenen Verbindungen über öffentliche Netze miteinander verbunden sein. Über das WAN werden die MAC-Rahmen übertragen, die Funktion einer Bridge quasi in zwei Hälften geteilt, die durch das WAN miteinander verbunden sind.

-) Kompatibilitätsprobleme

Leider ist das Design von Bridges, die LANs unterschiedlicher MACs miteinander verbinden, nicht ganz problemlos.

Die einzelnen MACs erlauben Rahmen unterschiedlicher Maximalgröße. So erlaubt 802.4 wesentlich größere Rahmen als 802.3. Kommt nun ein solcher Rahmen vom Tokenbus zur Bridge ins Ethernet, so kann der Rahmen als solcher nicht ins Ethernet weitergereicht werden. Er müßte fragmentiert werden. Bei ISO IP und DoD IP haben wir bereits Fragmentierungs- und Reassemblierungsmechanismen kennengelernt. IEEE 802 sieht solche Mechanismen auf Schicht 2 aber nicht vor! Der Rahmen in unserem Beispiel kann also nicht ins Ethernet weitergereicht werden!

Ein weiteres Problem stellen die Prioritätsmechanismen in Tokenring und -bus dar. Wird ein Rahmen z.B. von einem Tokenring an ein Ethernet weitergereicht, so ignoriert das Ethernet einfach die Prioritätsangabe aus dem Tokenring. Umgekehrt wird der Fall allerdings etwas komplizierter: den aus dem Ethernet kommenden Rahmen **muß** nämlich am Ring (irgend) eine Prioritätsklasse verpaßt werden. Um den Pufferspeicher der Bridge zu entlasten, würde sich für den Verkehr von der Bridge eine eher höhere Priorität empfehlen. Erfreulich für die Bridge - aber damit würde jede (also auch eine vergleichsweise wenig wichtige) Sendung aus dem Ethernet eine hohe Priorität am Ring erhalten und somit den zur Performanceverbesserung für kritische Anwendungen (z.B. Dialogprogramme) gedachten Prioritätsmechanismus ad absurdum führen.

Ebenfalls Probleme schafft der Immediate Response-Mechanismus in 802.4. Adressat einer solchen Nachricht ist nämlich eine Station am Tokenbus. Doch was soll die Bridge dem Sender antworten, wenn sie die Nachricht eigentlich

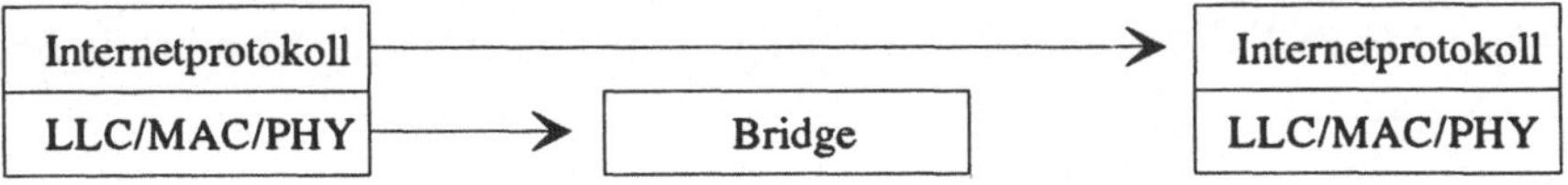

Abb.2.72: Unterschiedliche Sichtweite LAN und IP

nur weiterleitet? Das selbe Problem stellt sich für Bestätigungen durch den Empfänger. Empfänger vom Standpunkt des Senders aus ist die Bridge. Anders als ein Internetprotokoll sieht ein LAN-Protokoll über die nächste Bridge nicht hinaus. Der Sender-MAC erwartet sich also von der Bridge, nicht vom eigentlichen Adressaten, eine Bestätigung für den Erhalt der Nachricht.

Bei 802.5 stellt sich im Prinzip das selbe Problem. Der Empfänger der Nachricht soll das C-Bit bei erfolgreichem Kopieren des Rahmens setzen. Daran erkennt der Sender, daß die Sendung gut gegangen ist. Was soll die Bridge tun? Dem Sender durch Setzen des C-Bits vorgaukeln, daß alles gutgegangen ist und beten, daß der wirkliche Adressat die Nachricht auch wirklich korrekt erhält? Realistischerweise ist das aber die Lösung, denn das Setzen der Kopierflag im Rahmen solange zu verzögern, bis die Bridge selbst die Bestätigung der Partnerstation auf dem anderen Segment hat, ist wohl nicht praktikabel.

-) Performance von Bridges, Multiport Bridges

Maß für die Performance einer Bridge ist die Filterrate (Anzahl der untersuchten Rahmen pro Sekunde) und der Durchsatz (Anzahl der von der Bridge weitergegebenen Rahmen pro Sekunde). Verbindet eine Bridge zwei Netze mit unterschiedlichen MACs, so muß die Bridge die Fehlersumme entsprechend den Konventionen des Zielnetzes neu berechnen. Das heißt aber nichts anderes, als daß der eigentliche Konvertierungsvorgang von keiner MAC-Fehlersumme erfaßt wird. Außerdem müssen Rahmen in der Bridge zwischengespeichert werden, da sie nicht sofort auf das Zielnetz gelegt werden können. Die Bridge unterliegt den selben Netzzugangsbestimmungen wie eine normale Station.

Multiport Bridges bieten weitere interessante Designmöglichkeiten. Sie verbinden mehrere LANs miteinander auf MAC-Ebene. Dabei sollte die Bridge eine höhere Priorität haben als die übrigen Stationen auf den LANs, da durch sie der Verkehr zwischen mehreren LANs fließt. Als Beispiel zur Realisierung dieser Priorität soll folgender Algorithmus am Beispiel 802.3 dienen[23]:

Alle Stationen, außer der Bridge verhalten sich nach dem Standardprotokoll, mit einer Modifikation: nach Beendigung einer Übertragung horcht die Station

---

23 Entnommen aus:
Merakos, Xie; Interconnection of CSMA/CD LANs Via an N-Port Bridge in The Computer Society of The IEEE; IEEE Infocom 89, Proceedings Vol. I.

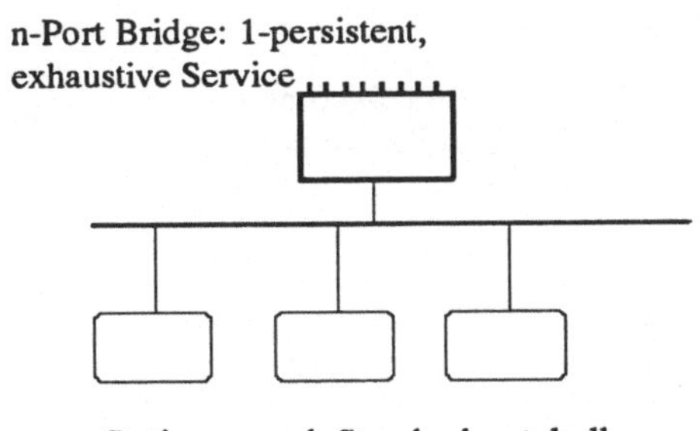

Abb.2.73: N-Port Bridge mit Prioritätsschema

ins Netz hinein; ist der Kanal besetzt, so nimmt die Station an, daß eine Station mit Priorität sendet und zieht sich zurück; ist der Kanal frei, sendet die Station. Die Bridge hingegen sendet ihre Rahmen sofort, ohne bei einer Kollision zu verzögern; sie verhält sich also 1-persistent. Außerdem sendet die Bridge alle Rahmen in ihrer Warteschlange auf einmal ("exhaustive service").

An jedem Ausgang der Bridge existiert eine Warteschlange von weiterzuleitenden Rahmen. Merakos und Xie untersuchen nun, unter Annahme, daß die Ankunftszeit der Rahmen im Puffer der Bridge poisson- bzw. geometrisch verteilt sind, die Auswirkung des eben beschriebenen Prioritätsmechanismus' auf die durchschnittliche Verzögerung eines Rahmens im Bridgepuffer. Die Resultate unterscheiden sich nur unwesentlich nach der gewählten Verteilung; in beiden Fällen zeigt sich der Vorteil des Prioritätsschemas. Abb.2.74 und

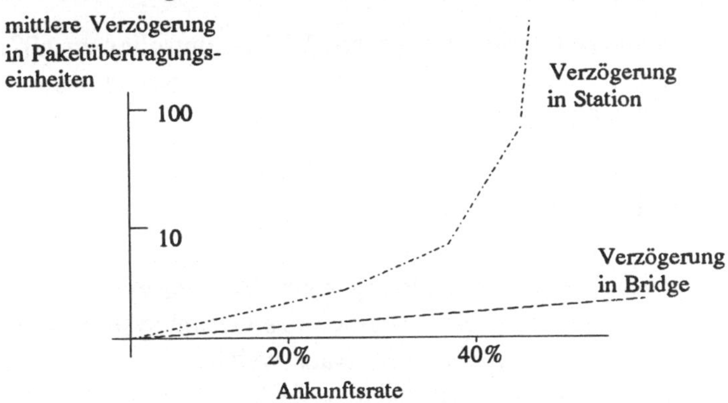

Abb.2.74: Effekt des Algorithmus auf die Verzögerung

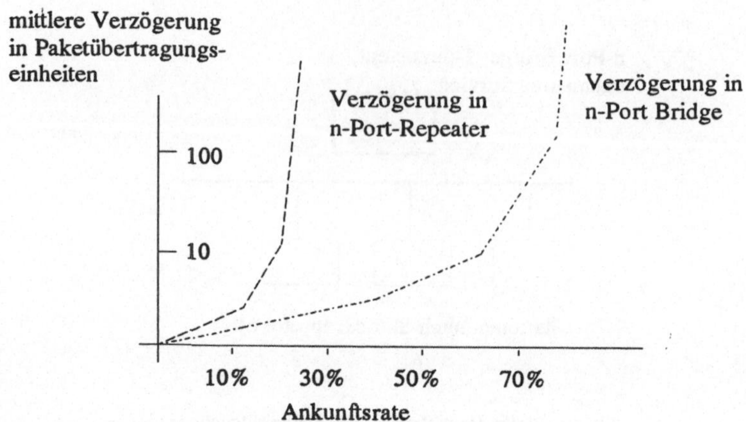

Abb.2.75: Unterschied N-Port-Repeater und -Bridge

2.75 zeigen das graphische Resultat einer entsprechenden Simulation. Die Untersuchung zeigt aber auch deutlich die Überlegenheit einer Multiport Bridge gegenüber einem Multiport Repeater. Der Repeater kennt keine Zwischenspeicherung von Rahmen, sondern sendet Signale aus einem Segment an alle anderen angeschlossenen Segmente, da er anders als die Bridge keinerlei Routingfunktion hat. Je mehr Segmente ein solcher Multiport Repeater verbindet, desto schneller ist das Gesamtsystem blockiert (wenn alle sonstigen Parameter, wie Paketübermittlungszeit, Konfliktlösungszeit und Verteilung der Ankunftszeit der Rahmen konstant gehalten werden). Wenn daher die Verbindung von mehreren Teilnetzen über einen Knoten gewünscht wird, ist eine Multiport Bridge einem Multiport Repeater unbedingt vorzuziehen.

Am Markt werden derzeit programmierbare VLSI-Controller zu 802.3 (z.B. Intel 82586) angeboten, die die Einführung eines Prioritätsschemas zu Gunsten von Multiport Bridges ermöglichen.

-) Design von Bridges

Wie wir bereits gesagt haben, filtern Bridges den Verkehr zwischen einzelnen Teilnetzen und heben somit die Performance des Gesamtsystemes. Aber wie filtern Bridges den eingehenden Verkehr? Nach welchen Mechanismen erkennen sie nun, welche Station sich auf welchem Teilnetz befindet? Der Routingalgorithmus kann adreßbasiert oder adreßunabhängig sein.

Im **adreßbasierten** Fall kann die Adreßinformation entweder in Routingtabellen in der Bridge, oder aber in der Adresse selbst enthalten sein. Routingtabellen ermöglichen eine einfachere Adreßverwaltung im Gesamtnetz, bedingen aber einen großen Overhead in der Bridge. Es ist nicht unbedingt nötig, ein Routingtableau zu laden, wenn eine Bridge neu installiert wird. Die Bridge lernt selbständig, wo sich eine bestimmte Station befindet. Unmittelbar nach Installation routet die Bridge nach der Flooding-Methode.

Durch Backward Learning lernt die Bridge nach und nach die Lage der Stationen kennen, indem sie sich bei der Weitergabe der Rahmen der einzelnen Stationen merkt, aus welchem Segment sie stammen. Ist eine Station bekannt, so kann der Verkehr zu ihr korrekt weitergeleitet werden, das Flooding wird immer mehr reduziert. Ist eine Station inaktiv, so wird sie aus dem Routingtableau entfernt. Das ermöglicht auch die automatische Anpassung der Tableaus an Ortsänderungen einzelner Stationen. Diese Methode wurde von der IEEE-Arbeitsgruppe 802.1 entwickelt und ist auch als Spaning Tree bekannt.

Die Routinginformation kann aber auch **adreßunabhängig** sein. Die Sendestation gibt die Knoten, über die der Adressat erreicht werden soll, explizit an (Source Routing). Adreßabhängiges Routing weist eine wesentliche Einschränkung bezüglich der verwendeten Topologie auf: zwischen zwei Stationen darf es nur einen Pfad geben. Sonst könnten Rahmen ewig in einer Schleife kreisen, oder aber dupliziert werden, wobei es dann von den Protokollen der höheren Schichten abhängt, wie diese damit fertig werden.

Bei adreßunabhängigem Routing hingegen ist die Verbindung zweier Stationen über mehrere Pfade und somit über parallele Bridges möglich. Durch sogenannte Discovery Frames, die von einer Station ausgesandt und bei jeder Verzweigung dupliziert werden, kann eine Station die Route zu einer bestimmten Station lernen. Jede Bridge trägt sich in diese Discovery Frames ein.

Die meisten dieser Rahmen werden Irrläufer und (gesteuert durch ein Timeout des Internetprotokolls) irgendwann einmal vom Netz genommen. Ein Rahmen aber gelangt zur Zielstation und enthält den Pfad zwischen den beiden Stationen. Ab dann ist Source Routing zwischen den beiden Stationen möglich.

Diese Art von Routing erfordert mehr Komplexität im Host, die Bridge selbst kann einfacher gestaltet werden. Die Konfiguration erfolgt manuell bzw. durch die Discovery Frames, nicht durch einen automatischen Mechanismus in der Bridge selbst. Dafür bieten adreßunabhängige Bridges auch eine wesentlich bessere Ausnutzung der Netzkapazität als adreßbasierte Bridges, die ja erst im Zuge eines Backward Learning-Prozesses von der Flooding-Methode abgehen. Source Routing-Bridges werden vor allem in Tokenringen eingesetzt, diese Art von Bridging wurde auch im Rahmen der Arbeitsgruppe 802.5 entwickelt.

2.4.8.3 Router

Router gliedern ein Netz auf Schicht 3 und können daher den Verkehr in einem Gesamtnetz reduzieren, da Pakete nur dann weitergegeben werden, wenn sie wirklich ins nächste Netz weitergeleitet werden müssen. Ein schönes Beispiel für die Filterfunktion eines Routers ist der ARP-Mechanismus (siehe auch 2.3). Beim ARP sucht der Sender die physische LAN-Adresse zu einer IP-Adresse. Er sendet daher im Broadcast ARP-Rahmen aus, eine der Stationen erkennt ihre IP-Adresse und schickt an die sendewillige Station einen Antwortrahmen mit ihrer physischen LAN-Adresse zurück. Da ARP-Anfragen natürlich Broadcastnachrichten sein müssen, werden sie von den Bridges weitergeleitet.

Für die Grundfunktionen eines Routers (IP-Routingentscheidung treffen und ICMP- bzw. OSI-IP-Fehlerreport-PDUs abschicken) genügt an sich ein einfacher PC. Dieser hat zwei Internetanschlüsse und daher auch 2 IP-Adressen. Solche PC-Router sind jedoch in ihrer Kapazität limitiert, sowohl was die Geschwindigkeit als auch was die Zusatzfunktionen anbelangt. Hier bieten spezielle Router natürlich mehr.

So können spezielle Router nicht nur (DoD) IP routen, sondern darüber hinaus eine Vielzahl anderer Protokolle, von OSI IP bis zu LAT (DECNET). Gerade im Hinblick auf eine eventuelle OSI-Migration ist die Fähigkeit des Routers, DoD-und OSI-Internetprotokolle zu routen, entscheidend. Aber auch die Schnittstellen, die auf den Schichten 1 und 2 geboten werden, entscheiden sehr über die Funktionalität des Routers in einer konkreten Netzumgebung. Alle 802.x LAN-Standards (zumindest aber Ethernet und Tokenring) sollten unterstützt werden, auch FDDI (unbedingt DAS, ein Router als SAS scheint mir etwas zu sparsam zu sein) sollte unterstützt werden. An Schnittstellen zu öffentlichen Netzen sollte X.25 (das bedeutet auch LAP B und X.21) und LAP D und damit die Integrationsfähigkeit in Schmalband-ISDN geboten werden. Die Kopplung zweier LANs via das öffentliche X.25-Netz geschieht dabei prinzipiell via das Internetprotokoll (DoD oder OSI IP). Dabei erzeugt der Sender am LAN ein Internetdatagramm, das in einen LLC- bzw. einen MAC-Rahmen eingebettet wird. Das X.25-Gate im Router des lokalen Netzes entfernt MAC und LLC-Rahmen und extrahiert das IP-Datagramm. Dieses wird nun in ein X.25-Paket verpackt (dieses wiederum in einen LAP B-Rahmen) und über das öffentliche DATEX-P verschickt. Das X.25-Gate des LAN, auf dem sich die Partnerstation befindet, entfernt nun wieder LAP-B und X.25-Header bzw. -Trailer und hat somit wieder das ursprüngliche Datagramm. Dieses wird wiederum in LLC- bzw. MAC-Rahmen dieses LAN verpackt und endgültig zugestellt. Den prinzipiellen Vorgang habe ich bereits in 1.2.3.2 beschrieben, Abb.2.76 soll am Beispiel der X.25-Kopplung eines Ethernet und

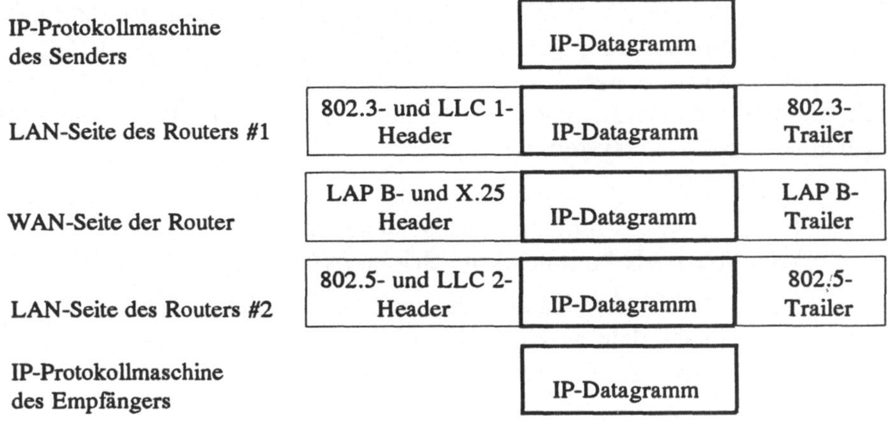

Abb.2.76: LAN-Kopplung via X.25

eines Tokenringes, die auch zwei verschiedene LLC-Typen verwenden, das Prinzip des Internetprotokolls demonstrieren.

Auch einige zusätzliche X.21-, DS1- und V.24-Schnittstellen für bittransparente Übertragung über öffentliche Netze (DS64/128 oder DS2000) sollten vorhanden sein. Einige Router bieten auch bereits Frame Relay-Dienste zur LAN-Kopplung an. Welche Schnittstellen für eine konkrete Implementierung nötig sind, muß von Fall zu Fall entschieden werden, die Entscheidung, welchen Router mit welchen Schnittstellen man sich beschafft, ist jedoch sicherlich eine der zentralen Entscheidungen bei jedem Netzdesign und sollte nicht bloß aus dem Augenblick heraus getroffen werden. Vielmehr sollten langfristige Überlegungen (welche Protokolle geroutet werden sollen, ob externe Dependencen integriert werden sollen etc.) die wichtigste Rolle bei der Routerwahl spielen.

2.4.8.4 Kopplung von 802-LANs und MAN bzw. FDDI

Konventionelle Bridges verbinden Netze nach 802.3 bis .5. Wie aber steht es um die Verbindung eines Glasfasernetzes und eines "konventionellen" LAN? Auf einem Glasfaserring nach FDDI können gleichzeitig mehrere Datenrahmen kreisen, um die Übertragungskapazität besser ausnutzen zu können. Nach Beendigung der Sendung wird sofort wieder das Freitoken emittiert. Daher ist die Paketgröße nicht mehr so entscheidend wie bei einem Tokenring nach 802.5. Eine Bridge zu einem 802.x-LAN, die an diesem Glasfaserring hängt, ist jedoch wesentlich abhängiger von der Paketlänge. Eine solche Bridge kann heute typischerweise einige Tausend Rahmen pro Sekunde übertragen. Dadurch können die ans Backbone-LAN angeschlossenen Bridges zu einem Flaschenhals im Gesamtsystem werden[24].

ES .... Empfangswarteschlange von Rahmen, die vom 802-LAN kommend die Bridge passieren,

SS .... Sendeschlange von Rahmen, die von der Bridge nach dem MAC-Protokoll des Backbonenetzes über dieses gesendet werden.

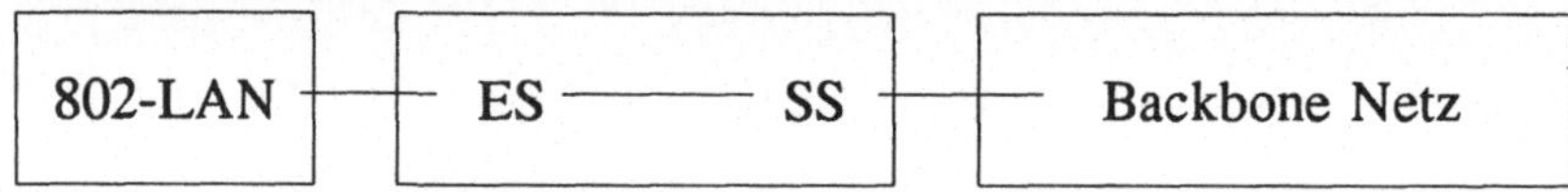

Abb.2.77: Bridge zwischen 802.x-LAN und MAN/FDDI

Die Gesamtverzögerung beim Senden aus einem Subnetz ans Backbone-LAN gliedert sich in die Bridge-Verzögerung (=Wartezeit in ES + Verarbeitungszeit in Bridge) und die MAC-Verzögerung (=Wartezeit in SS + Übertragungszeit im Backbonenetz).

Die MAC-Verzögerung wird bei 10.000 Rahmen/s angegeben, die Werte bei 5.000 und 1.500 werden als wenig davon abweichend beschrieben.

Die numerischen Resultate, die Martini erzielt[25], zeigen eindeutig, daß bei heute handelsüblichen Bridges die Bridgeverzögerung die Hauptursache der Gesamtverzögerung im Netz ist. Erst bei extrem hoher Last wird die MAC-Verzögerung größer. Dieser Effekt tritt bei interaktivem Verkehr (mit vielen kleinen Rahmen) schneller ein als bei Filetransfer mit relativ wenigen, großen

24 Siehe dazu auch:
Martini; High Speed Bridges for High Speed Local Area Networks in The Computer Society of The IEEE; IEEE Infocom 89, Proceedings, Vol. II.

25 Unter Annahme einer Latenz von 100 bit, einer Datenrate von 140 Mbit/s im Backbone und einer Signalgeschwindigkeit von $2x10^8$m/s. Jedes der angeschlossenen LANs nach 802.x generiert eine Last von 2 Mbit/s.

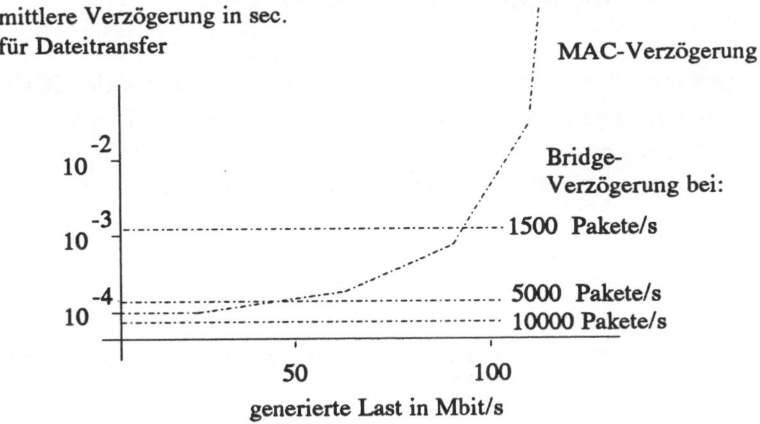

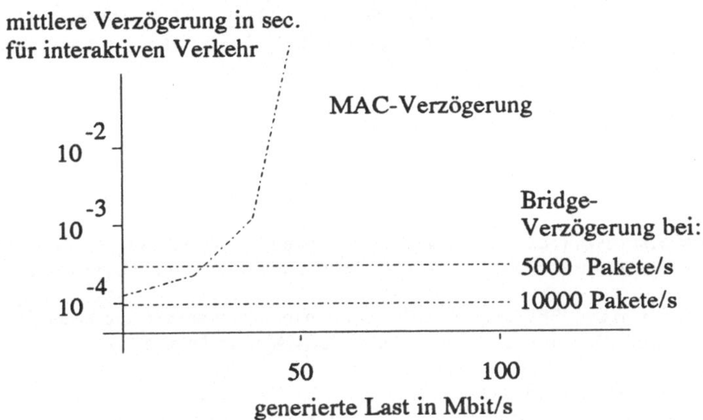

Abb.2.78: MAC- und Bridge-Verzögerung

Rahmen. In der Praxis mit gemischtem Verkehr dürfte die Verzögerung irgendwo in der Mitte liegen.

Für den Netzwerkplaner ist es daher absolut wichtig, bei der Verbindung von "langsamen" 802.3 - .5-LANs mit einem schnellen Glasfaser-Backbone-LAN, die Bridge (das Gesagte gilt auch für Router und Gateways) und nicht den MAC des Backbone-LAN als Minimumsfaktor anzusetzen, wobei Martinis Untersuchung zeigt, daß weniger die **Größe**, sondern vor allem die **Anzahl** der Pakete ausschlaggebend ist.

Weiterführende Literaturhinweise

Bei den weiterführenden Literaturhinweisen zu den Standards der IEEE liegt das Schwergewicht naturgemäß auf den Publikationen dieser Organisation, da sie den Diskussionsprozeß innerhalb der IEEE widerspiegeln, wobei hier natürlich nur ein kleiner Teil der Beiträge angeführt werden kann.

802.2 LLC

Der Standard:
An American National Standard, IEEE Standards for Local Area Networks: Logical Link Control.
International Organisation for Standardisation; ISO 8802/2 - Logical Link Control.

Der beschriebene AAD-Mechanismus wurde vorgeschlagen von
Bux, Grillo; Flow Control of Interconnected Token Rings; IEEE Transactions on Communications, Bd. COM-33, Nr. 10 vom Oktober 1985 und
Biersack; Performance Improvements of The IEEE 802.2 LLC Type 2 Protocol; in
The Computer Society of The IEEE; Proceedings of The 13th Conference On Local Computer Networks.

802.3 Ethernet

Der Standard:
An American National Standard, IEEE Standards for Local Area Networks: Carrier Sense Multiple Access with Collision Detection (CSMA/CD) Access Method And Physical Layer Specifications und
An American National Standard, IEEE Standards for Local Area Networks: Supplement to Carrier Sense Multiple Access with Collision Detection (CSMA/CD) Access Method And Physical Layer Specifications.
International Organisation for Standardisation; ISO 8802/3 - Carrier Sense Multiple Access with Collision Detection (CSMA/CD) Access Method And Physical Layer Specifications.

Zu reinem ALOHA bzw. Slotted ALOHA existiert mittlerweile eine Fülle von Beiträgen; hier möchte ich besonders erwähnen:
Roy, Shah, Saadwi; Modelling And Gatewaying Unslotted ALOHA Networks; in
The Computer Society of The IEEE; Proceedings of The 13th Conference On Local Computer Networks.
Wong, Douligeris, Maxemchuk; ALOHA for Local Area Networks in
The Computer Society of The IEEE; IEEE Infocom 87.
Claire; Delay Analysis of Stable Slotted ALOHA Systems in
The Computer Society of The IEEE; IEEE Infocom 86
Thomopoulos; Delay Analysis of The Controlled (i.e. Slotted, Anm. d. Aut.) ALOHA, Exact Analysis And Bounds in The Computer Society of The IEEE; IEEE Infocom 87.

Eine zusammenfassende Darstellung der verschiedenen ALOHA-Varianten findet sich auch in:
Shotwell; The Ethernet Sourcebook.

Den Vorschlag zu einem CSMA/CD mit zwei Verzögerungswerten fand ich bei:
Kamal; CSMA/CD With Two Persistence Factors: A Unified Performance Model for CSMA/CD in The Computer Society of The IEEE; IEEE Infocom 89, Proceedings Vol. I.

Zur Kollisionsvermeidung auf einem Star-LAN gibt es eine überraschende Fülle von Beiträgen; hier eine keine Auswahl:
Kamal, Hamacher; Analysis of A Star Local Area Network With Collision Avoidance in
The Computer Society of The IEEE; IEEE Infocom 86
Suda, Morris, Nguyen; Tree LANs With Collision Avoidance: Protocols, Switch Architecture

And Simulated Performance in
Computer Communications Review Jahrgang 1988/SIGCOM Symposeon 88 Communications Architectures And Protocols.

Für mehr Details zu Virtual Time CSMA empfiehlt sich:
Meditch, Yin; Performance Analysis for Virtual Time CSMA in
The Computer Society of The IEEE; IEEE Infocom 86,
Eine Beschreibung des CSMA/CF-Vorschlags findet sich in:
Phung, Dimopoulos; Throughput Analysis of a Collision Free Protocol for Local Area Networks in The Computer Society of The IEEE; Proceedings of The 13th Conference On Local Computer Networks.

802.4 Tokenbus

Der Standard:
An American National Standard, IEEE Standards for Local Area Networks: Token-Passing Bus Access Method And Physical Layer Specifications.
International Organisation for Standardisation; ISO 8802/4 - Token-Passing Bus Access Method And Physical Layer Specifications.

Zum Einfluß von dynamischen Ringen auf die Tokenumlaufzeit siehe
Ayandeh; Simulation Study of The Token Bus Local Area Network in
The Computer Society of The IEEE; Proceedings of The 13th Conference On Local Computer Networks.

Der Einfluß des Token Holding Timer (THT) auf die Performance des Ringes handelt recht anschaulich ab:
Brooks, Yue; Effect of The Token Holding Timer on MAP Performance in
The Computer Society of The IEEE; IEEE Infocom 89, Proceedings Vol. II.

Bezüglich eines dualen Tokenbusses verweise ich auf:
Verissimo; Redundant Media Mechanisms for Dependable Communication in Token Bus LANs in The Computer Society of The IEEE; Proceedings of The 13th Conference On Local Computer Networks.

802.5 Tokenring

Der Standard:
An American National Standard, IEEE Standards for Local Area Networks: Token Ring Access Method And Physical Layer Specifications.
International Organisation for Standardisation; ISO 8802/5 - Token Ring Access Method And Physical Layer Specifications.

Bezüglich der Bedeutung von Token Holding Time (THT) und Token Rotation Time (TRT) für die Performance des Ringes siehe:
Pang, Tobagi; Throughput Analysis of A Timer Controlled Token Passing Protocol Under Heavy Load in The Computer Society of The IEEE; IEEE Infocom 88.

Zum Prioritätsmechanismus:
Peden, Weaver; The Utilization of Priorities on Token Ring Networks in
The Computer Society of The IEEE; Proceedings of The 13th Conference On Local Computer Networks.
Peden, Weaver; Performance of Priorities in an 802.5 Token Ring in
Workshop (Special Issue): Frontiers in Computer Communication Technology in
Computer Communications Review Jahrgang 1987/17/5
Murata, Shiomoto, Miyahara; Performance Analysis of Token Ring Networks with Reservation Priority Discipline in The Computer Society of The IEEE; IEEE Infocom 89, Proceedings Vol. I.
Xu; Current Token Ring Protocols in The Computer Society of The IEEE; IEEE Infocom 88.

Näheres zum Wrapping bei einem dualen Tokenring:
Nakayashiki, Kashio, Harakawa, Yamamoto; Wrapping and Merging Reconfiguration Mechanisms of a Counter Rotating Dual Ring in
The Computer Society of The IEEE; IEEE Infocom 89, Proceedings Vol. III.

FDDI

Der Standard:
An American National Standard, X3T9 (ist z.T. noch im Draft- bzw. Draft Proposal-Stadium).

Zur näheren Erklärung des Ringmanagements von FDDI I erscheinen mir besonders geeignet:
Hamstra; FDDI Design Tradeoffs,
Ocheltree, Montalvo; FDDI Ring Management sowie
Torgerson; FDDI MAC Services Design Considerations alle in
The Computer Society of The IEEE; Proceedings of The 14th Conference On Local Computer Networks.

Speziell zur Problematik der optimalen TTRT siehe:
Jain; Performance Analysis of FDDI Token Ring Networks: Effect of Parameters and Guidelines for Setting TTRT in
SIGCOM90 Symposeon Proceedings (die SIGCOM-Tagungsberichte werden im Rahmen des Computer Communications Review des jeweiligen Jahrgangs publiziert).

Zur physischen Struktur und zum Mechanismus bei Rekonfiguration des Ringes
Burr; The FDDI Optical Data Link
Suh, Granlund, Hedge; Fiber-Optical Local Area Network Topology
Joshi; High Performance Networks: A Focus On The Fiber Distributed Data Interface (FDDI) Standard alle in
Stallings (Hrsg.); Tutorial: Local Network Technology (3rd Ed.)

Von *Stallings* findet sich auch eine übersichtliche Gesamtdarstellung in seinem Handbook of Computer Communications Standards Vol. II.

Mit der Rolle von Konzentratoren in FDDI beschäftigt sich:
Franzen; FDDI concentrators and how they work together with other FDDI network components in Computer Networks and ISDN Systems Vol. 23/1991

Speziell mit den einzelnen Phasen der Rekonfiguration des Ringes beschäftigt sich:
Feix, Heidtmann; Zuverlässigkeitsaspekte des Glasfaser-Tokenringes FDDI in
Kühn; Kommunikation in verteilten Systemen.

Zur Rolle von FDDI, das in seiner Konzeption über die konventionellen 802.x-LANs hinausgeht:
Ross, Hamstra, Fink; FDDI: A LAN among MANs in
Computer Communications Review Jahrgang 1990/20/3.

Zum hybriden Ringmanagement von FDDI II:
Teener, Gvozdanovic; FDDI-II Operations and Architectures in
The Computer Society of The IEEE; Proceedings of The 14th Conference On Local Computer Networks oder
Sauer, Tangemann; Architektur und Bandbreitenmanagement des HSLAN's FDDI-II in
Kühn; Kommunikation in verteilten Systemen.

Glasfaserbusse

Zum Problem von CSMA/CD bei höherer Bandbreite keine entsprechende Durchsatzsteigerung zu erzielen:
Tobagi, Hunt; Performance Analysis of Carrier Sense Multiple Access with Collision Detection in Computer Networks 4 (1980) (!), und darauf aufbauend
Du, Chang, Subaro; Multiple Packet Multiple Channel CSMA/CD Protocols for Local Area Networks in The Computer Society of The IEEE; IEEE Infocom 89, Proceedings Vol. I.

802.6 MAN

Eine allgemeine Einführung bietet:
Goldstein, Jaffe, Low, Meleis; High Bandwidth Metropolitan Area Networking Architecture in Raviv; Computer Communication Technologies for The 90's.

Zum DQDB-Mechanismus gibt es bereits eine relativ umfangreiche Literatur, hier eine kleine Auswahl:
Martini; Fairness Issues of The DQDB Protocol und
Yaw, Yea, Ju, Ng; Analysis On Acces Fairness And A Technique to Extend Distance for 802.6 beide in
The Computer Society of The IEEE; Proceedings of The 14th Conference On Local Computer Networks
Jeon, Kim, Kim; Design of A Distributed Isynchronous Channel Management Protocol for IEEE 802.6 MAN QPSX
Candorin, Fratta; Integrated MANs With Hierarchical Architecture
Wong, Schwartz; Flow Control in Metropolitan Area Networks, alle in
The Computer Society of The IEEE; IEEE Infocom 89, Proceedings Vol. I. bzw. III.

Performance Aspekte des 802.6-Protokolls behandeln:
Sauer, Schödl; Performance Aspects of The DQDB Protocol
Zuckerman, Potter; The DQDB protocol and its performance under overload traffic conditions beide in
Computer Networks and ISDN Systems Vol. 20/1990.

2.5 ISDN

2.5.1 Allgemeines

Wie der Name Integrated Services Digital Network bereits sagt, handelt es sich dabei um ein dienstintegrierendes digitales Netzwerk, in dem die Übertragung von Sprache (in digitaler Form), Text, Daten und (in der Breitbandversion) Video möglich ist.

Statt des bisherigen Nebeneinander von Sprachübertragung, BTX, Telefax, Teletex und Telex sowie der Datenübertragung via DATEX-L und DATEX-P steht bei ISDN eine "Kommunikationssteckdose", über die all diese Dienste integriert werden. Es werden am Markt bereits seit einigen Jahren Nebenstellenanlagen und multifunktionale Endgeräte für (privates) Schmalband-ISDN angeboten, die Sprache und Datenübertragung integrieren, und auch über BTX- und Telefaxserver verfügen. Diese Systeme werden leicht in das öffentliche Schmalband-ISDN integrierbar sein, sobald dieses in den einzelnen Staaten verfügbar ist.

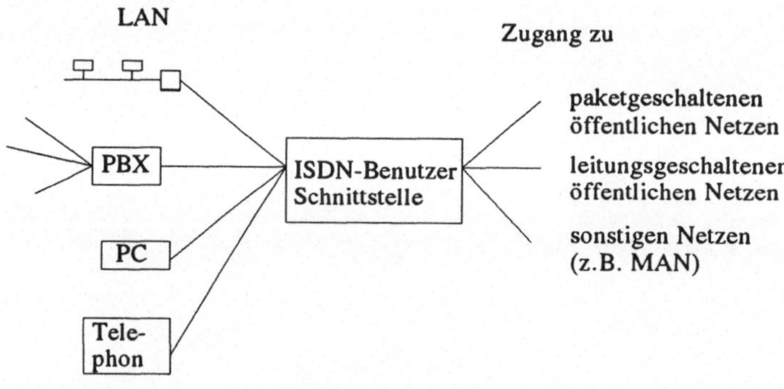

Abb.2.79: ISDN

Dies bedeutet, daß der Benutzer nun nicht mehr mehrere Dienste für unterschiedliche Kommunikationsfunktionen verwenden muß, was natürlich die Stückzahlen für multifunktionale Endgeräte drastisch erhöhen und somit auch die Preise dieser Geräte weiter senken wird. Das eigentliche multifunktionale Endgerät im Büro ist jedoch der PC. Er bietet bereits heute neben den üblichen Standardsoftwarepaketen in der Regel auch einen Netzanschluß für elektronische Post und Terminalemulation, oder aber der PC ist mit einer eigenen

Terminalemulationskarte für einen bestimmten Großrechner ausgestattet; daneben finden sich noch Fax- und andere Modemkarten, BTX-Decoder und ähnliches. In einer solchen Umgebung werden sich die mit den ISDN-Nebenstellenanlagen der ersten Generation angebotenen speziellen ISDN-Multifunktionsterminals kaum durchsetzen, vielmehr werden heute bereits verstärkt ISDN-Karten für den PC angeboten, wodurch der PC endgültig zu ***dem*** multifunktionalen Büroendgerät wird.

Hauptproblem für den Benutzer ist sicherlich die Migration zwischen den Systemen. Telekommunikation in Europa basiert heute noch großteils auf dem "klassischen" DATEX-L/P oder analoger/digitaler Telephonie. In den einzelnen Staaten wird Schmalband-ISDN in höchst unterschiedlicher Geschwindigkeit eingeführt. Es ist also für die späten 90-er Jahre damit zu rechnen, daß in einigen europäischen Staaten Schmalband-ISDN bereits flächendeckend angeboten werden kann, andere Staaten (darunter auch Österreich?) sich aber erst in der Aufbauphase befinden werden. Aber auch Schmalband-ISDN kann nur eine Zwischenstufe sein, das Endziel bei WANs muß Breitband-ISDN auf Lichtwellenleiterbasis sein. Der sich in der Endphase der Normierung befindliche IEEE MAN-Standard (siehe Kapitel 2.4.8) ist von Anfang an auf eine maximale Kompatibilität zu Schmal- und Breitband-ISDN ausgelegt worden. Erst Breitband-ISDN wird jene Übertragungskapazität bereitstellen, die für die parallele Übertragung von Sprache, Video, Text und Daten benötigt wird. Aber nicht nur die Integration der Übertragung von Video ist ein Grund, Breitband-ISDN zu forcieren, sondern auch die zunehmenden Mengen bei konventioneller Datenübertragung, gerade bei der LAN-Kopplung über öffentliche Netze oder dem verstärkten Einsatz von CIM; selbst eine kleine Konstruktionszeichnung hat einige Megabit, für eine typische, färbige Landkarte müssen bereits 100 Mbit veranschlagt werden. Der integrierte Datenfluß zwischen mehreren Einheiten eines Unternehmens erfordert (je nach Branche) bereits Datenraten von einigen 10 Gigabit pro Sekunde.

Bei komplexen Datentransfers kommt man selbst bei Verwendung von X.25 auf Übertragungszeiten im Bereich von Minuten[26].

---

26 Bei der Diskussion um Kilo-, Mega- und Gigawerte werden oft die wahren Dimensionsunterschiede nicht mehr bewußt; dazu ein kleines Rechenbeispiel: Ein übliches Spreadsheet hat heute ca. 250 K, also 2 Mbit. Um diese Datenmenge (ohne Berücksichtigung des Overheads, den jedes Schichtenprotokoll hinzufügt!!) zu übertragen, benötigt man bei Verwendung von 1200 bit/s (einer typischen Modemverbindung) knapp 28 Minuten, bei Verwendung von X.21 mit 64 kbit/s immer noch über eine halbe Minute, bei einem Ethernet mit 10 Mbit/s nur noch 0,2 Sekunden und bei einem FDDI mit 100 Mbit/s 0,02 Sekunden.

Langfristig führt daher m.E. absolut kein Weg an Breitband-ISDN vorbei. Das aber bedeutet für den Anwender nun nichts anderes, als daß er in den nächsten Jahrzehnten (!) parallel mit den alten Diensten, Schmalband- und in zunehmendem Ausmaß Breitband-ISDN wird leben müssen.

Die folgenden Kapitel zeigen die CCITT-Empfehlungen für Schmalband-ISDN (2.5.2) auf und stellen die CCITT-Empfehlungen für Interworking zwischen den heute üblichen WAN-Verbindungen und Schmalband-ISDN vor (2.5.3). Frame Relaying, einer Technik zur Kopplung von LANs via Schmalband-ISDN, ist 2.5.4 gewidmet. Breitband-ISDN und Fast Packet Switching wird in 2.5.5 vorgestellt. Abschließend gehe ich kurz auf die Rolle ein, die ISDN in einer heterogenen Systemlandschaft spielen kann (2.5.6).

2.5.2 Schmalband-ISDN

Schmalband-ISDN verfügt über zwei getrennt einsetzbare Datenkanäle zu je 64 kbit/s (B-Kanal) und einen Signalisierungskanal zu 16 kbit/s oder 64 kbit/s (D-Kanal). Während die B-Kanäle zur Datenübertragung verwendet werden, dient der D-Kanal hauptsächlich dem Aufbau, der Aufrechterhaltung und dem Abbau von Verbindungen; der D-Kanal kann jedoch auch zur Übertragung von Daten niedriger Geschwindigkeit verwendet werden. H-Kanäle schließlich werden zu 384 (H0), 1536 (H11) oder 1920 kbit/s (H12) angeboten. Sie können mit hoher Geschwindigkeit zu übertragende Daten, Video oder mehrere mittels Zeit-Multiplexens getrennte logische Kanäle geringer Geschwindigkeit aufnehmen. Alle Kanäle sind voll duplex. Ein B-Kanal kann in logische Subkanäle (realisiert durch die TDM-Methode [s. dazu auch 1.2.1]) geteilt werden, aber alle diese B-Kanäle müssen den selben Adressaten haben. Sowohl leitungs- als auch paketgeschaltene Verbindungen sind über einen B-Kanal möglich.

Es gibt zwei **Anschlußarten**[27]:

- Basisanschluß mit B+B+D
- Primäranschluß mit nxB+D

27 Die entsprechenden englischen Ausdrücke wären Basic Access und Primary Access.

Der Basisanschluß bietet dabei 192 kbit/s. Der Unterschied zu den rein rechnerischen 144 kbit/s (2x64 + 16 kbit/s) ergibt sich durch Rahmen- und Synchronisationsbits, die ebenfalls übertragen werden müssen. Die meisten heutigen Zweidrahtverbindungen wären imstande, einen solchen Anschluß zu unterstützen! Für Teilnehmer mit geringen Kommunikationsanforderungen wäre als Einfachvariante auch ein B+D-Anschluß vorstellbar.

Zwei Methoden sind praktikabel, um Vollduplexübertragung von 144 kbit/s über Zweidrahttelephonanschlüsse zu erreichen:

- zeitkomprimiertes Multiplexen; zu einem bestimmten Zeitpunkt wird nur in eine Richtung gesendet, dann aber mit der doppelten Rate. Bei jedem Ändern der Richtung muß aber eine kurze Sendepause eingelegt werden, was auch der Grund ist, warum diese Methode weniger verwendet wird oder
- Echokompensation; es wird vollduplex gesendet, wobei der Sender das Echo seines Signals schätzt und von den Signalen, die er vom Partner erhält, abzieht.

Der Primäranschluß ist vor allem für Teilnehmer mit eigenem LAN oder PBX vorgesehen. Leider herrscht hier bei der Datenrate international keine Übereinstimmung. Die USA, Japan und Kanada (AT&T-Vorschlag) sehen 1,544 Mbit/s, Europa 2,048 Mbit/s vor. Die AT&T-Variante enthält 23 B und einen D-Kanal, die europäische 30 B + 1 D (plus ein Synchronisationskanal, den die US-Variante nicht benötigt - mehr dazu, wenn wir die physische Codierung besprechen). Auch hier können kleinere Anwender mit einer kleineren Anzahl von B-Kanälen ausgestattet werden. Aber auch mehrere Primäranschlüsse sind möglich, wobei ein D-Kanal mehreren Primäranschlüssen dienen kann. H-Kanäle sind an sich kein eigener Kanaltyp, sondern ergeben sich aus solchen Primäranschlüssen. So ergibt der europäische Primäranschluß 5 H0- + 1 D-Kanäle.

Die Schnittstelle zwischen Endgerät und ISDN wird durch sogenannte funktionale Gruppen und Referenzpunkte beschrieben. Funktionale Gruppen sind Netzwerkbegrenzungen (NT, network termination) und Terminalausstattung (TE, terminal equipment).

NT1 umfaßt in etwa die Funktionen von ISO-Schicht 1 und stellt den Endpunkt des öffentlichen Netzes dar (Ausnahme weiter unten beschrieben). Auf dieser Ebene wird TDM mittels entsprechender Rahmenstrukturen realisiert. NT2

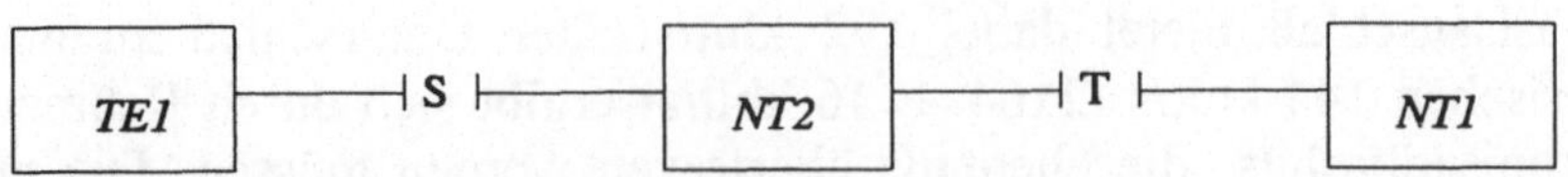

Abb.2.80: Referenzpunkte und funktionale Gruppen

besitzt ein bestimmtes Maß an Intelligenz und wäre mit ISO-Schicht 2 bis 3 vergleichbar. Beispiele für NT2 wären Schnittstellen zu PBX, LAN oder Terminalcontrollern. NT2 muß in der Lage sein, Schaltungs- und Konzentratorfunktionen zu übernehmen. TE schließlich sind die unterschiedlichsten Endgeräte, die an ISDN angeschlossen sind, vom einfachen Telefax bis zum Mainframe mit ISDN-Anschluß, wobei TE1-Endgeräte ISDN-kompatibel, TE2 nicht kompatibel sind. CCITT definiert nun unterschiedliche Referenzpunkte zwischen diesen funktionalen Gruppen. Referenzpunkt T liegt zwischen NT1 und 2, also (lt. CCITT) zwischen Netzanbieter und Teilnehmer. Referenzpunkt S trennt das Endgerät des Benutzers von den eigentlichen Netzfunktionen. Referenzpunkt R schließlich definiert eine Schnittstelle zwischen TE2-Endgeräten und NT2.

Es ergeben sich verschiedene, in Abb. 2.81 dargestellte Konfigurationsmöglichkeiten. Erstere Konfiguration mit Multidropkabel ist immer dann zu empfehlen, wenn mehrere Endgeräte anzuschließen sind, ohne daß ein PBX gerechtfertigt wäre. Da die Geräte unterschiedlicher Natur sind, benötigt jedes seinen eigenen Systemreferenzpunkt S, der physische Referenzpunkt sowie der Netzanschluß NT1 werden aber von allen geteilt. Bei einem LAN-Gateway ist die Sache bereits etwas komplizierter; hier ist NT2 Teil des Gateways, also Teil des LAN. NT2 umfaßt in diesem Fall Aufgaben der Schichten 1-3, wobei NT2 und der Terminalreferenzpunkt und natürlich der Netzanschluß NT1 von allen geteilt wird (was ja auch Sinn eines Gateways ist).

Ein PBX ist grundsätzlich ähnlich aufgebaut, es werden aber mehrere (logische) NT2 mit ihrem jeweiligen Systemreferenzpunkt auf einen Netzanschluß NT1 multigeplext. Dabei hat jede Station ihren eigenen Systemreferenzpunkt (wie auch in einem LAN) **und** ein eigenes NT2, über das der physische Referenzpunkt und der Netzanschluß geteilt werden.

Multidropkonfigurationen können unterschiedlich aufgebaut sein. Während bei Anschluß einer TE an NT2 die Entfernung zwischen den beiden bis zu 1 km betragen kann, ist bei einer derartigen Konfiguration die Ausdehnung des Busses auf 100 - 200 m beschränkt. Ursache dafür ist zum einen die Verzerrung des Signals durch die einzelnen Anschlüsse, außerdem ergeben sich aus der unterschiedlichen Entfernung der einzelnen TEs zum NT unterschiedliche

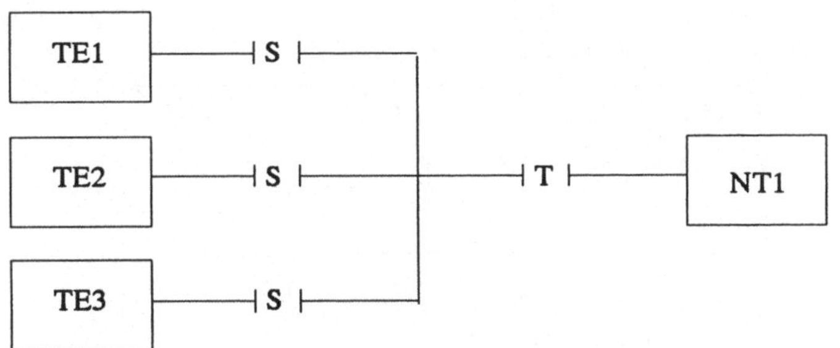

Multidrop oder Multiport NT1

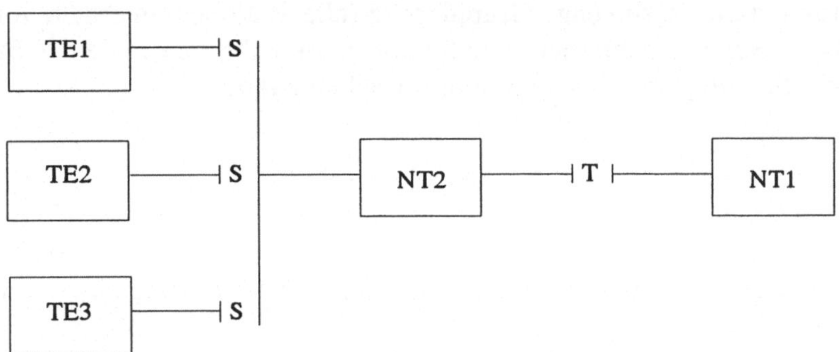

Gateway im LAN

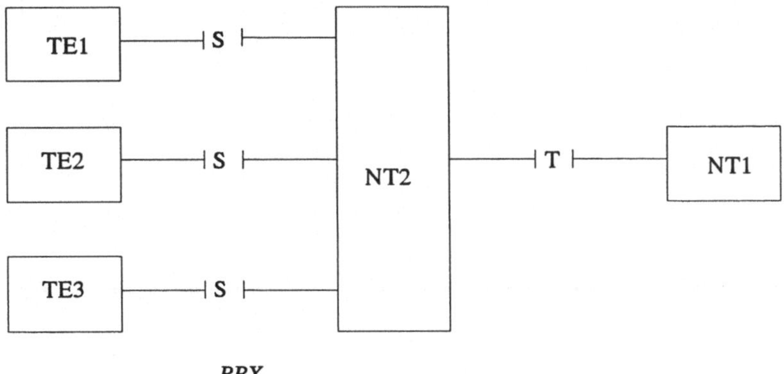

PBX

Abb.2.81: ISDN-Konfigurationsmöglichkeiten

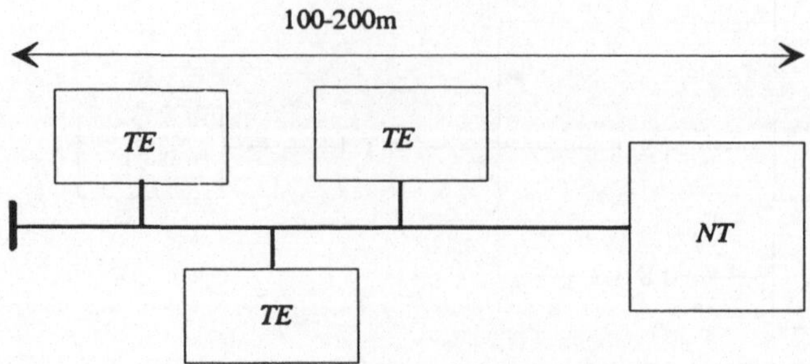

Abb.2.82: Multidropkonfiguration

Antwortzeiten, die der NT bei der Kommunikation mit den TEs beachten muß. Eine Lösung dafür ist die enge Gruppierung (alle Stationen innerhalb von 20 - 50 m an den Bus angeschlossen) von Stationen am äußersten Ende des Busses, der dann eine Länge von bis zu 500 m erreichen kann.

In diesen Konfigurationen teilen sich mehrere Endgeräte eine D-Leitung. Dies führt natürlich bei gleichzeitiger Verwendung von Endgeräten zu Kollisionen von Sendewünschen. Unter Berücksichtigung der pseudoternären Codierungsmethode (siehe weiter unten) sieht der Algorithmus zur Lösung eines Konflikts folgendermaßen aus:

- wenn eine Station nichts zu senden hat, sendet sie eine Kette von 1-en; d.h. aber bei dieser Codierungstechnik, daß sie nichts sendet (Amplitude 0),

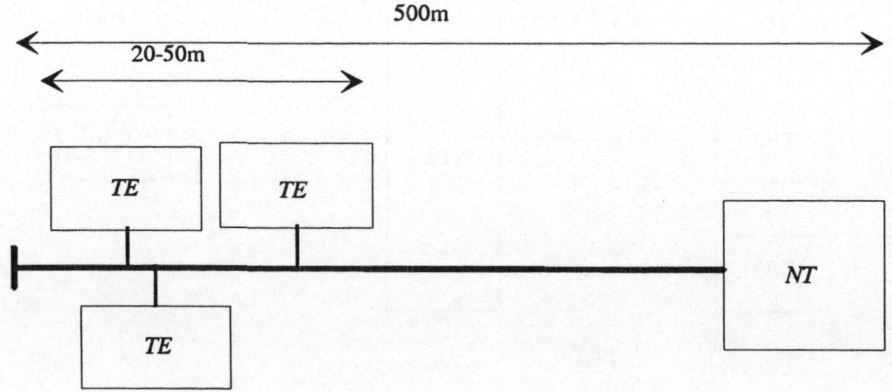

Abb.2.83: Multidropkonfiguration mit verlängertem Bus

- erhält der NT einen Sendewunsch, so gibt er ein Echo dieses Wunsches zurück,
- dadurch erkennen andere sendewillige Endgeräte, daß die Leitung gerade besetzt ist und warten,
- wenn die Station eine Kette von 1-en am Bus erkennt, die ein Timeout überschreitet, beginnt sie zu senden,
- beginnen mehrere Stationen gleichzeitig zu senden, entsteht eine Kollision. Da die sendenden Endgeräte auf das Echo des NT hören, erkennen sie die Kollision daran, daß sie nicht nur ihre eigenen Rahmen als Echo erhalten; alle sendenden Endgeräte hören daraufhin auf zu senden.

Dieser Algorithmus erinnert ein wenig an CSMA/CD, wobei die Kollisionserkennung durch die vom NT kommenden Echos erreicht wird. Wichtiger Unterschied zu CSMA/CD jedoch ist, daß es in keiner Weise um die Kommunikation zwischen den Endgeräten geht (was sollte ein Telefax mit einem BTX-Terminal zu kommunizieren haben?), sondern ausschließlich um die gemeinsame Nutzung des NT durch die Endgeräte am Bus.

Ein gutes Beispiel, wie politische Gegebenheiten Bürokommunikationsstandards beeinflussen können, zeigt der Benutzerreferenzpunkt U. Er definiert ein voll-duplex Signal auf der Leitung des Teilnehmers. Damit wäre eine Schnittstelle zwischen lokalem System des Teilnehmers und dem Netz des Anbieters gegeben, und somit mehrere Netzanbieter, wie etwa in den USA, möglich. Dieser Referenzpunkt war bis 1981 in allen CCITT-Entwürfen enthalten, wurde aber schließlich fallen gelassen - offensichtlich unter der Annahme, daß es pro Staat ohnedies nur einen (eben den staatlichen) Anbieter geben werde. In den USA wurde dieser Referenzpunkt in der Folge in Eigenregie weiterentwickelt, da er in einer Multi-Netzanbieter-Situation notwendig ist. Der Computer Inquiry II der Bundeskommission für Kommunikation (FCC, Federal Communications Commission) von 1980 definiert eine Trennung zwischen Hardware, die der Netzanbieter bereitstellt und Geräten des Teilnehmers (network equip-

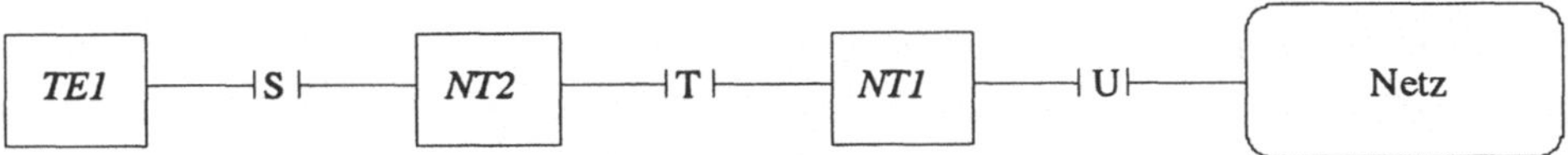

Abb.2.84: Benutzerreferenzpunkt U

ment - customer premeses equipment), ja es wird sogar gefordert, daß letztere von Netzanbietern nicht im Rahmen des Rüstsatzes zur Herstellung des Netzanschlusses angeboten werden darf. Eine solche strikte Trennung würde es dem Teilnehmer ermöglichen, seine Investitionen in die Hardware weiter zu nutzen, auch wenn sich das Netzwerk weiterentwickelt, solange der Benutzerreferenzpunkt weiterhin richtig versorgt wird, außerdem könnte der Benutzer jederzeit zu einem anderen Netzanbieter wechseln, wenn ihm dessen Angebot interessanter erschiene, da ja alle Anbieter den selben Benutzerreferenzpunkt unterstützen müssen. Die Forderung der FCC bedeutet aber nichts anderes, als daß NT1 Teil der Teilnehmerhardware(!) ist, was im Widerspruch zur oben erwähnten CCITT-Definitionen ist. Man darf gespannt sein, wie sich diese Frage weiterentwickeln wird.

Die CCITT unterscheidet zwischen (ISDN-Telephon-)**Nummern und Adressen**. Eine Nummer entspricht einem D-Kanal bzw. einem T-Referenzpunkt, eine Adresse hingegen einem S-Referenzpunkt. Diese Unterscheidung in physische Nummer und logische Adresse ist nötig, da an einem passiven Bus mit einem NT1 mehrere TEs angeschlossen sein können, und NT2 mehrere logische Kanäle multiplexen können muß bzw. hinter einer Nummer eine ganze PBX-Anlage stehen kann. Es ist aber auch möglich, einem S-Referenzpunkt eine Nummer zuzuweisen (DDI, direct dialling in).

Die ISDN-Adresse besteht aus Ländercode, nationaler Ortsvorwahl, lokaler Teilnehmernummer (zusammen 15 Stellen) und einer Subadresse (max. 40 Stellen). Die bisherige IDN-Adressierung basierte auf dem in X.121 definierten Adreßschema. X.121-Adressen können maximal 14 Stellen lang sein (4 Stellen für den Ländercode bzw. Netzidentifikator plus 10 Stellen zur Teilnehmerkennung). Daneben gibt es den Numerierungsplan des Telephonnetzes (E.163, 1- bis 3-stelliger Ländercode plus maximal 11-stellige nationale Telephonnummer).

Der ISDN-Numerierungsplan E.164 baut verständlicherweise auf E.163 auf[28], ist aber mit X.121 inkompatibel, sowohl was die Länge als auch was die Struktur der Adresse betrifft.

Mehrere Mechanismen wurden vorgeschlagen, um beide Adreßwelten miteinander kommunizieren zu lassen. Die zweistufige Vorgangsweise sieht ein

28 Beide verwenden den selben Ländercode, für die nationale Teilnehmeradresse sind in ISDN mehr Stellen vorgesehen.

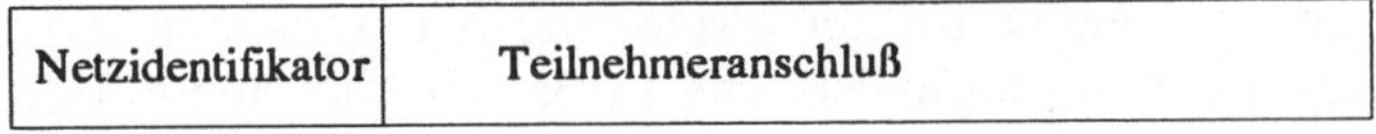

X.121-Adreßschema

Ländercode	Teilnehmeranschluß

E.163-Adreßschema

Ländercode	Vorwahl	Teilnehmeranschluß	Subadresse

E.164-Adreßschema

Abb.2.85: Adreßschemata

Interworking Unit (IWU) an der Grenze zwischen beiden Adreßsystemen vor, wobei die rufende ISDN-Station zunächst die IWU ruft, und dann die Gesamtadresse mit der X.121-Adresse ergänzt wird. Dieser Vorgang sieht umfangreiche Routingtableaus in den IWUs vor und wird von der CCITT zwar zugelassen, empfohlen wird aber ein einstufiges Verfahren: 0 an erster Stelle der ISDN-Adresse wird als "Escape Code" in E.164 fungieren und anzeigen, daß es sich bei der nachfolgenden Adresse um eine "fremde" Adresse handelt. X.121 vergißt die führende 0 und analysiert die restlichen Stellen. Bei Übergabe eines Paketes von X.121-basierten Netzen an ISDN wird eine 0 vorangestellt.

Um ISDN herum lassen sich drei Gruppen von **Protokollen** unterscheiden:

a) End-zu-End-Protokolle

b) Protokolle zwischen Benutzer und Netz

c) ISDN-interne Protokolle (SS7)

a) End-zu-End-Protokolle

Sie laufen auf Schicht 4 und darüber und verwenden ISDN als Transportvehikel. Mit der Funktionsweise des ISDN sind sie nur soweit befaßt, als die Dienstprimitiven der obersten ISDN-Schicht mit dem Transportprotokoll zusammenarbeiten müssen.

Wird ISDN zur transparenten Datenübertragung auf physischer Schicht verwendet, ist der Anwender für die Protokolle der Schichten 2-7 zuständig. Allerdings läuft dann die Signalisierung In-Band zusammen mit der Nettodatenübertragung.

Call Control am D-Kanal wird (analog zu X.32, siehe weiter unten) nur zur Verwaltung der physischen Verbindung genutzt. Eine solche Vorgangsweise ist möglich, ja in manchen Fällen sogar wünschenswert, z.B. wenn LAN-Protokollstacks (z.B. 802.3, 802.2, TCP/IP, FTP) über eine solche transparente, physische Verbindung geführt werden sollen; dies geschieht aber um den Preis der gemeinsamen Out-of-Band-Signalisierung und damit der Mischkommunikation, was aber z.B. bei reiner LAN-Kopplung via ISDN keine Rolle spielt.

b) Protokolle zwischen Benutzer und Netz

Die beiden Kanaltypen verwenden unterschiedliche Protokollhierarchien :

Tabelle 2.12: ISDN-Protokollstack

<table>
<tr><th rowspan="2">Schicht</th><th colspan="2">D-Kanal</th><th rowspan="2">B-Kanal leitungs- /paketgeschalten</th></tr>
<tr><th>Signale</th><th>Pakete</th></tr>
<tr><td>3</td><td>Call Control I.451</td><td>X.25</td><td>X.25</td></tr>
<tr><td>2</td><td colspan="2">LAP D (I.441)</td><td>LAP B</td></tr>
<tr><td>1</td><td colspan="3">I.430, I.431</td></tr>
</table>

Aus mehreren Gründen unterscheiden sich die Protokollanforderungen, die ISDN stellt, grundsätzlich von denen, die der Struktur des ISO-OSI-Modells folgen.

- Das Protokoll ist auf mehrere Kanäle verteilt, da beim Verbindungsauf- und -abbau auch der Signalisierungskanal verwendet wird,
- Mehrpunktverbindungen,
- Mischkommunikation (Sprache, Daten, Faksimile).

Da B- und D-Kanäle über ein und dasselbe physische Medium multigeplext werden, verwenden beide die selbe **physische Definition**. Dabei sind Basis- und Primäranschluß zu unterscheiden.

Bei einem Basisanschluß werden die Bits nach der pseudoternären Methode codiert. Dabei wird 1 durch "kein Strom", 0 durch abwechselnd positive und negative Amplitude dargestellt: Diese Methode ist sicherlich besser als die NRZ-Methode, dennoch stellt eine Kette von 1-en (und damit eine lange Zeitspanne ohne die Synchronisation bei jeder 0 durch Wechsel der Amplitude) ein Problem dar. Durch Einfügen von Gleichstromausgleichsbits (DC-balancing bits) wird eine zu lange Gleichstromkomponente verhindert. Da diese Methode 3 Zustände kennt, könnten theoretisch 1,58 bit/Schritt (=log dualis 3) dargestellt werden. Tatsächlich kann aber natürlich nur 1 bit pro Schritt dargestellt werden. Die NRZ-Methode ist in dieser Beziehung effizienter. Dafür erlaubt die pseudoternäre Methode eine beschränkte Fehlererkennung auf physischer Ebene. Werden nämlich zwei aufeinanderfolgende 0-en positiv bzw. negativ dargestellt, so muß ein Fehler vorliegen.

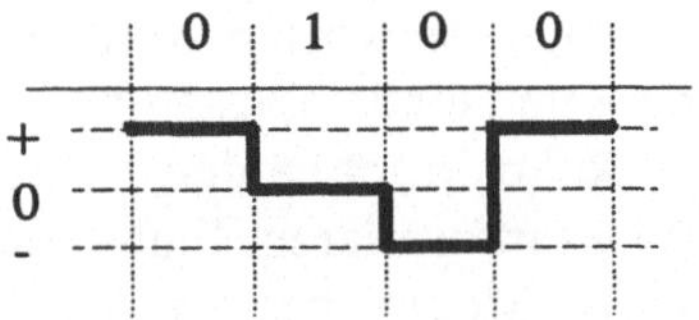

Abb.2.86: Pseudoternäre Codierungsmethode

Bei der TDM-Methode wird das Multiplexen durch periodisch erzeugte Zeitschlitze, die zu Rahmen fixer Länge zusammengefaßt werden, erreicht. Ein Rahmen ist 48 bit lang, wobei es zwei Typen gibt, einen für die Übertragung vom TE zu NT1/NT2, einen für die umgekehrte Richtung. Ein Rahmen wird durch ein Rahmenbit (plus ein Gleichstromausgleichsbit) begonnen bzw. beendet. Diese Kombination am Beginn und Ende dient auch der Synchronisation zwischen den Stationen. Jeder Rahmen enthält in abwechselnder Reihenfolge je ein Byte von Kanal B1 und Kanal B2, dazwischen liegen 4 D-Bits (=1/4 der Kapazität eines B-Kanals mit 16 bit pro Rahmen), sowie weitere Gleichstromausgleichsbits.

Bei einem Primäranschluß ist keine Multidropkonfiguration möglich. Bei dieser Anschlußart können 1,544 Mbit/s (USA) bzw. 2,048 Mbit/s (Europa) übertragen werden. Erstere Variante verwendet Rahmen mit 24 Bytes, von denen jedes einen Zeitschlitz darstellt, plus einem Rahmenbit (zusammen 193 bit). Dabei können Vielfachrahmen (multiframes) von je 24 Rahmen gebildet werden. Diese Rahmen werden alle 125 µs, also 8000 Mal in der Sekunde generiert. Dies ergibt 1,544 Mbit/s. Als elektrische Codierung wird wie beim Basisanschluß eine pseudoternäre Methode verwendet, diesmal aber ist die Darstellung von 0 und 1 vertauscht.

Die europäische Variante teilt einen Rahmen in 32 Slots zu je einem Oktett (also zusammen 256 bit), es werden keine Rahmenbits, sondern ein kompletter logischer Kanal zur Synchronisation verwendet. Wie bei der US-Variante stellt jeder Slot einen Kanal mit 64 kbit/s dar. Ein Kanal wird zur Synchronisation, 30 als B- und einer als D-Kanal verwendet. Auch hier werden die Rahmen alle 125 ms erzeugt (256 bit x 8000/s) = 2,048 Mbit/s). Das bedeutet aber, daß die US- und die Euro-ISDN-Variante auf Schicht 1 nicht miteinander kompatibel sind, und das nicht nur wegen der unterschiedlichen Geschwindigkeit, sondern vor allem wegen der unterschiedlichen Art der Synchronisation.

Auf **Schicht 2** wird in B-Kanälen das bereits in Kapitel 2.2.1 besprochene LAP B verwendet. Für den Signalisierungskanal allerdings mußte ein eigenes Linkprotokoll entworfen werden, LAP D. Von diesem Protokoll gibt es eine bestätigte und eine unbestätigte Variante. Die unbestätigte Variante verschickt einfach Rahmen, ohne den Userprozeß via den SAP, über den Erfolg dieses Sendens zu informieren. Fluß- oder Fehlerkontrolle werden nicht bereitgestellt. In diesem Modus besteht die Möglichkeit, im Broadcast Nachrichten zu versenden. Die bestätigte Variante von LAP D orientiert sich an LAP B und ich werde mich daher auf eine Darstellung der Unterschiede zu LAP B und deren Begründung beschränken.

X.25 sieht vor, daß nur auf Schicht 3 mehrere logische Verbindungen multigeplext werden können. HDLC/LAP B auf Schicht 2 ist mit dem Multiplexen nicht befaßt, es merkt nicht, für welche virtuelle Verbindung ein Rahmen übertragen wird. LAP D hingegen sieht Multiplexen auf Schicht 2 vor. LAP D ist daher mit zwei Ebenen des Multiplexing konfrontiert: auf Stationsebene, da mehrere Endgeräte (Stationen) an einen Bus angeschlossen sein können, und pro Station kann es mehrere SAPs, die LAP D benutzen, geben; daher kennt LAP D auch einen Stationsidentifizierer (TEI, terminal endpoint identifier) und einen SAP-Identifizierer (SAPI). Vier SAPIs wurden bisher definiert. 0 für die Call Control-Routinen, die zum Auf- und Abbau von Verbindungen auf den B-Kanälen dienen; 1 für paketgeschaltene Übertragung unter Benutzung von Call Control-Routinen, 16 für X.25-Übertragung und 63 für Schicht 2-Managementroutinen.

Eine Kombination TEI/SAPI identifiziert eindeutig einen Schicht 3-Prozeß, der unter dem Anschluß läuft. Ein solches TEI/SAPI-Paar wird auch DLCI, Data Link Connection Identifier genannt. Ein D-Kanal kann mehrere DLCIs gleichzeitig verwalten. LAP D verwendet wie LAP B den gleichberechtigten (balanced) Modus. LAP D erlaubt eine Broadcast- und/oder mehrere Punkt-zu-Punkt-Verbindungen zwischen Terminal und Netz auf gleichberechtigter Basis (peer-to-peer entities). Im übrigen läuft das Protokoll ähnlich LAP B ab. Rahmen können mod 128 versendet werden, zur Fehlerbehandlung wird ein GBN-ARQ verwendet.

Auf **Schicht 3** werden zunächst zwei Arten von Terminals unterschieden: Funktionelle Terminals mit eigener Intelligenz, die ein komplettes Schicht 3-Protokoll ablaufen lassen können (z.B. ein PC) und Stimulus Terminals, die keine eigene Intelligenz haben (z.B. ein Telephon), deren Signale also üblicherweise direkt durch eine Handlung des Benutzers selbst ausgelöst werden (wenn z.B. der Hörer abgehoben wird).

Zwei Protokolle laufen dabei auf Schicht 3 ab, X.25 (B- und D-Kanal bei Paketübertragung), das bereits in Kapitel 2.2.2 beschrieben wurde, und Call Control I.451 (D-Kanal zur Signalkontrolle). Über einen D-Kanal übertragene Pakete müssen zunächst als X.25- oder I.451-Pakete identifizierbar sein; dies geschieht mittels des Protokollidentifizierers. I.451-Pakete enthalten außerdem den Identifizierer für die Verbindung auf dem B-Kanal, auf die sie sich beziehen, wie bei X.25 ist dieser Identifizierer jedoch ausschließlich lokal. An Nachrichtentypen für I.451 gibt es u.a.:

- Wunsch eines TE oder des NT nach Aufbau einer Verbindung,
- Anzeige durch den TE, daß dem User der eingelangte Anruf mitgeteilt wurde (Bestätigung des "Klingelns"),
- Bestätigung durch gerufene TE und das Netz an rufende TE, daß ihr Wunsch nach Verbindungsaufbau erfüllt/abgewiesen wurde,
- Wunsch des TE oder NT nach Unterbrechung bzw. Wiederaufnahme einer Verbindung sowie eventuelle Zurückweisung dieses Wunsches durch den Partner,
- Wunsch eines TE oder NT nach Verbindungsabbau sowie Bestätigung dieses Wunsches durch den Partner.

Auch Signale von Geräten, die heute über das Telephonnetz übertragen werden (z.B. Fax), können mittels X.25 als Sequenz von Paketen übertragen werden. So können Faxgeräte der G4-Norm sowohl über leitungs- als auch über paketgeschaltene Verbindungen senden.

c) ISDN-interne Protokolle

ISDN verwendet intern zur Kommunikation zwischen den Vermittlungsstellen und Signalübertragungspunkten das Signaling System No.7 (SS7). Signaling Data Link definiert eine vollduplex Verbindung mit einer Übertragungsrate von 64 kbit/s. Signaling Link wurde bereits in Kapitel 2.2.1 besprochen und HDLC, mit dem es einige Gemeinsamkeiten hat, gegenübergestellt. Es besteht eine SS7-Schicht 1-Verbindung pro 64 kbit-Leitung. Anders wäre ein wesentliches Merkmal von ISDN, nämlich die Kommunikation mit zwei verschiedenen Partnern über die beiden B-Kanäle, nicht zu realisieren.

Bliebe also noch Schicht 3. Wichtig erscheint mir dabei das Verständnis über das Aufgabengebiet des jeweiligen Protokolls. I.451 Call Control-Prozeduren sind dem Benutzer zur Steuerung der Kommunikation mit seinem Partner zugänglich. Sie werden z.B. zum Verbindungsauf- und -abbau zwischen den beiden Endgeräten verwendet. ISDN-intern jedoch werden die I.451 Aufrufe in ISDN User Part- (ISUP-)Aufrufe umgewandelt und intern weitergeleitet. Beim Ziel-Endgerät angekommen, werden die ISUP-Aufrufe dem Endgerät wieder in Form von I.451 Call Control-Aufrufen zur Verfügung gestellt. Der selbe Vorgang wiederholt sich bei Antworten des angerufenen Endgeräts.

Es erhebt sich nun aber die Frage, warum denn intern ein eigenes Protokoll verwendet wird. DATEX-P z.B. setzt X.25-Aufrufe durch den Benutzer ja auch nicht in einen eigenen internen Signalisierungscode um. ISDN wurde von den Standards her so konzipiert, daß es möglichst einfach existierende Fernmeldenetze ergänzen und schließlich ersetzen kann. Die Verwendung von X.25 und LAP als allgemein verwendete und bewährte Protokolle kommen dem entgegen. Wie wir aber schon beim Vergleich HDLC - SS7 Signaling Link gesehen haben, nutzt SS7 die Vorteile sowohl der höheren Geschwindigkeit als auch der Mehrkanaltechnik von ISDN wesentlich besser aus.

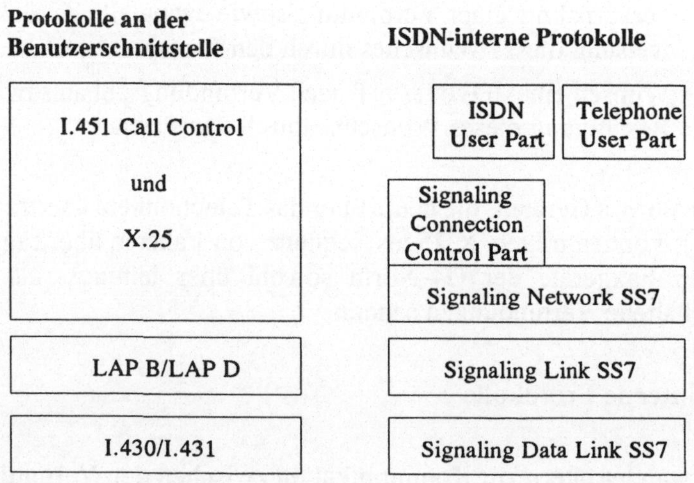

Abb.2.87: ISDN-Protokollhierarchie

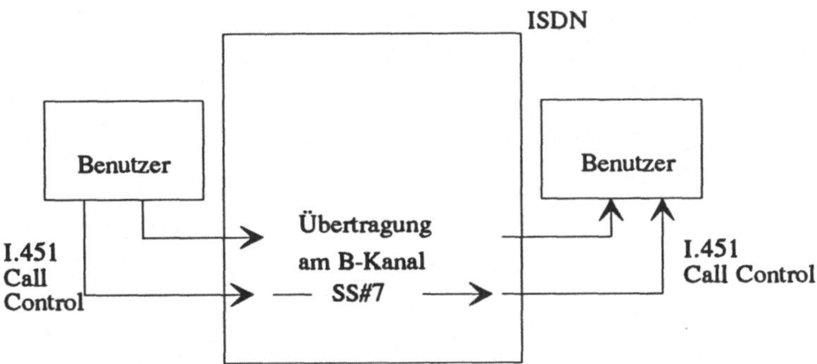

Abb.2.88: Der Zusammenhang zwischen I.451 und SS#7

2.5.3 Interworking (X.30, X.31, X.32)

Ich habe eingangs dieses Kapitels bereits darauf hingewiesen, daß für einige Jahre mindestens die konventionellen DATEX-Netze und das analoge/digitale Telephonnetz sowie das Schmalband-ISDN nebeneinander existieren werden. Solange die öffentlichen Postverwaltungen nicht in der Lage sind, ISDN flächendeckend bereitzustellen, wird der stolze Besitzer einer ISDN-Nebenstellenanlage nicht darum herumkommen, sich Gedanken über die Integration seiner ISDN-Anlage in bestehende, konventionelle Datennetze zu machen. Auf das dabei entstehende Adreßproblem bin ich bereits in 2.5.2 kurz eingegangen. Abb. 2.89 listet zunächst einfach einige konventionelle Möglichkeiten des Zugangs zu öffentlichen Netzen graphisch auf. Bei der Einführung von ISDN sind zwei Problemfälle zu unterscheiden:

a) Integration leitungsgeschaltener Datenübertragung und

b) Integration paketgeschaltener Datenübertragung.

ad a) Will man einen B-Kanal mit Endgeräten via Modem nutzen, so sind diese in der Regel langsamer als der B-Kanal. Ein Anwender ist aber gerade in einer Übergangsperiode daran interessiert, seine bisherige Hardware weiter zu verwenden. Nun, ein Übergang mittels Anpassung der Senderate (Rate Adaption) ist möglich. Es können folgende Fälle unterschieden werden:

aa) Datenrate des Geräts ist 8, 16 oder 32 bit/s; hier wird nur das erste, die ersten beiden bzw. die ersten vier Bits eines Bytes benutzt, der Rest mit Paddingbits aufgefüllt.

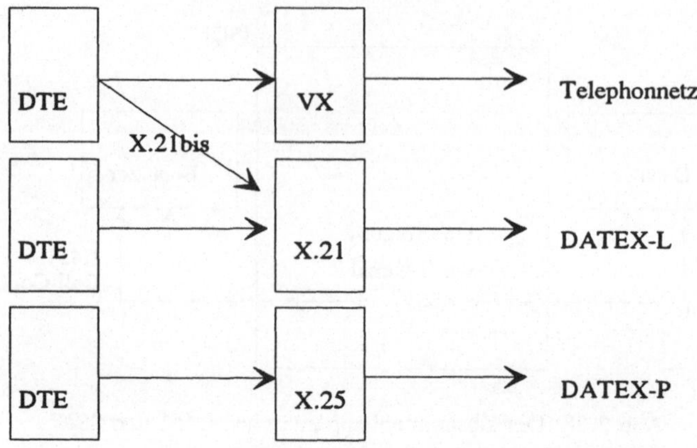

Abb.2.89: Konventionelle Datenübertragung in WANs

bb) sonstige Datenrate des Geräts < 32 bit/s; zunächst wird der Bitstrom durch Paddingbits auf eine der oben erwähnten Datenraten gebracht, dann das obige Verfahren wiederholt.

cc) Datenrate > 32 bit/s, aber < 64 bit/s; einfaches Padding auf 64 bit/s.

Diese Konvertierung geschieht in einem Terminaladapter (TA), wie allgemein in Abb.2.90 beschrieben. X.30 normiert einen solchen Terminaladapter und die zweistufige Anpassung der Senderate. Zunächst wird die Geschwindigkeit des V-Serie-Modems (v_1) auf eine Zwischenrate von $2^k.8$ kbit/s konvertiert, wobei k = 0, 1, 2 oder 3 sein kann. Danach wird auf die Rate eines B-Kanals konvertiert. Im Fall k=3 erübrigt sich diese zweite Konvertierungsstufe ($2^3.8=64$). Beträgt die Geschwindigkeit des Modems ohnedies eine der Zwischenraten (Fall aa) der obigen Aufzählung), so entfällt die erste Konvertierungsstufe.

Damit ist es möglich, daß z.B. zwei V.32-Modems über eine ISDN-Verbindung transparent miteinander kommunizieren[29]. Die Unterstützung von Schnittstellen der V-Serie durch ISDN wurde von CCITT in Norm V.110 beschrieben; X.30 beschreibt die Unterstützung einer X.21-Schnittstelle durch ISDN.

29 Doch kann dies nicht dazu genutzt werden, zwei Endgeräte mit Modems unterschiedlicher Geschwindigkeit miteinander kommunizieren zu lassen! Auch über Terminaladapter und ISDN-Strecke kann ein 1200 bit/s-Modem nicht mit einem 9600 bit/s-Modem kommunizieren.

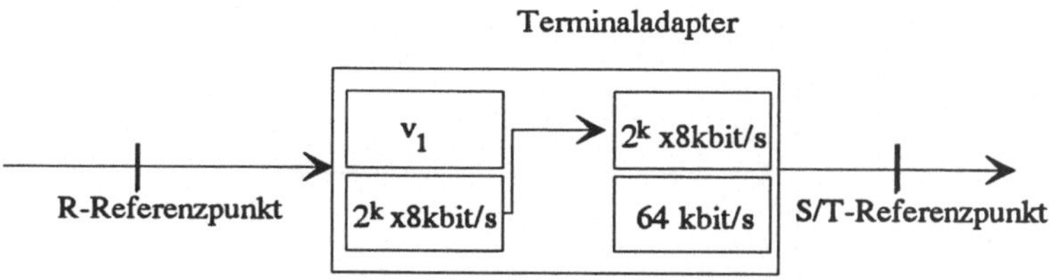

Abb.2.90: Terminaladapter nach X.30

Die Schnittstelle zwischen einem privaten ISDN-PBX und dem öffentlichen Telephonnetz stellt ein Interworking Unit (IWU) her; es besteht aus einem Terminaladapter und einem Modem. Der TA stellt die Verbindung zum Inhouse-ISDN her, das Modem zum Telephonnetz. Auch Modempools wären möglich, wobei mehrere unterschiedliche Modems in einer IWU zur Verfügung stehen und vom Benutzer ausgewählt werden können, je nachdem, welches Modem der Kommunikationspartner besitzt.

ad b) Bei einer paketgeschaltenen Verbindung via X.25 wird LAP B als Linkprotokoll verwendet. Ist die LAP B-Datenrate größer als die Rate, mit der die Daten im LAP B-Sendepuffer eintreffen, so werden die entstehenden Lücken mit Flag-Bytes (01111110) aufgefüllt. Diese Bytes werden beim Empfänger wieder entfernt. Diese Methode ist als Interframe Flag Stuffing bekannt und wird auch von der CCITT empfohlen. Sie überbrückt auf einfache Weise den Geschwindigkeitsunterschied zwischen ISDN und der gewählten DATEX-P-Variante.

CCITT-Norm X.31 definiert zwei Integrationsstufen für die Unterstützung von X.25-Terminals durch ISDN: X.25 wird von einem eigenen Netz (i.e. DATEX-P) (das sogenannte Minimum Integration Scenario) oder als Teil von ISDN (Maximum Integration Scenario) bereitgestellt.

Im ersten Fall ermöglicht Norm X.32 den Zugriff auf X.25-Netze via leitungsgeschaltener Verbindungen. Daher muß im lokalen Vermittlungsknoten (i.e. in der Regel die ISDN-Nebenstellenanlage) ein eigener X.25-Knoten den Zugriff auf das paketgeschaltene Netz übernehmen. Die ISDN-Inhouse-Systeme der ersten Generation integrieren X.25 auf diese Weise. Die ISDN-Teilnehmer greifen über die Nebenstellenanlage auf diesen X.25-Knoten zu, indem sie über I.451 am D-Kanal eine leitungsgeschaltene Verbindung zum X.25-Knoten

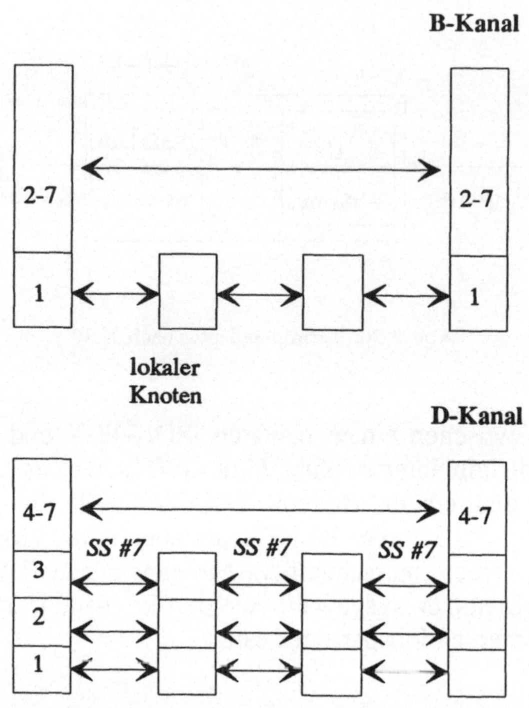

Abb.2.91: Übertragung leitungsgeschaltener Daten

aufbauen. Steht diese Verbindung, wird auf End-zu-End-Ebene eine virtuelle X.25-Verbindung aufgebaut. Für den ISDN-Nebenstellen-Teilnehmer läuft diese Verbindung über den X.25-Knoten in der Nebenstellenanlage. Verbindungsauf- und -abbau nach X.25 und alle Kontrollnachrichten laufen aber auf dem B-Kanal (!), also In-Band. Nur die leitungsgeschaltene Verbindung zwischen dem ISDN-Teilnehmer und dem X.25-Knoten wird über den D-Kanal verwaltet! Das aber bedeutet, daß direkt an der ISDN-Benutzerschnittstelle X.25 nicht zur Verfügung steht, also die Möglichkeit parallel zu telephonieren und paketgeschaltene Daten zu versenden eingeschränkt ist. Außerdem existiert nur ein zentral von allen Teilnehmern genutzter X.25-Knoten in der Nebenstellenanlage, der somit leicht zum Flaschenhals wird.

Wenn hingegen X.25 als Teil von ISDN angeboten wird, so können Pakete direkt über den ISDN-B-Kanal versandt werden. In diesem Fall läuft X.25 am Referenzpunkt S ab; wird bisheriges Nicht-ISDN-Gerät weiterverwendet, so muß es über einen Terminaladapter angeschlossen werden; X.25 läuft am Referenzpunkt R ab. Zwischen den beiden ISDN-Endgeräten besteht auf dem B-Kanal eine virtuelle Verbindung auf Schicht 3.

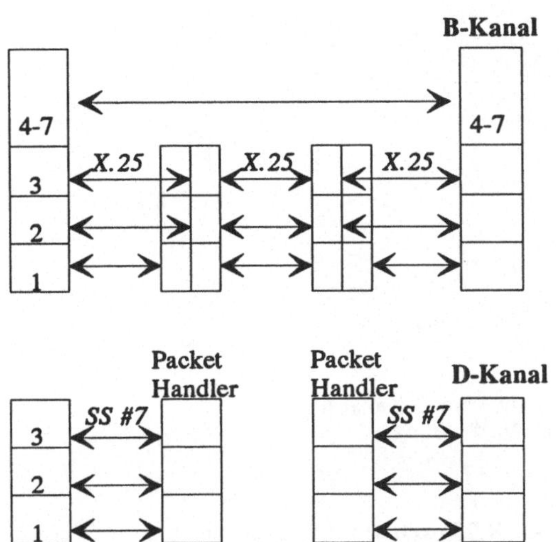

Zugriff auf paketgeschaltenes Netz über leitungsgeschaltene Verbindung nach X.32 über einen Packet Handler

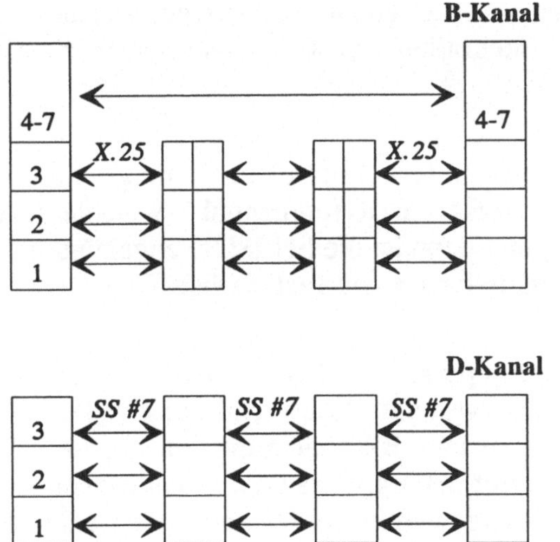

Zugriff auf paketgeschaltenes Netz, das Teil des ISDN-Dienstes ist

Abb.2.92: Minimum und Maximum Integration Scenario

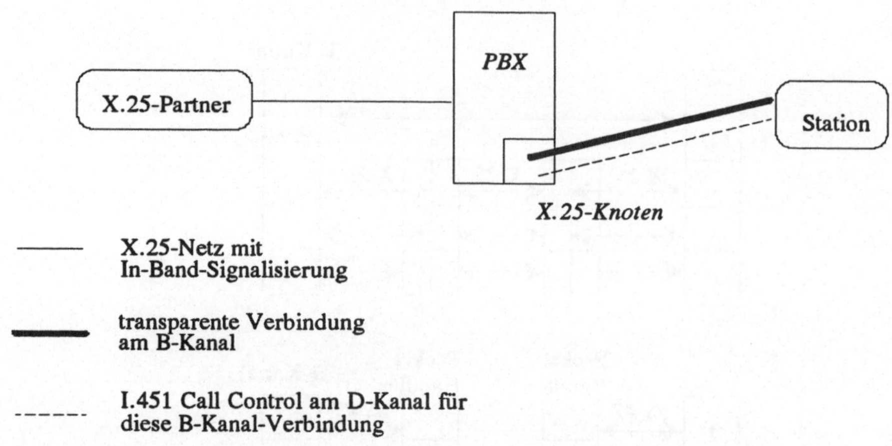

Abb.2.93: X.25 nach dem Minimum Integration Scenario

ISDN-intern jedoch werden die In-Band-Steuersignale von X.25 in Out-of-Band-Steuernachrichten am Signalisierungskanal (D-Kanal) umgewandelt. Diese Steuernachrichten wiederum werden von ISDN in SS7-Nachrichten umgewandelt und zum Zielknoten verschickt. Dort läuft die Konvertierung in umgekehrter Richtung ab. Man könnte nun fragen, worin denn eigentlich der große Fortschritt der Integration von X.25-Steuernachrichten in den D-Kanal liegt.

Erst durch eine gemeinsame Call Control für leitungs- und paketgeschaltene Übertragung können direkt am Referenzpunkt S beide Übertragungsarten bereitgestellt werden; erst dann ist die bei ISDN angekündigte Dienstintegrierung und Parallelkommunikation voll realisierbar.

Die Paketierung erfolgt in peripheren Paket-Handlern (PPHs). Diese Methode wird manchmal auch als "verteilte Paketvermittlung" oder "distributed packet switching" bezeichnet. Jedem B-Kanal kann ein solcher PPH zugewiesen werden (üblicherweise mit der Einschränkung, daß maximal ein B-Kanal pro Teilnehmer einem PPH zugewiesen werden kann), der jeder virtuellen Verbindung, die der Netzteilnehmer aufbaut, eine reale, leitungsgeschaltene Verbindung über einen B-Kanal zuweist. Diese Verbindungen unterscheiden sich damit nicht von Sprech- oder anderen leitungsgeschaltenen Verbindungen, wie etwa für Fax oder DATEX-L.

Damit wird die Integration von PCs in ein Inhouse-ISDN interessant. Über ISDN-Karten können PCs an ein Inhouse-ISDN angeschlossen werden und haben damit über die Nebenstellenanlage nicht nur leitungsgeschaltene Datenverbindungen, sondern auch X.25 im Zugriff, wobei sinnvollerweise die beiden B-Kanäle in einen Sprechkanal und einen Datenkanal unterteilt werden; der Datenkanal kann bei Verwendung von X.25 noch weiter in virtuelle Verbindungen zu verschiedenen Teilnehmern im Haus und über das öffentliche Netz multigeplext werden. Solche ISDN-PC-Karten sind bereits im Handel erhältlich und werden an den Telephonapparat mittels serieller Schnittstelle angeschlossen. Der PPH-Ansatz kann aber auch dazu verwendet werden, "dumme" Terminals über das Inhouse-ISDN an einen Mainframe anzuschließen und so Terminalkontroller zu sparen. Start/Stop-Terminals würden allenfalls über einen PAD angeschlossen werden. Auch Inhouse ergäbe sich die Möglichkeit, Terminals (oder Inhouse-BTX-Terminals) via ISDN an einen Mainframe anzuschließen. Wie attraktiv eine solche Lösung gegenüber anderen Alternativen ist (Terminalleitung, herstellerabhängige Netzemulation, virtuelles Terminal), hängt von vielen Faktoren ab: wie hoch sind die Grenzkosten eines Terminalanschlusses (einschließlich Terminalkontroller)?, wie sieht es mit der Verfügbarkeit eines LAN und entsprechender Standards aus?, welche PCs stehen schon an den in Frage kommenden Arbeitsplätzen?, wie teuer ist eine virtuelle Terminallösung?, wie sieht die Einbindung von Druckern aus? usw..

Erst durch PPHs kann also die vollständige Integration von Sprache, leitungs- und paketgeschaltenen Daten via (vorerst vor allem Inhouse-) ISDN erreicht werden. Daher sollte ISDN-Inhouse-Anlagen der zweiten Generation (die diese Integration aufweisen) unbedingt der Vorzug gegeben werden.

2.5.4 Frame Relaying

X.31 integriert zwar paketgeschaltene Datenübertragung in Schmalband-ISDN, nutzt aber einige ISDN-spezifische Vorteile nicht. X.25/HDLC ist durch drei Merkmale charakterisiert, die nicht in das Konzept moderner Datenübertragung passen:

- In-Band-Signalisierung
- Multiplexen erst auf Schicht 3
- Volle Funktionalität des Link Protokolls

Das Maximum Integration Scenario in X.31 und die Verwendung von PPHs ermöglicht gemeinsame Out-of-Band-Kontrollnachrichten auf dem D-Kanal; dieser Punkt ist also bereits erledigt. LAP D kann, wie bereits erwähnt, auf

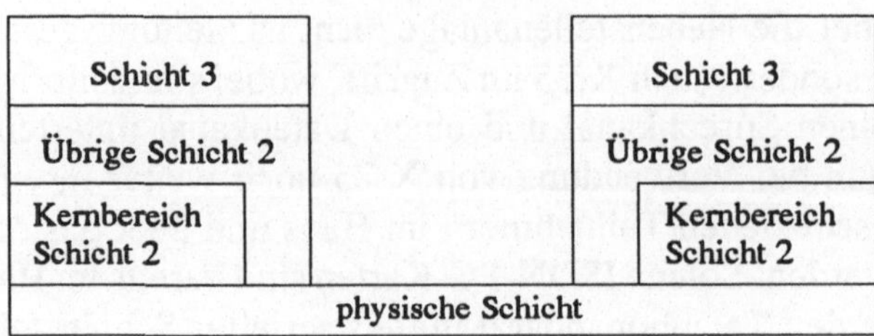

Abb.2.94: Frame Relaying

Schicht 2 zwei Multiplexebenen unterstützen: mehrere Endgeräte auf einem Bus, mehrere SAPIs in einem Gerät. Wird nun der gesamte Verkehr über die B-Kanäle der I.451 Call Control unterworfen, so können diese Multiplexfunktionen genutzt werden.

Erhebt sich noch als letzter Punkt die Frage, ob der Benutzer wirklich noch den vollen Umfang an Fluß- und Fehlerkontrolle, wie ihn LAP B und LAP D bieten, benötigt. Die CCITT reduziert in ihrer Empfehlung I.122 das Schicht 2-Protokoll auf einige wenige Kernfunktionen, die eigentliche Datenübertragung betreffend, womit Overhead bei der Übertragung eingespart wird.

Die in I.122 definierten Kernfunktionen sind

- Rahmenbegrenzungen, Ausrichtung und Transparenz,
- Rahmenmultiplexen mittels DLCI,
- Überprüfung der Länge des Rahmens (Maximalwert, Minimalwert und ganze Oktetts) und
- Fehlererkennung

Flußkontrolle und Fehlerbehebung laufen nur in den Endknoten ab.

Frame Relaying stellt eine Verbindung zwischen zwei TEs her, die über Zwischenknoten geführt wird. Dabei sind ziemlich unterschiedliche Verkehrsarten zu bewältigen:

- zeitkritisch und fehlerkritisch (alle On-line-Dialogdienste)
- zeitkritisch aber nicht fehlerkritisch (Sprache, Video)
- nicht zeitkritisch aber fehlerkritisch (Dateitransfer und Batchdienste)

Entsprechend flexibel muß das Protokoll sein. So ist für Sprach- und Videoübertragung keine Fehlerbehebung in den Endknoten nötig, defekte Rahmen werden einfach eliminiert, der Verlust von einzelnen Rahmen ist für den Menschen nicht wahrnehmbar. Außerdem geschieht Sprach- und Videoübertragung in Echtzeit, es wäre daher gar keine Zeit, einen Reject-Rahmen an den Sender zu schicken und den Rahmen nochmals anzufordern.

Auf Link-Ebene werden die zu übertragenden Informationen in Control Plane (C-Plane) und User Plane (U-Plane) getrennt. Die in I.122 definierten Kernfunktionen werden dem U-Plane zugeordnet. C- und U-Plane können dabei über verschiedene DLCs, andere Zeitschlitze (i.e. einem anderen Kanal der selben Schnittstelle) oder über physisch separate Schnittstellen übertragen werden. Die volle Funktionalität von Schicht 2 steht nur an den Benutzerschnittstellen zur Verfügung, die Relays im Netz selbst verfügen nur über die I.122-Funktionen. Die Schicht 3-Funktionen laufen ebenfalls in den Knoten im Netz nicht ab, was die Übertragung einfacher und vor allem schneller macht.

Frame Relaying eignet sich hervorragend zur LAN-Kopplung über ISDN. Erinnern wir uns, daß MAC-Bridges auf Schicht 2 ein gemeinsames logisches Linkprotokoll haben, eben IEEE 802.2 LLC. Daher bieten solche Bridges bereits eine Art von Frame Relaying. Im Unterschied zu der heute üblichen LAN-Kopplung stellen sich die Probleme mit den virtuellen Verbindungen auf Schicht 3 nicht. Frame Relaying zur LAN-Kopplung erfreut sich auch zunehmender Beliebtheit und dürfte sich auf diesem Gebiet in den nächsten Jahren durchsetzen. Die Verbindung sollte aus Performancegründen in jedem Fall über einen Primäranschluß geführt werden. Die Bridges implementieren auf WAN-Seite nur die I.122-Kernfunktionen, Fluß- und Fehlerkontrolle geschieht mittels LLC bzw. auf End-zu-End-Ebene mittels eines sicheren Transportprotokolls (z.B. TCP oder TP4). Dadurch ist der von den Bridges zu bewältigende Overhead recht gering, die Performance wird kaum beeinträchtigt. Daß die meisten LAN-Protokolle Fehler durch in falscher Reihenfolge eintreffende Rahmen nicht beheben können, stört in diesem Fall nicht. Frame Relaying bewahrt die Reihenfolge der Rahmen. Die Bridge "verpackt" nun LAN-Rahmen in Frame Relaying-Rahmen, die über ISDN verschickt werden, v.v..

FR-Header	LAN-Rahmen	FR-Trailer

Abb.2.95: Der LAN-Rahmen im Frame Relay-Rahmen

2.5.5 Breitband-ISDN (BISDN) - Fast Packet Switching

Schmalband-ISDN ist jedoch nur ein Zwischenschritt zu Datenraten im 100 Mbit/s-Bereich und darüber, wie sie durch BISDN realisiert werden sollen. Die wichtigsten Unterschiede zu ISDN wären die Verwendung elektrooptischer Übertragungsmedien (wie dies etwa bei FDDI oder 802.6 MAN geschieht oder geschehen wird) und die Integration von Video, die wesentlich höhere Datenraten erfordert als die Übertragung von Sprache oder Daten.

CCITT hat fünf Qualitätsniveaus für die komprimierte Übertragung von Videodaten definiert[30]; hier die dazu jeweils benötigten Datenraten in Mbit/s:

Tabelle 2.13: Übertragungsbedarf für Video

High Definition TV (HDTV) (A)	92 - über 200
Extended Definition TV (EDTV) (B)	30/45 - 145
Digital codiertes PAL oder SECAM (C)	20-45
Reduzierte Auflösung (D)	0,384 - 1,92
Geringe Auflösung mit geringer Kapazität zur Darstellung von Bewegungen (E)	0,064

Kategorie E wäre als Videotelephonie bereits mit Schmalband-ISDN erreichbar, bietet aber vor allem bei paralleler Übertragung von Faksimile oder Texten eine inakzeptable Auflösung; deshalb die Zwischenstufe D. Mit verbesserten komprimierten Codierungsverfahren könnte in Zukunft Kategorie E für einfache Videotelephonie ausreichen und D überflüssig machen.

Kategorie C entspricht unserem heutigen analogen Fernsehen, wobei PAL in Westeuropa und den USA, SECAM in Frankreich und manchen ehemaligen Oststaaten verwendet wird. EDTV ist auch als Component-Coding TV bekannt, da dabei die Rot-, Grün- und Blauanteile des Signals getrennt, digitalisiert und mittels TDM getrennt übertragen werden. HDTV schließlich bietet eine Auflösung, die einem 35mm Film entspricht.

Entsprechend hat CCITT auch drei Kanaltypen für BISDN definiert:

30 Die unkomprimierte Übertragung von Video erfordert Datenraten jenseits von BISDN, also müssen Videodaten komprimiert werden.

- H2 mit 30-45 Mbit/s für Videotelephonie,
- H3 mit 60-70 Mbit/s noch nicht näher spezifiziert und
- H4 mit 120-140 Mbit/s für HDTV und Massendatenübertragung.

Prinzipiell standen zwei Varianten für die Vermittlungstechnik in einem solchen BISDN zur Auswahl. Eine leitungsgeschaltenen Netzen ähnliche Variante, den Synchronous Transfer Mode (STM), oder ein paketgeschaltenen Netzen ähnliches System, den Asynchronous Transfer Mode (ATM). Bei STM wird die Übertragungskapazität in Zeitschlitze unterteilt, jeder Verbindung wird ein fixer, zyklisch wiederkehrender Schlitz zugeteilt. ATM ermöglicht die dynamische Verwaltung von Zeitschlitzen (Zellen), eine Verbindung erhält nur dann eine Zelle zugewiesen, wenn sie sie tatsächlich benötigt. Die Zellen können fixe oder variable Länge haben.

Im Unterschied zu Schmalband-ISDN weist ATM einer virtuellen Verbindung keine fixen Zeitschlitze zu. Daher können Verbindungen mit unterschiedlicher Übertragungsgeschwindigkeit und mit unterschiedlich verteiltem Verkehrsaufkommen (kontinuierlich oder einzelne "Bursts") relativ einfach multigeplext werden. Abbildung 2.96 soll den Unterschied einer auf Zeitschlitzen basierenden Multiplexmethode und ATM zeigen.

Beide Ansichten haben etwas für sich. Ein einfaches, an leitungsgeschaltenen Netzen orientiertes BISDN nach **STM** würde die im Netz und in den Knoten benötigte Intelligenz stark reduzieren; Knoten müßten allenfalls Routingfunktionen auf physischer Ebene und einige Headerchecks übernehmen, der überwiegende Teil der Intelligenz wäre dabei in den Terminals. Kontinuierliche Daten könnten sehr effizient und mit geringem Overhead (man erspart sich ja den Zellenheader, die Verbindungsinformation ist inhärent im verwendeten Zeitschlitz) übertragen werden. Die Laufzeitverzögerung (durch Flußkontrolle und Vermittlungsknoten) wäre gering und (was bei Übertragung isochroner Daten am wichtigsten ist!) konstant.

Das paketorientierte **ATM** wiederum bietet die Möglichkeit, im Zellenheader Felder wie virtueller Kanalidentifizierer, Zugangskontrolle, Typ der Nutzlast der Zelle, Priorität und Checksumme, also wesentlich mehr Logik unterzubringen und kann außerdem die Kanalkapazität wesentlich flexibler verwalten, kann also bei "bursty trafic" die Kanalkapazität effizient verwalten. Andererseits ist ATM verwundbar in bezug auf eine Beschädigung des Zellenheaders und hat den eindeutig größeren Overhead. Dennoch ist es vor allem die gesteigerte Flexibilität bei der Zuweisung von Ressourcen, die ATM einen Vorteil gegenüber STM verschafft hat. ATM wurde als CCITT-Empfehlung verabschiedet. Eine Zelle des Slotted Bus enthält 53 Oktetts, wovon 5 für den Header verwendet werden.

Ein Gate zwischen MAN und ATM hat den Vorteil, daß beide Netze auf Bussen mit Zeitschlitzen (Slotted Bus) aufbauen. 802.6 bietet isochrone und asynchrone Slots (vereint also STM und ATM in sich), auf die ein BISDN-Kanal abgebildet werden kann. Das FDDI I-Protokoll, wie auch alle 802.x LAN-Protokolle, sind paketorientiert, das heißt, daß Daten, die auf einem Kanal im Slotted Bus ankommen, zwischengespeichert werden müssen, um dann mit einer Sendeanforderung in FDDI gesendet zu werden. Umgekehrt liefert FDDI I die Daten in einem Paket ab, diese müssen dann im Gate zwischengespeichert und "nach und nach" in die dem entsprechenden Kanal zugewiesenen ATM- oder STM-Slots hinterlegt werden, wobei hier ATM durch seine flexible Allokation von Slots für einen logischen Kanal effizienter ist (siehe Abb.2.97). FDDI II

Zeitschlitze

Kanalnummer

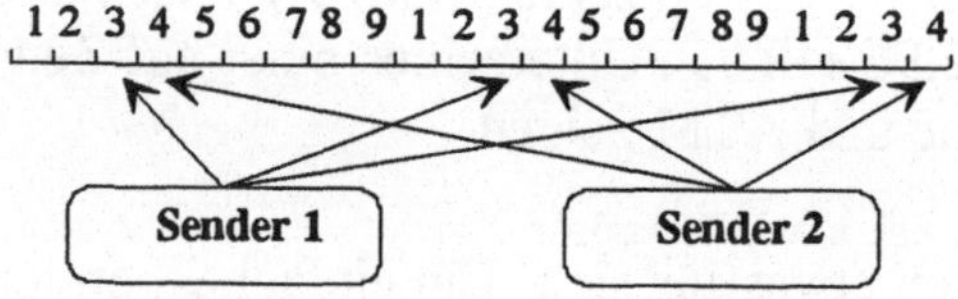

Jedem der Sender wird ein bestimmter Zeitschlitz zugewiesen, egal, ob er ihn gerade benötigt.

ATM

Zellennummer

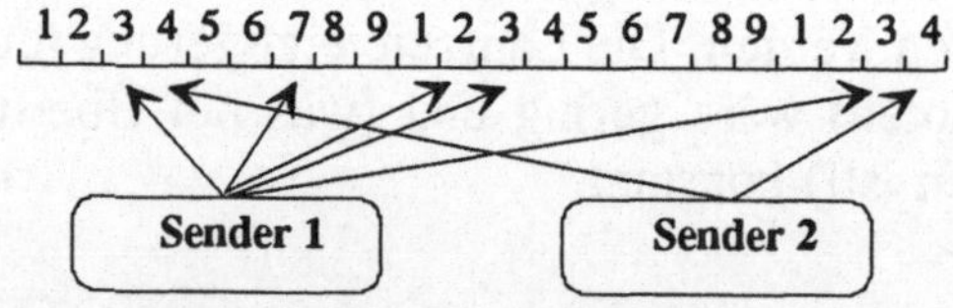

Eine Zelle wird nur dann von einem Sender in Anspruch genommen, wenn tatsächlich Daten zu senden sind, dadurch kann die Übertragungskapazität besser genutzt werden.

Abb.2.96: Der Unterschied Zeitschlitze - ATM

hingegen bietet die Untergliederung der Bandbreite in Breitbandkanäle. Diese Breitbandkanäle werden durch einzelne Symbole in den Zyklusgruppen gebildet; damit entspricht die Regelung des isochronen Verkehrs in FDDI II einem Protokoll mit Zeitschlitzen in einem immer wiederkehrenden, zyklisch generierten Rahmen. Dies erleichtert natürlich die Schnittstelle zwischen FDDI II und BISDN. Bei der Kopplung von paketorientierten LANs via ATM muß also der vom LAN kommende Rahmen segmentiert, auf die ATM-Slots aufgeteilt und am Ziel-LAN wieder reassembliert werden. Dies erledigt eine eigene Schicht, der ATM Adaption Layer (AAL), der auf ATM aufsetzt.

ATM umfaßt die OSI-Schichten 1 und 2, CCITT beschreibt auf physischer Ebene die Slotgenerierung; das eigentliche ATM-Protokoll, das mit 53 byte-Slots mit 5 byte Overhead und 48 byte Nettokapazität arbeitet; 4 byte dieser Nettokapazität beansprucht der AAL für seinen Overhead.

X.25/X.75 wurden für Übertragungskanäle niedriger Geschwindigkeit und (relativ) hoher Bitfehlerrate ausgelegt. Beides trifft in Schmalband-ISDN oder BISDN nicht mehr zu. Viele Fehlererkennungs- und -behebungsmechanismen von X.25/LAP B sind nicht mehr nötig, halten aber andererseits den Verkehr unnötig auf. In jedem Hop zwischen zwei Subnetzen müssen die Pakete zwischengespeichert werden. Dies führt zu einer Verzögerung, die auch noch (je nach Belastung des Knotens) unterschiedlich lang sein kann. Außerdem

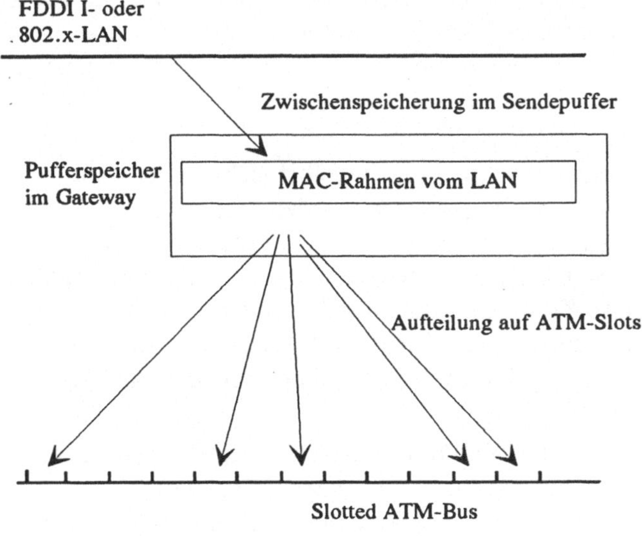

Abb.2.97: Gate zwischen LAN und ATM

können einzelne Knoten trotz adaptiver Routingmechanismen zu Engpaßstellen werden. Um die Vorteile von paketgeschaltenen Netzen in ISDN ohne die eben erwähnten Nachteile nutzen zu können, wurde schnelle Paketvermittlung (FPS, Fast Paket Switching) entwickelt.

Streng genommen ist Fast Packet Switching nichts neues, auch eine Bridge kann als Fast Packet Switch angesehen werden. Das Prinzip des Fast Packet Switching kann auf zwei Arten implementiert werden:

- durch Rahmen variabler Länge,
- durch Rahmen fixer Länge.

Ein Protokoll der ersten Klasse haben wir schon kennengelernt, Frame Relaying. ATM wiederum ist ein typischer Vertreter der zweiten Gruppe. Wo liegt aber der entscheidende Unterschied?

Wenn Rahmen variabler Länge gebildet werden, so können sehr gut Datenpakete/-rahmen darin transportiert werden. Frame Relaying wird auch tatsächlich fast ausschließlich in der LAN-Kopplung verwendet werden. Diese Art des FPS ist gut für "bursty" Verkehr, wie er von PC- oder Workstationnetzen generiert wird, geeignet. Jagt z.B. eine Hochleistungsworkstation einen Teil ihres Hauptspeichers durch's Netz, um ihn auf einem Server abzuspeichern, so entsteht kurzzeitig eine extreme Netzlast. Frame Relaying (oder auch FDDI I) können hier mit ihrer variabel langen und nicht einer isochronen Verbindung fix zugeordneten Rahmenstruktur diesem plötzlichen Ansturm an Daten gerecht werden.

Ein fixer Rahmenaufbau hingegen bewährt sich immer dann, wenn Kapazität für isochronen Verkehr zugewiesen werden muß. Auch bei Verwendung von Komprimierungstechniken generiert eine Videoanwendung eine Menge an Daten, für die eine Übertragungskapazität fix bereitgestellt werden muß. Durch weiterentwickelte Komprimierungsverfahren bzw. Pufferung bei Sender und Empfänger kann man eines Tages wahrscheinlich sogar diese Verkehrsart asynchron bewältigen, derzeit sieht es aber eher nicht so aus.

Ein MAN, ATM oder FDDI II unterstützt durch seinen Zellenaufbau die Anforderungen an ein Medium zur Übertragung von isochronem Massenverkehr und zur Bewältigung von asynchronen "Bursts", außerdem kann, wie bereits gesagt, ein schadhafter Rahmen bei isochronem Verkehr in der Regel eliminiert werden.

2.5.6 Die Rolle von ISDN in einer heterogenen Systemlandschaft

Bisher wurde als das Haupthindernis für die Einführung von Breitband-ISDN das Fehlen eines öffentlichen Glasfasernetzes genannt. Studien zeigen, daß immer häufiger Glasfaserkabel für das normale Telephonnetz gelegt werden. In den Geschäftszentren amerikanischer oder europäischer Großstädte sind Telephonleitungen knapp. Kupferkabel zu verlegen ist teuer und da die Preise für Glasfaserinstallationen immer mehr sinken und außerdem zusätzliche Kupferkabel oft nicht mehr in die Kabelschächte passen, werden Glasfasern verlegt, die das Vielfache an Übertragungskapazität pro mm Kabeldurchmesser bieten. Aber auch die Verbindungen zwischen den Ballungszentren bestehen vielfach schon überwiegend aus Glasfasern (im Falle von British Telecom über 60%). In Frankreich verfügt etwa eine halbe Million CATV-Kunden über einen Glasfaseranschluß, sie könnten praktisch sofort in ein künftiges BISDN integriert werden. Breitband-ISDN ist also keine ferne Zukunftsvision, sondern sollte heute bereits in Ansätzen geplant werden.

Für den Netzplaner ergibt sich neben verschiedenen Video-Anwendungen vor allem die LAN-Kopplung über öffentliche Netze als interessantestes Anwendungsgebiet. Die allgemein üblichen LANs erreichen bereits heute Geschwindigkeiten von 10 Mbit/s. Eine Verbindung zweier LANs über ein öffentliches Netz (z.B. X.25 zu 48 kbit/s) stellt dabei einen Bruch in der Übertragungsgeschwindigkeit dar. Die Attraktivität der LAN-Kopplung via öffentliche Netze hängt wesentlich davon ab, ob überall im (Gesamt-)Netz ungefähr die selbe Geschwindigkeit geboten werden kann. Erinnern wir uns, daß selbst ein ISDN-Schmalband-Primäranschluß nur ca. 2 Mbit/s erreicht, zukünftige LANs (z.B. FDDI) hingegen werden in Bereichen von 100 Mbit/s arbeiten. Sollen verteilte Applikationen auch von Arbeitsplatzrechnern/LANs außerhalb des Hauptgebäudes aus auf zentrale Datenbanken (mit akzeptablen Antwortzeiten) zugreifen können, sollen große Filetransfers (etwa zum regelmäßigen Update dezentraler Datenbestände bei endgültiger Verarbeitung in dezentralen Applikationen oder zum Austausch von Plänen und Produktionsdaten im Rahmen von CIM-Applikationen) zwischen den einzelnen Niederlassungen eines Unternehmens ausgetauscht werden, so ist ein entsprechend leistungsfähiger öffentlicher Dienst unumgänglich.

Weiterführende Literaturhinweise

CCITT-Empfehlungen zu ISDN wurden 1984 und 1988 herausgegeben. Es handelt sich dabei um die Empfehlungen I.100 bis I.605. Die wichtigsten, hier erwähnten Empfehlungen sind:

I.122 Framework for Providing Additional Packet Mode Bearer Services
I.310 ISDN-Network Functional Principles
I.320 ISDN Protocol Reference Model
I.430 Basic User-Network Interface - Layer 1 Specification
I.431 Primary Rate User-Network Interface - Layer 1 Specification
I.441 ISDN User-Network Interface Data Link Layer Specification (LAP D, Anm.d.Aut.)
I.451 ISDN User-Network Interface Layer 3 Specification (Call Control, Anm.d.Aut.)
I.460 Multiplexing, Rate Adaption, and Support of Existing Interfaces.
Einen umfassenden Überblick über ISDN bieten:
Stallings; ISDN - An Introduction
Helgert; Integrated Services Digital Network - Architecture, Protocols, Standards.

Für mehr Informationen über die eigentliche physische Datenübertragung empfehle ich:
Lee, Messerschmitt; Digital Communications.

Die Interworking Empfehlungen X.30, X.31 und X.32 der CCITT findet man in deutscher Übersetzung inklusive eines Kommentars in
Tietz; Die CCITT-Empfehlungen der V-Serie und der X-Serie, 6.Auflage, Bd. 2.2.

Eine gute Darstellung von Terminaladaptern zu ISDN findet sich darüber hinaus:
Mariani, Piazza; Data Communication in ISDN
eine sehr übersichtliche und instruktive Darstellung des Minimum und Maximum Integration Scenarios fand ich in:
Barberis, Bovo, Musumeci; Integration of ISDN Packet Services in a Distributed Switching System
beide in Raviv; Computer Communication Technologies for The 90's.
Für mehr Details zu Frame Relaying siehe:
Lai; Frame Relaying Serivce: An Overview
Lamont, Doak, Hui; LAN-Interconnection via Frame Relaying, beide in
The Computer Society of The IEEE; IEEE Infocom 89, Proceedings Vol. II.
Platt, Morse; Traffic management in frame relay networks in
Computer Networks and ISDN Systems Vol. 23/1992.
Zu Fast Packet Switching siehe:
Jacob; A Survey of Fast Packet Switching in Computer Communications Review Vol. 20/1
Chen, Guérin; Performance Study of an Integrated Packet Switch with Two Priority Classes in Kühn, Kommunikation in verteilten Systemen.
Zum Problem des Gatewaydesigns LAN - ISDN:
Zhang, Deng; Gateway Design for LAN Interconnection via ISDN in
Computer Networks and ISDN-Systems Vol. 19/1990.

2.6 Die langfristigen Trends

2.6.1 Rückblick

Lassen wir doch noch einmal kurz die letzten Kapitel Revue passieren:

In 2.1 haben wir zwei gängige physische Schnittstellen (eine sehr kleine Auswahl von vielen) kennengelernt, danach in 2.2.1 zwei Designmöglichkeiten für ein Link Layer-Protokoll, HDLC und SS7SL. In den Kapiteln 2.2.2, 2.2.3 und 2.3 habe ich die heute dominanten Alternativen für Network und Transport Layer vorgestellt und miteinander verglichen. Danach ging es wieder zurück zu den Schichten 1 und 2: heutige und zukünftige LAN-Standards sowie MAN wurden in 2.4 vorgestellt und ich habe versucht, einige Designprobleme aufzuzeigen. Den Abschluß machte in 2.5 schließlich ISDN.

Wo liegen nun die langfristigen Trends?

2.6.2 Hybride Glasfasernetze[31]

Sie werden die Kommunikation in mehr als einer Beziehung revolutionieren. Ein 100 Mbit/s Glasfasernetz ist nicht einfach ein Ethernet mal 10. Wie wir gesehen haben, erfordert es in mancher Beziehung ein Überdenken gewohnter Konzepte:

- neue Zugriffsmechanismen
- niedrige Bitfehlerrate
- angepaßte Protokolle auf den Schichten 3 und 4

Wir haben in 2.4 gesehen, daß Contention-Protokolle für den Netzzugang zu Hochgeschwindigkeitsnetzen aus mehreren Gründen ausscheiden und modifi-

31 Es gibt mehrere Verwendungen des Begriffs "hybrid" in diesem Zusammenhang. So etwa spricht 802.3 bei einem LAN, das z.B. aus 10BASE5 und 10BASE2 aufgebaut ist, von einem "hybriden LAN". Ich verwende "hybrid" ausschließlich für Netze, in denen isochroner und asynchroner Verkehr (oder weniger genau gesagt, Sprach- und Datenübertragung) möglich ist.

zierte Tokenprotokolle mit mehreren Datenrahmen gleichzeitig (FDDI I) zwar für Glasfaser-LANs geeignet, für Weitverkehrsnetze oder MANs aber ungeeignet sind. Bei einem Multi-Rahmen-Ring spielt der Propagation Delay beim Senden keine Rolle, und auch zur Koordination ist (anders als in 802.5) kein zentraler Monitor erforderlich, aber im Fehlerfall sind Fehlerbestimmung, -lokalisierung und Koordination der Fehlerbehebung in einem ausgedehnten MAN oder WAN zu schwerfällig. Daher basieren sowohl der vorgeschlagene MAN-Standard als auch alle BISDN-Vorschläge auf Busarchitekturen mit Zeitschlitzen (slotted bus).

Aber Glasfaser-LANs sind nicht nur schneller, sie haben auch wesentlich geringere Bitfehlerraten. Die heute üblichen Link- und Network Layer-Protokolle gehen von Kupfermedien mit relativ hohen Bitfehlerraten aus, haben daher auch recht umfangreiche Fehlererkennungs- und -behebungsmechanismen. Auf Link Layer-Ebene sind CRC und kumulative Bestätigung mehr oder weniger Standard (wenn ein verbindungsorientiertes Linkprotokoll verwendet wird), auf Schicht 3 Einerkomplementchecksummen und GBN-ARQ (oder auch SR-ARQ). Dazu kommt, daß bei manchen Protokollen die FCS im Header mitgeführt wird, was die Analyse und Zwischenspeicherung des Pakets notwendig macht, bevor der Header verarbeitet werden kann, so z.B. bei TCP, DoD und ISO IP sowie TP4.

Vom Standpunkt eines Glasfaser LAN ist das reinster Overkill. Hopweise Fehlerkontrolle und -behebung sind nicht mehr in vollem Umfang nötig. Die Aufgaben der Relays in einem Glasfasernetz werden immer mehr auf die reine Weitergabe von Rahmen bzw. Paketen reduziert. Die verschiedenen Spielarten von Fast Packet Switching zeigen hier den Weg.

Doch was nützt das schönste MAC-Protokoll eines 100 Mbit/s Glasfaser-LAN, wenn die Protokolle der Schichten 3 und vor allem 4 zum Engpaß werden? Steigt das Potential des Mediums, können Protokolle höherer Schichten, die für Netze im 10 Mbit/s-Bereich entworfen wurden, sehr schnell an die Grenzen ihrer Leistungsfähigkeit stoßen[32]. In Glasfaser-LANs und -MANs werden TCP und TP4 über den jeweiligen Datagrammdiensten auf Schicht 3 zum Einsatz kommen. Eine nähere Untersuchung z.B. des TCP-Overheads zeigt, daß nicht sosehr die eigentliche Protokollmaschine der Minimumsfaktor ist, sondern vielmehr das Betriebssystem und mit dem Protokoll verbundene Speicher-

32 Das selbe gilt natürlich auch für Gateways zwischen konventionellen und Glasfasernetzen.

operationen. Als Abhilfe wird eine verstärkte Auslagerung von Funktionen vom Hauptprozessor auf das Board vorgeschlagen[33].

Überhaupt wird die Implementierung auch der Protokolle der Schichten 3 und 4 am Kommunikationsboard immer mehr zunehmen. Durch gemeinsame Nutzung von z.B. shared RAM durch Board und Prozessor kann sowohl der Host entlastet als auch die Performance erhöht werden.

Ein weiterer Trend, der durch Hochgeschwindigkeitsglasfasernetze ermöglicht wird, ist die steigende Verbreitung hybrider Netze.

Ein hybrides Netz steht vor einem Grundproblem: es muß isochronen - also von seiner Struktur her leitungsgeschaltenen - und paketgeschaltenen (oder asynchronen) Verkehr integrieren und die Bandbreite möglichst flexibel zwischen den beiden Übertragungsarten aufteilen, um nicht Kapazitäten brachliegen zu lassen. Stellen wir doch einmal FDDI II und MAN (soweit die Standards bereits definitiv sind) einander gegenüber: in beiden geschieht die Allokation der Übertragungskapazität durch einen bzw. zwei Zyklusgeneratoren; in beiden sind Zeitschlitze für iso- und asynchronen Verkehr vorgesehen. Der für asynchronen Verkehr fix reservierte Raum ist gering: 768 kbit/s plus eventuell a priori zugewiesene WBCs bei FDDI II und 0 (!) beim MAN. Die Allokation geschieht bei FDDI II zweistufig: der Zyklusgenerator weist einen Breitbandkanal entweder dem paketgeschaltenen Verkehr oder einer Station als isochronen Breitbandkanal zu, wobei diese Station wiederum die Verantwortung für die weitere Untergliederung dieses einen Kanals trägt. Bei der geplanten Ausdehnung und Komplexität eines MAN wäre diese Vorgangsweise jedoch unmöglich. Die Aufteilung zwischen asyn- und isochronem Verkehr scheint

---

33 Clark, Romkey, Salven; An Analysis of TCP Processing Overhead in The Computer Society of The IEEE; Proceedings of The 13th Conference On Local Computer Networks.
Clark e.a. klammern allerdings bei der Untersuchung der Protokollmaschine die Berechnung der Checksumme und das Auffinden des TCB aus. Dennoch ist der erreichbare Wert von 25.000 bearbeitbaren Paketen pro Sekunde (basierend auf einem 32-bit RISC-Chip mit 10 Mips) beeindruckend; er bedeutet nämlich, daß im Falle eines FDDI eine minimale Paketgröße von 500 byte zulässig wäre.

Im Betriebssystem verbrauchen das Setzen von Interrupts, die Zuweisung und Verwaltung eines Adreßbereichs, das Starten entsprechender Prozesse und das Setzen von Timern Zeit. Außerdem müssen die Nettodaten des Pakets in den Benutzeradreßraum kopiert werden, was je nach Größe des Rahmens mehrere hundert oder tausend Maschinenbefehle dauert (bei einer 32-bit- Maschine werden 2 Befehle [Lesen/Schreiben] zum Kopieren von 4 byte benötigt.

jedoch noch nicht ganz geklärt; wie wir gesehen haben, wurden zentrale und dezentrale Lösungen vorgeschlagen.

Wobei "zentral" in diesem Fall jedoch nicht die Allokation durch die Zyklusgeneratoren bedeutet, analog zum Zyklusgenerator in FDDI II, sondern die zentrale Allokation durch die Bridge zwischen dem MAN und dem jeweiligen Subnetz. Dies ergibt sich aus der Konzeption des MAN als ein Netz von Netzen, während FDDI zwar primär als Backbone, aber durchaus auch für den Anschluß von Einzelstationen konzipiert ist. Wichtig in diesem Zusammenhang ist ein sinnvolles und flexibles Allokationsschema für die beiden Verkehrsarten.

In jedem Fall ist jedoch auch die leichte Integrierbarkeit von FDDI II und MAN ineinander und beider Netze in Schmal- und Breitband-ISDN entscheidend. Wir haben gesehen, daß FDDI II sich durch seine Rahmenstruktur recht gut in das Schmalband-ISDN integrieren läßt; da die Slots beider Verkehrsarten im selben Rahmen geführt werden, ist auch die Schnittstelle zur allen B-Kanälen gemeinsamen Signalisierung am D-Kanal leichter realisierbar. Für das MAN läßt sich eine gültige Aussage erst treffen, wenn der gesamte Allokationsmechanismus definitiv bekannt ist.

Die vorerst sicher vorherrschende Möglichkeit, ein hybrides Netz zu schaffen, wird (Inhouse-)Schmalband-ISDN sein. Erst mit der zunehmenden Verbreitung von FDDI I und der Möglichkeit der Aufrüstung zu FDDI II, werden sich auch im LAN-Bereich hybride Netze langsam durchsetzen. Es ist bereits heute üblich, Backbonestrecken an sich konventioneller LANs als Glasfaser zu verlegen, mit dem klaren Hintergedanken, diese Glasfaserstrecken einmal für Glasfaser-LANs zu verwenden. Dabei ist jedoch die Topologie des ins Auge gefaßten Glasfaser-LAN zu beachten.

Ein einzelner Glasfaserbus, auf dem jetzt CSMA/CD läuft, ist nämlich leider weder für FDDI noch für 802.6 MAN brauchbar. Und gerade FDDI wird ***der*** LAN-Standard der Zukunft sein. Daher sollten von Anfang an Glasfaserbündel verlegt werden, die dann in den Endpunkten leicht zu zwei Ringen verbunden werden können; wobei ein FDDI-"Ring" dann eben aus zwei im selben Schacht durch's Haus laufenden Fasern besteht, die jeweils an den Enden zu einem Ring zusammengesteckt wurden.

In jedem Fall werden hybride Netze unsere Kommunikationsgewohnheiten entscheidend verändern. Die Möglichkeit, z.B. mit dem Gesprächspartner über eine offene Faktura zu telephonieren und gleichzeitig ein Faximile dieser Faktura zu übertragen, wird eine wesentliche Effizienzsteigerung in der Büroarbeit mit sich bringen. In weiterer Folge wird auch (zunächst nur am LAN oder in speziellen und nicht generell verfügbaren öffentlichen Netzen, wie BIGFON in der Bundesrepublik Deutschland, später auch generell in WANs und MANs) Videodatenübertragung mit all ihren Vorteilen (Ersparnis an Reisespesen, ad hoc Konferenzen, Fernschulung etc.) möglich sein. In den 70-er und 80-er Jahren haben sich Fernsprechen und Datenübertragung systematisch auseinanderentwickelt; durch hybride Glasfasernetze werden beide Bereiche in den 90-er Jahren dieses und 10-er Jahren des nächsten Jahrhunderts wieder miteinander verschmelzen.

2.6.3 Integration LAN - WAN

Durch die weite Verbreitung von LANs im 1 - 10 Mbit/s-Bereich entstand eine gewisse Abgrenzung zwischen LAN und WAN. Der heute typische WAN-Anschluß ermöglicht 9.600 bit/s. X.25-Standleitungen sind heute bis zu 48 kbit/s, X.21-Standleitungen bis zu 128 kbit/s bittransparent erhältlich[34]. Dadurch entsteht ein gewisser Bruch in der Kommunikation LAN - WAN - LAN. Auch seitens der Protokollstacks ergeben sich Unterschiede. Wie wir bereits gesehen haben, verwenden WANs die Virtual Circuit-Technik auf Schicht 3 und ein minimales Transportprotokoll; der heute in LANs übliche Stack (egal ob nach OSI oder DoD) bietet ein Datagrammprotokoll auf Schicht 3 und ein entsprechend komplexes, verbindungsorientiertes Transportprotokoll.

Durch den ISDN-Primäranschluß wird es möglich, sein LAN mit einer transparenten physischen Verbindung im 1-2 Mbit/s-Bereich zu verbinden. Mit DS2000 ist dies zwar bereits heute möglich, aber nicht überall verfügbar. So wird es leichter möglich sein, ausgelagerte oder geographisch entfernte Organisationseinheiten mit dem Hauptgebäude bzw. der Zentrale zu verbinden und dabei im gesamten (erweiterten) LAN die selbe Dienstqualität zu bieten.

Durch die Einführung eines flächendeckenden ISDN wird (im "Maximum Integration Scenario" nach X.31) auch die echte Mischkommunikation zwischen Sprachübertragung sowie leitungs- und paketgeschaltener Datenübertragung möglich sein.

---

34 Für Details siehe die Informationsschriften DS64/DS128 und DS2000 der Österreichischen Generaldirektion für die Post- und Telegraphenverwaltung.

Die ultimative Lösung zur Kopplung von (auch hybriden) LANs wird die Einführung von MANs bringen. Solche MANs sind die organische Erweiterung lokaler Netze und sind auch von ihrer Geschwindigkeit her wesentlich attraktiver als selbst der Schmalband-ISDN-Primäranschluß. Viele Organisationseinheiten oder Gruppen von Organisationseinheiten mit intensiver Kommunikation zwischen ihren lokalen Netzen werden bis Mitte der 90-er Jahre entdecken, daß das MAN und nicht eine WAN-Lösung die Antwort auf ihre Kommunikationsprobleme ist. So könnten etwa Universitäten und Forschungseinrichtungen in Wien ihre lokalen Netze über ein MAN koppeln.

3. Das Anwendersystem

3.1 Prinzipieller Aufbau

Zwei Möglichkeiten, die drei Schichten des Anwendersystems aufzubauen, sind gewählt worden:

- Die Normierung der Schichten des Anwendersystems funktionsspezifisch, ohne schichtenspezifische Gliederung oder
- Die strenge hierarchische Gliederung nach den Schichten des ISO-OSI-Modells.

Der erste Weg wurde vom DoD mit den Anwenderstandards zu TCP/IP beschritten. Diese Familie von Standards enthält drei anwendungsspezifische Protokolle: FTP (Filetransfer), SMTP (Mail Transfer) und Telnet (virtuelles Terminal). Jedes dieser Protokolle umfaßt die kompletten Schichten 5-7 nach ISO-Definition.

ISO hingegen blieb auch bei der Formulierung der Anwenderstandards bei einem streng nach Schichten gegliederten Aufbau. Session und Presentation Layer-Protokolle sind von der gewählten Applikation völlig unabhängig, ja ISO ging sogar noch einen Schritt weiter: innerhalb des Application Layer wurde zwischen Allgemeinen Applikationselementen (CASE, Common Application Service Elements) und Spezifischen Applikationselementen (SASE, Specific Application Service Elements) unterschieden.

Die Allgemeinen Applikationselemente sind von der eigentlichen Aufgabe der Applikation unabhängig, sie stellen allgemeine Funktionen, wie Gliederung in Transaktionen, Rollback, Verwaltung von Directories, einen allgemeinen Trägerdienst für entfernte Operationen, Verbindungsverwaltung auf Applikationsebene u.ä. zur Verfügung. CASE bilden eine Art "Werkzeugkasten", aus dem je nach Bedarf Elemente, die ein applikationsspezifisches Protokoll nicht bietet, entnommen werden können. SASE hingegen bieten applikationsspezifische, benutzerorientierte Funktionen, wie Filetransfer, virtuelles Terminal oder entfernte Datenbankzugriffe.

Dabei wird aber Schicht 7 nicht in zwei Subschichten unterteilt, CASE und SASE existieren vielmehr gleichberechtigt nebeneinander und greifen beide direkt auf Dienste des Presentation Layer zu.

Welche Vorteile bieten nun die beiden eben skizzierten Vorgangsweisen?

Ziel von DoD war es, möglichst schnell funktionierende Protokolle für drei Hauptfunktionen der Netzkommunikation (Transfer von Dateien, elektronischer Post und Terminalzugriff) zu realisieren. Diese Standards fanden rasch weite Verbreitung und werden auch nach der Definition der entsprechenden ISO-Standards noch lange erfolgreich weiter existieren. Allgemein muß jedoch gesagt werden, daß die von ISO verfolgte Strategie die langfristig erfolgversprechendere ist. Nicht nur, daß die ISO-Standards den DoD-Pendants funktionell überlegen sind (ich werde die wichtigsten Standards in den folgenden Unterkapiteln einzeln und im Detail einander gegenüberstellen); auch die strenge Schichtengliederung bietet einige Vorteile. So gibt es im ISO-Protokollstack nur ein einheitliches Session-Protokoll, und es muß nicht jede Applikation ihre eigenen Routinen zur Sitzungsverwaltung bereitstellen.

3.2 ISO Session/ISO Presentation

3.2.1 ISO Session

Die grundlegenden Funktionen des Session Layer wurden bereits in der Einleitung genannt. Zusätzlich zum Aufbau, der Aufrechterhaltung und des Abbaues von Verbindungen sieht das ISO Session-Protokoll (ISO 8326, 8327) noch einige weitere Dienste vor. Durch Setzen von Synchronisationspunkten wird eine Verarbeitung analog zu Transaktionsprogrammen in einzelne Teilschritte zerlegt, wobei der Beginn eines jeden Teilschrittes einen Konsistenzpunkt bedeutet. Dadurch wird das Wiederaufsetzen nach Fehlern wesentlich vereinfacht.

Zwei Arten von Synchronisationspunkten sind definiert. Hauptsynchronisationspunkte (Major Synchronization Points) trennen voneinander völlig unabhängige Dialogeinheiten. Ein solcher Synchronisationspunkt muß eigens von der Partnerinstanz bestätigt werden, bis zum Eintreffen der Bestätigung ruht die Verbindung. Sollte ein Rollback erforderlich werden, so kann nur bis zum letzten Hauptsynchronisationspunkt zurückgesetzt werden.

Sonstige Synchronisationspunkte (Minor Synchronization Points) können innerhalb einer Dialogeinheit gesetzt werden, wobei der Sender weitersenden kann, ohne erst die Bestätigung der Partnerinstanz abwarten zu müssen. Ein Rollback auf einen sonstigen Synchronisationspunkt innerhalb der laufenden Dialogeinheit ist möglich.

Hauptsynchronisationspunkte können etwa bei Filetransfer pro Datei, bei Programmzugriff über das virtuelle Terminalprotokoll pro Transaktion gesetzt werden. Sollte es während der Übertragung zu kleineren Fehlern kommen, kann auf den letzten sonstigen Synchronisationspunkt zurückgesetzt werden.

Allerdings bietet der Session-Service nach ISO zwar Synchronisation und Resynchronisation (i.e. das Zurückgehen auf einen früheren, konsistenten Zustand), aber selbst **keinen Rollback auf Session Ebene!** Das heißt, daß keine Daten bis zum nächsten Hauptsynchronisationspunkt zwischengespeichert werden, um ein Wiederaufsetzen zu ermöglichen. Dies ist Aufgabe des jeweiligen Anwendungsprotokolls selbst. Der Session Layer stellt bloß Synchronisationsinformationen zur Steuerung des Rollbacks zur Verfügung. Das aber bedeutet, daß in einem OSI-Protokoll-Stack das Schicht 7-Protokoll für einen allfälligen

Rollback verantwortlich ist, sei es als Teil des applikationsspezifischen Protokolls oder mittels eines CASE.

Der Resynchronisationsmechanismus bietet drei Möglichkeiten: es kann bei jedem beliebigen Punkt seit dem letzten Hauptsynchronisationspunkt (Restart), seit Beginn der Sitzung (Set), wenn noch kein Hauptsynchronisationspunkt gesetzt wurde, oder jedem Punkt **nach** dem Punkt, an dem resynchronisiert wurde (Abandon), wieder aufgesetzt werden. Letztere Möglichkeit ist dann von Vorteil, wenn z.B. Teile eines Dateitransfers kompletter "Unsinn" sind (etwa zerstörte oder nicht zugängliche Dateien), und man später wieder aufsetzen möchte.

Mehrere Dialogeinheiten können zu einer Aktivität zusammengefaßt werden. Diese hat für den oben beschriebenen Wiederaufsetzmechanismus keine Bedeutung, sondern ermöglicht es, z.B. eine Kette von langen Dateitransfers für eine andere Verarbeitung höherer Priorität zu unterbrechen und nachher wieder richtig aufzusetzen. Wobei optional auch sogenannte Ermächtigungsdaten (Capability Data) möglich sind, die in sehr kleinem Umfang auch ohne Aktivität gesendet werden, wenn die Verwendung von Aktivitäten vereinbart wurde.

Eine ISO-Session besteht also aus folgenden, hierarchisch gegliederten Abschnitten:

- Session
- Aktivität (optional)
- Dialogeinheit
- Abschnitte zwischen sonstigen Synchronisationspunkten

Wie bereits in der Einleitung besprochen, muß ein Session-Protokoll die Zuweisung bestimmter Funktionen an Applikationen regeln. ISO erreicht dies durch Token. (siehe Kapitel 1.3.2). ISO definiert für folgende Funktionen Token:

- Datentoken bei halbduplex Verbindungen
- Hauptsynchronisationspunkte (und Aktivitätsregelung)
- sonstige Synchronisationspunkte
- Freigabe der Verbindung

Der Session-Service nach ISO soll vor allem auf ISO TP laufen. Wir haben bereits in Kapitel 2.3.8 festgestellt, daß TP4 bei Erhalt des TPDU zum

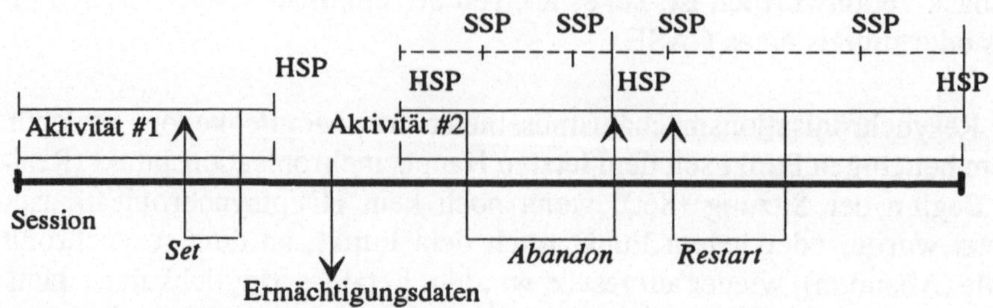

Abb.3.1: Aufbau einer OSI-Session

Verbindungsabbau die Verbindung ohne Rücksicht auf eventuell noch in der Übertragung befindliche Daten-TPDUs abbricht. Es ist Aufgabe des Session-Protokolls dafür zu sorgen, daß die Sitzung erst beendet wird - also das Senden des entsprechenden Disconnect-TPDU über das TP-Primitiv angefordert wird, wenn alle SPDUs in Daten-TPDUs erfolgreich zugestellt worden sind. Es ist bei dieser Vorgangsweise klar, daß ein verbindungsloser Session-Service auf TP4 nicht ohne weiteres aufgesetzt werden kann, wenn auf Schicht 3 ein Datagrammdienst verwendet werden soll.

Wie auch in anderen Schichten stellt der Session-Layer der nächst höheren Schicht seine Dienste in Form von **Primitiven** zur Verfügung.

- S-CONNECT
- S-SYNC-MINOR
- S-SYNC-MAJOR
- S-RESYNCHRONIZE
- S-ACTIVITY-INTERRUPT
- S-ACTIVITY-DISCARD
- S-ACTIVITY-END
- S-RELEASE

jeweils als .Request, .Indication, .Response und .Confirm. Diese Primitiven laufen nach in der folgenden Graphik beschriebenem, grundsätzlichen Schema ab: Weitere Primitiven, jeweils als .Request und .Indication, sind

- S-DATA
- S-EXPEDITED-DATA

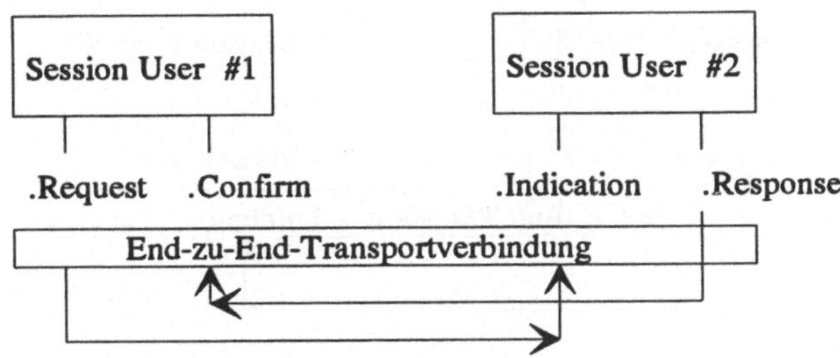

Abb.3.2: Bestätigte Primitiven (allgemein)

- S-TYPED-DATA
- S-CAPABILITY-DATA
- S-TOKEN-GIVE
- S-TOKEN-PLEASE
- S-CONTROL-GIVE
- S-U-EXCEPTION-REPORT
- S-ACTIVITY-START
- S-ACTIVITY-RESUME
- S-U-ABORT

sowie

- S-P-EXCEPTION-REPORT
- S-P-ABORT

ausschließlich als .Indication.

Expedited Data werden sowohl am Tokenmechanismus als auch an der Schicht 5-Flußkontrolle vorbei geschleust. Allerdings können Expedited Data nur dann übertragen werden, wenn auch der Transport Layer Expedited Data-Transfer bereitstellt. Typed Data umgehen wie Expedited Data den Tokenmechanismus, unterliegen aber der Schicht 5-Flußkontrolle. Da der Session Layer keine eigene Flußkontrolle kennt, muß bei Expedited Data ein entsprechendes Primitiv auf Schicht 4 vorhanden sein. Typed Data hingegen sind vom Standpunkt des Transportprotokolls normale Benutzerdaten, mit dem Tokenmechanismus auf Schicht 5 ist das Transportprotokoll ja nicht befaßt.

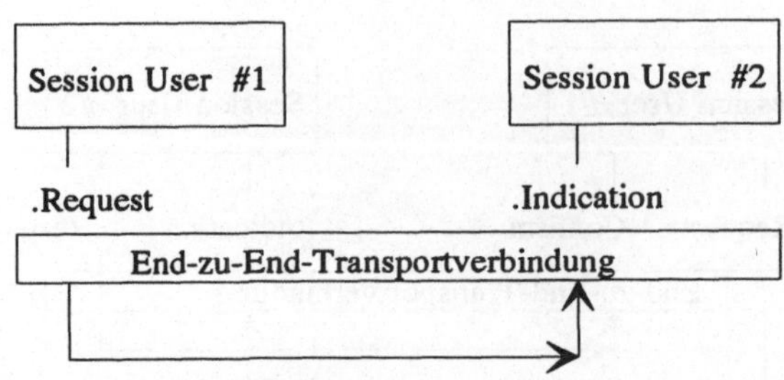

Abb.3.3: Unbestätigte Primitiven (allgemein)

Beim Verbindungsaufbau werden außerdem Servicequalitätsparameter (SQP) mittels Verhandlung festgelegt. An SQP stehen zur Verfügung: Prioritäts- und Sicherheitsstufe, erweiterte Kontrolle und optimierter Dialogtransfer, die Residualfehlerrate sowie Durchsatz und Verzögerung (für die beiden letzten kann nicht nur der gewünschte, sondern auch der minimal akzeptierte Wert angegeben werden).

Die erweiterte Kontrolle erlaubt es dem Session-Benutzer, bei Blockieren der Verbindung die Aktivität zu unter- bzw. abzubrechen und zu resynchronisieren oder einen User-Abort durchzuführen. Der optimierte Dialogtransfer erlaubt es der Session-Protokollmaschine, die Daten mehrerer Primitiven in ein PDU zu verpacken und damit den Verkehr zu reduzieren.

Solche SQP werden vom Presentation Layer im S-CONNECT.Request-Primitiv angegeben und mit .Indication der Partnerinstanz mitgeteilt. Eine Aushandlung der SQP, ohne die zur Verfügung stehende Transportverbindung zu berücksichtigen, ist jedoch ziemlich sinnlos. Daher werden zu hohe, im .Request geforderte SQP im .Indication an die Partnerinstanz an die Parameter

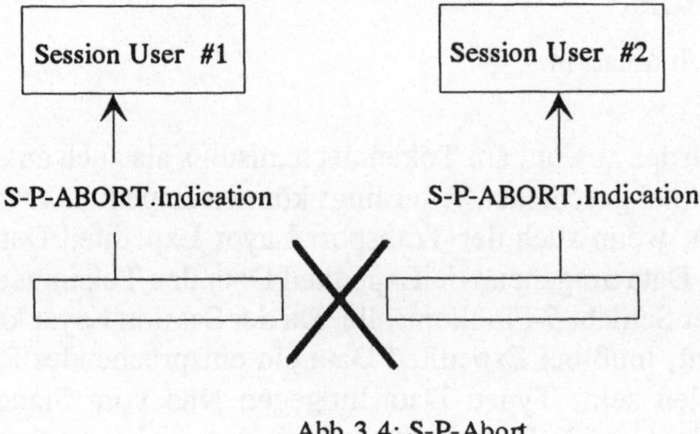

Abb.3.4: S-P-Abort

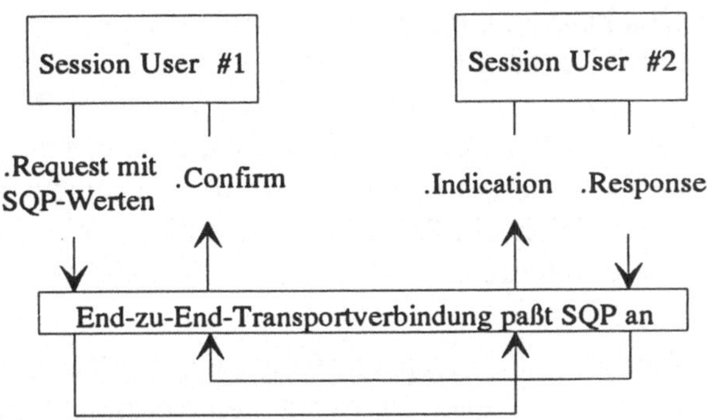

Das Transportsystem paßt die SQP an seine Fähigkeiten an und stellt die so modifizierten SQP dem Session Layer #2 im .Indication zur Verfügung. Sessionmodul #2 teilt Sessionmodul #1 im .Response entweder mit, daß die SQP unterstützt werden, oder aber es lehnt den Verbindungsaufbau ab.

Abb.3.5: Aushandlung der SQP

des Netzes angepaßt, oder aber, wie im Falle der Sicherheits-SQP, das Transportsystem sendet sofort (lokal) ein ablehnendes S-CONNECT.Confirm an seinen User, da ein Verbindungsaufbau ohnedies keinen Sinn hätte, wenn das Netz die vom Benutzer gewünschte Sicherheits-SQP nicht unterstützt. Das selbe gilt, wenn die Transportverbindung nicht in der Lage ist, die geforderten Werte für Durchsatz und Verzögerung zu unterstützen.

Im Falle der Prioritätsstufe kann das Transportsystem die Priorität, die der Benutzer verlangt, noch weiter erhöhen, nicht aber senken. Die Partnerinstanz des sendewilligen Benutzerprozesses teilt im .Response mit, ob die geforderten SQP unterstützt werden, wenn nicht, wird i.R. der Verbindungsaufbau abgelehnt; diese Antwort wird dem sendewilligen Benutzer im .Confirm mitgeteilt. Mit diesem Mechanismus können die unterschiedlichsten Applikationsstandards unterstützt werden. Jede Art der Unterbrechung bzw. des Abbruchs einer Aktivität bedarf ebenfalls der Bestätigung, da sichergestellt werden muß, daß nicht SPDUs (Session Protocol Data Units) an Partner gesendet werden, die z.B. die Aktivität von sich aus schon längst unterbrochen haben. Aktivitätsstart und -wiederaufnahme bedürfen hingegen keiner Bestätigung, da ihnen ohnedies die Daten auf den Fuß folgen, und die End-zu-End-Verbindung als sicher angenommen wird, wofür die Transportverbindung zu sorgen hat. Mit den Unsicherheiten der eigentlichen Netzübertragung hat der Session Layer ja nichts mehr zu tun, dies ist Sache der unteren vier Schichten. Aus diesem Grund sind auch die Primitiven des Datentransfers (inklusive Token-Primitiven) als unbestätigter Dienst ausgelegt.

Mit Abort wird die Verbindung ohne weitere Wartezeit abgebrochen. Die Ursache des Abbruchs kann in einer Schicht unterhalb des Session Layer oder in den Schichten 6 und 7 liegen. Stammt die Ursache aus dem Transportsystem, bleibt dem Session Layer nichts anderes übrig, als die Tatsache seinem Presentation Layer-Protokoll anzuzeigen. Kommt der Abbruch aus einer höheren Schicht, muß der Presentation Layer den Abort von seinem Session-Protokoll explizit verlangen - daher ein Request - sowie dies der Partnerinstanz mit dem Indication-Primitiv mitteilen.

Die kurze Beschreibung der Serviceprimitiven zeigt die Komplexität des ISO Session Layer. Der Session Layer ist damit den vergleichbaren Teilen der DoD-Standards z.T. weit überlegen. Kein DoD-Anwenderstandard bietet in ähnlichem Umfang Resynchronisationsmöglichkeiten[35] oder eine derart klar umrissene Hierarchie von Session, Aktivität und Synchronisationspunkten, was nicht nur Wiederaufsetzen, sondern auch ein Unterbrechen von Aktivitäten geringer Priorität (z.B. Dateitransfer) zu Gunsten solcher mit hoher Priorität und damit eine gesteigerte Flexibilität ermöglicht. Auch sparen sonstige Synchronisationspunkte im Fehlerfall Leitungskapazität, da ein Wiederaufsetzen nach leichten Fehlern nicht unbedingt ein Zurückgehen auf den letzten Hauptsynchronisationspunkt bedeutet, sondern zu einem späteren Zeitpunkt im Datenfluß aufgesetzt werden kann.

Für viele Anwender wird sich allerdings die Frage stellen, ob man diesen Funktionsumfang auch braucht. Daher definierte ISO Untermengen (Subsets) von Funktionen, die einfachen Applikationen genügen. Als "Einstiegsvariante" fungiert der **Session Kernel**. Er bietet

- Verbindungsauf- und -abbau,
- Abort (sowohl seitens der Schicht 4 also auch 6) sowie
- normalen Datentransfer.

Der Kernel bietet weder Synchronisationsmöglichkeiten noch Give oder Please Token! **Basic Combined Subset (BCS)** bietet zusätzlich

- Give und Please Token Primitiven,

35 FTP: Der Blockübertragungsmodus entspricht in etwa der Verwendung von sonstigen Synchronisationspunkten.
Telnet: Keine.
SMTP: Keine.

aber noch immer keine Synchronisation. Dies wird im **Basic Synchronized Subset (BSS)** geboten:

- Typed Datentransfer und
- alle Syn- und Resynchronisationsmöglichkeiten,

aber kein Aktivitätsmanagement und daher auch keine Unterbrechungsmöglichkeit während einer Sitzung. Wer darauf Wert legt, dem wird das **Basic Activity Subset (BAS)** angeboten, das gegenüber BSS zusätzlich über

- eine Reporting Funktion bei Fehlern des Transportsystems sowie des Benutzerprozesses auf den Schichten 6 und 7,
- ein Aktivitätsmanagement und daher
- auch über Ermächtigungsdatentransfer

verfügt. Gegenüber BSS gehen jedoch

- die Möglichkeit zu Hauptsynchronisationspunkten und
- die entsprechende Resynchronisation

verloren! Außerdem ist in BAS die Übertragung standardmäßig halb-duplex.

Wo liegen nun die Anwendungsgebiete der einzelnen Submengen, oder einfach ausgedrückt: Wer braucht was?

BAS wird wohl außer für X.400 und einige Spezialanwendungen (z.B. CCITT T.62) wenig Verbreitung finden. Wer immer Transaktionsverarbeitung oder sicheren Filetransfer möchte, sollte zu BSS greifen, das als einzige Untermenge das volle Repertoire an Synchronisationsmöglichkeiten bietet. Einfache Anwendungen werden mit BCS voraussichtlich gut bedient sein, allerdings kennt BCS keine Übertragung von Typed Data.

Der Kernel war als Minimalausstattung vor allem für kleine Mikros gedacht (geringer Hauptspeicherbedarf), doch dürfte mit der verstärkten Verbreitung von leistungsfähigen Mikros auch in diesem Marktsegment der Bedarf bereits über den Kernel hinausgewachsen sein.

3.2.2 ISO Presentation

Wie bereits in der Einleitung gezeigt, bestehen die Aufgaben des Presentation Layer nach ISO aus drei Elementen:

- dem Kernel (Minimumsfunktionen)
- dem Kontextmanagement
- der Kontextwiederherstellung

Wie die Protokolle aller anderen Schichten auch, bietet der ISO Presentation Layer Service (ISO 8822 und 8823) seine Dienste in Form von Primitiven an. Anhand dieser Primitiven möchte ich die Funktionalität des Protokolls aufzeigen.

An bestätigten Primitiven (als .Request, .Indication, .Response und .Confirm) existieren:

- P-CONNECT,
- P-RELEASE,
- P-ALTER-CONTEXT,
- P-SYNCH-MINOR, P-SYNCH-MAJOR,
- P-RESYNCHRONIZE,
- P-ACTIVITY-END,
- P-ACTIVITY-INTERRUPT,
- P-ACTIVITY-DISCARD.

Als .Request und .Indication werden angeboten:

- P-TOKEN-GIVE, P-TOKEN-PLEASE,
- P-U-ABORT,
- P-TYPED-DATA, P-EXPEDITED-DATA,
- P-DATA, P-CAPABILITY-DATA,
- P-U-EXCEPTION-REPORT
- P-ACTIVITY-START, P-ACTIVITY-RESUME,
- P-CONTROL-GIVE

Zwei Primitive gibt es nur als Indication:

- P-P-ABORT
- P-P-EXCEPTION-REPORT

Diese Primitiven decken sich weitgehend mit denen des Session Layer. Verbindungsauf- und -abbau, die Synchronisation sowie die Unterbrechung von Aktivitäten sind aus genau den selben Gründen wie beim Session Layer-Protokoll als bestätigte Serviceprimitiven ausgelegt. Wie der Session Layer vertraut auch das Presentation-Protokoll auf die Sicherheit des Transportsystems, die von Schicht 4 garantiert wird. Daher sind alle Primitiven des Aktivitätsstarts bzw. der -wiederaufnahme, des Tokentransfers und der Datenübertragung unbestätigt. Auch die Abort-Primitiven sind in ein reines P-P-ABORT.Indication (zeigt einen Abbruch auf Grund eines Versagens der Schichten 1-5 an) und die von der Applikation auf Schicht 7 gesteuerten P-U-ABORT-Primitiven geteilt.

Das **Kontextmanagement** wird durch P-CONNECT und P-ALTER-CONTEXT realisiert. Bei Verbindungsaufbau kann der Sender eine Liste von Kontexten sowie einen Default-Kontext vorschlagen. Der Empfänger erhält die Liste der Kontextwünsche des Senders und gibt mit seinem CONNECT.Response an, ob er die betreffenden Kontexte unterstützt. Damit ist eine Menge von Kontexten definiert, die sozusagen als "Repertoire" für die nun folgende Sitzung dienen. Ein für eine konkrete Übertragung gewünschter Kontext muß in dieser Menge der a priori vereinbarten Kontexte sein. Während der Sitzung kann dieses Repertoire geändert werden, Kontexte können abgewählt, neue hinzugefügt werden. Wenn eine Kontextliste als Vorschlag übertragen wird, sei es auf Grund eines P-CONNECT.Request oder eines P-ALTER-CONTEXT.Request, markiert der Session Layer, welche Kontexte in dieser Liste vom Netz unterstützt werden. Da das Kontextmanagement im Session Layer kein Pendant hat, gibt es auch keine entsprechenden Primitiven; mehr noch, die den Primitiven entsprechenden PPDUs werden auf Session-Ebene als Typed Data übertragen und umgehen damit die Sendekontrolle durch die verschiedenen Token. In den P-CONNECT-Primitiven werden auch die SQP der S-CONNECT-Primitiven weitergeleitet, diese werden vom Presentation Layer aber nur zwischen Applikation und Sitzungsverwaltung weitergereicht, ohne bearbeitet zu werden.

Den Primitiven entsprechen, wie in jedem Schichtenprotokoll, die einzelnen **PDU-Formate**. Ich werden auf eine detaillierte Darstellung der Formate verzichten und verweise auf die entsprechende Norm. Für den Kernel sind an PDUs definiert:

- P-CONNECT
- P-U- und P-P-ABORT
- P-DATA
- P-TYPED-DATA

- P-EXPEDITED-DATA
- P-CAPABILITY-DATA

Für das Kontextmanagement und die Kontextwiederherstellung:

- P-ALTER-CONTEXT
- P-RESYNCHRONIZE

Es gibt allerdings einen bedeutsamen Unterschied zu den PDUs der bisher in den Schichten 2-5 behandelten Protokolle. In diesen Protokollen entsprach jedem Serviceprimitiv ein PDU; in der Schicht 6 jedoch gibt es Serviceleistungen für Schicht 7, denen kein PDU entspricht, da es bestimmte Primitiven gibt, die nur für die Datenübertragung selbst, also die darunterliegenden Schichten von Bedeutung sind, und mit denen der Presentation Layer nichts anfangen kann.

3.2.3 Das Zusammenspiel von ISO Session und Presentation

Vom Standpunkt des Presentation-Protokolls gibt eine Applikation (oder ein CASE) zwei Arten von Anforderungen an diesen weiter: solche, die den Presentation-Service eigentlich nicht betreffen, wie Synchronisation, Tokenkontrolle oder Aktivitätsmanagement und die daher 1:1 über die entsprechenden Primitiven an den Session Layer weitergegeben werden, und andererseits Primitiven, die die Funktion des Presentation Layer selbst betreffen.

Nur diese werden in Schicht 6-PDUs verpackt und als Nettodaten an den Session Layer weitergegeben; nur für sie bestand daher überhaupt die Notwendigkeit, PDU-Formate zu "erfinden". Alle anderen Primitiven werden an den Session Layer weitergereicht (Durchreichedienste, Pass-Through Services). Dazu gehört (mit Ausnahme der Resynchronisation) die gesamte Dialogsteuerung.

Primitiven, die Schicht 6 betreffen, sind Verbindungsauf- und -abbau, Kontextmanagement und Resynchronisation sowie die Übertragung verschiedener Datenarten (User-, Typed-, Expedited-, Capabilitydaten). Aber auch die Parameterliste dieser PDUs weist Einträge auf, die nur für den Session Layer sinnvoll sind. So enthält z.B. das Resynchronisations-PDU als Parameter den Typ der Resynchronisation, die serielle Nummer des Synchronisationspunktes sowie Token, alles Dinge, die den Presentation Layer relativ kalt lassen. Nur die Liste der Kontexte, die durch dieses PDU nach einer Resynchronisation

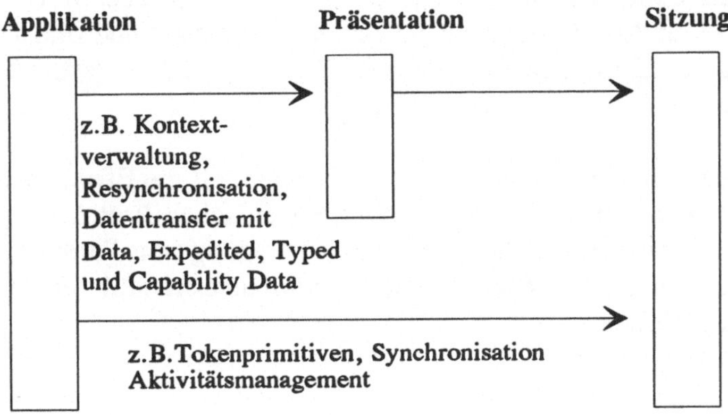

Abb.3.6: Durchreichedienste

wieder gelten sollen, und auch allfällig mitübertragene Benutzerdaten , sind für den Presentation-Service interessant. Da der Protokollstack nach ISO streng schichtenorientiert ist, trägt das Schicht 6-PDU also eine Menge an Informationen für die nächstniedrigere Schicht mit sich herum, mit denen es eigentlich nichts anzufangen weiß.

Was aber zunächst wie eine unnötige Belastung aussieht, ist in Wirklichkeit eine unter Umständen enorme Einsparung. Durch die Einbettung von Schicht 7-, 6- und 5-PDUs ineinander, ist ein *gleichzeitiger* Verbindungsauf- und -abbau auf Schichten 5-7 möglich. Dadurch muß z.B. keine extra Sitzung aufgebaut werden, wenn ohnedies klar ist, daß die beiden Presentation-Module auf Grund unterschiedlicher Kontextvorräte nicht miteinander reden können. Außerdem werden im .Indication des Verbindungsaufbaues auf Ebene 6 (und auch 7) bestimmte Parametervorschläge vom Sender übergeben. Um aber entscheiden zu können, welche dieser Parametervorschläge tatsächlich von den darunterliegenden Schichten unterstützt werden, müßte *zuerst* der Verbindungsaufbau der darunterliegenden Schichten und deren Reaktion auf die Parameter-

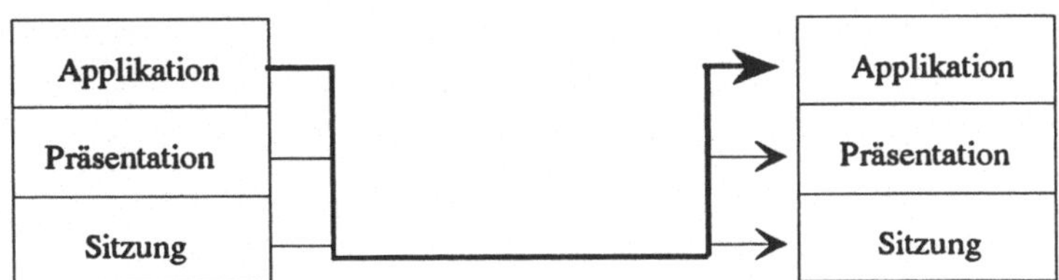

Abb.3.7: Koordinierter Verbindungsaufbau Schichten 5-7

vorschläge auf Schicht 6 bzw. 7 abgewartet werden. So aber werden alle drei Verbindungen auf Anwenderebene gleichzeitig hergestellt und sind auch gleichzeitig verfügbar. Dies erzwingt auch ein 1:1:1-Verhältnis zwischen Sitzung, Präsentations- und Applikationsverbindung.

Damit aber vereinen ISO-Standards der Schichten 5-7 die Effizienz eines nicht nach Schichten strukturierten, anwendungsspezifischen Protokolls (à la FTP) bei Verbindungsaufbau und koordinierter Festlegung von Parametern für die drei Schichten einerseits, aber auch die Vorteile eines modularen Aufbaues im Sinne des OSI-Modells.

Weiterführende Literaturhinweise

Die Standards:
ISO 8326 bzw. X.215, Session Service Definition
ISO 8327 bzw. X.225, Session Protocol Specification
ISO 8822 bzw. X.216, Presentation Service Definition
ISO 8823 bzw. X.226, Presentation Protocol Specification.
Die CCITT-Standards finden sich in einer kommentierten deutschen Übersetzung in:
Tietz; CCITT-Empfehlungen der V-Serie und der X-Serie 6.Auflage, Bd. 5.1 (X.225), Bd. 5.2 (X.226) sowie Bd. 4.2 (X.215 und X.216).

3.3 ISO CASE

3.3.1 ACSE

Das Association Control Service Element soll für alle SASE den Verbindungsaufbau, -abbau und -abort übernehmen. ACSE wird dabei von einem SASE und einem oder mehreren CASE benutzt. Die Kombination von einem oder mehreren ASE zu einem bestimmten Zeitpunkt nennt ISO Applikationskontext.

Dieser Applikationskontext ist von Kontexten auf Presentation-Ebene zu unterscheiden, es handelt sich hier um ein, für eine konkrete Verbindung aufgebautes, Zusammenspiel von Benutzerelementen und Applikationseinheiten (CASE und SASE) sowie der dabei verwendeten Semantik in zwei Endsystemen. Durch diesen Applikationskontext ergibt sich naturgemäß auch die abstrakte Syntax und damit der - bei einer konkreten Transfersyntax - sich ergebende Kontext auf Presentation Layer-Ebene. Zwischen der Verbindung auf den Schichten 5 und 6 sowie einem ACSE besteht eine 1:1:1-Relation; d.h. mehrere über ACSE-Verbindungen laufende SASEs können nicht über eine Session Layer-Verbindung multigeplext werden.

Wie üblich wird der Dienst dieses Protokolls in Form von Primitiven angeboten. Als .Request, .Indication, .Response und .Confirm gibt es

- A-ASSOCIATE
- A-RELEASE,

die den Verbindungsauf- und -abbau regeln; als .Request und .Indication wird

- A-ABORT

geboten, wobei A-ABORT anzeigt, daß der Verbindungsabbruch entweder vom Applikationsbenutzer oder vom/von den CASE bzw. SASE initiiert wurde.

- A-P-ABORT

gibt es nur als .Indication, da in diesem Falle der Grund für den abrupten Abbruch im Presentation-Protokoll oder darunter zu suchen ist. Im Gegenzug benötigt ACSE die folgenden Presentation Layer-Primitiven:

- P-CONNECT
- P-RELEASE
- P-U-ABORT
- P-P-ABORT

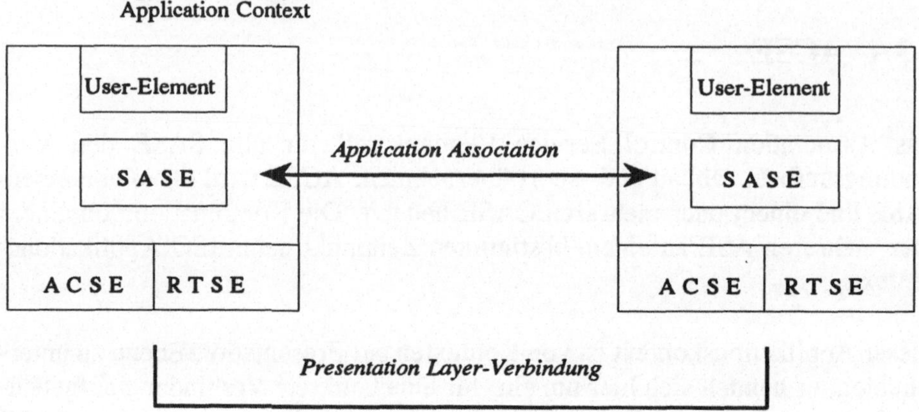

Abb.3.8: Zusammenspiel von ACSE mit anderen ASEs

Die ACSE-Primitiven werden also 1:1 auf die funktional entsprechenden Primitiven des Presentation Layer abgebildet. Einige Parameter der Primitiven, wie z.B. Token, alle die Synchronisation betreffenden Parameter, Kontext- oder Qualitätsparameter werden unverändert an den Presentation bzw. Session Layer weitergegeben. Auf Session Layer genügt ACSE der Dienst, der vom Kernel bereitgestellt wird.

3.3.2 RTSE

Aufgabe des Reliable Transfer Service Element (RTSE) ist die Bereitstellung eines Mechanismus' zur Übertragung von PDUs anderer ASEs, wobei eine Recoverfunktion bei Übertragungsunterbrechung geboten wird. Die Anzahl der dabei nochmals zu übertragenden PDUs ist zu minimieren.

Soweit der Verbindungsauf- und abbau bzw. -abort betroffen ist, greift RTSE auf ACSE zurück. Dies entspricht auch dem streng modularen Konzept von ISO. Werden die ACSE-Primitiven von RTSE verwendet, können sie von keinem anderen ASE verwendet werden (sonst würde die Verbindung ja mehrmals aufgebaut werden). Soweit die eigentlichen Aufgaben von RTSE betroffen sind, greift es direkt auf den Presentation Layer zu und verwendet dabei die Presentation Layer-Primitiven zum Aktivitätsstart, -unterbrechung, -wiederaufnahme und -ende, für sonstige Synchronisationspunkte (im Unter-

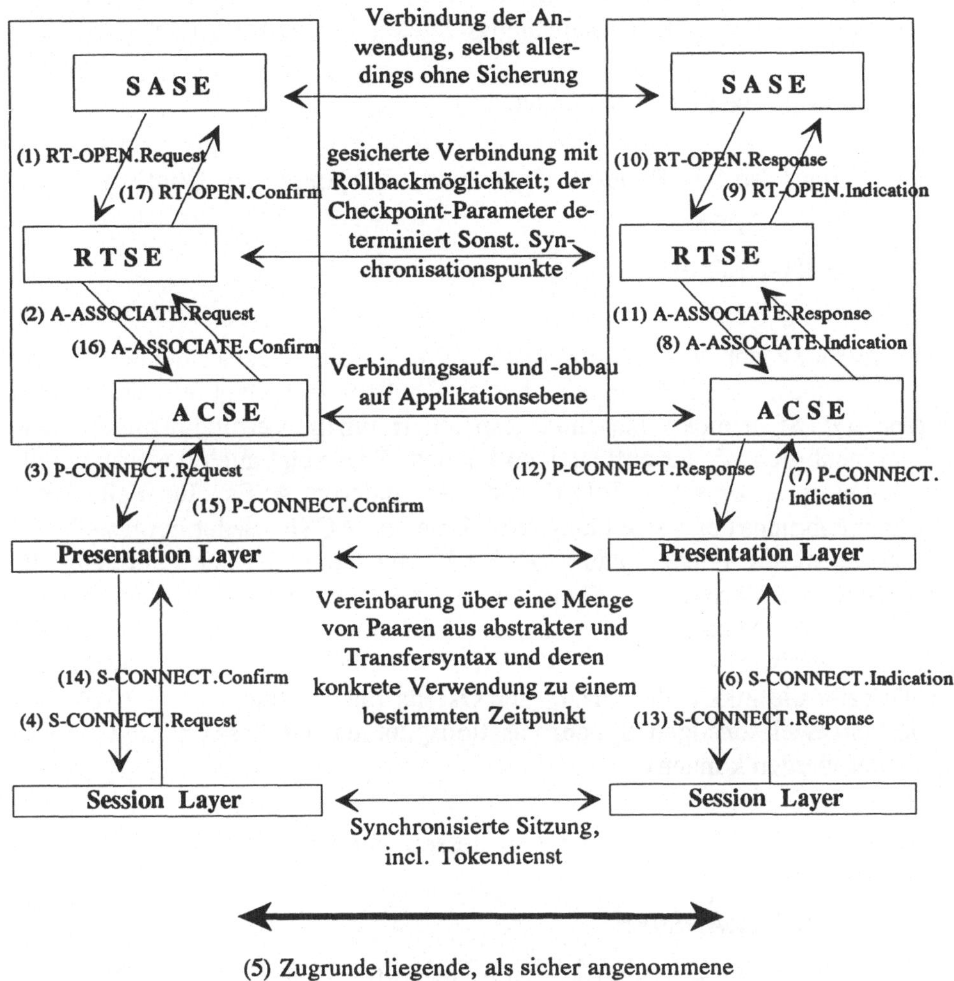

Abb.3.9: Zusammenspiel der Schichten 5-7 nach OSI

schied zu CCR aber nicht die Hauptsynchronisationspunkte!), Standardübertragung von Daten (P-DATA), beide EXCEPTION-REPORT-Primitiven, den PLEASE-TOKEN und den CONTROL-GIVE Service.

Da keine Hauptsynchronisationspunkte verwendet werden, kann der Strom der übertragenen Daten nicht in voneinander unabhängige Dialogeinheiten gegliedert werden. Werden also über eine mittels RTSE gesicherte Schicht 7-Verbindung mehrere Dateien übertragen, so bilden alle Dateien eine Einheit. Eine Gliederung wie bei CCR in unabhängige Dialogeinheiten, ist nicht möglich.

Folgende Primitiven bietet RTSE an:

voll bestätigt (also mit .Request, .Indication, .Response und .Confirm) sind

- RT-OPEN
- RT-CLOSE.

Bei Eröffnung der Verbindung werden die Verbindungsparameter, die mit OPEN.Request vorgeschlagen und mit .Confirm festgelegt werden, in der rufenden RTSE-Protokollmaschine gespeichert, um die Verbindung nach einem Zusammenbruch wieder aufbauen zu können. Dies zeigt auch das prinzipielle Zusammenspiel zwischen RTSE und den anderen ASEs. Im Falle eines Zusammenbruchs der Verbindung wird diese von ACSE wieder hergestellt, die Steuerung dieses Wiederanlaufs (also z.B. die Übergabe der Parameter der ursprünglichen Verbindung) übernimmt aber RTSE. Diese Parameter sind die Windowgröße (Standardwert = 3), der Dialogmodus (simplex oder halbduplex, Standardwert simplex!, vollduplex ist *nicht* definiert) und die Checkpointgröße (gibt die maximale Anzahl der Oktetts (als Vielfaches von 1024), die zwischen zwei sonstigen Synchronisationspunkten auf Session Layer-Ebene gesendet werden können).

Vom Partner-RTSE, nicht aber von dessen Benutzer bestätigt, daher ohne .Response, ist

- RT-TRANSFER

definiert. Für jeden Datenblock, den RTSE von seinem Benutzer erhält, wird auf Schichten 5 und 6 eine Aktivität aufgebaut. Der Checkpoint-Parameter bestimmt, wieviele Oktetts zwischen zwei sonstigen Synchronisationspunkten (Checkpoints) übertragen werden, wie stark also die RTSE-Benutzerdaten in RTSE-PDUs segmentiert werden müssen. Eine Aktivität besteht somit aus einem oder mehreren Checkpoints, am Ende der Aktivität folgt automatisch ein Hauptsynchronisationspunkt, nach dem ein Rollback nicht mehr möglich ist. Abb.3.10 zeigt den Zugriff von RTSE auf den Presentation Service bei RT-TRANSFER. Zur Vereinfachung habe ich bei den aufgerufenen Schicht 6-Primitiven .Request und .Indication zu "-RI", .Response und .Confirm zu "-RC" zusammengefaßt.

In Anbetracht der Komplexität dessen, was ein RT-TRANSFER.Request auf Schicht 6 auslöst, ist es nicht verwunderlich, wenn der Standard vorschreibt,

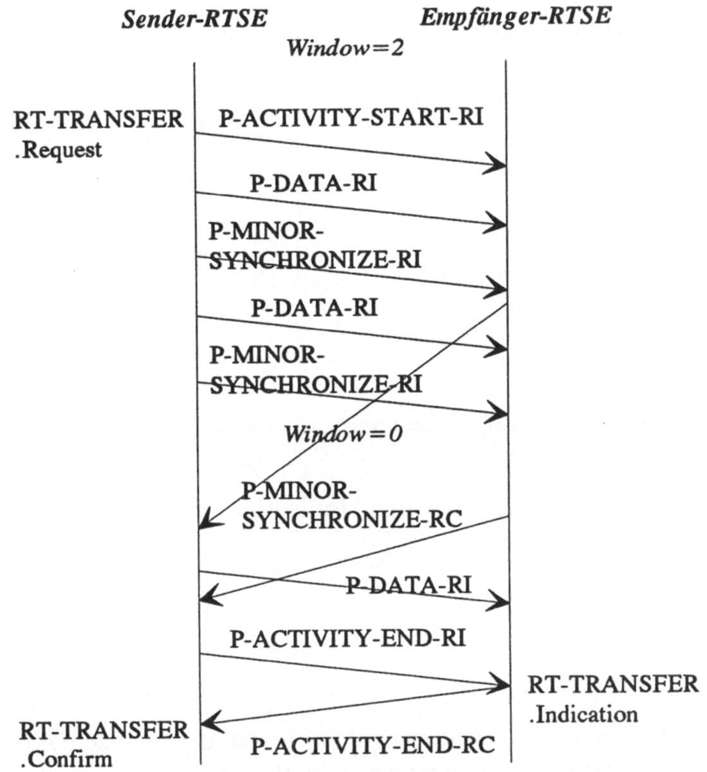

Der Benutzerprozeß übergibt der RTSE-Protokollmaschine einen zu sendenden Datenblock im RT-TRANSFER.Request. Pro Datenblock wird eine Schicht 6-Aktivität eröffnet (P-ACTIVI-TY-START-RI, nicht bestätigt). Der RTSE-Datenblock wird in einzelne P-DATA-"Häppchen" zerlegt, wobei der Checkpoint-Parameter im RT-OPEN angibt, wie groß diese Häppchen sein dürfen. Jedem P-DATA folgt ein sonstiger Synchronisationspunkt, der auch von der RTSE-Protokollmaschine des Partners bestätigt wird. Ebenfalls in RT-OPEN wurde eine Windowgröße (W) von 2 vereinbart. W wird vom Sender mit Erhalt jedes P-MINOR-SYNCHRONIZE.Confirm weitergezählt - da sich in unserem Beispiel das erste P-MINOR-SYNCHRONIZE-RC verspätet, muß der Sender nach dem zweiten P-DATA pausieren.

Nach dem letzten P-DATA folgt keine Synchronisation, sondern das Ende der Aktivität. P-ACTIVITY-END.Indication ist für die RTSE-Protokollmaschine des Empfängers das Signal, seinem Benutzer den nun kompletten RTSE-Datenblock zu übergeben; gleichzeitig setzt sie die Bestätigung des Aktivitätsendes an die RTSE-Protokollmaschine des Empfängers ab, die wiederum ihren Benutzer mit RT-TRANSFER.Confirm benachrichtigt.

Abb.3.10: RTSE als Benutzer des Presentation Service

daß vor dem nächsten RT-TRANSFER.Request das .Confirm des vorangegangenen Transfers abzuwarten ist.

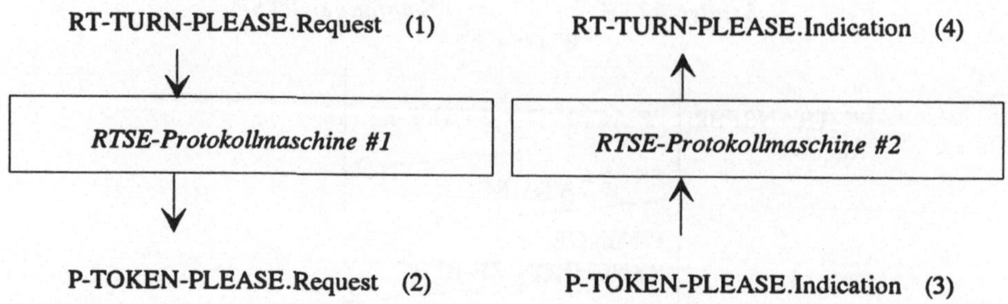

Abb.3.11: RTSE als Benutzer des Presentation Service

Unbestätigt (also nur als .Request und .Indication) sind

- RT-TURN-PLEASE
- RT-TURN-GIVE
- RT-U-ABORT (Abort durch den Benutzer).

Als reines .Indication existiert

- RT-P-ABORT (Abortanzeige durch den Presentation Layer an Benutzer weitergegeben).

Die Verwendung des Transfer- und Close-Primitives setzt den Besitz des Turn voraus. Das Turn ist also praktisch ein Token, es werden auch P-TOKEN-PLEASE bzw. P-CONTROL-GIVE als Umsetzung dieser Primitiven verwendet. Mit RT-TURN-PLEASE wird das Token angefordert, mit -GIVE der Partnerinstanz übergeben, was jedoch voraussetzt, daß keine unbestätigten PDUs ausständig sind. Mit diesem Mechanismus wird der Halbduplexbetrieb realisiert. Die zu sendenden Daten werden einer Prioritätskategorie zugeteilt, die im TURN-PLEASE der Partnerinstanz mitgeteilt wird. RTSE unterstützt auch Prioritätsmechanismen der Endbenutzerapplikation, diese sind für RTSE aber transparent.

Wie geschieht nun das Wiederaufsetzen im Fehlerfall? Zunächst kann die Fehlerursache im Bereich des RTSE-Benutzers liegen. Dabei können Fehler unterschiedlicher Schwere auftreten:

- Handelt es sich um einen schweren Fehler, der es nicht erlaubt, die Verbindung weiter aufrecht zu erhalten, wird

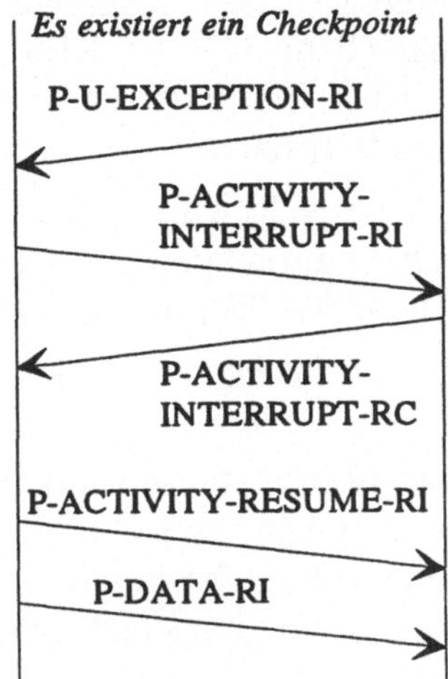

Der Wiederaufsetzmechanismus bei Verbindungsproblemen wird von RTSE selbständig gesteuert, ohne daß es dazu eines Eingriffs durch ein Benutzer-Primitiv bedürfte. In unserem Beispiel stellt das Empfänger-RTSE ein Verbindungsproblem fest, das keinen Abort erfordert. Die Aktivität wird unterbrochen und mit P-ACTIVITY-RESUME am letzten Checkpoint wieder aufgesetzt; es folgt auch gleich ein P-DATA mit dem PDU, das unmittelbar diesem Checkpoint folgte.

Abb.3.12: Wiederaufsetzmechanismus in RTSE

ein Abort, sowohl auf Schicht 7 als auch Schicht 6 eingeleitet (via ACSE).

- Tritt ein schwerer Fehler auf, der es aber erlaubt, die Verbindung an sich aufrecht zu erhalten, oder tritt ein leichter Fehler auf, ohne daß bereits ein Checkpoint bestätigt wurde, so ist es nötig, die bisher übertragenen Teilnachrichten trotz eventueller Checkpoints zu löschen. Als Reaktion darauf wird die Aktivität auf Präsentations- und Sitzungsniveau unterbrochen und zurückgesetzt (P-ACTIVITY-DISCARD), danach versucht RTSE, die Aktivität neu herzustellen (P-ACTIVITY-START).

- Kommt es bei einem Wiederaufsetzversuch zu einem Sequenzfehler (wird versucht, auf eine längst abgeschlossene Verbindung wieder aufzusetzen), so wird die Verbindung ebenfalls zurückgesetzt.

- Bei leichten Fehlern bei der Übertragung wird die Übertragung unterbrochen (die Aktivität auf Schicht 6 wird unterbrochen; P-ACTIVITY-INTERRUPT), danach die Übertragung nach dem letzten bestätigten Checkpoint wieder aufgenommen (P-ACTIVITY-RESUME). Dieser Vorgang setzt natürlich die Existenz zumindest eines bestätigten Checkpoints voraus.

- Kann die Fehlerursache nicht näher spezifiziert werden, so wird die Verbindung zurückgesetzt und ein Abort via ACSE eingeleitet (P-ACTIVITY-DISCARD und A-ABORT).

Der Fehler kann aber auch vom Presentation-Protokoll angezeigt werden. In diesem Fall hängt die Reaktion davon ab, ob es bereits bestätigte Checkpoints gibt (Aktivität unterbrochen und wiederaufgenommen) oder nicht (P-ACTIVITY-DISCARD) und neuerlicher Übertragungsversuch der gesamten Aktivität).

RTSE eignet sich vor allem für SASEs, bei denen außer Datentransfer relativ wenig passiert, wie z.B. X.400 (das auch tatsächlich der heute primäre Benutzer von RTSE ist). Sind die Aufgaben, die die SASE-Protokollmaschine im jeweiligen Endsystem zu erfüllen hat, komplexer (z.B. Remote Job Entry), so scheint RTSE wenig geeignet. Außerdem kann RTSE keinen Transaktionsbaum verwalten. Wird die Sicherung solcher Strukturen gewünscht, ist CCR RTSE unbedingt vorzuziehen.

Bei einfachen SASEs jedoch bietet RTSE eine recht problemlose Möglichkeit, das Synchronisationskonzept (so man BSS oder das Session-Vollprotokoll verwendet) bis auf die Hauptsynchronisationspunkte zu nutzen. Auch in Kombination mit ROSE kann RTSE zur Realisierung einfacherer verteilter Anwendungsprogramme zum Einsatz kommen.

3.3.3 CCR

RTSE ist für einfache Übertragungsformen gedacht, für eine komplexe Transaktionssicherung sind die angebotenen Dienste jedoch nicht ausreichend. Dafür entwickelte OSI zwei Standards, CCR (Commitment Concurrency and Recovery) und TP (Transaction Processing), deren Dienste für verteilte Transaktionsverarbeitung ausgelegt sind. Auf ihnen setzt auch RDA (Remote Database Access), der OSI-Standard für verteilte DB-Transaktionsverarbeitung, auf.

Zwei grundsätzliche Konzepte charakterisieren diese beiden OSI-Standards:

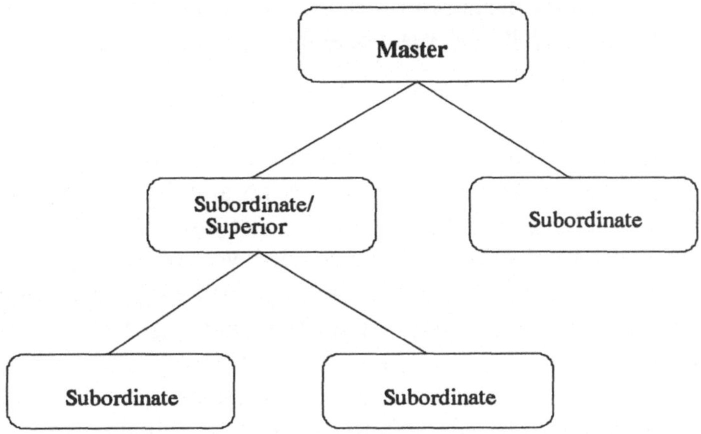

Abb.3.13: Der atomistische Baum

- der atomistische Baum (Atomic Tree) und
- das zweistufige Festschreiben der Daten am Ende der Transaktion (Two-Phase Commit)

Im Unterschied zu RTSE sind die beteiligten Kommunikationspartner nicht gleichberechtigt, sondern ein "Master" kontrolliert einen oder mehrere "Subordinates" (Untergebene). Hat ein Untergebener selbst weitere Untergebene, so ist er deren "Superior", Vorgesetzter. Der Master kontrolliert die Verbindung während einer atomistischen Aktion (Atomic Action). Am Ende einer solchen Aktion sind entweder alle oder keine einzige der Änderungen der der Transaktion unterworfenen Daten abgespeichert worden, damit entspricht eine atomistische Aktion einer Transaktion. Dabei übernimmt TP die Koordination des gesamten Dialoges und der Transaktion(en) aus der/denen der Dialog aufgebaut ist, CCR hingegen beschäftigt sich mit Commit/Rollback der einzelnen Teiltransaktion zwischen zwei Partnern.

Die Daten, die dem Commitment/Rollback-Mechanismus unterworfen werden, nennt ISO Bound Data (Transaktionsdaten). Die atomistische Aktion besteht aus vielen Einzelverbindungen (via ACSE verwaltet) und einer eigenen Sitzung zwischen jedem Vorgesetzten und Untergebenen. Die Summe dieser Einzelverbindungen ergibt die atomistische Aktion. CCR und TP beschreiben nun einen Mechanismus, wie die Teiltransaktionen zwischen den beteiligten ASEs hierarchisch zu einer atomistischen Aktion koordiniert und zusammengefaßt werden. Eine solche Aktion kann durch einen atomistischen Baum (Atomic Tree) gekennzeichnet werden. Dabei werden die beteiligten ASEs durch die Knoten, die Beziehungen (Teiltransaktionen) zwischen ihnen durch die Kanten dargestellt. Dieser Baum beschreibt das Verhältnis aller an der Aktion beteiligten Applikationen und ihr Vorgesetzter-Untergebenen-Verhältnis zueinander.

Der atomistische Baum ist somit eine Kette von hierarchisch angeordneten, nacheinander geöffneten Teiltransaktionen. Sind alle Teiltransaktionen eröffnet, so fordert der Master die beteiligten Knoten auf, die Gesamttransaktion abzuschließen (Prepare). Dieses Prepare wird von allen Superiors an ihre Subordinates weitergegeben bis alle Beteiligten das Prepare erhalten haben. Jeder Knoten hat nach Beendigung seiner Verarbeitung die Möglichkeit, ein Festschreiben seiner Änderungen in den Transaktionsdaten (Ready) oder einen Rollback anzubieten. Erst wenn ein Knoten von allen (!) seinen Untergebenen Ready angeboten bekommen hat, kann er seinerseits seinem Vorgesetzten das Festschreiben der Transaktion anbieten. Verweigert auch nur ein Untergebener das Festschreiben der Transaktion, so muß der Vorgesetzte seinem Vorgesetzten dies ebenfalls verweigern. Solange nicht die Meldungen aller Knoten vorliegen, wird keine Änderung im Datenbestand festgeschrieben. Am Ende trifft allein der Master die Entscheidung über Festschreiben oder Rollback.

Wie eine Teiltransaktion beendet wird, richtet sich also nicht nur nach dem, was sich in ihr selbst abgespielt hat, sondern auch nach dem Resultat aller ihr nachgeordneten Teiltransaktionen. Im vereinfachten Falle nur einer Nachfolgetransaktion ergibt sich für den Superior folgende Entscheidungstabelle:

Tabelle 3.1: Entscheidungstabelle für einen CCR-Knoten

	Resultat der Nachfolgetransaktion, in der der Knoten der Vorgesetzte ist		
		Commit	Rollback
Resultat der Transaktion, in der der Knoten Untergebener ist	Commit	Commit	Rollback
	Rollback	Rollback	Rollback

Der Koordinationsmechanismus besteht also aus zwei Etappen:

- dem Sammeln der Informationen von allen Knoten, ob der jeweilige Knoten festschreiben oder zurücksetzen will und
- der Commit/Rollback-Entscheidung des Masters, die von den Subordinates vollzogen wird.

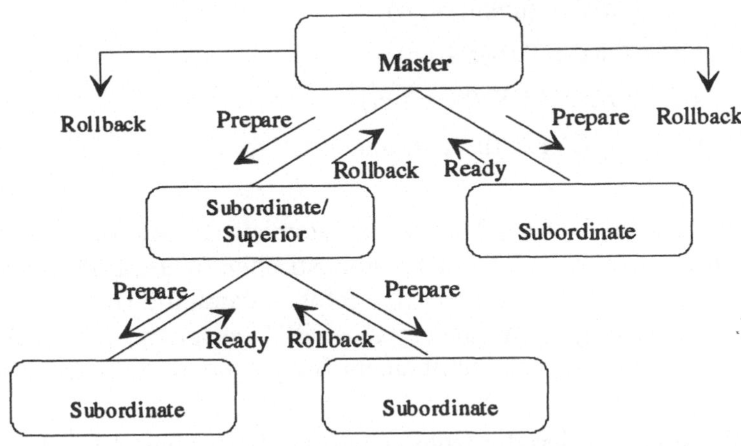

Abb.3.14: CCR-Transaktionsmechanismus

Diese Vorgangsweise wird als Two-Phase Commit bezeichnet und ist für die Erhaltung der Konsistenz in verteilten Systemen unerläßlich. Das Scheitern einer einzigen Teiltransaktion ***muß*** den Rollback der gesamten Transaktion auslösen, wie sollte auch sonst die Konsistenz des Gesamtsystems erhalten bleiben? Ein einstufiger Commit bietet hingegen keine Konsistenzgarantie im verteilten System. Würde nämlich der Master (oder irgend ein anderer Knoten) am Ende der Verarbeitungsschritte der Transaktion von sich aus auf Festschreiben entscheiden und dies auch gleich bei sich durchführen, so geschähe dies ohne Rücksicht auf die anderen beteiligten Systeme. So könnten z.B. einzelne Knoten Hardwareprobleme haben oder die Netzverbindung zu ihnen könnte unterbrochen worden sein; auch ganz triviale Verarbeitungsfehler können die Verarbeitung in einem Knoten stoppen. Wird nicht allen Knoten *nach Ende* der Verarbeitung und dem Zwischenspeichern der Daten auf einem sicheren Medium (Platte), aber noch *vor* dem endgültigen Festschreiben der Transaktion die Möglichkeit gegeben, ihren Wunsch nach Commit oder Rollback zu propagieren und führt nicht ein einziger Rollbackwunsch zum Rollback aller, so bedeutet jeder kleinste Verarbeitungsfehler die Inkonsistenz des Gesamtsystems. Der Two-Phase Commit vermeidet solche Inkonsistenzen.

CCR ist ein reines CASE zur Steuerung von Transaktionen; es wird von TP immer dann aufgerufen, wenn transaktionsorientierte TP-Primitiven verwendet werden. Folgende **Serviceprimitiven** bietet CCR an:

- C-BEGIN (optional bestätigt)
- C-PREPARE (unbestätigt)

- C-READY (unbestätigt)
- C-COMMIT (bestätigt)
- C-ROLLBACK (bestätigt)
- C-RECOVER (bestätigt/unbestätigt)

Mit C-BEGIN beginnt ein Master eine atomistische Aktion bzw. ein Vorgesetzter eröffnet einen neuen Ast am atomistischen Baum. Dabei wird für jeden Ast des Baumes ein Branch Identifier geführt, damit die Ursache des Rollback exakt zurückverfolgbar ist. Jedem C-BEGIN entspricht die Eröffnung einer Sitzung auf Schicht 5, und damit einem Hauptsynchronisationspunkt.

Mit C-READY offeriert der Untergebene am Ende eines Astes das Festschreiben der Transaktion, mit C-ROLLBACK lehnt dies der Untergebene ab. C-READY muß zuerst von den Stationen am Ende der Äste des atomistischen Baumes gegeben werden, doch wie weiß die Station, daß sie am Ende eines solchen Astes ist und der Master keine weiteren Äste öffnen möchte? Dies wird ihr mit C-PREPARE vom jeweiligen Vorgesetzten mitgeteilt, die angesprochene Station antwortet mit READY oder ROLLBACK, so sie nicht schon vor der Aufforderung durch den Master einen Rollbackwunsch angemeldet hat.

Mit C-COMMIT fordert der Vorgesetzte einen Untergebenen auf, die Transaktion zu beenden und festzuschreiben, wenn er von diesem vorher ein C-READY als Offert zum Commitment erhalten hat. Das .Response hat zur Folge, daß die Transaktion im Datenbestand festgeschrieben wird und ein Rollback nicht mehr möglich ist, daß die CCR-Verbindung beendet und auf Session-Ebene ein Hauptsynchronisationspunkt gesetzt wird. Ist in der Transaktion ein Fehler aufgetreten, fordert der Vorgesetzte mit C-ROLLBACK seine Untergebenen auf, einen Rollback durchzuführen, das Response-Primitiv ist die Bestätigung dieses Rollbacks.

CCR bietet dem Benutzer mehrere Zeitpunkte im Verarbeitungsablauf an, zu denen die Transaktion beendet werden kann:

- wenn die Verarbeitung komplett beendet wurde,
- zu einem früheren Zeitpunkt, zu dem erst ein Teil der Verarbeitung erfolgt ist; die restliche Verarbeitung erfolgt in einer eigenen atomistischen Aktion; die konkrete Definition des "früheren Zeitpunkts" hängt wesentlich vom SASE-Protokoll ab, das unterstützt werden soll (siehe auch JTM).

C-RECOVER realisiert den Wiederanlauf nach Verbindungszusammenbrüchen ; dafür ist es notwendig, daß sich jeder Knoten Zustands- und Kontrollinformationen über die laufende Transaktion merkt. Diese Daten nennt ISO atomistische Daten, die wichtigsten davon sind

- die Rolle des Knotens in der Transaktion (Master, Superior/Subordinate),
- in welchem Zustand ist der Knoten (hat der Untergebene z.B. bereits Commit angeboten), dieser Status wird mit dem Recover-Primitiv übergeben,
- der Applikationskontext und
- die Definition des Zustandes der Transaktionsdaten am Beginn und am Ende der Transaktion.

Der nächste Schritt besteht darin, zu klären, welcher Knoten für den Wiederanlauf verantwortlich ist; dieser baut dann eine neue Verbindung auf und anhand der atomistischen Daten kann der Zustand vor Verbindungszusammenbruch wiederhergestellt werden. Hat der Untergebene bereits READY gegeben, so ist er für den Wiederanlauf verantwortlich, hat der Superior bereits Order gegeben, die Transaktion festzuschreiben, so ist er für den Wiederanlauf verantwortlich. Dies kann natürlich dazu führen, daß sich beide - Untergebener und Vorgesetzter - für den Wiederanlauf zuständig fühlen, wenn die Verbindung unterbrochen wurde. Setzt nun der Untergebene ein C-RECOVER.Request ab (weil er bereits vor Zusammenbruch Ready gegeben hatte), so hat der Superior zwei Möglichkeiten:

- er bestätigt den Wiederanlauf mit C-RECOVER.Response oder
- er stellt fest, daß der Wiederanlauf seine Verantwortung ist und emittiert seinerseits ein C-RECOVER.Request.

Bei Erhalt eines RECOVER.Indication kann es vorkommen, daß der Knoten noch nicht bereit zum Wiederanlauf ist, in diesem Fall antwortet er mit "Retry Later", die Timerlogik, die dann greift, ist anwendungsspezifisch.

Eine entscheidende Rolle im Wiederanlauf spielt der angenommene Rollback ("Presumed Rollback"). Wenn ein Knoten nämlich keine atomistischen Daten mehr für die betreffende Transaktion hat, wird auf Rollback entschieden. Außerdem kann der Untergebene auf Rollback entscheiden, wenn er selbst zwar noch die atomistischen Daten hat, aber feststellen muß, daß der Superior keine mehr hat.

3.3.4 TP

Die Kommunikation zwischen TP-Protokollmaschinen geschieht in einem Dialog. Zwischen den Protokollmaschinen wird ein Dialogbaum analog zum atomistischen Baum aufgebaut. Ein Dialogbaum muß nicht unbedingt einen Transaktionsbaum enthalten, kann aber andererseits auch mehrere Transaktionsbäume zum selben Zeitpunkt umfassen; diese Transaktionsbäume müssen allerdings zueinander disjunkt sein. TP kennt die Koordinationsniveaus "Commitment" und "None" zwischen TP-Protokollmaschinen.

Nur bei "Commitment" stehen die Mechanismen zur Transaktionsverwaltung zur Verfügung und nur in diesem Fall besteht die Zusammenarbeit mit CCR. Bei "None" sind die Applikationen in den Endsystemen für die Transaktionsverwaltung verantwortlich, TP stellt nur seine Dienste für Dialogsteuerung und Daten- bzw. Fehlermeldungstransfer zur Verfügung, Beginn und Ende von Transaktionen auf Applikationsebene nimmt TP nicht wahr.

Der Dialog zwischen zwei Knoten kann aus einer Kette unmittelbar aufeinanderfolgender Transaktionen bestehen (Chained Modus), oder aber zwischen den Transaktionen gibt es Dialogteile mit Koordinationsniveau "None". Eine weitere wichtige Unterscheidung besteht darin, ob zu einem Zeitpunkt beide Knoten die Dialogkontrolle haben, oder ob diese an ein Token gebunden ist. Entsprechend unterscheidet man zwischen verteilter und tokengebundener Dialogkontrolle (Shared/Polarized Control). Das Protokoll von TP gliedert sich in zwei große Funktionsgruppen:

- die Dialogsteuerung
- die Transaktionssteuerung

Zur **Dialogsteuerung** stellt TP folgende voll bestätigte Primitiven zur Verfügung:

- TP-BEGIN-DIALOGUE
- TP-END-DIALOGUE
- TP-HANDSHAKE
- TP-HANDSHAKE-AND-GRANT-CONTROL

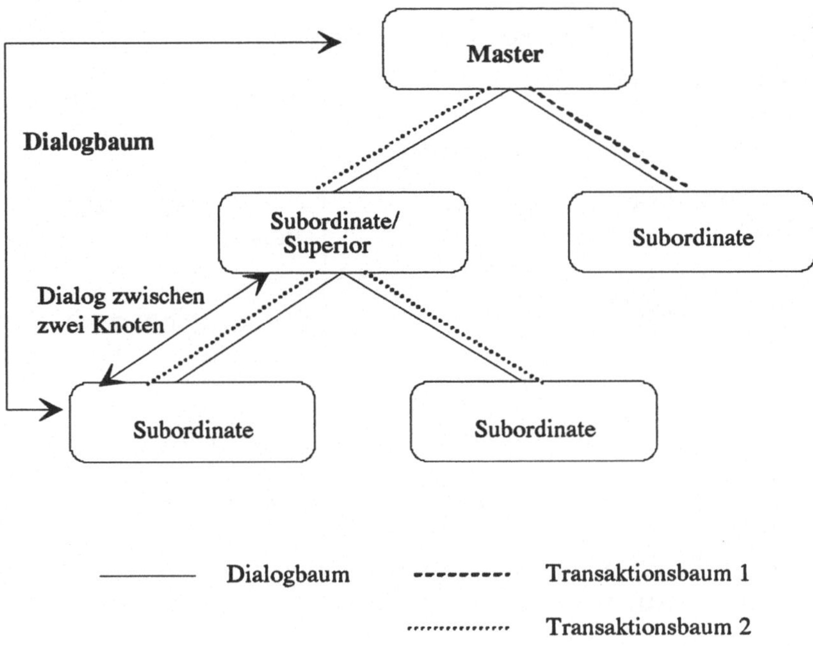

Abb.3.15: Dialogbaum - Transaktionsbaum (-bäume)

Unbestätigt sind:

- TP-U-ERROR
- TP-U-ABORT
- TP-GRANT-CONTROL
- TP-REQUEST-CONTROL

Als reines .Indication existiert

- TP-P-ABORT

Mit TP-BEGIN-DIALOGUE fordert der TP-Benutzerprozeß den Aufbau eines neuen Teil-Dialoges im Dialogbaum an. Mit dem .Request bzw. .Indication werden als Parameter unter anderem übergeben:

- der Identifizierer des rufenden und gerufenen Benutzerprozesses;
- der Applikationskontext (z.B. mit CCR oder ohne);

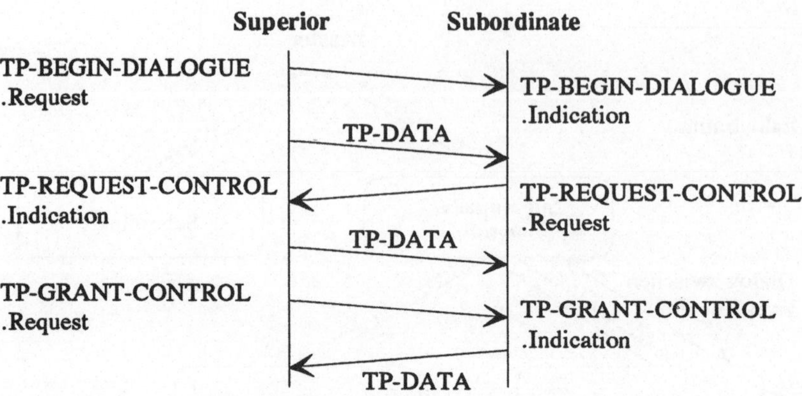

Abb.3.16: TP im tokengebundenen Modus

- die Tatsache, ob der Beginn des Dialoges auch eine neue Transaktion eröffnen soll (im Chained-Modus automatisch der Fall);
- ob der Aufbau des Dialoges bestätigt, oder ob nur ein Scheitern des Dialogaufbaus angezeigt werden soll (eine ähnliche Vorgangsweise werden wir in RDA wiederfinden);

Im .Response bzw. .Confirm wird das Resultat des Versuchs, eine Verbindung aufzubauen sowie im Fehlerfall Diagnoseinformationen übergeben. TP-BEGIN-DIALOGUE kann aber nicht beliebig gegeben werden; zu einem bestimmten Zeitpunkt kann es nur einen Dialog zwischen zwei Knoten geben. Außerdem sollte kein Dialog mit Koordinationsniveau "Commitment" eröffnet werden, wenn der Knoten an einer Transaktion teilnimmt, die bereits in Phase 2 des Two-Phase Commit ist. Die Protokollmaschine, die TP-BEGIN-DIALOGUE.Request anfordert, wird automatisch zum Superior dieses Astes im Dialog- bzw. Transaktionsbaum, bei tokengebundener Dialogkontrolle hat sie auch zunächst das Token. Erst nach Bestätigung des Dialogaufbaus kann begonnen werden, Transaktionsdaten zu verändern.

Mit TP-END-DIALOGUE fordert der Knoten das Ende des Dialoges an; dazu muß er die Erlaubnis zur Dialogkontrolle (im Tokenmodus) besitzen und es darf keine Transaktion offen sein. Mit TP-U-ERROR zeigt der TP-Benutzer dem Partnerknoten einen Verarbeitungsfehler an. TP-U-ABORT wird für einen vom TP-Benutzerprozeß, TP-P-ABORT für einen von einer TP-Protokollmaschine initiierten Abort des Dialoges verwendet. Die beiden CONTROL-Primitiven realisieren den Tokendienst im tokengebundenen Modus, die Verwendung von TP-DATA zur Datenübertragung, das Einleiten des Commit und der Dialogabbruch sind in diesem Modus an das Token gebunden; wie Abb.3.16 zeigt, besteht jedoch für den Tokeninhaber keine Verpflichtung, das Token sofort bei Erhalt eines Request herzugeben. Im gleichberechtigten Modus werden die beiden Primitiven nicht verwendet. Für TP-DATA ist kein Primitiv definiert, es gibt auch kein entsprechendes PDU. TP-DATA ist ein reines Konstrukt, das Primitiven des Benutzer-SASE repräsentiert, die für TP transparent sind.

Der Handshake dient der Synchronisation der beiden Benutzerprozesse während der Verarbeitung, so kann es z.B. notwendig bzw. effizienter sein, in einem der beiden Endsysteme eine bestimmte Verarbeitung erst dann anzustossen, wenn der Partner einen bestimmten Zustand in seiner Verarbeitung erreicht hat. Diese Synchronisation kann auch (im tokengebundenen Modus) mit einem Abgeben der Sendekontrolle verbunden sein.

Zur **Transaktionssteuerung** bietet TP seinem Benutzerprozeß folgende nicht bestätigten Primitiven:

- TP-BEGIN-TRANSACTION
- TP-PREPARE
- TP-COMMIT
- TP-ROLLBACK
- TP-DEFERRED-END-DIALOGUE
- TP-DEFERRED-GRANT-CONTROL

Als reines .Indication gibt es:

- TP-READY
- TP-ROLLBACK-COMPLETE
- TP-HEURISTIC-REPORT
- TP-COMMIT-COMPLETE

Als .Request existiert:

- TP-DONE

TP-BEGIN-TRANSACTION wird nur im nicht verketteten Transaktionsmodus zwischen zwei Knoten benötigt, besteht der Dialog zweier Knoten hingegen aus einer ununterbrochenen Kette von Transaktionen, so stellt das Ende einer

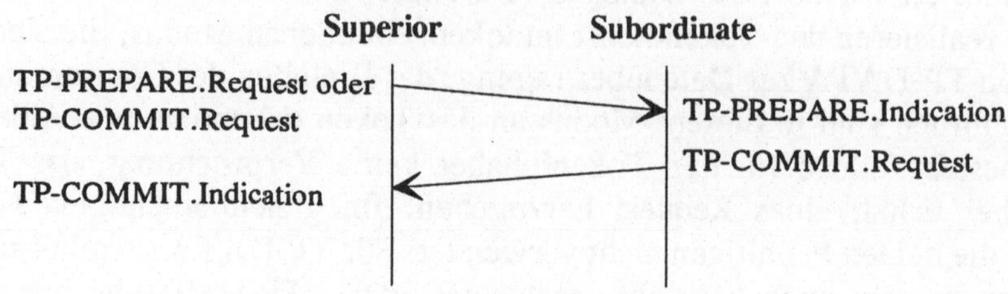

Abb.3.17: Die erste Phase des Commit

Transaktion automatisch den Beginn der nächsten dar bis der Dialog beendet ist, in diesem Fall erübrigt sich dieses Primitiv.

Wie realisieren nun oben angeführte Primitiven den Two-Phase Commit?

Der Master bzw. Superior einer Teiltransaktion fordert seinen Untergebenen mit PREPARE oder COMMIT.Request auf, Festschreiben oder Rollback anzubieten. Dies wird dem Untergebenen als PREPARE.Indication angezeigt; ist der Untergebene bereit festzuschreiben, so sendet er ein COMMIT.Request an den Superior, mit ROLLBACK.Request verweigert der Untergebene das Festschreiben der Teiltransaktion, an der er beteiligt ist. Beide Entscheidungen werden dem Superior als entsprechendes .Indication zur Kenntnis gebracht. Der Superior fordert sowohl mit PREPARE als auch mit COMMIT den Untergebenen auf, die erste Phase des Commit durchzuführen; der Unterschied besteht im Ausmaß der Verpflichtung, die dabei der Superior selbst eingeht.

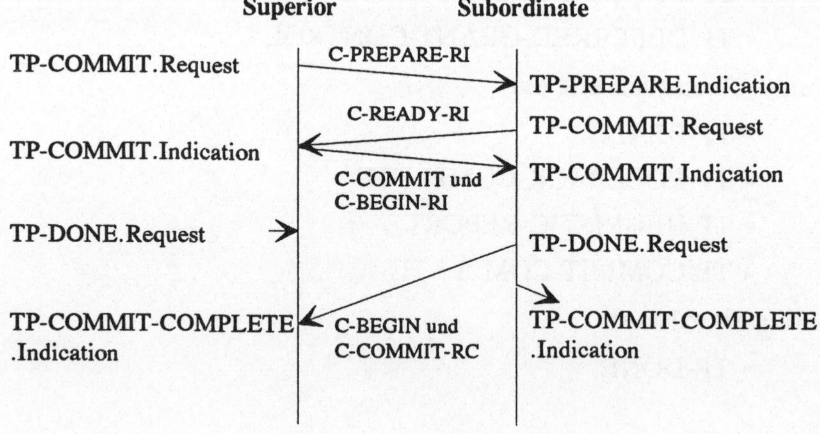

Abb.3.18: Two-Phase Commit

Mit PREPARE wird lediglich der Two-Phase Commit gestartet, der Superior selbst legt sich dabei überhaupt nicht fest; d.h. daß der Superior mit TP-PREPARE den Two-Phase Commit initiieren kann, während er selbst noch in der Verarbeitung ist. Damit kann ein Teil der Verarbeitung im Superior und das Sammeln der Commit-/Rollbackwünsche der ihm untergebenen Knoten parallel erfolgen. Mit TP-COMMIT hingegen legt sich der Superior fest, daß er seine Änderungen in den Transaktionsdaten festschreiben möchte. Wer immer ein TP-COMMIT.Request abgesetzt hat (unabhängig von seiner Stellung im Transaktionsbaum) hat kein Recht mehr, einen Rollback zu initiieren. TP-PREPARE hingegen läßt dem Superior alle Möglichkeiten offen. PREPARE dient auch dazu, dem Untergebenen mitzuteilen, daß keine weiteren Nachrichten in dieser Transaktion an ihn geschickt werden, der Superior hingegen weiterhin Nachrichten des Untergebenen annimmt und verarbeitet.

Abb. 3.18 zeigt den Two-Phase Commit und die Umsetzung der entsprechenden TP-Primitiven in CCR-Dienste, wobei der Einfachheit halber der Request-Indication-Dienst von CCR zu "-RI" der Response-Confirm-Dienst zu "-RC" verkürzt wurde. Ein Hinweis: es wurde der Chained-Modus gewählt. C-PREPARE-RI kann ein TP-COMMIT oder ein TP-PREPARE unterstützen, für CCR ist der Unterschied transparent. Die Dialogkontrolle, ob also vom Untergebenen noch TP-DATA angenommen werden, obliegt TP, CCR stellt nur das Transaktionsgerüst zur Verfügung. Auch die Frage, ob das Endsystem des Superior auch nach Einleiten der ersten Phase des Commit an seiner eigenen Transaktion weiterarbeitet, ist CCR relativ egal: wird von TP ein C-PREPARE.Request gewünscht, so werden die Untergebenen verständigt. CCR merkt gar nicht, ob der TP-Benutzer an seiner lokalen Transaktion weiterarbeitet. Das C-COMMIT. oder C-ROLLBACK.Request des untergebenen TP schließlich ist für CCR das Signal, Phase zwei des Commit zu starten. An diesem Beispiel zeigt sich auch klar die Aufgabenteilung zwischen einem Protokoll, das eine komplette Dialogsteuerung bietet und einem Protokoll, das ausschließlich Primitiven zum Two-Phase Commit zwischen zwei Knoten bietet (siehe auch Abb.3.19).

Nachdem der Superior vom Untergebenen das TP-COMMIT.Indication erhalten hat (als C-READY-RI realisiert), kann die zweite Phase des Commitmentprozesses gestartet werden. TP-COMMIT.Indication zeigt dem Benutzer (Superior und Untergebenen) an, daß die Transaktion festgeschrieben wird und fordert den Benutzer auf, die Transaktion festzuschreiben. Ein TP-DONE.Request wird vom Benutzer an die TP-Protokollmaschine gegeben, wenn das Festschreiben beendet ist. TP-COMMIT-COMPLETE.Indication schließlich zeigt dem Partner dieses erfolgreiche Festschreiben an und beendet die Transaktion; im Chained-Modus ist dies auch automatisch der Beginn der nächsten

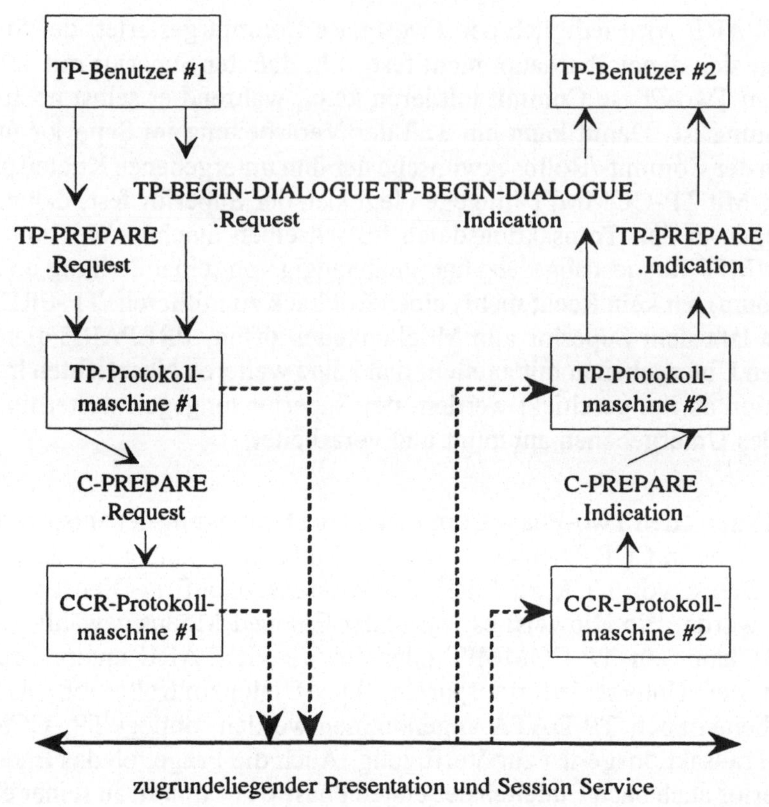

Abb.3.19: Zusammenspiel zwischen CCR und TP

Transaktion. C-COMMIT und C-BEGIN werden voll bestätigt, die entsprechenden TP-Primitiven hingegen existieren entweder nur unbestätigt (TP-COMMIT) oder überhaupt nicht (!) - TP-BEGIN-TRANSACTION existiert nur für den Unchained-Modus. Daher wird die Commit-Aufforderung des Vorgesetzten zunächst als reines TP-COMMIT.Indication angezeigt, die Bestätigung des CCR-Primitives erfolgt erst nach Vollzugsbestätigung des TP-Users mittels TP-DONE. Das CCR-Protokoll erfordert eine Bestätigung, mit dem letzten Austausch an TP-Primitiven wird aber die nächste Transaktion auf TP-Ebene eröffnet (Chained-Modus) - zu diesem Zeitpunkt sollte die CCR-Transaktion ebenfalls eröffnet sein; daher "schmuggelt" CCR sein BEGIN-RI bereits mit dem C-COMMIT-RI der Vortransaktion in den Protokollablauf. Mit

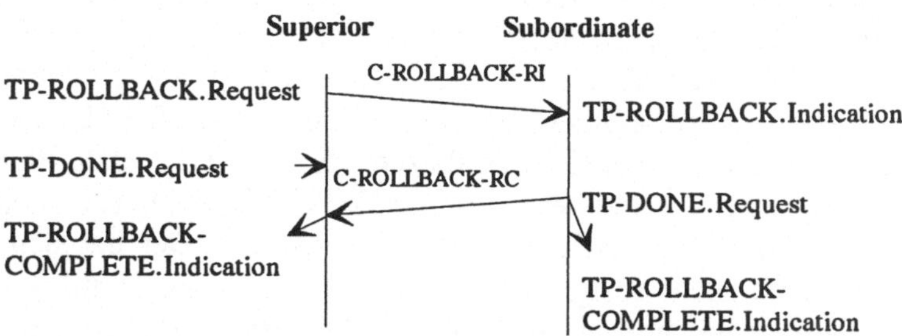

Vor Einleitung des Commitmentprozesses kann von beiden Knoten ROLLBACK.Request gegeben werden (hier vom Superior). Auf CCR-Ebene ist C-ROLLBACK bestätigt und wird erst durch das TP-DONE ausgelöst. Im Beispiel ist Unchained-Modus angenommen, im verketteten Modus müßte mit dem gezeigten Austausch an TP-Primitiven auch der bestätigte C-BEGIN transportiert werden.

Abb.3.20: Rollback vor und im Two-Phase Commit

dem letzten Primitiv der Vortransaktion tauscht CCR nun auch die C-BEGIN-Bestätigung aus und die neue Transaktion steht auch auf CCR-Niveau.

Der Wunsch zum Rollback kann vor dem Einleiten des Two-Phase Commit jederzeit initiiert werden. Ein Untergebener, der zum Festschreiben aufgefordert wurde, kann dies mit ROLLBACK.Request verweigern; auch ein Superior, der den Two-Phase Commit mit PREPARE.Request eingeleitet hat, kann sich noch für ein ROLLBACK.Request entscheiden. Der Initiator teilt den vollzogenen Rollback seiner Protokollmaschine mit, dieser TP-DONE.Request wird aber an den Partner nicht übertragen, er ist nur eine Marke für die eigene Protokollmaschine. Hat auch der Partner den Rollback beendet, so wird sein DONE.Request an den Initiator des Rollbacks gesendet; beiden Benutzern wird der Abschluß des Rollbacks angezeigt.

Der Two-Phase Commit ist ein entscheidendes Konzept in der verteilten Transaktionsverarbeitung nach OSI, daher möchte ich diesen Konsistenzsicherungsmechanismus nochmals anhand eines Transaktionsbaumes zeigen (Abb.3.21). In der ersten Phase fordert A zunächst den rechten Ast des Transaktionsbaumes zum Commit auf; dabei spricht A nur seinen unmittelbaren Subordinate C an, der setzt ein eigenes TP-PREPARE.Request ab, um seinen Untergebenen D aufzufordern *(1)*. Nachdem der TP-Benutzer in C das Prepare erhalten hat, prüft er, ob Commit gegeben werden kann. Vollkommen unabhängig vom darunterliegenden CCR-Mechanismus (der für ihn vollkommen transparent ist), setzt der Benutzer sein TP-COMMIT.Request an die TP-Protokollmaschine ab, die den Wunsch zunächst bloß zwischenspeichert *(2)*. Die TP-Protokollmaschine in C kann erst dann dem Master A Commit geben, wenn sie ihrerseits von D Commit erhalten hat; dann aber ist die Entscheidung, was dem Master angeboten wird, alleine Sache von TP, das das C-READY.Request absetzt, für den TP-Benutzer in C ist zu diesem Zeitpunkt die erste Phase des Commit bereits gelaufen, er hat sein TP-COMMIT.Request bereits abgesetzt und wartet nun auf die Verständigung durch den Master. Der hat sich durch sein Prepare ja noch nicht festgelegt, er könnte immer noch auf Rollback entscheiden. Nehmen wir nun an, der TP-Benutzer im Master sei mit seiner Transaktionsverarbeitung am Ende angelangt und möchte die Transaktion festschreiben und gleichzeitig den noch ausständigen Knoten B zum Commit auffordern. Das TP-COMMIT des Masters *(3)* löst zweierlei aus: TP setzt ein C-PREPARE an B ab und merkt sich den Commitwunsch seines Benutzers. Endgültig auf Commit kann noch nicht entschieden werden, es fehlt ja noch die Meinung von B; erst das C-READY.Indication von B beendet die erste Phase - alle Knoten wollen festschreiben *(4)*.

Dies ist für die TP-Protokollmaschine des Masters das Signal, C-COMMIT.Requests an alle beteiligten abzuschicken. TP zeigt den Erhalt der Commits seinem Benutzer an. Der Benutzer schreibt nun die Transaktion in seinen Daten fest. Ist dies geschehen, setzt er ein TP-DONE an seine TP-Protokollmaschine ab. Wiederum hat das TP-Primitiv zunächst nur lokale Bedeutung zwischen TP-Benutzer und TP-Protokollmaschine *(5)*. Erst wenn TP von allen seinen Untergebenen das C-COMMIT bestätigt erhält, wird dem Master (bzw. in tieferen Transaktionsbäumen dem Vorgesetzten) C-COMMIT-RC abgeschickt. Mit TP-COMMIT-COMPLETE.Indication zeigt TP dies seinem Benutzer an, - die Transaktion ist beendet.

TP-DEFERRED-END-DIALOGUE wird vom Superior verwendet, dem Untergebenen noch während der Transaktion mitzuteilen, daß im Commitmentfall das Transaktionsende auch das Dialogende sein soll; dies beschleunigt den Verbindungsabbau. Mit TP-DEFERRED-GRANT-CONTROL übergibt der Superior mit dem Transaktionsende im Commitmentfall dem Untergebenen das Token für die Sendeberechtigung (natürlich nur bei tokengebundenem Dialog sinnvoll verwendbar).

Bisher sind wir von einem strengen Two-Phase Commit ausgegangen; ein Knoten konnte erst dann Transaktionsdaten festschreiben, wenn er vom Master dazu aufgefordert wurde. TP sieht aber auch die Möglichkeit vor, Transaktionsdaten festzuschreiben, ohne die Bestätigung durch den Two-Phase Commit erhalten zu haben. Natürlich kann in diesem Fall keine Garantie für die

Datenkonsistenz gegeben werden: ISO nennt einen solchen Zustand auch bezeichnenderweise einen "Heuristischen Mix".

Entscheidet ein Benutzerprozeß im Alleingang Transaktionsdaten festzuschreiben, so teilt er dies seiner TP-Protokollmaschine mit TP-DONE.Request mit. Dem Superior wird dies mit TP-HEURISTIC-REPORT.Indication mitgeteilt. Wie die beteiligten Endsysteme darauf reagieren bzw. ob solch ein Alleingang

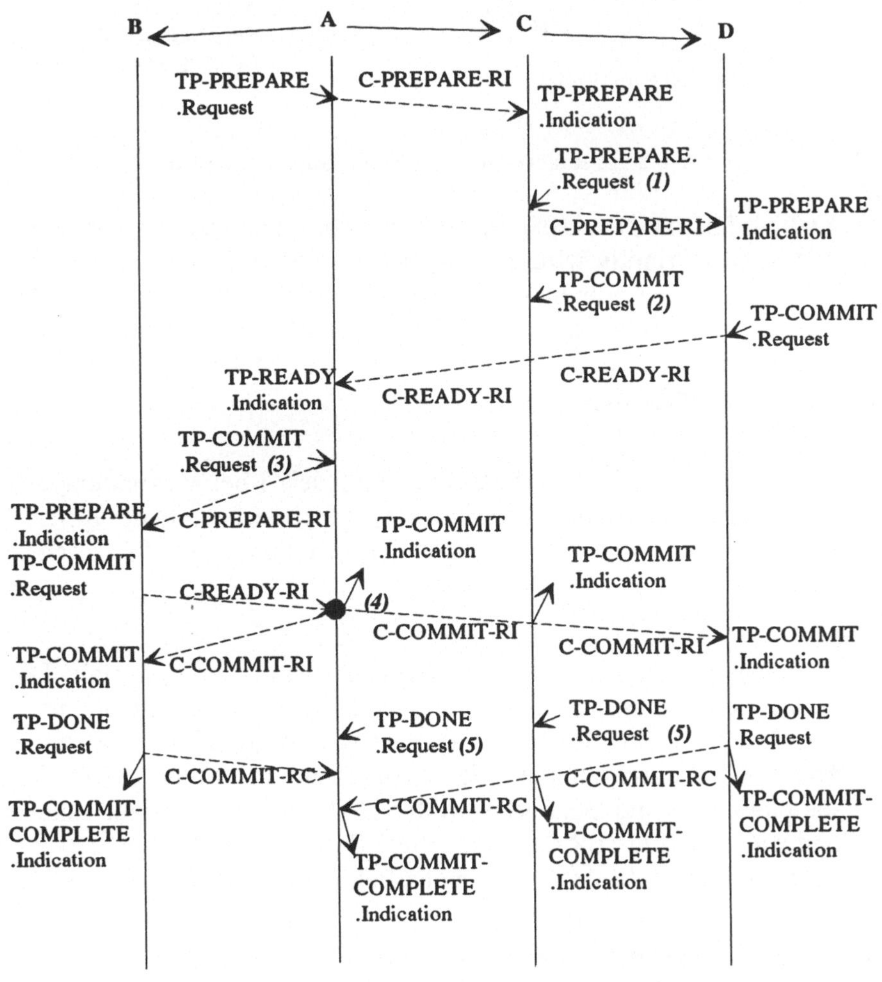

Abb.3.21: Two-Phase Commit im Transaktionsbaum

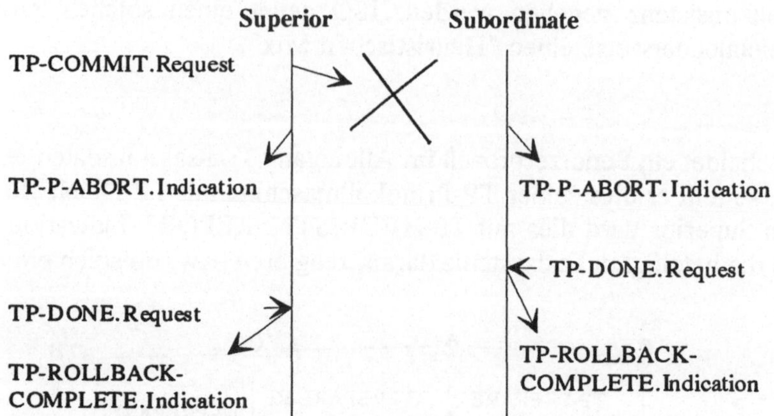

Abb.3.22: Rollback bei Verbindungszusammenbruch

eines Knotens überhaupt zulässig ist, ist Sache der Endbenutzerapplikation. Das Heuristic-Report-Primitiv wird aber auch zur Verständigung des Superior bei einem Verbindungszusammenbruch verwendet; in diesem Fall wird den beiden Knoten der Zusammenbruch durch ein TP-P-ABORT.Indication angezeigt, das den lokalen Rollback auslöst, es sein denn, ein Knoten trifft für sich eine heuristische Entscheidung.

Der angenommene Rollback ("Presumed Rollback") bei Verbindungszusammenbruch ist ein wesentliches Kriterium zur Aufrechterhaltung der Konsistenz; nur bei positiver Bestätigung werden Transaktionsdaten festgeschrieben (Abb.3.22).

OSI TP beinhaltet einen **Wiederanlaufsmechanismus** im Fehlerfall. Diesem Wiederanlaufsmechanismus entsprechen keine TP-Primitiven, denn die Steuerung des Wiederanlaufs ist Sache des Transaktionsmonitors und nicht der Applikation. CCR hingegen bietet ein entsprechendes Primitiv, C-RECOVER. Im Falle eines Wiederanlaufs arbeiten die TP-Protokollmaschinen unter Verwendung von C-RECOVER direkt und ohne Eingriff des TP-Benutzers zusammen. ISO nennt diese direkte Zusammenarbeit zum Wiederanlauf einen Kanal.

Fassen wir aber nochmals kurz zusammen, in welchen Zuständen ein TP-Knoten im Laufe einer Transaktion sein kann:

- ACTIVE (die Transaktion ist eröffnet, die Verarbeitung läuft),

- READY (der Untergebene wurde vom Superior zum Commit aufgefordert und hat seine Entscheidung dem Superior mitgeteilt)[36],
- DECIDED (der Untergebene wurde vom Master aufgefordert, festzuschreiben bzw. einen Rollback durchzuführen bzw. der Master selbst hat sich entschieden).

Ist der Knoten im ACTIVE-Zustand und tritt ein Fehler auf, so leitet der Knoten einen Rollback ein und teilt dies den anderen Knoten mit, die Benutzerapplikation reagiert entsprechend (z.B. Fehlermeldung an den Benutzer). Im Zustand READY kann kein Verarbeitungsfehler auftreten, hier kann es nur noch zur Unterbrechung der Kommunikation zwischen Superior und Subordinate kommen. Der Untergebene hat die Verantwortung, die Verbindung wieder herzustellen. In der Zwischenzeit kann der nun vom Rest des Transaktionsbaumes isolierte Knoten eine heuristische Entscheidung treffen und einen Teil oder alle seiner Transaktionsdaten festschreiben. Ist die Verbindung zum Vorgesetzten wieder hergestellt, so greift wieder das Two-Phase Commit-Protokoll. Der Superior teilt dem Untergebenen das Resultat der Transaktion mit und der Untergebene schreibt fest oder führt einen Rollback durch. Kann der Superior keine Auskunft über das Transaktionsende geben, wird Rollback eingeleitet (Presumed Rollback). Die Entscheidung für Commit oder Rollback teilt der betreffende Knoten auch seinen Untergebenen mit. Im Zustand DECIDED ist der Vorgesetzte für die Wiederherstellung der Verbindung und das Propagieren seiner Commit-Entscheidung verantwortlich. Im Falle einer Rollbackentscheidung muß die Verbindung nicht wieder hergestellt werden, da hier ohnedies der Presumed Rollback greift.

3.3.5 ROSE

Ein weiteres CASE, Remote Operations Service Element (ROSE), stellt Trägerdienste für Operationskommandos von SASEs oder Anwendungsprogrammen zur Verfügung. Der ROSE-Transportdienst ist dabei völlig unabhängig von der Art des SASE-Kommandos, das er transportiert. Seine Aufgabe ist

---

36 ISO 10026 sagt zwar, daß nur ein Untergebener im READY-Zustand sein kann, bei Verwendung des TP-COMMIT.Request zur Einleitung des Two-Phase Commit legt sich allerdings auch der Master fest, ist daher in einem Zustand, der dem READY des Untergebenen entspricht, vor allem, was die Möglichkeit betrifft, noch einen Rollback zu initiieren.

es, Sprachmittel für eine Kommunikation zu entfernten Anwendungen bereitzustellen. Dabei arbeitet ROSE, wenn im Applikationskontext vorhanden, beim Verbindungsaufbau mit RTSE (RT-OPEN) zusammen. Ist RTSE im Applikationskontext nicht definiert, so werden für den Verbindungsaufbau die Sprachmittel von ACSE (A-ASSOCIATE) direkt benutzt. Wenn bei der Übertragung eine gesicherte Verbindung gewünscht wird, kann RTSE verwendet werden, andernfalls wird für die Übertragung direkt auf den Presentation Layer-Primitiven aufgesetzt. Wird RTSE verwendet, nimmt dieses an, daß ROSE der einzige Benutzer des RT-TRANSFER und des RT-TURN-GIVE-Dienstes ist. Hier kurz eine Übersicht über das Umfeld von ROSE:

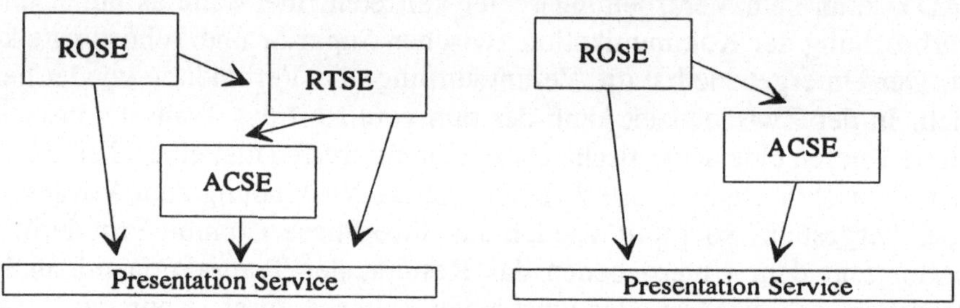

Abb.3.23: ROSE mit und ohne RTSE im Applikationskontext

Jede Operation wird von einem Initiator (Invoker) begonnen und kommuniziert mit dem Ausführenden (Performer). Dabei kann eine Operation (Elternoperation) auch Folgeoperationen (Kinderoperation) in Gang setzen, wobei dann bei diesen Kinderoperationen die Rollen zwischen Initiator und Ausführenden getauscht werden. So könnte ROSE z.B. von einem Modul für Elektronische Post verwendet werden, wobei der Sender der Nachricht die Elternoperation initiiert, aber eine allfällige Bestätigungsnachricht des Empfängers eine Kinderoperation dazu wäre, initiiert durch den Empfänger der ersten Nachricht.

Folgende Operationsklassen sind in ISO 9072/1 definiert:

- Klasse 1, synchron, mit Returncode für Erfolg *und* Mißerfolg der Operation,
- Klasse 2, asynchron, mit Returncode wie 1,
- Klasse 3, asynchron, wobei Returncodes nur für ein Scheitern der Operation ausgegeben werden,

- Klasse 4, asynchron, wobei nur für eine erfolgreiche Nachricht ein Returncode ausgegeben wird und schließlich
- Klasse 5, asynchron, ohne Returncode.

Synchron ist in diesem Zusammenhang so zu verstehen, daß der Initiator einer Operation die nächste Operation erst anstoßen kann, wenn die laufende bestätigt worden ist. Dies wird für alle Dialogapplikationen Verwendung finden. Im synchronen Modus muß ein expliziter Returnstatus von ROSE geliefert werden, da mit dem Senden erst weitergemacht werden kann, wenn die laufende Operation erfolgreich abgeschlossen worden ist. Im asynchronen Modus kann der Initiator auch ohne vorhergehende Bestätigung der ersten Operation weitere Operationen absetzen, was z.B. bei Filetransfer und anderen batchorientierten Applikationen interessant ist. Die ISO-Norm 9072/1 empfiehlt in Annex B jedoch nur die Klassen 1 oder 2 zu verwenden, da nur sie garantieren, daß eine Operation exakt einmal durchgeführt wird. Bei Verwendung der Klassen 3-5 kann durch die Duplikatsentdeckung des ausführenden ROSE garantiert werden, daß eine Operation maximal einmal durchgeführt wird. Es wird jedoch nicht gewährleistet, daß sie überhaupt durchgeführt wird. Dies gilt auch für die Klassen 3 und 4, da ein Nichteintreffen der Bestätigung bzw. der Fehlermeldung zweierlei bedeuten kann:

- die Operation scheiterte (Klasse 4) bzw. wurde erfolgreich durchgeführt (Klasse 3), oder
- die Operation ging verloren.

Der Standard empfiehlt in diesen Fällen, eine Operation mehrmals abzusetzen, um über die Duplikatsentdeckung über die Ausführung der Operation informiert zu werden (!) - keine wirklich effiziente Vorgangsweise.

Weiters unterscheidet ROSE die sie aufrufenden SASEs nach der Rollenverteilung zwischen den beteiligten SASEs:

- Gruppe 1, nur das SASE, das die Verbindung ursprünglich aufgebaut hat, kann Initiator von Operationen sein, was auch für Kinderoperationen gilt,
- Gruppe 2, nur das SASE, das die Verbindung nicht aufgebaut hat, kann Operationen initiieren und
- Gruppe 3, beide SASEs können Operationen initiieren.

Diese Klassen und Gruppen sind bewußt so weit gefaßt, daß wirklich jedes, auch zukünftige, SASE von ROSE Gebrauch machen kann.

Wie bereits eingangs erwähnt, benutzt ROSE ACSE für das Verbindungsmanagement. Daher beschränken sich die ROSE-Serviceprimitiven ausschließlich auf die Übertragung von Operationen. Ist RTSE Teil des Applikationskontexts, so greift ROSE selbst nicht auf den Presentation Layer zu, sondern bettet seine Dienste in RTSE ein. Greift ROSE selbst auf den Presentation Layer zu, so fordert es vollduplex Betrieb, kann aber in diesem Fall natürlich keine verläßliche Verbindung bereitstellen.

ROSE spezifiziert die folgenden Primitiven:

- RO-INVOKE
- RO-RESULT
- RO-ERROR
- RO-REJECT-U

die alle nicht bestätigt sind (also nur .Request und .Indication aufweisen), sowie

- RO-REJECT-P

als reines .Indication.

Welchen Dienst realisieren diese Primitiven?

Zunächst fällt auf, daß kein Primitiv bestätigt ist. ISO geht also offensichtlich davon aus, daß ROSE nicht direkt auf Schicht 6 aufsetzt, sondern daß RTSE im Applikationskontext enthalten ist, denn nur so kann die vom Session Layer bereitgestellte Synchronisation auch genutzt werden. Wenn aber RTSE genutzt wird, so würden bestätigte ROSE-Dienste bloß einen unnötigen Overhead bedeuten. Da auch das P-DATA-Primitiv auf Schicht 6, in das alle ROSE-PDUs eingebettet sind, nicht bestätigt ist, empfiehlt sich m.E. die Verwendung von RTSE im konkreten Applikationskontext. RO-INVOKE wird vom ROSE-Benutzer zum Transport seiner PDUs verwendet. ROSE ist dabei mit der Art und Bedeutung der transportierten PDUs nicht befaßt. An Parametern kennt RO-INVOKE

- den Identifizierer der Operation des ROSE-Benutzers,
- die Operationsklasse (1-5, vgl. weiter oben), die vom ROSE-Benutzer festgelegt werden muß,
- das Argument der Operation des Benutzers (i.e. das PDU des Benutzers),

- RO-Invoke-ID, die die Zuordnung von Kinderoperationen bzw. von Antworten zu dieser Operation erlaubt,
- Identifikation, ob diese Operation eine Kinderoperation ist und
- die vom ROSE-Benutzer bereitgestellte Prioritätsklasse, wobei die Tragweite dieses Parameters von der Art der Übertragung abhängt; wird halb-duplex übertragen, so beeinflußt die Prioritätsangabe die Vergabe des Turn, im Vollduplexbetrieb hat sie nur lokale Bedeutung.

In RO-RESULT wird das Ergebnis der Operation transportiert, wobei die Semantik des Resultats nur dem ROSE-Benutzer bekannt ist. Ebenso wird mit RO-ERROR ein Scheitern der Operation signalisiert, dabei wird von ROSE ein Returncode sowie zusätzliche Information (z.B. ein Fehlertext) bereitgestellt. Beide Werte werden von der Partnerinstanz des ROSE-Benutzers versorgt. Kann der Partner des ROSE-Benutzers die gewünschte Operation nicht erfolgreich interpretieren, wird dies dem initiierenden ROSE-Benutzer mit der RO-REJECT-U-Primitive mitgeteilt. ISO zählt taxativ die möglichen Fehlerursachen auf:

-) für RO-INVOKE:

- der Operationswunsch ist ein Duplikat,
- die Operation oder eines der Argumente ist nicht lesbar,
- die Ressourcen des Partner-ROSE sind für die Operation unzureichend,
- der Initiator ist gerade dabei die Verbindung abzubauen,

-) für RO-RESULT und RO-ERROR:

- kein gültiges RO-INVOKE zu dieser Antwort (mehr) gefunden,
- die Operation, zu der diese Antwort kommt, sendet gar keine Antworten,
- Argument nicht lesbar,

-) für RO-ERROR:

- Fehlerzustand von dieser Operation nicht erwartet,
- kein gültiges RO-INVOKE dazu gefunden,
- Argument nicht lesbar.

Alle diese Fehlerzustände werden nicht von ROSE, sondern von seinem Benutzer entdeckt und ausgewertet.

RO-REJECT-P schließlich zeigt lokal dem Benutzer an, daß ROSE selbst Fehler entdeckt hat. Diese Fehler beziehen sich nur auf die Syntax der übergebenen Nachricht, mit der Semantik hat ja ROSE nichts zu tun. Das selbe Primitiv wird auch dann verwendet, wenn das Initiator-ROSE sein PDU nicht senden kann, da die Verbindung abnormal beendet wurde.

Auf Presentation Layer benötigt ROSE das volle Protokoll, auf Session Layer genügt der Kernel, wenn RTSE nicht verwendet wird, sonst muß mindestens BSS geboten werden.

Abschließend sei nochmals betont, daß es sich zwischen einem SASE und ROSE um kein hierarchisches Verhältnis handelt. Das jeweilige SASE greift nicht über ROSE als zusätzliche Schicht auf den Presentation Service zu, sondern ROSE und das SASE teilen sich die Aufgaben eines Schicht 7-Protokolls, indem ROSE seinem Benutzerprozeß alle Aufgaben bezüglich Verbindungsaufbau, sicheren Transfer (wenn RTSE im Applikationskontext vorhanden ist) und auch die Übertragung der PDUs abnimmt. In diesem Sinn greifen der Benutzer und ROSE gemeinsam auf Schicht 6 zu.

Ich möchte in Kapitel 3.5 zu den eben beschriebenen Standards bzw. Draft Standards zurückkehren, wenn ich einige Möglichkeiten für verteilte Applikationen vorstellen werde:

- Verteilte Datenhaltung mit Sun NFS/RPC
- Verteilte Jobs mit ISO JTM/CCR
- Verteilte Datenbankapplikationen mit ISO RDA/TP

Weiterführende Literaturhinweise

ACSE

Die Standards:
ISO 8649 bzw. X.217, Service Definition
ISO 8650 bzw. X.227, Protocol Specification.

RTSE

Die Standards:
ISO 9066-1 bzw. X.218, Service Definition
ISO 9066-2 bzw. X.228, Protocol Specification.

CCR

Der Standard:
ISO 9804 Commitment Concurrency and Recovery

Wer an einer ausführlichen Einordnung des Transaktionsmechanismus' von CCR im Rahmen der Transaktionstheorie interessiert ist, den verweise ich auf:
Rothermel; Kommunikationskonzepte für verteilte transaktionsorientierte Systeme.

TP

Die Standards:
ISO DIS 10026-1 TP-Model
ISO DIS 10026-2 TP-Service.

ROSE

Die Standards:
ISO 9072-1 bzw. X.219, Service Definition
ISO 9072-2 bzw. X.229, Protocol Specification.

Die CCITT-Standards finden sich in einer kommentierten deutschen Übersetzung in:
Tietz; CCITT-Empfehlungen der V-Serie und der X-Serie 6.Auflage, Bd. 4.2 (X.217, X.218, X.219), Bd. 5.2 (X.227, X.228, X.229).

3.4 Anwenderstandards im Vergleich

3.4.1 Filetransfer

3.4.1.1 Allgemeines

Von den hier besprochenen Anwenderstandards sind Filetransferprotokolle wohl die fundamentalsten, da der Austausch von Dateien die Basis der Kommunikation zwischen Hosts in verteilten Systemlandschaften ist. Dabei können allgemein zwei Konfigurationen unterschieden werden: Filetransfer zwischen eindeutig als Klient und Server [37] identifizierten Hosts einerseits, sowie Umgebungen, in denen dieses Verhältnis von Fall zu Fall wechselt. Erstere Konfiguration ist nicht nur technisch weniger aufwendig zu realisieren, sie ist auch administrativ einfacher zu überschauen. Bestehen einige Dateiserver im Netz, seien es nun Mainframes, Minis oder Workstations, so sind die Wege des Datentransfers Einbahnstraßen; d.h. es gibt einen zentral gehaltenen (und hoffentlich auch gewarteten) Datenbestand, von dem sich einzelne dezentrale Anwendungen den von ihnen jeweils benötigten Datenbestand kopieren.

Eine Umgebung, in der das Verhältnis Klient - Server von Fall zu Fall wechselt, stellt administrativ wesentlich höhere Anforderungen. Hier muß ein Datenflußkonzept erstellt werden, **bevor** man überhaupt an eine technische Realisierung denken kann. Ein erster Schritt könnte darin bestehen, das relativ amorphe Gebilde "Datenbestand" in einzelne Kategorien zu gliedern. Für eine Universität könnten solche Kategorien z.B. sein:

- Personaldaten der Mitarbeiter, inklusive abrechnungsrelevanter Datenbestände,
- Lehrveranstaltungsdaten,
- Daten, die die Materialwirtschaft, Inventarisierung und Hausverwaltung betreffen,
- Studenten- und Studiendaten sowie
- Ergebnisdaten der Studenten.

---

37 Der Klient ist als der Initiator des FT, der Dateien empfängt, der Server ist als der Host, der zur Datenhaltung verwendet wird, definiert.

Als nächster Schritt muß geklärt werden, wer den jeweiligen Urbestand einer bestimmten Datenkategorie wartet und wer, sei es auch nur auszugsweise, zu welchen Zeitpunkten welche Daten dieses Urbestandes benötigt. In einer solchen Umgebung gibt es natürlich keine a priori fixe Rollenverteilung zwischen Klienten und Server. Der vereinbarte Datenfluß allein entscheidet, wann ein bestimmter Rechner Klient, wann Server ist.

Wenn (um bei unserem Beispiel einer Universität zu bleiben) die Personal- und Abrechnungsdaten (Entgelt für abgehaltene Prüfungen, Remunerationen für Lehrveranstaltungen etc.) auf einem Minirechner gewartet werden, die Lehrveranstaltungsadministration auf einem Mainframe basiert, so muß das LV-Administrationssystem seine Vortragendendaten vom Minirechner aus aktualisieren. Daten der laufenden LV-Administration wiederum, die für die Abrechnung von Prüfungsentgelten des Vortragenden verwendet werden (z.B. Anzahl der geprüften Studenten pro Prüfer), sollen wieder auf den Minirechner zurückgespielt werden, um dort weiterverarbeitet zu werden.

In diesem Beispiel gibt es zwischen den beteiligten Hosts keine vorgegebene Rollenverteilung in Klient und Server; diese ist von Fall zu Fall unterschiedlich. Eine kleine Graphik soll dies verdeutlichen:

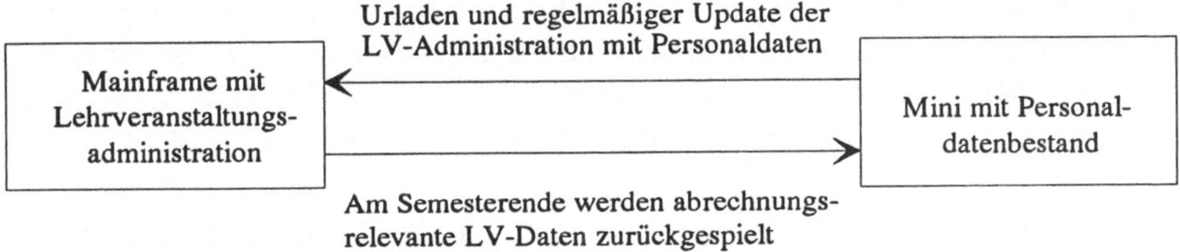

Abb.3.24: Client-Server-Mischverhältnis

An Funktionalität sollte ein Dateitransferprogramm neben der reinen Übertragung auch Datei- und Directorymanipulation ermöglichen; also z.B. das Kopieren und Löschen von Dateien oder das Anlegen neuer Verzeichnisse.

Man sollte jedoch die Schwächen von Dateitransfer zur Aktualisierung von Datenbeständen nicht übersehen. Ein solcher Transfer stellt eine Momentaufnahme zu einem bestimmten Zeitpunkt dar. Datenänderung im Originalbestand und Datentransfer sind zeitlich voneinander entkoppelt. Lassen sich bezüglich der Aktualisierung Stichzeitpunkte ermitteln, bis zu denen Änderungen im zu transferierenden Datenbestand vorgenommen werden können, und wird der Transfer jeweils erst nach einem Stichzeitpunkt durchgeführt, so kann Dateitransfer unbesorgt eingesetzt werden. Bei erhöhten Anforderungen bezüglich der Aktualität und Konsistenz der verteilten Datenbestände jedoch ist Dateitransfer zur Aktualisierung nicht geeignet.

In solchen Fällen sind verteilte Transaktionen, in denen Datenänderungen in einem System unmittelbar in das zweite System durchgebucht werden, unerläßlich, um die geforderte Aktualität zu gewährleisten. Sind die Datenänderungen im verteilten Datenbestand Teile einer Transaktion (wie in TP/CCR beschrieben), so wird auch die Konsistenz dieser Änderung in allen beteiligten Datenbeständen sicher gestellt. In 3.5 werde ich auf die Mittel zur Realisierung solcher Anwendungen zurückkommen.

Bevor ich zwei Dateitransferstandards vorstelle, noch ein Wort zur Art des Zugriffs auf den Server: dabei ist zwischen der Art der Internet- bzw. Transportverbindung zwischen Server und Klienten (verbindungsorientiert oder verbindungslos) sowie der Art des Zugriffs auf die Datei des Servers (zustandslos oder mit definierten Zuständen) zu unterscheiden.

Die erstgenannte Unterscheidung bezieht sich auf die bloße Übertragung. Eine verbindungsorientierte Variante wäre z.B. der Zugriff auf einen Server über ein öffentliches X.25-Netz. Eine verbindungslose Variante werden wir in 3.5 kennenlernen, nämlich NFS, das standardmäßig DoD IP/UDP verwendet, wobei das verbindungsorientierte TCP als Option zur Verfügung steht.

Davon zu unterscheiden ist die Tatsache, ob der Server jede elementare Operation des Klienten (z.B. nacheinander verschiedene Blöcke zu lesen) vollkommen unabhängig von dem was vorher geschah abarbeitet (wieder ist NFS ein gutes Beispiel dafür), oder ob sich der Server die Anforderungen des Klienten merkt und damit definierte Zustände in seinem Dialog mit dem Klienten hat. Die zustandslose Variante ist sicherlich robuster, andererseits sind Sperr- und Sicherungskonzepte in der Variante mit definierten Zuständen besser zu implementieren.

Ein verbindungsorientiertes Transportsystem verträgt sich natürlich recht gut mit einem mit definierten Zuständen arbeitenden Server, aber auch die Benutzung eines zustandslosen Servers ist möglich. Wird jedoch ein verbindungsloses Transportsystem wie in NFS verwendet, so kann der Server nur zustandslos sein. Wie sollte auch der Klient, der ja keine Verbindung zum Server aufgebaut hat und nur sporadische Anforderungen mittels Datagrammen übermittelt, die Zustände am Server setzen und überwachen können?

3.4.1.2 DoD FTP

Dieses FT-Protokoll ist ein Beschaffungsstandard des US Department of Defense (DoD), um Dateien, die auf unterschiedlichen Hostsystemen liegen, transferierbar zu machen. Das DoD FTP stützt sich dabei auf DoD TCP/IP, das für die Bereitstellung des Transportsystems verantwortlich ist. Das FT-Protokoll schafft aber kein netzweites virtuelles Dateisystem als einheitlichen Bezugspunkt, in dem hostspezifische Steuerzeichen als solche übersetzt werden sollen. Will man daher etwa am Zielhost eine Textverarbeitungsdatei weiterverwenden, muß dort das selbe Textverarbeitungspaket (bzw. eines mit einem entsprechenden Formatfilter) verwendet werden. Das Internetstandardformat ist ASCII. Hosts, die andere Codierungen verwenden, müssen diese in ASCII konvertieren, um mit allen anderen Internetpartnern kommunizieren zu können.

Zwischen Klienten und Server werden üblicherweise zwei Verbindungen hergestellt. Die Kontrollverbindung (Control Connection) dient dem Austausch von Kontrollinformationen (Paßwort, Accountname, Auswahl des Verzeichnisses und der Datei usw.), der Datentransfer selbst läuft über die Datenverbindung (Data Connection).

Folgende **Datentypen** werden von FTP unterstützt.

- **ASCII** wird als NVT-ASCII unterstützt, ein 7-bit ASCII-Code, bei dem die 7-bit Codes in 8-bit Bytes hinterlegt werden.
- **EBCDIC** muß üblicherweise in NVT-ASCII konvertiert werden. Kommunizieren aber zwei EBCDIC-verwendende Mainframes miteinander, werden die 8-bit EBCDIC-Codes nicht in NVT-ASCII umgewandelt, um am Zielhost wieder in den ursprünglichen Code umgewandelt zu werden, sondern der EBCDIC-Code wird als 8-bit-ASCII aufgefaßt. Sowohl in ASCII als auch in EBCDIC stellen Drucksteuerzeichen ein Problem dar. Zwei Formatierungsarten werden angeboten:
  - Telnetformatierung, hier werden die Drucksteuerzeichen aus dem Datenstrom herausgenommen und bereits bei der Formatierung der Seite benutzt.
  - Carriage Control-Formatierung, in jeder Zeile ist das erste Byte als Drucksteuerzeichen (0,1,2 Zeilen Line Feed, Form Feed) definiert.

- **Image** wird bei Datentransfer zwischen Maschinen ein und desselben Typs verwendet. Dabei wird bitweise übertragen, der Bitstrom kann von FTP nicht verändert werden, da keine Informationen über Bedeutung und Struktur des Bitstromes vorliegen. Zwar wird für den Transport der Strom in 8-bit Bytes zerlegt, dies geschieht aber rein mechanisch, um dem NVT-ASCII-Format rein formal gerecht zu werden. Image hat den Vorteil, daß alle Charakteristika des übertragenen Files erhalten bleiben. Daher eignet sich der Image-Modus hervorragend zur Sicherung von unter einem Betriebssystem abgespeicherten Daten auf eine Maschine mit einem anderen Betriebssystem; z.B. zur Sicherung von PC-Daten auf einen Mainframe.
- **Logische Bytegröße** wird verwendet, wenn bei der Übertragung eine bestimmte Wortgröße eingehalten werden muß. Dabei kann das logische Byte jede beliebige Anzahl von Bits aufweisen. Jedoch selbst bei der Kommunikation zwischen Maschinen gleicher Wortgröße, kann es zu Unterschieden in der Adressierung der Bytes, die ein Wort bilden, kommen. Vor allem bei der Übertragung von Objektcodes kommt diese Codierungsart in Frage.

An **Übertragungsarten** stehen zur Verfügung:

- Als Standard- und **Defaultmodus** wird die **stromweise Übertragung** angeboten. Der Datenstrom wird ohne weitere Behandlung in TCP-Segmente verpackt und übertragen. Auf der Datenverbindung werden ausschließlich Datenbytes übertragen. Daher benötigt diese Übertragungsart am wenigsten Server- und Userhardwareressourcen und ist auch einfach zu implementieren. Bricht der Filetransfer jedoch mitten in der Übertragung zusammen, so weiß FTP nicht, wo im Bytestrom der Zusammenbruch erfolgte. Die Übertragung muß erneut begonnen werden.
- Im **Blockmodus** wird zusätzlich zur TCP-Segmentierung auch auf FTP-Ebene der Datenstrom in Blöcke unterteilt. Dies erleichtert das Aufsetzen nach einem Zusammenbruch der Verbindung. Ein Block besteht aus einem

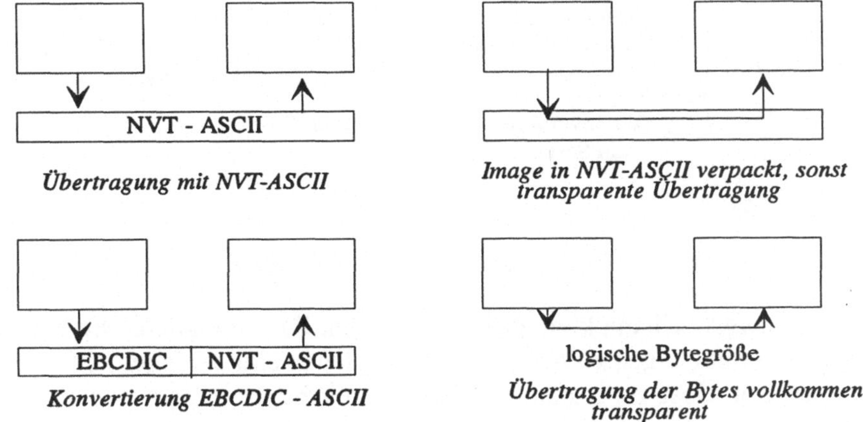

Abb.3.25: Übertragungsarten in FTP

Zählerfeld, den Nettodaten und einer End of Block-Marke.

- Der **Compressed-Modus** bietet darüber hinaus die Möglichkeit, die Nettodaten zu komprimieren. Eine Zeichenfolge aus ein und demselben Zeichen wird zu dem Zeichen plus einem Wiederholungsfaktor komprimiert. Für Leerzeichen gibt es einen eigenen Filler mit Wiederholungsfaktor.

Die Verbindung zwischen Klienten und Server besteht in der Regel doppelt. Ein Dateitransfer würde wie folgt ablaufen. Der Klienten-FTP stellt zunächst die Kontrollverbindung (Control Connection) her. Der Server erhält über sein TCP (standardmäßig Port 21) die Anfrage des Klienten und beantwortet sie positiv.

Üblicherweise muß sich der Benutzer mit Accountnummer und Paßwort identifizieren. Über die Kontrollverbindung werden nun 4-byte-Kommandos und 3-byte-Antwortcodes gesendet. Die Antworten können auch zusätzlich Text für Hilfeinformationen oder eine Logdatei enthalten. TCP zwingt seinem Benutzer keine bestimmte Blockgröße auf. Kurze Blöcke von Kommandos oder Antworten passen in ein einzelnes TCP-Segment. Daher sind die übertragenen TCP-Segmente und IP-Datagramme auf der Kontrollverbindung in der Regel sehr kurz. Sie können mit hoher Priorität verschickt werden. Das Problem der Fragmentierung stellt sich nicht. Auch ein eventuelles Wiederzusammensetzen von TCP-Segmenten ist bei den kurzen Kommandonachrichten nicht zu erwar-

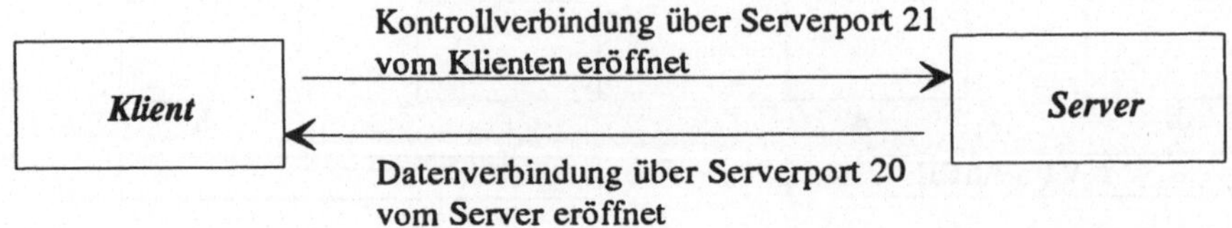

Abb.3.26: TCP-Verbindungen einer FTP-Sitzung

ten. Die Windowgröße kann klein gehalten werden. Es ist möglich, von einem Host Kontrollverbindungen zu mehreren Hosts gleichzeitig zu legen, etwa um einem Supervisor Host zu gestatten, Files von einem Host zum anderen zu transferieren.

Nach der erfolgreichen Identifizierung sendet der Klient Parameter bezüglich Daten- und Dateityp sowie Übertragungsmodus. Jede korrekte Parameterspezifikation wird vom Server bestätigt. Außerdem müssen Verzeichnis und Datei(en) angegeben werden. Auch das geschieht über die Kontrollverbindung.

Die Datenverbindung (Data Connection) wird vom Server (standardmäßig über Port 20) eröffnet; dieser Datenverbindung entspricht auch ein zweiter Übertragungsprozeß. Die Datenpakete, die IP jetzt zu bewältigen hat, sind jedenfalls wesentlich größer als die reinen Kontrollinformationen. IP kann - unter Berücksichtigung des Sende- und Empfangspuffers - eine höhere Windowgröße verwenden, die Bestätigung erfolgt kumulativ. Eine Fragmentierung auf dem Weg zum Zielhost ist wesentlich wahrscheinlicher. Die Bestätigung der Datenblöcke erfolgt über die Datenverbindung. Segmentierung, Bestätigung und Flußkontrolle geschehen dabei ausschließlich in TCP/IP, es sein denn, daß FTP im Blockmodus läuft.

Nach der Bestätigung des letzten vom Server gesandten Datagramms, wird die Datenverbindung vom Server aus geschlossen. Da die Kontrollverbindung noch besteht, könnte eine neue Datenverbindung eröffnet werden. Schließlich wird auch die Kontrollverbindung durch den Klienten beendet.

3.4.1.3 ISO FTAM

ISO FTAM ist ein ISO-Schicht 7-Protokoll zum Filetransfer. *Der* Unterschied zu FTP ist die Definition eines Virtuellen File Speichers (VFS, Virtual File Store), der gleichsam als gemeinsamer Nenner aller im verteilten System

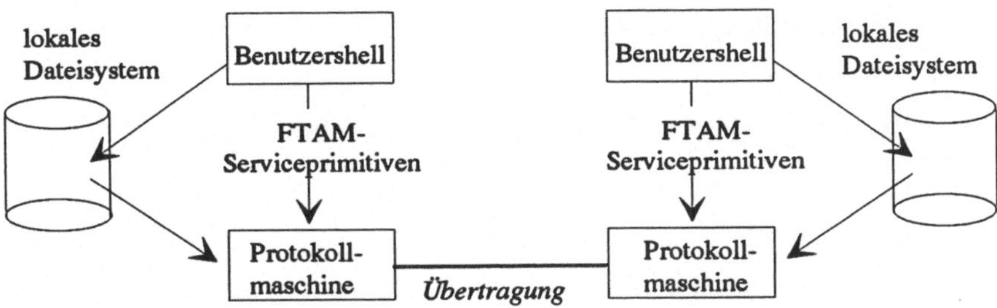

Abb.3.27: Schematischer Aufbau von FTAM

zugänglichen Dateiformate dient. FTP hingegen definiert bloß Übertragungsroutinen zu ASCII-Textdateien, wobei selbstverständlich auch applikationsspezifische Steuerzeichen übertragen werden können (Imagemodus), diese aber nicht in allgemein gültige, applikationsunabhängige Formate übergeführt werden. Langfristig bietet daher FTAM schon allein aus diesem Grund die wesentlich besseren Entwicklungschancen.

Der **Virtual File Store** ist ein abstraktes Objekt mit bestimmten Attributen; diese repräsentieren mögliche Attribute von Dateien, wie Name, Paßwortschutz, fixe Satzlänge oder nicht, Schreibschutz und ähnliches. Damit ist im Netz ein gemeinsamer Nenner an Dateiattributen geschaffen, auf den sich alle beziehen können. Der VFS liegt logisch zwischen der physischen Datei und der FTAM-Protokollmaschine und ist mit den Funktionen der eigentlichen Übertragung nicht befaßt. Wie definiert nun der VFS das logische Objekt "Datei"?

- Durch **Dateiattribute.** Diese können sich auf die Datei selbst beziehen oder auf die gerade aktive Sitzung .
- Durch die **Dateistruktur**. Eine Datei kann unstrukturierter Text, oder aber in Dateneinheiten (Data Units) unterteilt sein (z.B. bei einer Datei, deren Inhalt aus Sätzen gleicher Struktur aufgebaut ist). Außerdem weist jede Datei eine Präsentationsstruktur auf; sie stülpt eine logische Struktur über die Einzeldaten der Datei. Bei einer COBOL-Datei wäre dies z.B. der Aufbau des COBOL-Satzes und damit die logische Zusammengehörigkeit der einzelnen Zeichen der Datei.

- Durch die **Operationen**, die mit einer Datei durchgeführt werden können und die durch die Primitiven vom Benutzer auch ansprechbar sind.

Die Dateiattribute gliedern sich in drei Untermengen:

- den Kernel:
  - Dateiname,
  - Präsentationskontext, unter dem die Datei angelegt wurde,
  - Dateiinhalt strukturiert oder nicht,
  - Name der Präsentationsstruktur;
- die Sicherheitseigenschaften:
  - kryptographische Verschlüsselung,
  - rechtliche Einschränkungen für Dateizugriff;
- die Attribute zur Zugangskontrolle:
  - Schreib-/Lesezugriff,
  - verschiedene Log-Einträge bezüglich des Zugriffs auf die Datei.

Dateiattribute, deren Gültigkeit auf die gerade aktive Sitzung beschränkt sind, sind die Art des Zugriffs, ID und Paßwort des Initiators der Verbindung sowie andere Informationen über den Initiator.

Die Serviceprimitiven erlauben nicht nur die Herstellung der Verbindung und die Übertragung einer Datei, es kann auch im Betriebssystem des Dateiservers nach einer Datei gesucht werden. Dateien können auch als Ganzes angesprochen, also z.B. neu erstellt oder gelöscht werden. Außerdem bietet FTAM auch Möglichkeiten, die zu übertragende, entfernte Datei in beschränktem Umfang zu editieren (Suchen nach Textstring, Löschen, geänderten Text zurückschreiben u.a.). Die Serviceprimitiven im Detail sind:

- F-INITIALIZE, F-TERMINATE (Auf- und Abbau der Verbindung),
- F-U-ABORT, F-P-ABORT (Abort durch den Benutzer bzw. das Protokoll selbst),

- F-SELECT, F-DESELECT (Aus- und Abwahl einer Datei),
- F-CREATE, F-DELETE (Anlegen und Löschen einer Datei),
- F-READ-ATTRIB, F-CHANGE-ATTRIB (Lesen und Ändern der Dateiattribute),
- F-OPEN, F-CLOSE (Öffnen und Schließen einer Datei),
- F-LOCATE-FADU (Suchen einer Texteinheit, eines File Access Data Unit),
- F-ERASE-FADU (Löschen einer Texteinheit),
- F-CHECK (Setzen eines sonstigen Session-Synchronisationspunktes),
- F-WRITE, F-READ (Speichern bzw. Retrieval einer entfernten Datei),
- F-DATA (Übertragen eines Datenelements),
- F-DATA-END (ein FADU komplett übertragen),
- F-CANCEL (Abbruch des Transfers),
- F-RESTART, F-RECOVER (Wiederaufsetzen eines Transfers an einem vorhergehenden Synchronisationspunkt oder kompletter Wiederanlauf),
- F-TRANSFER-END (Ende der Übertragung),
- F-BEGIN-GROUP/F-END-GROUP (faßt eine Gruppe von Befehlen zu einer Transaktion zusammen).

FTAM definiert damit einen ziemlich umfangreichen Dienst, wobei die überwiegende Mehrzahl der Benutzer wohl kaum jemals alle Befehle brauchen wird. Daher definiert FTAM einen Kernel, der die Basisversion darstellt und zusätzlich 8 Gruppen von optionalen Untermengen mit weiteren Funktionen. Dies kann aber in Zukunft Probleme schaffen, denn bei 8 funktional unterschiedlichen Gruppen plus Kernel von FTAM-Produkten gibt es 2^9 Kombinationsmöglichkeiten der Protokolle zweier Kommunikationspartner.

3.4.1.4 Vergleich

FTAM ist neben X.400 der wohl am weitesten verbreitete Standard im ISO-Anwendersystem. Der Hauptunterschied zu FTP besteht darin, daß FTAM ein virtuelles Dateikonzept darstellt, in dem sich die Eigenschaften realer Dateien abbilden lassen. FTP hingegen stellt nur Mittel zur Auswahl und Übertragung von Dateien zur Verfügung, ohne daß die logische Struktur der Datei dabei eine Rolle spielen würde. Dem realen Dateisystem des Empfängers obliegt es, den eintreffenden Bytestrom zu interpretieren.

Eine wesentliche Einschränkung von FTP ist die Verwendung eines 7-bit-Codes, was den Zeichenvorrat gegenüber herkömmlichen 8-bit-ASCII halbiert (gerade für deutsche Texte relevant); 8-bit-ASCII ist aber verhandelbar. ISO FTAM kennt diese Probleme nicht. Andererseits wird bei FTP durch die Verwendung von zwei getrennten TCP-Ports für Daten- und Kontrollverbindung eine gesteigerte Flexibilität und die Möglichkeit erreicht, Dateitransfers zwischen zwei Hosts von einem dritten Host aus anzustoßen und zu steuern.

Im Strommodus bietet FTP keinerlei Strukturierung des Datenflusses. Wenn aber Blockübertragungsmodus gewählt wurde, ist ein Wiederaufsetzen nach Übertragungsfehlern möglich. Die Kommunikationspartner merken sich die Sequenzfolgenummer des jeweils letzten erfolgreich übertragenen Blocks und setzen im Fehlerfall darauf auf. Diese Vorgangsweise entspricht den sonstigen Synchronisationspunkten auf Session-Ebene im OSI-Protokollstack. FTP trifft jedoch keine Aussagen über Blocklänge, das Setzen von Checkpoints oder den genauen Ablauf einer Restart/Resume-Operation, sondern überläßt dies offensichtlich der konkreten Implementierung. Die OSI-Spezifikationen sind in dieser Frage wesentlich konkreter, was z.B. den Wiederanlaufsmechanismus betrifft.

3.4.2 Elektronische Post

3.4.2.1 Allgemeines

Elektronische Post (E-Post, E-Mail) ist nur eine von vielen Möglichkeiten, Nachrichten zu verschicken; E-Post muß also im Zusammenhang mit Fax, Telex und Teletex gesehen werden.

Telex hat sich einen gesicherten, stabilen Markt erhalten, trotz geringer Übertragungsgeschwindigkeit und der Verwendung eines 5-bit-Codes, der den Zeichensatz ziemlich einschränkt. Teletex, als Ergänzung zu Telex gedacht, hat sich hingegen lange nicht so gut entwickelt wie vorhergesagt. Telefax hat in den vergangenen Jahren einen gewaltigen Boom erlebt und vielfach die Züge einer "Elektronischen" Post angenommen. Dies ist bei der Planung eines E-Postsystems zu berücksichtigen.

E-Postsysteme waren in der Vergangenheit meist zentralisiert, d.h. es gab einen zentralen Host, auf dem jedem Teilnehmer ein "Postkästchen" zur Verfügung gestellt wurde. Die E-Post wird durch ein Transaktionsprogramm realisiert, das jedem Teilnehmer das Versenden von Nachrichten und die Manipulation seines eigenen Postkästchens ermöglicht. Diese Systeme werden aber bei zunehmenden Kommunikationsbedürfnissen rasch überlastet, außerdem können nur Teilnehmer dieses bestimmten Systems damit arbeiten. Der Benutzer benötigt ein Terminal oder einen PC mit Terminalemulation des Hosts, auf dem das zentrale E-Postsystem installiert ist. Die dezentrale Weiterverarbeitung einer Nachricht, z.B. das Einlesen in ein Textverarbeitungs- oder Tabellenkalkulationssystem ist bei Terminals nicht, bei PCs mit Terminalemulation nur mit Dateitransfer möglich - vorausgesetzt, die Nachrichten werden als Dateien und nicht in einer Datenbank mit einem eigenen Format hinterlegt. Zentrale E-Postsysteme sind üblicherweise an den Hersteller des Hosts, auf dem die E-Post implementiert ist, gebunden. Aus diesen Gründen ist eine herstellergebundene E-Post-Lösung nicht empfehlenswert, sie wird auch in diesem Buch nicht weiter behandelt.

Bei der Planung eines E-Postsystems sollten einige Kriterien berücksichtigt werden:

- die vollständige Integration in vorhandene bzw. einzuführende Netzdienste,
- die Möglichkeit, einfach über öffentliche Netze zu kommunizieren, sei es um mehrere Niederlassungen einer Firma miteinander, Vertreter mit der Zentrale oder um Zulieferer bzw. Kunden mit der Firma zu verbinden,
- die leichte Weiterverarbeitbarkeit der Nachrichten am PC (z.B. Textverarbeitung),
- die Möglichkeit, zunächst eine reine E-Post einzuführen, später die E-Post als "Vehikel" für weitere, aufbauende Dienste zu verwenden (z.B. Managementinformationssysteme auf E-Post-Basis) sowie vor allem
- eine komfortable, einfach zu verstehende Benutzerführung, da für viele unerfahrene Benutzer E-Post der erste Kontakt mit Netzdiensten ist.

Welche Auswirkungen haben diese Anforderungen (vor allem 1, 2 und 4) auf die Wahl eines bestimmten Stacks von Standards. Abgesehen von herstellerabhängigen Systemen gibt es derzeit zwei international verbreitete Standards für E-Post, das TCP-basierte SMTP, sowie CCITT X.400. Die beiden werden in den folgenden Unterkapiteln vorgestellt und miteinander verglichen.

3.4.2.2 DoD SMTP

SMTP (Simple Mail Transfer Protocol) greift auf das Transportsystem TCP/IP zurück und verwendet 7-bit-ASCII bei der Übertragung. Wird in einem Teilnetz 8-bit-Codierung verwendet, wird das höchstwertige Bit wie auch bei FTP auf 0 gestellt.

Die Schnittstelle zum Benutzer ist das Benutzersystem (User Agent), das der Erstellung der Nachricht dient. Nachrichten werden vom Benutzersystem in einer Warteschlange zwischengespeichert, bis SMTP bereit ist, sie über einen beliebigen Port an TCP weiterzugeben. Über Port 25 empfängt die SMTP-Partnerinstanz auch die Nachricht und hinterlegt sie in der Mailbox. SMTP-Sender und Empfänger sind üblicherweise im Hintergrund speicherresident aktiviert. Ist der Empfänger gerade nicht erreichbar, so versucht der Sender wiederholt zu senden. In welchen Intervallen und wie lange dies versucht wird, ist implementierungsabhängig. Das hinterlegte Dokument ist vom Betriebssystem des Empfängers voll verarbeitbar, etwa als Input für Textverarbeitung, Businessgraphik oder Tabellenkalkulation. Der SMTP-Empfänger sortiert die erhaltene Post und reiht die ihn betreffenden Nachrichten in die Mailbox ein, die anderen werden an den Empfänger weitergeleitet, sei es, daß ein Subnetz zwischen Sender und Empfänger liegt, sei es, daß der Empfänger umgezogen ist.

Jede Kommunikation zwischen Sender- und Empfänger-SMTP spielt sich in einem streng geführten Dialog aus Kommandos und Antworten ab. Ich habe die gängigsten SMTP-Kommandos in folgender Tabelle kurz aufgelistet.

Tabelle 3.2: Kommandoliste SMTP

Kommando	Funktion
CONNECTION SETUP	Aufforderung des Senders an den Empfänger, sich zu identifizieren
HELO	Identifikation beider SMTP-Module
MAIL	Bezeichnet den Absender

RCPT	Bezeichnet den Empfänger
DATA	Sendet den Text
RSET	Sofortiger Abbruch der Verbindung
SEND	Die Nachricht wird nicht hinterlegt, sondern am Schirm des Adressaten angezeigt (so er LOGON gegeben hat und sein Betriebssystem dieses Feature unterstützt)
SOML	Wie SEND, sollte aber die Nachricht am Schirm nicht ausgegeben werden können, wird sie in der Mailbox hinterlegt
SAML	Die Nachricht wird am Schirm angezeigt und in der Mailbox hinterlegt
VRFY	Feststellung, ob ein bestimmter User existiert (teilqualifizierter Username möglich)
HELP	Der Sender fordert Informationen über den Empfänger (z.B. über dessen Kommandovorrat) an
NOOP	Dienst zum Testen der Verbindung
EXPN	Expandiert eine Liste der Mailboxen; es dient vor allem zum Eliminieren von doppelt geführten Adressen in einer Adreßliste
TURN	Sender und Empfänger wechseln die Rollen
QUIT	Der Sender beendet die SMTP-Verbindung (danach beendet auch die TCP-Verbindung)

Jede Antwort besteht aus zwei Elementen: einem dreistelligen Returncode und einem in menschlicher Sprache gehaltenen Text für Bildschirmmeldungen oder Logdateien. Die erste Stelle stellt fest, ob das Kommando ganz oder teilweise ausgeführt wurde. Die definierten Werte sind:

1 ... Kommando akzeptiert, aber nicht ausgeführt, da in der Antwort eine Information enthalten ist, die vom Sender erst bestätigt werden muß. SMTP weist keine solchen zweistufigen Kommandos auf, diese Klasse wird aus Kompatibilitätsgründen geführt.

2 ... Kommando ausgeführt.

3 ... Kommando einer Folge akzeptiert; es müssen jedoch noch weitere Kommandos eingegeben werden, bis schließlich alle im Batch ausgeführt werden.

4 ... Behebbarer Fehler, z.B. Speicherüberlauf.

5 ... Von SMTP nicht behebbarer Fehler (Syntaxfehler oder Parameterinkonsistenzen).

Alle, auch die einfachsten am Markt angebotenen Systeme, können diese erste Stelle des Returncodes auswerten. Die zweite Stelle spezifiziert genauer, welcher Fehler passierte. Als Werte sind definiert:

0 ... Syntaxfehler

1 ... Information (etwa als Antwort auf HELP)

2 ... Antworten, die den Übertragungskanal betreffen

3 und 4 ... noch nicht in Verwendung

5 ... Antworten, betreffend das Mailsystem des Empfängers

HELO, MAIL, RCPT, DATA, RSET, NOOP und QUIT sind obligatorische Kommandos, die von jedem SMTP-Modul unterstützt werden müssen. Alle anderen sind optional, von denen einige, wie etwa TURN, in der Praxis kaum unterstützt werden.

Zunächst sendet der SMTP-Sender über seinen Port zum TCP seines Host einen CONNECTION SETUP. Ist der Empfänger bereit, identifiziert er sich mit einer sogenannten Greeting Message. Danach identifiziert sich auch der Sender mit HELO, das vom Empfänger bestätigt wird. Damit ist die Verbindung zwischen den beiden SMTP-Modulen hergestellt.

Die eigentliche Nachricht besteht als Minimum aus einem MAIL, einem oder mehreren RCPT und einem DATA. Sind Sender und Empfänger auf einem Subnetz, so ist ein MAIL mit der Adresse des Senders und ein RCPT mit der Empfangsadresse nötig. Geht die Übertragung über mehrere Subnetze (über mehrere Hops), so enthält MAIL alle bisher zurückgelegten Hops, alle noch zurückzulegenden Hops sind in RCPT TO:-Kommandos hinterlegt. Wird vom Sender-SMTP erkannt, daß der Adressat zu einer anderen Station gewechselt ist, versucht es die Nachricht an die neue Adresse weiterzuleiten. Diese neue Adresse erhält der Sender vom "alten" Empfänger-SMTP. Wird nun ein solcher Weg über mehrere Hosts angegeben, so löscht der im RCPT spezifizierte SMTP dieses RCPT und fügt seine Adresse ins MAIL-Kommando ein. MAIL enthält somit den Sender und alle bereits besuchten Empfänger, RCPT alle noch zu besuchenden Empfänger. Damit entsteht eine lückenlose Kette von MAILs, die den Weg einer Nachricht zurückverfolgen läßt. Üblicherweise fragt die Shell den Benutzer nach der Zieladresse, dem Gegenstand der Nachricht, dem Absender und der Nachricht. Es hängt von der Benutzershell ab, wie komfortabel (z.B. vordefinierte Adressaten in einem Klappmenü angezeigt und mit Maus auswählbar) diese Schnittstelle gestaltet ist. Das PDU-Format gliedert sich in einen Header, der aus

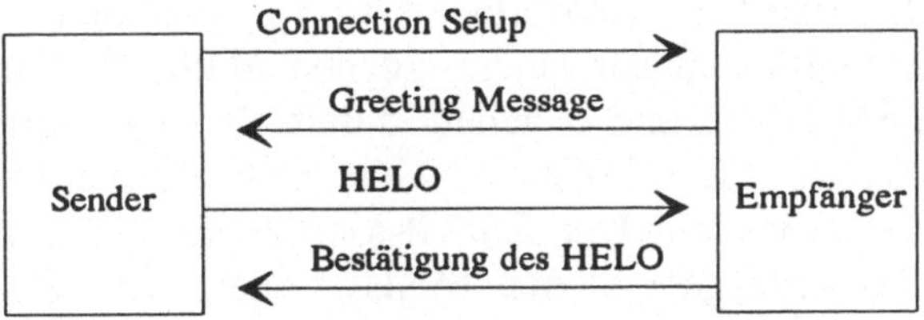

Abb.3.28: Verbindungsaufbau in SMTP

- dem Retourpfad,
- dem Sende- und Empfangsdatum,
- dem Absender,
- dem Gegenstand der Nachricht und
- dem/den Adressaten

besteht, eine Leerzeile und den ASCII-Text der Nachricht. Mit diesen standardisierten, im Endsystem gespeicherten Informationen kann eine Benutzershell vorliegende Nachrichten dem Benutzer (z.B. nach dem Empfangsdatum) strukturiert ausgeben. Der Retourpfad wird außerdem für das Versenden von Acknowledgements und Fehlermeldungen verwendet.

Eine Schwierigkeit bei der Implementierung von SMTP-Modulen ist die große Bandbreite an SMTPs unterschiedlicher Entwicklungsniveaus. Einfachst-SMTPs, die nur über den minimalen Befehlsvorrat verfügen und nur die erste Stelle des Returncodes auswerten, müssen mit neuesten, hochentwickelten Produkten kommunizieren. Jedes Empfänger-SMTP initialisiert beim HELO drei Puffer:

- MAIL-
- RCPT-
- DATA-Puffer

Natürlich variiert auch die Puffergröße (v.a. die des Datenpuffers) erheblich. Wird vom Sender nur die minimale Puffergröße ausgenutzt, so sind verbesserte Installationen sinnlos; wird umgekehrt ein großer Datenpuffer vom Sender vorausgesetzt, so kann es zum Speicherüberlauf kommen.

In der Praxis wird SMTP heute üblicherweise über einen Mailhost (meist unter UNIX) geboten. Solche Mailhosts haben den Vorteil, jederzeit ansprechbar zu sein. Über eine Terminalemulation kann die Mailbox von den Arbeitsplatzrechnern aus verwaltet werden. Komfortabler sind PC-gestützte Programme zur Verwaltung von Mailboxen auf einem solchen Mailhost. Diese Programme setzen meist auf SMTP auf und erlauben es dem Benutzer vom PC aus, Mails aus der Mailbox auf den PC zu holen und weiter zu bearbeiten bzw. Nachrichten über den Mailhost zu verschicken. SMTP-Module auf einem Mailhost sollten aber nicht mit herstellergebundenen Mailsystemen verwechselt werden. In beiden Fällen läuft eine zentrale Mailboxverwaltung auf dem Rechner, im Fall proprietärer Produkte jedoch, ist keine Kommunikation mit Rechnern anderer Hersteller möglich, bei SMTP-Mailboxen hingegen steht dem Benutzer das gesamte Internet zur Kommunikation offen.

3.4.2.3 CCITT X.400

X.400 ist heute neben FTAM der vielleicht erfolgreichste der ISO/CCITT-Anwenderstandards. Während Standards wie VT, RDA oder CCR erst in Entwicklung sind oder erst vor relativ kurzer Zeit verabschiedet wurden, ist X.400 bereits recht gut eingeführt und wird sicher *der* E-Post-Standard der Zukunft. Obwohl der Standard allgemein als X.400 bekannt ist, liefert X.400 bloß eine allgemein gehaltene Definition, was ein Nachrichtenverwaltungssystem (Message Handler) an Funktionen bieten muß. Die eigentliche technische Definition findet sich in Standards der X.400-er Serie (Nachrichtenverwaltung) und X.500-er Serie (Directory Maintainance). Trotzdem sei der Name "X.400" für diese Gruppe von Standards beibehalten.

X.400 empfiehlt als Schnittstelle zwischen dem Benutzer und sich selbst das **Benutzersystem** (UA, User Agent), das wie bei SMTP als eine Art Shell über den X.400-Diensten liegt; wobei allerdings die in X.400 spezifizierte Funktionalität über SMTP hinausgeht. Diese Shell soll es erlauben, Nachrichten aus anderen Systemen (z.B. Textverarbeitung) einzulesen, zu editieren, an X.400 weiterzureichen, Adreßlisten zu verwalten sowie eingegangene Nachrichten zu ordnen und weiterzuverarbeiten. Damit soll auch unerfahrenen oder gelegentlichen Benutzern eine komfortable Schnittstelle geboten werden. Außerdem empfiehlt X.400 eine Schnittstelle für den Zugang zu anderen Telematikdiensten. X.400 trifft aber keine Aussagen, wie dieses Benutzersystem im Detail zu implementieren ist. Bei der Evaluierung verschiedener X.400-kompatibler Produkte sollte die Ausgestaltung des Benutzersystems also ein gewichtiges Kriterium sein.

Die eigentlichen Transferfunktionen sind im **Nachrichtenübertragungssystem** (MTA, Message Transfer Agent) zusammengefaßt. Dabei ist nicht nur die

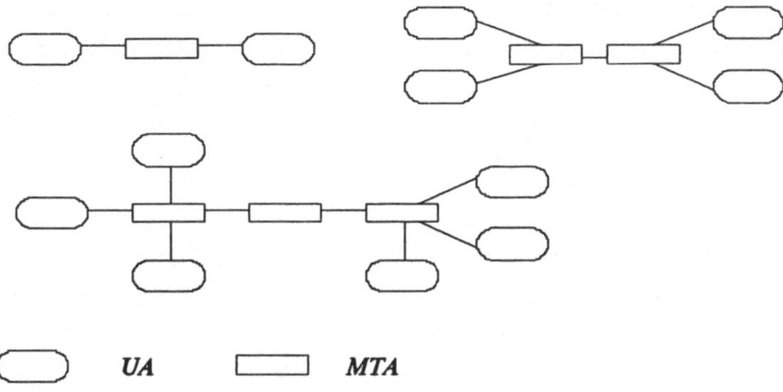

Abb.3.29: UA und MTA sind flexibel kombinierbar

Einfachkombination Shell - MTA möglich, sondern es können die Shells in mehreren Systemen einen MTA als Server nutzen. Auf diese Weise kann ein MTA entweder direkt von mehreren Benutzersystemen verwendet werden, oder Stationen mit Zugang zu Weitverkehrsnetzen können von (an sich mit eigenem MTA ausgestatteten) Stationen ohne einen solchen Zugang angesteuert werden. Daher sind auch MTAs ohne direkt angeschlossene Benutzersysteme möglich; sie dienen nur der Weitergabe von Nachrichten ans/vom WAN. Außerdem nimmt der MTA eine Syntaxüberprüfung der vom Benutzersystem erhaltenen Nachricht vor. Durch dieses Serverkonzept ist X.400 ziemlich flexibel, was die gemeinsame Nutzung von Weitverkehrsanschlüssen bzw. X.400-Servern in einem LAN betrifft. Dadurch ist auch eine Erweiterung um Server oder weitere Benutzersysteme ohne eigenen MTA leicht möglich.

Die CCITT hat zwei X.400-Standards verabschiedet, die "Urversion" aus 1984 und eine erweiterte 1988, sie werden üblicherweise als X.400/1984 und X.400/1988 bezeichnet. X.400/1984 setzt direkt auf dem Session Layer auf, es benötigt weder das Kontextmanagement noch die Kontextwiederherstellung des Presentation Layer. Aufgrund der Schichtenstruktur des OSI-Modells muß aber eine Applikation auf Schicht 6 aufsetzten. Daher wird der Presentation Kernel benötigt. Auf Schicht 5 wird mindestens BAS verlangt (Kernelfunktionen plus Token und Aktivitätsmanagement, ohne Hauptsynchronisationspunkte). Werden mehrere Nachrichten hintereinander ausgetauscht, so geschieht dies in der Regel in einer Session, wobei das Verschicken einer Nachricht eine Aktivität ist. Sonstige Synchronisationspunkte können auf Schicht 5 beliebig gesetzt werden; sie müssen nicht mit den Grenzen der Aktivitäten übereinstimmen. X.400/1988 benötigt auf Schicht 7 ROSE, RTSE und ACSE und auch den Presentation Service.

Analog zu UA und MTA ist der Application Layer in X.400 in zwei **Teilprotokolle** gegliedert. Das UA-Protokoll wird selbstverständlich nur von Endsystemen benötigt, MTA genügt zum Weiterleiten der Nachricht. Abb. 3.31 zeigt einen Beispielprotokollstack für die Verwendung von X.400. Die Aufgaben der Teilprotokolle sind im einzelnen:

- P3 ermöglicht es einem Benutzersystem auf einen entfernten MTA(-Server) zuzugreifen. Der Zugriff des Benutzersystems auf das entfernte MTA ermöglicht ein Modul namens SDE (Send/Delivery Entity, Sende-/Empfangseinheit).
- P1 übernimmt die Weiterleitung von Nachrichten zwischen MTAs, hat also Routingfunktion (wird nicht benötigt, wenn beide Benutzersysteme den selben MTA als Server verwenden). Dieses Routing von Nachrichten über eine beliebige Anzahl von Knoten macht X.400 für den Einsatz in Weitverkehrsnetzen interessant.
- P2 regelt die Verbindung zweier Benutzersysteme. Eine End-zu-End-Verbindung im eigentlichen Sinne kann es nicht geben, da der Adressat eintreffende Nachrichten weiterleiten kann, daher ist die Verbindung zweier Benutzersysteme immer von Hop zu Hop.

Sowohl P1 als auch P2 haben ihren eigenen Header, wobei sich folgende **Headerstruktur** ergibt:

P1-Header	P2-Header	X.400-Nachricht

Abb.3.30: Headerstruktur bei Verwendung von P1 und P2

Der P1-Header (Kuvert, Envelope) enthält u.a. Informationen über

- Adresse des Empfängers, Senders, Empfängers bei Weiterleitung der Nachricht,
- Adresse des Alternativempfängers,
- ID der Nachricht,
- Priorität,

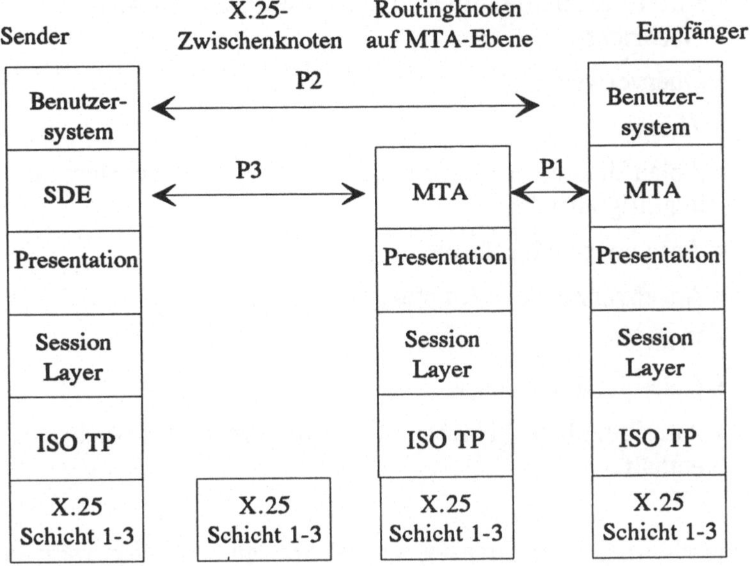

Abb.3.31: Protokollstack von X.400 auf einem X.25-Netz

- Reportfunktion gewünscht,
- Verzögertes Senden,
- Typ der Information (Text, Fax ...),
- Konvertierung des Typs der Information erlaubt j/n,
- digitale Unterschrift des Absenders,
- digitale Unterschrift des Empfängers bei "Einschreiben".

Gerade die letzten beiden Möglichkeiten sind für sensible Nachrichten recht nützlich.

Der P2-Header enthält folgende Felder:

- ID der Nachricht,
- Sender,
- Berechtigtengruppe,
- Empfänger,
- Empfänger einer Kopie/einer verdeckten (nicht am Verteiler aufscheinenden) Kopie,
- Referenzangabe,

- Referenzangabe einer dadurch ungültig gewordenen Nachricht,
- Querverweis,
- Thema,
- Ablaufdatum, nach dem der Sender die Nachricht als ungültig ansieht,
- Antwort gewünscht bis,
- Adreßverweis der Empfänger der Antwort,
- Priorität,
- Geheimhaltungsstufe,
- Anzeige, ob eine Nachricht eine weitergeleitete Nachricht enthält.

Mit diesen Feldern können Dienste, wie das Senden einer Nachricht an mehrere Benutzer oder bestimmte Prioritäts- und Geheimhaltungsstufen unterstützt werden. Die Angabe von Informationen wie "Querverweis" oder "Antwort gewünscht bis" sind an sich nicht unbedingt nötig, sie könnten auch in der Nachricht selbst als einfacher Text angegeben werden. Andererseits ist nur durch ihre Angabe in formatierter Form die Auswertung dieser Informationen durch entsprechend programmierte Benutzersysteme möglich.

So könnte ein Benutzersystem auf Anfrage etwa alle im Briefkasten befindlichen Nachrichten, die bis zu einem bestimmten Datum beantwortet werden müssen, auflisten. Somit schafft der X.400-Standard die Basisvoraussetzungen für komfortabel programmierte Benutzerschnittstellen.

Außerdem definiert P2 ein Statusreport-PDU, über das der Sender Informationen über den Erfolg seiner Sendung anfordern kann:

- Information, ob die Nachricht erhalten wurde,
- ID der P2-Nachricht,
- ID der Station, die tatsächlich den Empfang der Nachricht bestätigt hat,
- ID der Station, für die die Nachricht gedacht war sowie
- Codekonvertierungsangaben,

Ein solches P2-Statusreport-PDU enthält keine Benutzerdaten.

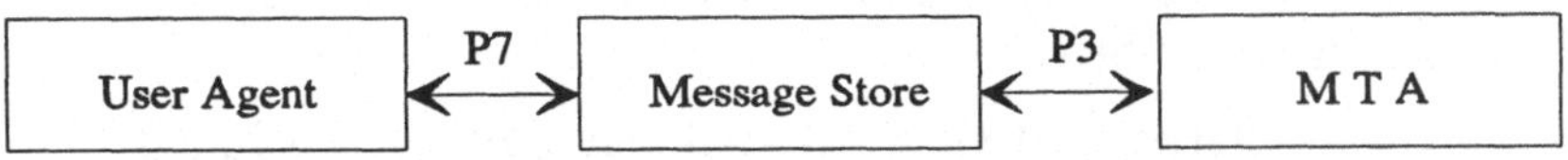

Abb.3.32: Die Verwendung des P7-Protokolls

1988 wurde ein zusätzliches Protokoll eingeführt: P7. Es definiert die Interaktion zwischen einem Nachrichtenspeicher (MS, Message Store) als Teil des MTA und dem Benutzersystem. Dabei liegt der MS logisch zwischen einem Benutzersystem und dem MTA, wobei der Nachrichtenspeicher eingehende Nachrichten für das Benutzersystem vom MTA entgegennimmt und zwischenspeichert, wenn der Benutzer gerade nicht an das Benutzersystem angeloggt ist. Das P7-Protokoll regelt die Übergabe von Nachrichten aus dem Nachrichtenspeicher an das Benutzersystem. Solche MS können jeweils nur einem Benutzersystem dienen. Sind MTA (und damit MS) und Benutzersystem nicht am selben Rechner implementiert, so kann das Benutzersystem mit P3 auf den MTA und den MS zugreifen.

Wie auch das Protokoll, sind die **Dienste von X.400** in zwei Teilsysteme untergliedert: Dienste des Benutzersystems und des MTA.

Die Dienste beider Teilsysteme gliedern sich in obligatorische, nicht abwählbare Dienste, solche, die X.400 dem Benutzer anbieten muß, wobei dieser entscheidet, ob er sie in Anspruch nimmt (verpflichtend optional), sowie Dienste, die optional von X.400-Implementierungen angeboten werden können. Die sich auf das Benutzersystem beziehenden Dienste entsprechen im wesentlichen den im P2-Headerformat angesprochenen Funktionen, wobei nur die Angabe der ID des Adressaten obligatorisch ist. Ebenso reichhaltig sind die MTA-Dienste, wie z.B. Spezifikation von Konvertierungen bei Empfang der Nachricht (obligatorisch), verzögertes Senden, Multicast-Mitteilungen an eine Gruppe von Adressaten, Test, ob eine Nachricht zustellbar wäre (alle verpflichtend optional), oder Angabe eines Adressaten, falls die Nachricht an den primären Adressaten nicht zustellbar ist (optional).

X.400 ist aber mehr als bloß ein Protokoll für E-Post. Es umfaßt auch existierende Telematikdienste, wie Tele(te)x oder Fax. Bei den Faxklassen sind zu unterscheiden:

- G1, analog, Übertragung einer A4-Seite im Bereich von 5 Minuten

- G2, analog, durch Kompressionsmechanismen Übertragungszeit halbiert
- G3, digital, via Modem auf analoger Leitung, nochmals Drittelung der Übertragungszeit
- G4, digital für digitale Leitung, Übertragung einer A4-Seite im Sekundenbereich

Daher muß X.400 auch Konvertierungsroutinen zwischen den Nachrichtentypen bereitstellen, also z.B. zwischen Telex und ASCII-Texten. So kann ein Telex ohne Verlust von Steuerzeichen in G3-Fax oder eine X.400-Nachricht konvertiert werden; bei Konvertierung in Teletex geht aber interessanterweise ein Teil des Informationsgehaltes verloren. ASCII-Texte lassen sich ohne Verluste in Fax- oder X.400-Nachrichten umwandeln, bei Umwandlung in Telex und Teletex kommt es aber zu Verlust an Information, obwohl Teletex auf 8-bit-Codierung basiert. Dies ist unvermeidbar wegen der von Teletex verwendeten ASCII-Codes für Kontrollfunktionen. Bei der 5-bit-Codierung von Telex sind Konvertierungsverluste ohnedies vorprogrammiert. Eine Konvertierung von G3-Fax in Tele(te)x, ASCII- oder X.400-Nachrichten ist aber wegen der mangelnden Graphikfähigkeit letzterer nicht möglich.

3.4.2.4 Vergleich

Beide Protokolle weisen einige **Gemeinsamkeiten** auf:
Die Benutzerfunktionen werden in eine Art Shell, dem Benutzersystem (User Agent) ausgelagert, wobei allerdings X.400 den wesentlich größeren Umfang an Funktionen in diesem Benutzersystem spezifiziert - wenn auch nicht selbst konkret ausformuliert. Beide Systeme erlauben das Weitersenden (Forwarding) von Nachrichten, eine Funktion, die gerade dann interessant ist, wenn der Benutzer temporär den Arbeitsplatz gewechselt hat und nun seine E-Post weitergeleitet bekommt.

Soll das lokale E-Postsystem in ein WAN integriert werden, so muß in beiden Fällen ein Gateway verwendet werden. Die Frage ist nur, in welcher Schicht dieses Gateway zu implementieren ist. Wird im LAN TCP/IP als Transportsystem und SMTP zur E-Post verwendet, so muß bis hinauf zu Schicht 7 konvertiert werden. X.400 hingegen bietet den Vorteil, daß in WAN und LAN die selben Anwenderstandards verwendet werden, und auch ein gemeinsames Transportprotokoll für die End-zu-End-Kommunikation - ISO TP - verwendet wird. Erst auf Schicht 3 werden sich der WAN- und LAN-Protokollstack wahrscheinlich unterscheiden: X.25 im WAN, ISO IP im LAN. Probleme ergeben sich allerdings durch die unterschiedliche Klasse des Transportprotokolls in WAN und LAN. Da im LAN wahrscheinlich das verbindungslose ISO Internetprotokoll verwendet wird, sollte TP Class 4 verwendet werden. Damit aber werden in WAN und LAN unterschiedliche Klassen des ISO-Transportprotokolls verwendet. X.400 verwendet zur Sicherung der Übertragung RTSE. SMTP bietet keine umfassenden Synchronisationsmöglichkeiten. Wird E-Post nur für einfache, kurze Nachrichten verwendet, so ist diese Fähigkeit unwichtig; wird hingegen das E-Postsystem als Vehikel z.B. für ein Managementinformationssystem mit tendentiell längeren Nachrichten benutzt, so ist die gesicherte Verbindung, die RTSE bereitstellt, sicher willkommen.

Andererseits gibt es auch gravierende Unterschiede zwischen den beiden Protokollen. Der wichtigste: SMTP ist ein reines Protokoll für E-Post, X.400 bietet die Integration von ASCII-Texten mit Tele(te)x und Fax. Damit bietet X.400 langfristig die wesentlich größeren Möglichkeiten, vor allem im Hinblick auf die Einführung von dienstintegrierenden Netzen, in denen E-Post ein zentraler Bestandteil sein wird.

Ein nicht zu unterschätzender Vorteil von X.400 ist die fast freie Kombinierbarkeit von MTAs und Benutzersystemen. Mehrere Benutzersysteme können sich einen MTA teilen, Stationen, die ausschließlich Routingfunktion haben, können auch nur einen MTA haben; gerade durch dieses flexible Konzept ist es relativ leicht eine "maßgeschneiderte" Lösung beim Design eines E-Postsystems zu finden. Ein weiterer wesentlicher Unterschied betrifft die Codierung des Headers. Der SMTP-Header ist in ASCII als Teil des zu übertragenden Dokuments codiert; FTAM unterscheidet klar zwischen Headerinformationen und dem Nettotext.

Am Markt ist SMTP natürlich schon sehr lange präsent, erprobte, ausgereifte Produkte in relativ großer Zahl erhältlich. Das aber bedingt, daß es relativ viele Produkte unterschiedlicher Entwicklungsniveaus bezüglich Befehlsvorrat, Pufferspeichergröße und Auswertung des Returncodes gibt. Daher ist es für hochentwickelte SMTP-Produkte oft nicht möglich, ihre Möglichkeiten voll einzusetzen. X.400 wurde erst vor relativ kurzer Zeit verabschiedet, die meisten Funktionen sind obligatorisch, daher sollten die Unterschiede zwischen den Produkten eigentlich nicht allzugroß sein. Eine Ausnahme stellt hier allerdings das Benutzersystem dar, dessen Ausgestaltung vom Standard nicht erfaßt ist.

3.4.3 Virtuelles Terminal

3.4.3.1 Allgemeines

Im Laufe der 80-er Jahre verbreitete sich der PC als Arbeitsplatzsystem in immer größerem Maße. Daneben aber bestehen zentrale Großrechner mit ihren Terminalnetzen natürlich weiter. So entstand der Wunsch, Datenterminal und PC gemeinsam zu nutzen; die ersten Emulationskarten erschienen auf dem Markt. Diese Karten emulierten ein bestimmtes Terminal am PC, und boten zusätzliche Dienste, wie Hardcopy (auch in Datei), Bildschirmextrakt, Dateitransfer PC-Host oder Bypassdruck vom Host direkt auf einen am PC angeschlossenen Drucker. Auch Produkte, mit denen mehrere Terminalleitungen gleichzeitig genutzt werden können, werden angeboten. Diese Karten emulieren jedoch einen bestimmten Terminaltyp eines Herstellers und sind nicht einmal in einer herstellerspezifischen Büroarchitektur universell einsetzbar. Auch sind die meisten Emulationen für DOS-PCs geeignet, einige Firmen bieten (allerdings nur für eine sehr beschränkte Anzahl von Mainframes) Apple-Lösungen an. Dies schafft natürlich Marktnischen, in denen einzelne Unternehmen recht gut operieren können, die universelle Lösung ist es natürlich nicht. Außerdem wird pro Arbeitsplatz eine solche Emulationskarte benötigt, was einerseits Hardwarekosten verursacht, andererseits nimmt jede Emulationskarte einen Steckplatz am Terminalkontroller des Großrechners in Anspruch, selbst wenn das Terminal nur selten verwendet wird. Dadurch werden zusätzliche, nicht gerade billige Terminalkontroller benötigt. Als Lösung bieten sich zwei Systeme an:

- netzfähige Terminalemulation (ist zwar herstellerspezifisch, aber im Einsatz wesentlich flexibler; ich werde in Kapitel 3.4.3.4 darauf zurückkommen),
- das virtuelle Terminal (VT).

Ein virtuelles Terminalprotokoll ermöglicht die Verwendung von Rechnern, die ein Host ursprünglich nicht als eigene Terminals ansieht, über ein Datennetz hinweg, ohne daß eine Karte benötigt wird. Um eine Kommunikation zu ermöglichen, sind zwei virtuelle Emulationsmodule nötig:

- das User Modul, das dem "Terminal" den Zugang zum Host ermöglicht und

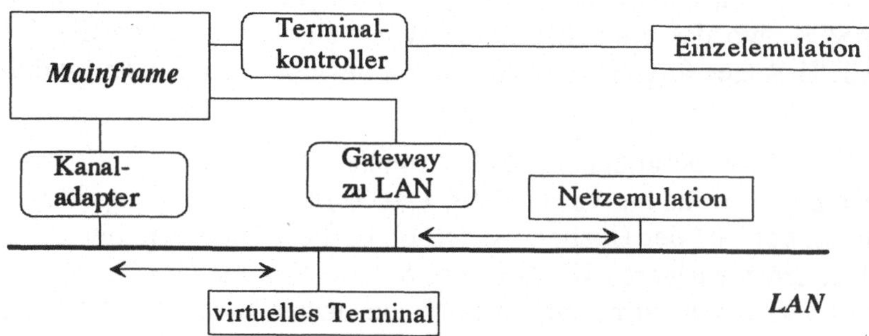

Abb.3.33: Einzelemulation - Netzemulation - VT

- das Servermodul, das die hostseitige Kommunikation übernimmt.

Im PC wird sinnvollerweise nur das Benutzermodul implementiert, das Servermodul liegt am Host. Dabei ist das virtuelle Terminalprotokoll der gemeinsame Nenner, auf den sich alle Stationen (User, wie Server) beziehen.

3.4.3.2 DoD Telnet

Telnet ist ein virtuelles Terminalprotokoll, das als Transportsystem TCP/IP benutzt. Telnet definiert standardmäßig das NVT (Network Virtual Terminal), ein 7-bit Scroll-Mode-Terminal. Standard-Telnet unterstützt also keinen Maskenaufbau! Das Server-Telnet weist sein TCP-Modul an, auf Port 23 ein Unspecified Passive Open zur Verfügung zu stellen. Damit horcht TCP auf alle Anfragen an Port 23, gleich von welchem Partner sie kommen. Die Benutzerschnittstelle von Telnet wird in der Norm nicht näher spezifiziert. Sie sollte jedoch sowohl lokale Kommandos (z.B. Setzen von Terminalparametern, Öffnen und Schließen von Sitzungen, Setzen von Telnetparametern) als auch entfernte Kommandos (z.B. Verhandeln mit dem Partner über unterstützte Optionen, entferntes Echo) unterstützen.

Telnet verwendet NVT-ASCII, also 7-bit-ASCII in 8-bit-Feldern codiert. Die Datenbytes werden ohne weitere Formatierung gesendet. Kontrollinformationen werden vollduplex übertragen. Telnet jedoch definiert, daß der Datentransfer halbduplex erfolgen muß. Kommandos, die während des Datentransfers gegeben werden, werden einfach in den Datenstrom eingereiht. Vor jedem Kommandobyte reiht Telnet ein Interpret As Command (IAC) Byte. Es benutzt

Code 255 im 8-bit ASCII-Satz, also 8 auf eins gestellte Bits. Da die Daten in NVT-ASCII, wo das erste Bit auf Null gestellt ist und dann die 7 Bit des 7-bit-ASCII-Satzes folgen, codiert sind, ist das IAC-Byte eindeutig definiert.

Telnet bietet die Möglichkeit, daß virtuelles Terminal und Host über die Optionen der Verbindung verhandeln. Das Terminal schlägt Optionen, die es unterstützt, vor und der Host antwortet, ob er diese Optionen unterstützt, oder er schlägt ein niedrigeres Niveau vor. Solche Kommandos, mit denen über Optionen verhandelt wird, führen noch ein drittes Byte, das die betreffende Option bezeichnet. Telnet-Kommandos haben daher zwei bis drei Bytes. Da Telnet kein Headerformat besitzt (also ein reines Stromprotokoll ist), weist es einen recht geringen Overhead auf. Allerdings muß der eingehende Datenstrom nach Kommandos abgesucht werden, und der NVT-Code ist in den jeweiligen Hostcode zu übersetzen. Telnet bietet mehrere Gruppen von Optionen.

Die erste Kategorie umfaßt Optionen zur Erweiterung des NVT-ASCII-Satzes, die zweite Gruppe erlaubt es, das virtuelle Terminal selbst zu ändern (z.B. vollduplex Datenverkehr durch Ausschalten des Go Ahead-Kommandos). Die dritte Art von Optionen erlaubt es, andere Informationen (außer Daten und Kommandos) auszutauschen, z.B. Statusinformationen. Hier die wichtigsten Optionen und ihre RFC-Nummer:

Tabelle 3.3: Optionen in Telnet

Optionsnummer	Funktion	RFC-Nummer
0	Binäre Übertragung	856
1	Echo	857
3	Unterdrückung des Go-Ahead	858
6	Zeitmarke	860
17	erweitertes ASCII	698
18	Logout	727
20	Data Entry Terminal (NVDET)	735
24	Terminalart	930
25	End of Record	885

"Optionsnummer" ist die dezimale Darstellung der 8-bit-Codierung. Unter RFC-Nummer wird die RFC-Publikationsnummer angeführt, unter der die meisten Optionen erschienen sind.

Beginn und Ende der Verhandlung sind je ein Kommando. Mit WILL, WONT, DO und DONT wird die Verhandlung geführt. Folgende sechs Verhandlungsverläufe sind denkbar:

Tabelle 3.4: Verhandlungsverläufe in Telnet

Sender	Empfänger	Bedeutung
WILL	DO	Sender will bei sich Option unterstützen, Empfänger stimmt zu
WILL	DONT	Wie zuerst, aber Empfänger lehnt ab
DO	WILL	Sender will, daß Empfänger eine Option unterstützt; der stimmt zu
DO	WONT	Wie letzter Fall, aber Empfänger lehnt ab
WONT	DONT	Sender will bei sich Option aufheben, Empfänger stimmt zu
DONT	WONT	Sender will, daß Empfänger Option aufhebt, dieser stimmt zu

Möchte der Sender z.B., daß der Empfänger Option 17/erweitertes ASCII unterstützt und lehnt dieser ab, so sieht die Verhandlung so aus:

Sender: IAC DO 17

Empfänger: IAC WONT 17

Eine der vielleicht am häufigsten implementierten Option betrifft das Echo. Beim Echo wird die Eingabe über die Tastatur am Schirm ausgegeben. Im lokalen Betrieb stellt dies kein Problem dar. Auch bei Verwendung von Telnet wird standardmäßig ein lokales Echo geliefert. Bei Logonvorgängen aber muß das Echo übers Netz vom Host kommen. Die Initiative geht dabei vom Host aus. Um es dem User zu ermöglichen, das Echo Zeichen für Zeichen am Schirm zu sehen, muß jedes vom User kommende Zeichen zum Host geschickt und als

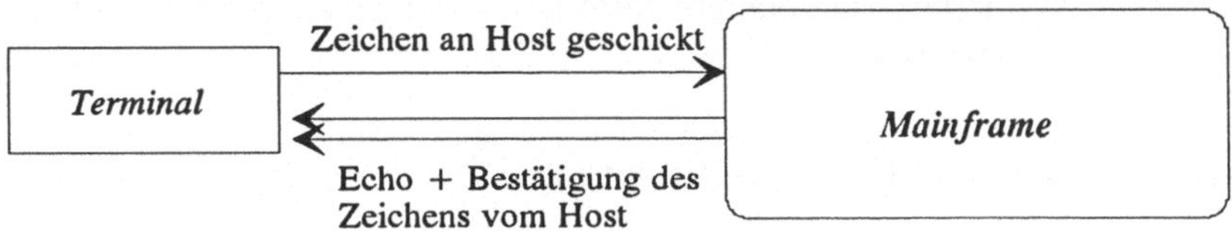

Abb.3.34: Entferntes Echo

Echo zum Terminal zurückgeschickt werden. Verwendet der User die Backspacetaste, so wird das Telnet Erase Character-Kommando und der korrigierte Input über das Netz geschickt. Um dem Benutzer die Möglichkeit zu geben, die Eingabe zu korrigieren, muß der Host die Eingabezeile zwischenspeichern und erst bei Beendigung der Zeile den Zeileninhalt an den Zielprozeß weiterleiten. Außerdem sollte das lokale Echo ausgeschaltet werden, da die Eingabe des Users sonst zweimal am Schirm erscheint. Dieses entfernte Echo sollte nur in Sonderfällen (logon) verwendet werden. Jedes Zeichen wird dabei nämlich einzeln über TCP verschickt. Da Telnet ein stromorientiertes Protokoll ist, gibt es auf Telnetebene dadurch keinen Overhead. TCP und IP müssen jedoch für jedes so verschickte Zeichen ein eigenes Segment bzw. Datagramm generieren und bestätigen. Dies erzeugt natürlich einen enormen Overhead.

Die bisherige Beschreibung trifft auf rein zeilenorientierte Terminals zu. Wie verhält sich jedoch ein Terminal, mit dem feldweise Definitionen (etwa über Bildschirmmasken) möglich sind? Als Ergänzung zu Telnet kann das Network Virtual Data Entry Terminal (NVDET) vereinbart werden. Es ersetzt das NVT durch ein Terminal, das Masken unterstützt und synchron Daten mit dem Host austauscht. Im Maskenmodus werden Hell/Halbhell, Blinken, numerisch geschützt, geschützt/überschreibbar, rechts/links Ausrichtung und andere Maskenfunktionen unterstützt. Nachdem NVDET-Modus zwischen Host und Terminal ausgehandelt wurde, schickt jede Seite der anderen eine Tabelle der Features, die sie unterstützt.

3.4.3.3 ISO VT

ISO VT (ISO 9040 und 9041) beschreibt ein Terminal durch eine Reihe von Parametern. Diese Parameter werden für jede Verbindung zwischen einem Host und einem Terminal definiert und beschreiben die zur Verfügung stehenden Dienste (Kommunikationsmodus, Class Subset und die Empfangskontrolle), sowie das virtuelle Terminal in Form abstrakter Objekte (Darstellungs-, Kontroll- und Geräteobjekte). Der Begriff "Terminal" umfaßt dabei aber nicht nur verschiedene Mainframe-Datensichtstationen, sondern auch andere Peripheriegeräte, wie etwa Drucker.

Zunächst eine kurze allgemeine Einführung:

Der **Kommunikationsmodus** kann synchron oder asynchron sein. Bei synchronem Modus regelt ein Token, welcher Partner zu einem bestimmten Zeitpunkt senden kann. Es besteht somit ein tokengesteuerter Dialog. Dieser Modus wird

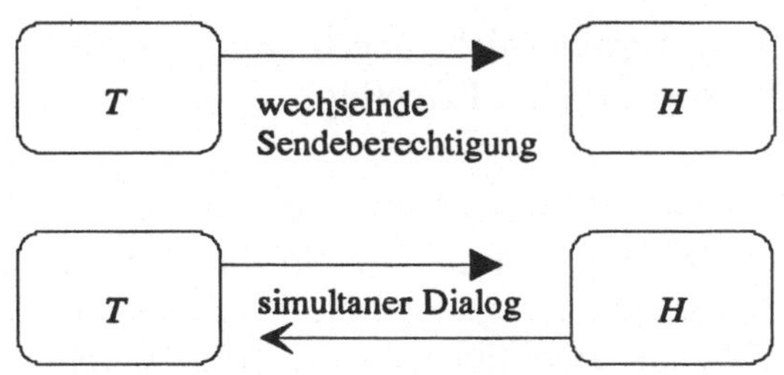

Abb.3.35: Synchrones (oben) und asynchrones Terminal

im englischen Sprachgebrauch auch als WAVAR (Write Access Variable) bezeichnet. Im Synchronmodus kann der Benutzer eines Terminals natürlich auch eingeben, wenn er das Token gerade nicht hat, aber er erhält kein Echo. Die Schwäche synchronen Sendens ist evident. Asynchrones Senden hingegen ermöglicht es Terminal und Host, gleichzeitig zu senden; statt des Dialoges hält jede Station einen Monolog. Diese Sendeart wird auch WACI/WACA (Write Access Connection Initiator/Write Access Connection Acceptor) genannt.

Bei jedem Verbindungsaufbau wird zwischen den beteiligten Stationen über die Parameter des Terminals verhandelt. Dies ist ein recht langwieriger Prozeß, daher können Parameterprofile definiert werden, wobei auch während der Verbindung ein neues Profil (Switch Profile) vereinbart werden kann. Eine andere Möglichkeit wäre das direkte Ändern einzelner Parameter während der Verbindung. Welche Art der Parameteränderung zulässig ist, beschreibt das Class Subset.

Üblicherweise hat der Benutzer keinen Einfluß darauf, wann gesendete Daten an den Partner übergeben werden. Ein Mechanismus zur **Empfangskontrolle** (Delivery Control) kann aber vereinbart werden und gibt dem Benutzer die volle Kontrolle, wann gesendete Daten an den Empfänger übergeben werden (Quarantine Delivery). Damit aber wird die Menge der zu übertragenden Daten

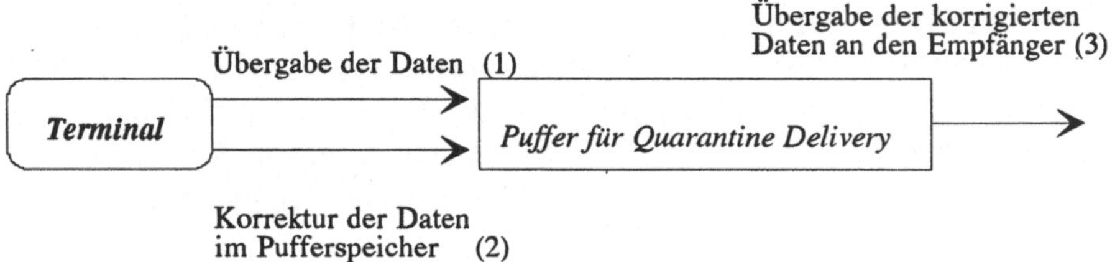

Abb.3.36: Net Effecting

reduziert, da falsche Eingaben nicht übertragen werden, sondern gleich die endgültige, korrigierte Form (Net Effecting).

Durch welche Parameter wird ein Terminal beschrieben?
Darstellungsobjekte (Display Objects) regeln die Darstellung von Daten am Schirm oder einem anderen Ausgabegerät. Das logische Objekt Bildschirm kann man sich dabei als zweidimensionale Matrix (bei Verwendung von windoworientierten Programmoberflächen dreidimensional) vorstellen, die jeden Punkt des Schirms repräsentiert. Jede Zelle dieser Matrix enthält ein dargestelltes Element (bei alphanumerischen Schirmen z.B. einen Buchstaben) und dazugehörige Attribute (z.B. Farbe, Blinken, Zugriffsart oder Font). Die Zellen in dieser Matrix werden durch einen Display Pointer angesprochen. Der Datentransfer dient dazu, diese Darstellungsobjekte zu verändern.

Kontrollobjekte (Control Objects) repräsentieren die Semantik hinter der reinen Darstellung, sie sind jedoch nicht Teil des Standards. Kontrolldaten dieser Objekte unterliegen im Synchronmodus nicht der Tokenkontrolle und werden so an der Flußkontrolle vorbeigeschleust. VT kennt eine Defaulteinstellung - einen 8-stelligen Bool'schen String - die konkrete Bedeutung dieser Bool'schen Werte ist jedoch interessanterweise im Standard nicht definiert.

Geräteobjekte (Device Objects) definieren durch ihre Parameter ein reales Gerät, das durch das VT-Protokoll abgebildet werden soll, seien es verschiedene Terminals, Drucker, Plotter und ähnliches.

Soweit zur Begriffsklärung. In der Folge möchte ich den Dienst, den ISO VT realisiert, wie üblich an Hand der Serviceprimitiven, die VT anbietet bzw. die sich VT vom Presentation Service und von CASE erwartet, erläutern. Im Applikationskontext verpflichtend vorhanden ist ACSE. VT verwendet dabei A-ASSOCIATE, A-RELEASE, A-ABORT und A-P-ABORT. Vom Presentation Layer nutzt VT P-DATA (nicht nur für VT-DATA, sondern auch für die Primitiven, mit denen Untermenge C über einzelne Parameter verhandelt), P-EXPEDITED-DATA (als dringend übergebene Daten) und P-TYPED-DATA (Kontrollinformationen); letzteres allerdings unter einer wichtigen Voraussetzung: bei Verwendung von BSS darf VT-DATA nicht mit gesetzter Urgent-Flag angefordert werden, da diese Daten in einem S-EXPEDITED-DATA.Request transportiert würden, BSS aber dieses Primitiv nicht kennt.

Außerdem werden Hauptsynchronisationspunkte und - bei einem synchronen Terminalprotokoll - der Tokendienst des Presentation-Protokolls verwendet. Wird Synchronmodus verwendet, ist auch die Verbindung auf Präsentationsebene halb-duplex und durch Token gesteuert. Bei asynchronen Terminals muß die Verbindung auf Schicht 6 voll-duplex sein. Auf Session-Ebene erfordert das synchrone Protokoll jedenfalls das Vollprotokoll (Synchronisation plus Token), das asynchrone Protokoll kommt mit BSS (Synchronisation) aus.

VT bietet seinem Benutzer die folgenden Primitiven an:

Voll bestätigt sind:

- VT-ASSOCIATE (Aufbau der Verbindung; an ACSE weitergegeben)
- VT-RELEASE (Freigeben der Verbindung; an ACSE weitergegeben)
- VT-SWITCH-PROFILE (Wechseln des Profils)
- VT-START-NEG (Start der Verhandlung über das Profil bzw. einzelne Parameter)
- VT-END-NEG (Ende der Verhandlung)
- VT-BREAK (Unterbrechen der Verbindung)

Nur .Request und .Indication sind definiert von:

- VT-U-ABORT (sofortiger Verbindungsabbruch durch den Benutzer, Daten, die noch in Übertragung sind, gehen verloren)
- VT-NEG-INVITE (Aufforderung an den Partner, eine Liste mit Parametervorschlägen zu senden)
- VT-NEG-OFFER (Vorschlag für Liste von Parametern an Partner gesandt)
- VT-NEG-ACCEPT (Vorschlag angenommen)
- VT-NEG-REJECT (Vorschlag abgelehnt)
- VT-DATA, VT-HIGH-PRI-DATA, VT-URGENT-DATA (Transfer der entsprechenden Datenklassen)
- VT-DELIVER (legt Punkte im Datenstrom fest, an denen die Daten an den Empfänger übergeben werden sollen)
- VT-ACK-RECEIPT (bestätigt den Erhalt eines VT-DELIVER und dessen Ausführung)
- VT-GIVE-TOKEN, VT-REQUEST-TOKEN (realisieren den Tokendienst, an Schicht 6 übergeben)

Als reines .Indication existiert:

- VT-P-ABORT (sofortiger Verbindungsabbruch von VT aus)

Mit VT-ASSOCIATE wird nicht nur die Verbindung aufgebaut, sondern u.a. auch die gewünschte Klasse des VT-Protokolls (siehe weiter unten), der Kommunikationsmodus und das gewünschte Profil übergeben. Die VT-NEG-Primitiven werden nur bei freier Verhandlung über Parameter verwendet, nicht bei reinem Wechseln von Profilen. ISO 9041.2 nennt 3 **Untermengen**, die jeweils unterschiedliche Dienstelemente umfassen. Untermenge A bietet Verbindungsauf- und abbau, Datentransfer, Empfangskontrolle, Tokenmanagement (im Synchronmodus) und Fehlerbehandlung. Untermenge B offeriert zusätzlich das Wechseln des für die Verbindung verwendeten Profils, Untermenge C außerdem noch das dynamische Wechseln von einzelnen Verbindungsparametern. Sollte ein Benutzer nur einen bestimmten Terminaltyp brauchen (was die Regel sein sollte), dann genügt Untermenge A.

3.4.3.4 Vergleich

Fassen wir die beiden Standards noch einmal kurz zusammen:
Telnet definiert ein 7-bit-ASCII, Line-Modus-Terminal, ohne Maskenunterstützung oder Definitionsmöglichkeit von Fonts, Farben oder Hervorhebungen, ist stromorientiert (mit den mit einer Flag markierten Parametern im Datenstrom) und die möglichen Optionen sind außerhalb des Standards (also auch frei vereinbar); Dienste, die nicht im Standard vordefiniert sind, können nicht vereinbart werden. Es können jedoch zusätzliche Merkmale des virtuellen Terminals mittels Optionen vereinbart werden. Telnet kennt keine Möglichkeit, Drucker zu emulieren.

ISO VT definiert ein Terminal, dessen Parameter für Darstellungsobjekte so reichhaltig sind, daß praktisch alle graphischen Darstellungsarten unterstützt werden. Durch die dreidimensionale Definition des Objekts "Bildschirm" können auch problemlos windoworientierte Benutzeroberflächen unterstützt werden. Da diese Benutzeroberflächen in Zukunft mehr oder minder Standard sein werden, ist diese Fähigkeit von ISO VT relevant. Außerdem können Geräteparameter für die unterschiedlichsten Peripheriegeräte definiert werden.

Generell kann gesagt werden, daß alle Optionen, die in Telnet möglich sind, auch von ISO VT dargestellt werden können, umgekehrt ist dies bei etwas komplexeren Darstellungsobjekten nicht garantiert. Gerade die Frage der Darstellung des NVT durch ISO VT kann aber praktische Bedeutung gewinnen, wenn Telnet verwendet wird und zu einem späteren Zeitpunk ISO VT eingeführt wird. Prinzipiell ist es möglich, ein Telnet-Terminal in einem NVT-Profil zu definieren. Das ISO VT-Modul hätte dann ein Profil als synchrones

Telnet-Terminal, das bei Kommunikation mit einem Host, der nur Telnet unterstützt, mit Switch Profile aktiviert würde. Die Hauptschwierigkeit bestünde vermutlich darin, die im Datenstrom mitgeschickten Telnetkommandos in ISO-PDUs umzuwandeln, also das stromorientierte Telnet auf das blockorientierte VT abzubilden.

Was sind nun die konkreten Schlußfolgerungen?
Telnet verfügt sicher über eine enorme Verbreitung, unterstützt aber standardmäßig keinen Maskenaufbau. Natürlich werden am Markt für die einzelnen Hosttypen auch maskenunterstützende "Telnet"-Produkte angeboten, diese aber sind natürlich nicht mehr Standard. Reines Scroll-Mode Telnet ist jedenfalls für kommerzielle Anwendungen nur sehr bedingt geeignet. Auch wer Drucker emulieren möchte (z.B. Ausdrucke, die von Mainframe-Programmen bisher zentral auf einem am Großrechner angeschlossenen Drucker ausgegeben wurden, dezentral auf Stationsdruckern ausgeben zu lasssen), der wird sicher zu ISO VT greifen - wenn er den entsprechenden OSI-Transportstack zur Verfügung hat.

Ich habe bereits unter "Allgemeines" zu Terminalemulationen darauf hingewiesen, daß es auch netzfähige herstellerspezifische Terminalemulationen gibt. Wenn z.B. nur die Terminals eines einzigen zentralen Hosts im Netz emuliert werden sollen, bietet sich eine solche herstellergebundene Lösung als Alternative an. Dabei werden Gateway-PCs ans LAN angeschlossen, die mehrere logische Leitungen über einen physischen Anschluß multiplexen.

Nur solche Gateway-PCs benötigen eine Einschubkarte, die Arbeitsplatzrechner kommen mit der Emulationssoftware aus. Dies verringert die Hardwarekosten, sowohl was die Emulationskarten als auch was die Terminalkontroller betrifft - gegenüber der Einzelemulation (1 PC = 1 Einschubkarte = 1 Steckplatz am Terminalkontroller) ein gewaltiger Fortschritt.

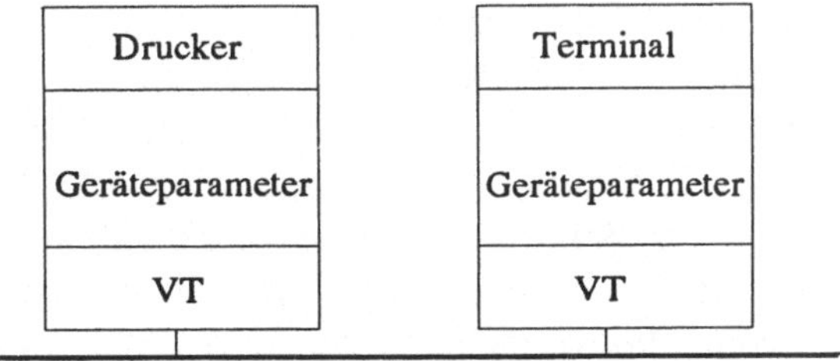

Abb.3.37: Geräteparameter in einer Emulation

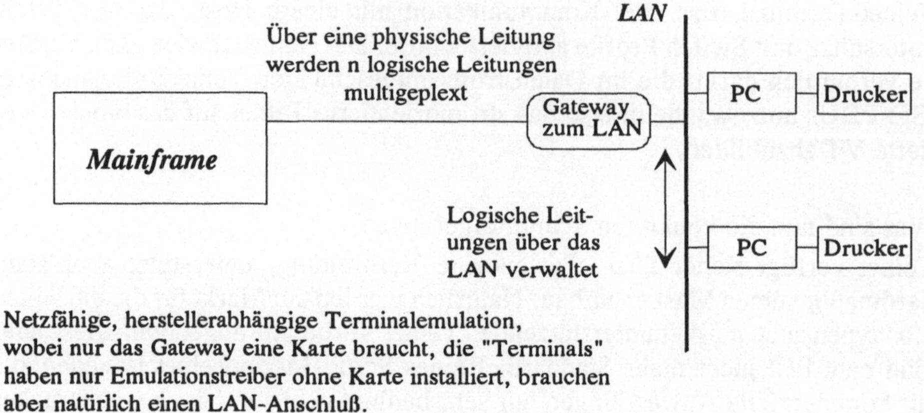

Abb.3.38: Netzwerkfähige, proprietäre Emulation

Eine weitere Frage stellt die Bereitstellung der Emulation auf der Benutzerseite dar. Als "Terminals" kommen DOS-PCs, IBM-kompatible unter UNIX, Apples oder Workstations in Frage. Einzelemulationskarten gibt es (für die führenden Mainframehersteller) wahrscheinlich zu allen genannten Systemen (fragt sich nur, zu welchem Preis), herstellerspezifische Netzemulationen aber werden in der Regel (wenn überhaupt) nur für DOS-Rechner verfügbar sein. Will man also wirklich von allen genannten Systemen auf einen Mainframe zugreifen, so wird man um ISO VT oder Telnet wohl nicht herumkommen. Vollends unattraktiv hingegen wird die herstellerspezifische Netzemulation, wenn mehrere Hosttypen verfügbar sein müssen. D.h. in einer wirklich heterogenen Landschaft wird die herstellergebundene Netzemulation rasch unattraktiv.

Gerade für Mainframe-Applikationen ist die Integration in ein Lokales Netz ein nicht zu unterschätzender Aspekt. Die Einbindung von Großrechnerapplikationen ermöglicht eine Symbiose der Vorteile beider Welten: der zentrale, daher konsistente und sichere Datenbestand des Mainframe und die dezentrale, komfortable Benutzung der Großrechnerprogramme auf dem PC. Großrechnerterminals sind nicht gerade vielseitig verwendbar, der PC als Arbeitsplatzrechner hat sich hingegen praktisch durchgesetzt, also bietet sich eine Emulation über das Netz geradezu an. Die verschiedenen Alternativen dazu habe ich in diesem Kapitel bereits vorgestellt. Eine wichtige Einschränkung stellen jedoch die vom Mainframehersteller unterstützten Protokollstacks dar. Was nützt z.B. das schönste OSI-Konzept auf PC-Seite, wenn dieser Protokollstack vom Großrechnerhersteller nicht oder nur mangelhaft unterstützt wird (vielleicht auch noch mit dem Hinweis, daß die hauseigene Büroarchitektur diesen inferioren internationalen Standards ohnedies haushoch überlegen sei!). Daher sollte auch bei der Auswahl eines neuen Großrechners seine Einbindbarkeit in heterogene Landschaften ein entscheidendes Kriterium sein. Kein Systemadministrator eines Großrechnerprogrammsystems kann heute an den Möglichkeiten, die ihm ein LAN bietet, vorbeigehen. Die Unterstützung des gewünschten Protokollstacks (TCP/IP oder OSI) sollte im Detail hinterfragt werden:

- Welche Subsets der Protokolle (v.a. bei OSI-Anwenderstandards und OSI Transportprotokoll wichtig) bzw. welche Optionen (z.B. bei Telnet oder FTP) werden konkret unterstützt? Als Beispiel: Telnet-Unterstützung im Scroll-Modus ist recht nett, Maskenunterstützung macht auf Dauer aber sicher mehr Spaß.
- Bietet der Mainframehersteller eine Strategie zur Unterstützung des kompletten OSI-Stacks an?
- Welche Kosten verursacht der Kanaladapter (quasi die "Netzkarte" des Mainframes) und welche Kosten sind bei Aus- und Umbau zu erwarten?
- Welche Anforderungen werden bei Terminalemulation an die PC-Netzkarte (und Treiber) gestellt; genügt eine "08/15"-Karte oder muß PC-seitig eine Karte vergleichsweise hoher Intelligenz (und damit hoher Kosten) verwendet werden?

Weiterführende Literaturhinweise

Die DoD-Standards der *Defense Communications Agency*:

MIL-STD-1780 File Transfer Protocol
MIL-STD-1781 Simple Mail Transfer Protocol
MIL-STD-1782 Telnet.

Für eine allgemeine Darstellung empfehle ich
Stallings; Handbook of Computer Communications Standards, Vol. III.

Die erwähnten ISO-Standards sind:

ISO 8571 File Transfer Access And Manipulation
ISO 9040 Virtual Terminal Service Definition
ISO 9041 Virtual Terminal Protocol Specification

Die CCITT-Standards zu X.400 sind in der Serie X.400 bis X.430 zusammengefaßt.

3.5 Verteilte Anwendungen

3.5.1 Allgemeines

In Kapitel 3.4. haben wir die drei wichtigsten Standardanwendungen in einem Netz kennengelernt: Dateitransfer, E-Post und Terminalemulation. Doch wird der Bedarf an Netzdiensten in den kommenden Jahren weit darüber hinaus gehen. So macht z.B. eine Terminalemulation Programme des Hosts auf einem Arbeitsplatzrechner verfügbar, das ändert jedoch nichts daran, daß Datenhaltung, Programm und Benutzeroberfläche weiterhin am Host liegen. Verteilte Anwendungen gehen darüber hinaus; hier teilen sich zwei oder mehr Endsysteme die Bearbeitung eines Vorgangs. Ich möchte drei Varianten dazu vorstellen:

- Verteilte Datenhaltung mit Sun NFS/RPC
- Verteilte Jobs mit ISO JTM/CCR
- Verteilte Datenbankapplikationen mit ISO RDA/TP

NFS (Network File System) ist eine Entwicklung der Fa. Sun und ermöglicht es DOS-PCs, auf Dateiserver unter UNIX zuzugreifen. JTM (Job Transfer And Manipulation) ist ein ISO Standard zur Übertragung und Exekution von verteilten Jobs (DB-Queries, Druckjobs etc.); bezüglich der Transaktionssicherung greift JTM auf CCR zurück. RDA (Remote Database Access) unterstützt Anwendungsprogramme mit entfernten Datenbankzugriffen und setzt auf TP und CCR auf. TP und CCR haben wir bereits in 3.3 kennengelernt.

3.5.2 NFS

NFS realisiert Dienste auf OSI-Schicht 7. Zur Datendarstellung greift es auf XDR (External Data Representation), zur Sitzungsverwaltung auf RPC (Remote Procedure Calls) zu. Als Transportsystem stehen UDP/IP oder TCP/IP (siehe Kapitel 2.3) zur Verfügung.

NFS unterstützt standardmäßig UDP, also ein Datagrammprotokoll auf Transportebene. Dadurch kann keine sichere End-zu-End-Transportverbindung bereitgestellt werden. Dies ist auch nicht unbedingt nötig, da NFS dies übernimmt

Application Layer	NFS/YP/FTP/Telnet
Presentation Layer	XDR
Session Layer	RPC
Transport Layer	UDP/TCP

Abb.3.39: NFS-Architektur

und ein NFS-Server zustandslos ist. TCP kann optional gewählt werden, bedeutet aber zusätzlichen Overhead.

NFS bietet kurz gesagt folgende Möglichkeiten:

Auf eine Gruppe von Dateien des Servers kann vom Klienten-PC wie auf eine lokale Platte zugegriffen werden. Dabei kann beim Hochfahren des PC der Teil des Servers, auf den die Station Zugriff hat, als "lokale Platte" definiert werden. Diese ist dann z.B. unter N: wie jede andere Platte unter DOS ansprechbar (ausgenommen natürlich DOS-Befehle, die eine Platte als Ganzes ansprechen, wie etwa format oder chkdsk). Der Zugriff auf Dateien des Servers ist für den DOS-Benutzer also vollkommen transparent.

Dateitransfer ist auf mehrere Arten möglich: Wenn am Server die entsprechende Software zur Verfügung steht, kann FTP verwendet werden; FTP bietet aber keine Möglichkeit, ganze Directories anzusprechen, außerdem muß extra eine TCP- und eine FTP-Sitzung begonnen werden. Als zweite Möglichkeit bietet sich RCP (Remote Copy) an, mit dem auch auf ganze Directories und Subdirectories zugegriffen werden kann. Schließlich ist auch der Kopierbefehl in DOS möglich. Dies ist wahrscheinlich die Variante mit dem geringsten Overhead, da keine eigene Sitzung begonnen werden muß. NFS umfaßt Routinen zur Konvertierung von Dateien (und Dateinamen) zwischen UNIX und DOS. Die vom PC aus am UNIX-Server hinterlegten Daten sind aber im DOS-Format abgespeichert. Damit erspart man sich die zeitaufwendige (und auch unnötige) Konvertierung von DOS zu UNIX und v.v.. Terminalemulation via Telnet wird ebenfalls unterstützt, auch zu Hosts, die NFS selbst gar nicht verwenden, sehr wohl aber Telnet.

Der lokale Drucker kann wie gewohnt weiterverwendet werden, auch zum Ausdruck von entfernten Dateien. Jeder lokale Druckerausgang (z.B. LPT2) ist einem entfernten Drucker zuweisbar. Arbeiten existierende Applikationen

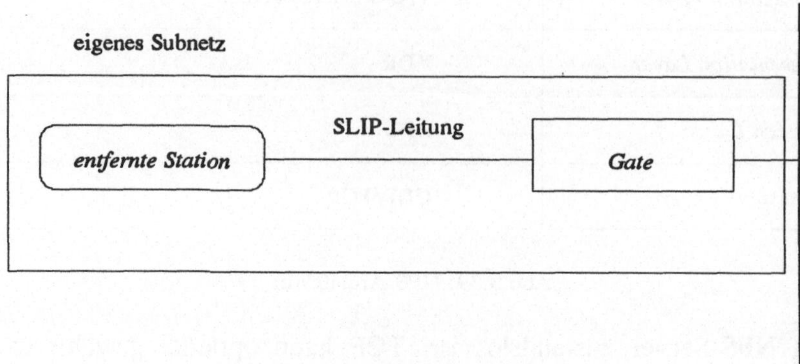

Abb.3.40: SLIP, Serial Line Internet Protocol

bereits mit diesem Druckerausgang, so muß nur die Schnittstelle neu zugewiesen werden und die Applikation arbeitet mit dem entfernten Drucker (vorausgesetzt, die Drucksteuerzeichen sind kompatibel). NFS bietet daneben auch das netprint-Kommando, das ebenfalls mit einem umgeleiteten Druckerausgang arbeitet.

Die Verbindung mit dem Server ist nicht nur über ein LAN mit TCP/IP, sondern auch über eine **serielle Verbindung** möglich. Über diese serielle Verbindung läuft IP als Internetprotokoll (SLIP, Serial Line Internet Protocol). Dies klingt einfacher, als es ist. Zunächst ist die serielle Leitung nicht einfach eine Verbindung zu einem Netz, sondern selbst ein Netz. Jeder Knoten am seriellen Netz (zumindest ein PC und eine Gatewaystation) braucht einen eigenen Namen und Adresse. Die Verbindung kann dabei über eine Standleitung oder ein Wählmodem laufen; es muß aber ein Modem mit Sicherung gegen Übertragungsfehler verwendet werden (error correcting modem). Ein weiteres Problem ist das Versorgen der korrekten Internetadresse. Wenn ein System gebootet wird, so propagiert es keine Informationen über Netze, die über dynamisch aufgebaute Schnittstellen verfügbar sind. Genau das trifft aber auf die SLIP-Schnittstelle zu. Dies kann umgangen werden, indem im Gate unter der Liste der entfernten Netze das SLIP-Netz als eigenes Netz (und das entsprechende Gateway) eingetragen wird. Die Möglichkeit, NFS über serielle Leitungen zu verwenden, kann für manche Anwender entscheidend sein. Etwa wenn ausgelagerte Organisationseinheiten, die mit der Zentrale nicht über ein LAN verbunden sind, zentral gehaltene Daten benötigen. In einem solchen Fall würde dezentral auf einem PC eine lokale Applikation laufen, die mittels NFS als Unterprogrammaufruf zentrale Daten verarbeitet. Da NFS auch Sperrkonzepte unterstützt (siehe weiter unten), können so mehrere Benutzer mit **einem**

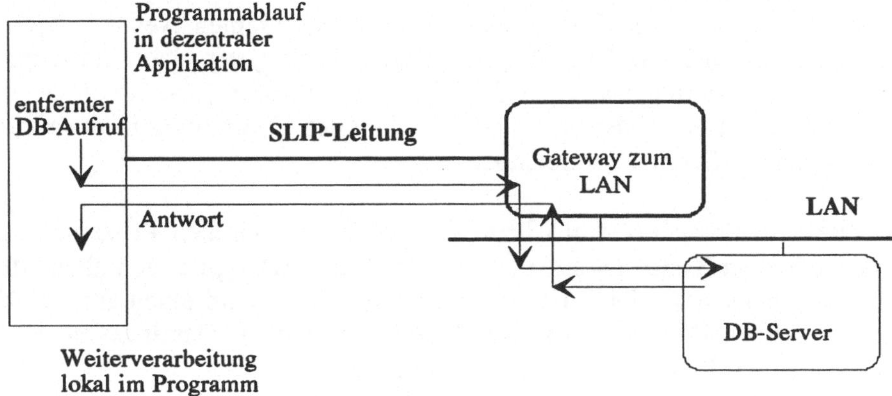

Abb.3.41: NFS über SLIP

zentral, sicher und konsistent gehaltenen Datenbestand arbeiten. Dabei wäre es egal, ob der Benutzer an einem LAN mit dem Dateiserver hängt, oder wie eben beschrieben, "von draußen" über eine serielle Leitung zugreift.

NFS unterstützt auch die in DOS 3.1 beschriebenen Sperrkonzepte. Gesperrt kann dabei entweder eine ganze Datei oder nur einzelne Blöcke einer Datei werden. Bei der Eröffnung der Datei wird die Zugriffsart (Schreiben/Lesen) angegeben sowie die Operationen, die anderen Benutzern während des Zugriffs erlaubt sind (z.B. Eröffnen der Datei im Lesezugriff, andere Benutzer ebenfalls nur Lesezugriff). Dieser Schutzmechanismus ist bei der Programmierung mit NFS nicht obligatorisch, empfiehlt sich aber, um Datenbestände konsistent zu halten.

Für verteilte Datenbestände bietet NFS dem Programmierer die Yellow Page-(YP-) Dienste. Eine Applikation kommuniziert mit dem **YP-Server**, der die Information liefert, wo und wie ein bestimmter Datenbestand gespeichert ist. Der Name des YP-Servers kann von der Applikation angegeben werden, oder aber die Applikation bittet RPC, im Broadcastverfahren den Namen des YP-Servers zu finden. YP gruppiert lokale Datenbestände zu einer verteilten Datenbank, der Domäne. Eine Applikation liefert dem YP-Server den Namen der Domäne und den des Hosts, auf dem der gewünschte Datenbestand liegt und erhält die Internetadresse dieses Hosts zurück.

Der Zugriff auf entfernte Dateien führt unweigerlich zu Problemen mit der unterschiedlichen Darstellungsweise von Daten in unterschiedlichen Systemen.

XDR (External Data Representation) bietet eine netzweit gültige, systemunabhängige Darstellung von Datenstrukturen als gemeinsamen Nenner. Dieses Datenformat ist auch die Grundlage der Datenübertragung, daher kann man von einer Konvertierung zwischen abstrakter und Transfersyntax im Sinne von ISO sprechen; XDR ist also in seiner funktionellen Einordnung in etwa dem ISO Presentation Service vergleichbar.

RPC (Remote Procedure Call) baut Verbindungen zwischen Prozessen auf unterschiedlichen Systemen auf und verwaltet sie. Ein typischer Fall ist der Zugriff von einer unter DOS laufenden PC-Applikation auf einen am UNIX-Server laufenden Daemon (z.B. ein Datenbankhandler). Damit erfüllt RPC Dienste, die dem ISO Session Layer entsprechen.

Auf Transportebene verwendet RPC standardmäßig UDP, das einen Datagrammdienst auf Schicht 4 realisiert. TCP für eine zuverlässige End-zu-End-Verbindung kann gewählt werden. Da aber RPC selbst eine gesicherte End-zu-End-Verbindung bereitstellt, kann auch ohne weiteres die Kombination UDP/IP (also zwei reine Datagrammdienste) als Transportsystem gewählt werden. Auch ARP und RARP sind verfügbar, um aus einer Internet- eine Ethernetadresse abzuleiten, und v.v.. Auf Schicht 1 und 2 können alle LAN-Standards nach IEEE 802 verwendet werden. Das Anwendersystem ist davon direkt nicht betroffen.

3.5.3 ISO JTM/CCR

Der Zweck von RJE (Remote Job Entry) ist "to provide a set of communication-related services which can be used to perform work in a network of interconnected open systems. This work can include both the running of traditional background jobs and other forms of information processing."

Jedes Betriebssystem bietet dazu eine Job Control Language (JCL), in der Jobs definiert werden können. Jobs werden in Dokumenten definiert, die aus einer Ansammlung von JCL-Statements bestehen. Die meisten Betriebssysteme bieten zusätzlich noch die Möglichkeit, Kontroll-Statements von Dienstprogrammen und Utilities in diese Kette von Betriebssystembefehlen aufzunehmen. Dadurch sind Jobs, die etwa wie folgt aussehen, möglich:

/BS (Betriebssystem): Benutzeridentifikation
/BS: Aufbau der Verbindung zum Querysystem einer Datenbank
    *QS (Querysystem): Abfrage von Daten

*QS: Sortieren der Daten
*QS: Speichern des Resultats in einer Datei
/BS: Aufruf einer vorhandenen Prozedur zum Aufbereiten der eben erzeugten Datei
* Editorkommandos zum standardisierten Aufbereiten der Datei (z.B. unstrukturierte Abfragedaten in Listenform bringen)
* Sichern der Datei
/BS: Ausdruck der Datei auf definiertem Drucker

In diesem Fall werden also nicht bloß reine Betriebssystemkommandos abgesetzt, sondern es können auch Befehle zusätzlicher Utilities eingebaut werden. Damit sind natürlich wesentlich reichere Manipulationsmöglichkeiten gegeben. Auf einzelnen Rechnern sind solche Jobs heute eine Selbstverständlichkeit. Über verteilte, offene Systeme hinweg noch nicht. Obige Manipulation sähe über ein verteiltes System hinweg z.B. so aus, wie in Abb.3.42 gezeigt.

ISO JTM ist ein Standard zur Übertragung von Dokumenten, die Jobs definieren, und deren Manipulation. Dabei wird die Bearbeitung von OSI-Jobs, also Jobs, die von einem offenen System auf ein oder mehrere andere offene Systeme abgesetzt werden, allgemein geregelt. Der JTM-Standard spezifiziert dabei jedoch keine konkreten Implementierungen oder schränkt die Implementierung von Einheiten und Schnittstellen in offenen Systemen ein; es kann daher auch keine zu diesem Standard konformen Produkte geben. Gerade diese Einschrän-

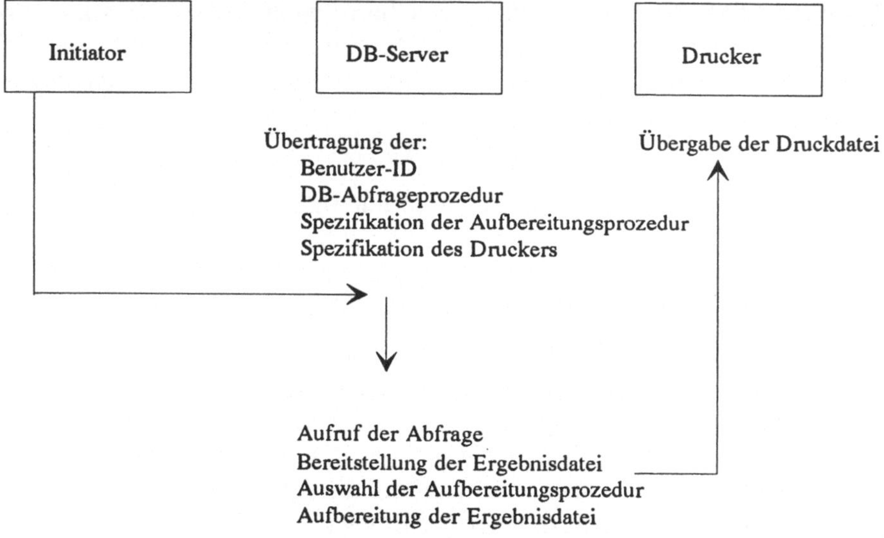

Abb.3.42: Jobs in verteilten Systemen

kung aber nimmt dem Standard viel von seinen potentiellen Möglichkeiten. Natürlich ist es extrem schwer, analog zum virtuellen Dateisystem in FTAM, eine virtuelle Job Control Language zu entwerfen, auf die sich alle offenen Systeme als gemeinsamen Nenner beziehen; zu unterschiedlich ist der Aufbau der häufig verwendeten Betriebssysteme. Dennoch sollte der nächste Schritt sein, den Standard soweit zu entwickeln, daß Konformitätsrichtlinien erstellt werden können.

Ein OSI-Job ist durch eine sogenannte "Arbeitsspezifikation" (Work Specification), AS, gegeben. Diese umfaßt Namen und Plazierung von zu verwendenden Dokumenten und deren Übertragung zwischen bestimmten offenen Systemen sowie die Definition der zu leistenden Aufgabe und der Rückmeldung. Im Applikationskontext verpflichtend vorhanden ist CCR. Außerdem kann FTAM zum Transport von Dokumenten verwendet werden. Dementsprechend werden die Zielstationen auch in Sink Agencies (SA), die keine weiteren Subjobs mehr generieren und in Execution Agencies (EA), die weitere Subjobs erzeugen, unterteilt. Die Station, die den OSI-Job beginnt, ist der Initiator; Agencies, die in der AS benötigte Dateien enthalten, werden als Source Agency (SrcA) bezeichnet. Eine Agency ist dabei aber nicht mit einer Station gleichzusetzen, sondern mit einer funktionalen Einheit in einer Station. So kann in ein und derselben Station das Dateisystem als SrcA sowie ein DB-System und ein Drucker jeweils als SA dienen.

CCR sichert JTM vor Applikations- und Übertragungsfehlern ab. Eine JTM-Arbeitsspezifikation kann in einer oder mehreren atomistischen Aktionen von CCR ausgeführt werden. Dabei können drei Sicherungsniveaus unterschieden werden:

- Niveau 3; die gesamte AS muß innerhalb einer atomistischen Aktion ausgeführt werden; d.h. der Job muß im Zielsystem sofort oder mit nur geringer Zeitverzögerung ausgeführt werden (daher auch die Bezeichnung on-line-Verarbeitung für diese Art von Jobs).
- Niveau 2; zur Beendigung der ursprünglichen atomistischen Aktion genügt es, daß die Dokumente, die den Job beschreiben, im/in den Zielrechner(n) hinterlegt und vom Betriebssystem akzeptiert wurden, die eigentliche Exekution der Jobs läuft in einer der folgenden CCR-Aktionen.
- Niveau 1; die ursprüngliche CCR-Aktion umfaßt nur die Übergabe des Jobs an das Netz; ob das Dokument, das den Job beschreibt, auch tatsächlich beim Zielsystem

ankommt, ist dabei nicht garantiert (off-line-Verarbeitung).

Absolute Sicherheit bietet letztlich nur Niveau 3, da nur hier die *Ausführung* des Jobs sichergestellt wird. Alle kritischen Operationen, z.B. DB-Zugriffe, sollten in Niveau 3-Jobs abgesetzt werden. Kommt es bei der Exekution des Jobs zu Verzögerungen, so bestimmt der CCR-Transaktionstimer, wann CCR aufhört zu warten und einen Rollback einleitet. Oft aber kann Niveau 3 nicht sinnvoll eingesetzt werden, sei es, daß die Abarbeitung des Jobs zu lange dauern würde (oder Jobs geringer Priorität in eine Warteschlange einzureihen sind (Niveau 2)), sei es, daß die Verbindung zum Zielsystem momentan nicht zur Verfügung steht (Niveau 1).

Commitment Niveaus 1 und 2 können bei komplexen Jobs zu Problemen führen; wenn nämlich ein Job noch weitere Subjobs enthält, dann müssen für diese AS eigene atomistische CCR-Aktionen eröffnet werden. Zwischen diesen Aktionen besteht aber keine prozedurale Verbindung, jede AS wird in einer eigenen Transaktion abgearbeitet. Wird eine dieser Transaktionen zurückgesetzt, hat dies keine Auswirkungen auf die anderen AS, die ja in eigenen Transaktionen (und in der Regel in anderen Systemen) ablaufen. Für sensiblere Transaktionen eine höchst unbefriedigende Aussicht.

Woraus besteht aber die Arbeitsspezifikation eines OSI-Jobs?
In der ersten Einrückungsebene, fett gedruckt sind die Hauptgruppen von Parametern, sie werden vollständig angeführt; in der zweiten Einrückungsebene werden die Untergruppen angeführt, wobei statt einer Untergruppe auch ein Einzelparameter stehen kann; die Einzelparameter einer Untergruppe stehen in der dritten Einrückungsebene. Untergruppen und Einzelparameter sind nur soweit angegeben, als es zum Verständnis der Funktionsweise des Standards nötig ist. Wiederholungsgruppen sind in eckigen Klammern mit einem Stern angezeigt.

OSI-Jobparameter
- Initiatorstation
- Jobname
- [Audit Trace]*
  - Name des offenen Systems
  - Klassifikation
- Spezifikation eines Sekundärmonitors

Subjob Namensliste
- [innerhalb des OSI-Jobs eindeutiger Subjobname] *

Subjobspezifikation

Subjobparameter
Liste der zu besuchenden Systeme
[Relay] *
Zielsystem
Dringlichkeitsstufe (Benutzung noch nicht standardisiert)
Typ des Subjobs; muß einer der folgenden Typen sein:
Dokumentenübertragung
Manipulation einer AS
TCR-Manipulation
Reportmanipulation
Reportübertragung
JTM-Aktionsparameter
[konkrete Operationen zu einer der oben genannten
Subjobtypen] *
Aktion im Fehlerfall
Proformaliste
[Proforma] *
Proformaname
Spawning-Kontrolldaten (wann kann
Spawning verwendet werden)
Spezifikation der Proforma
Subjobparameter
JTM-Aktionsparameter
Lokale Felder
Dokumentenliste
[Dokument, das im Laufe des OSI-Jobs benötigt wird] *

Einige der angeführten Parameter, wie die Adresse der Initiatorstation sind selbsterklärend, alle anderen hier angeführten Teile einer AS werden im folgenden erklärt, wobei Schlüsselworte ***markiert*** sind.

Werden Jobs auf dem System ausgeführt, auf dem sie eingegeben wurden, so kann unberechtigter Zugriff durch einfache Paßwortvergabe erreicht werden (Zugriff auf eine Datenbank ist dann eben nur möglich, wenn etwa Benutzername, -gruppe und Paßwort eingegeben werden). In verteilten Systemen muß dabei das Paßwort mitübertragen werden. OSI JTM schlägt zwei andere Mechanismen zur Überprüfung der Benutzerberechtigung vor:

- Herstellen des "Vertrauens" in eine Station; dabei wird eine Station in eine der folgenden Kategorien eingeteilt:
  - unbekannt; der einzige Beleg für die Identität der Initiatorstation, ist ihre eigene Identifika-

tion; dies ist bei allen nicht-sensiblen Jobs (z.B. Drucken) ausreichend,
- bekannt; eine vom Netz sicher zur Verfügung gestellte Adresse der Initiatorstation,
- als authentisch bestätigt; hierbei werden kryptographische Methoden zur Herstellung des "Vertrauens" in eine Initiatorstation verwendet.

- Der ***Audit Trace***; jede Station enthält eine Liste der Stationen, die ihr bekannt sind bzw. die sie als authentisch bestätigt ansieht. Setzt eine Initiatorstation einen OSI-Job ab, so trägt sie sich im Audit Trace als "unbekannt" ein. Kennt sie die nächste in der AS angesprochene Station, wird der Audit Trace-Eintrag auf "bekannt" oder "authentisch bestätigt" gesetzt. Dies wird für jeden weiteren Schritt in der Verarbeitungskette fortgesetzt. Kennt und vertraut nun eine Station allen vor ihr im Audit Trace eingetragenen Stationen und haben all diese Einträge das für diesen Job geforderte Vertrauens-Mindestniveau eingetragen, so kann die Station ihren Teil des Jobs exekutieren.

JTM empfiehlt letztere Methode, da bei unbefugten Zugriffsversuchen eine Nachricht an den Monitor geht, die den vollständigen Audit Trace enthält. Dadurch sind auch alle Stationen identifiziert, die für das "Kuckucksei" gebürgt haben (i.e. es als "bekannt" oder "authentisch bestätigt" klassifiziert haben).

Das Schicksal eines OSI-Jobs kann der Benutzer Meldungen entnehmen, die auf Jobmonitoren zur Verfügung gestellt werden. Die Meldungen werden dabei in Form von Report-AS an den Monitor gesandt, von wo sie sich der Benutzer (z.B. mit FTAM) abholen kann. Diese AS entsteht nicht durch Spawning, sondern durch einen entsprechenden Eintrag in der ursprünglichen AS. Dieser Eintrag wird auch an AS, die aus Proformas entstanden sind, weitergegeben.

JTM kennt dabei zwei Arten von Monitoren: den vom Netzadministrator definierten Standardmonitor (z.B. eine zentrale Log-Datei), oder vom Benutzer angegebene ***Sekundärmonitore***, die als Parameter in der AS definiert werden können. Reports können parallel an mehrere Monitore gesandt werden. Letztere Art wird sicherlich die gebräuchlichere sein, da die Resultate der OSI-Jobs wahrscheinlich dezentral überwacht werden. Im Standard ist kein Umstand erkennbar, warum nicht die Initiatorstation selbst als Sekundärmonitor definiert werden kann. Dadurch würden alle Reports direkt zum Initiator gesandt werden

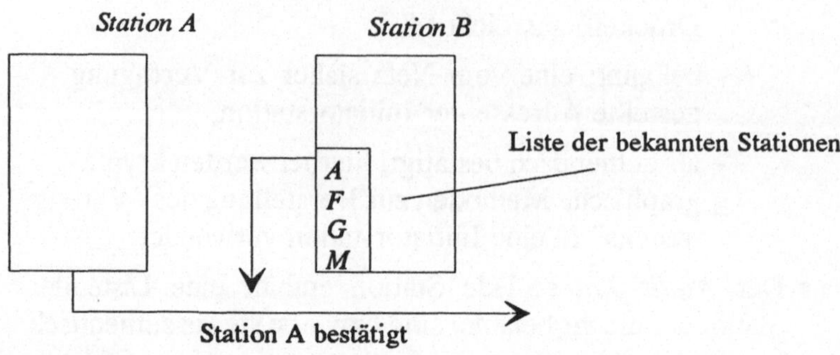

Abb.3.43: Audit Trace

und man ersparte sich die zweifache Übertragung eines Reports (ausführende Station - Monitor - Initiator). Da Reports oft umfangreicher sind als die Jobdefinition selbst, könnte so Übertragungskapazität eingespart werden.

Reports können sowohl als Teil der CCR-Transaktionsdaten definiert als auch nicht dem Commit/Rollback-Mechanismus unterworfen sein. In erstere Kategorie fallen vor allem Reports über Spawning, den Transfer von AS u.ä.; Reports die nicht dem Rollback unterworfen sein sollen, sind Informationen über das Scheitern einer lokalen Aktion am Zielrechner (warum z.B. eine DB-Abfrage nicht funktionierte), Verletzungen von Sicherheitsbestimmungen oder Accountinformationen. AS, mit denen letztere Reports an den Monitor geschickt werden, laufen in einer eigenen Transaktion ab.

Die ***Subjobnamensliste*** enthält die im gesamten OSI-Job eindeutigen Namen des ersten in der AS definierten Subjobs und der weiteren in den Proformas wartenden Subjobs. In den ***Subjobparametern*** wird zunächst eine Liste der beteiligten Stationen angegeben. Relays sind zwischengeschaltete Stationen, die am Weg zum Ziel aufgesucht werden, um eine Zwischenfunktion auszuführen, meist um ein Dokument aus ihrem Dateisystem abzuholen. Eine Alternative zum Relay wäre die Verwendung eines FTAM-Handlers im Zielsystem als SA (so dort vorhanden).

Der in der Regel erste Subjob ist eine Dokumentenübertragung der AS sowie der in der Dokumentenliste angeführten weiteren Dokumente. Dabei wird für jedes nicht mit der AS übergebene Dokument die SrcA angegeben. Diese Operation kann auch für eine Gruppe von Dokumenten verwendet werden. Mit einer AS zur Manipulation einer existierenden AS können die Parameter der alten AS angezeigt, geändert, hinzugefügt oder gelöscht bzw. der Job selbst

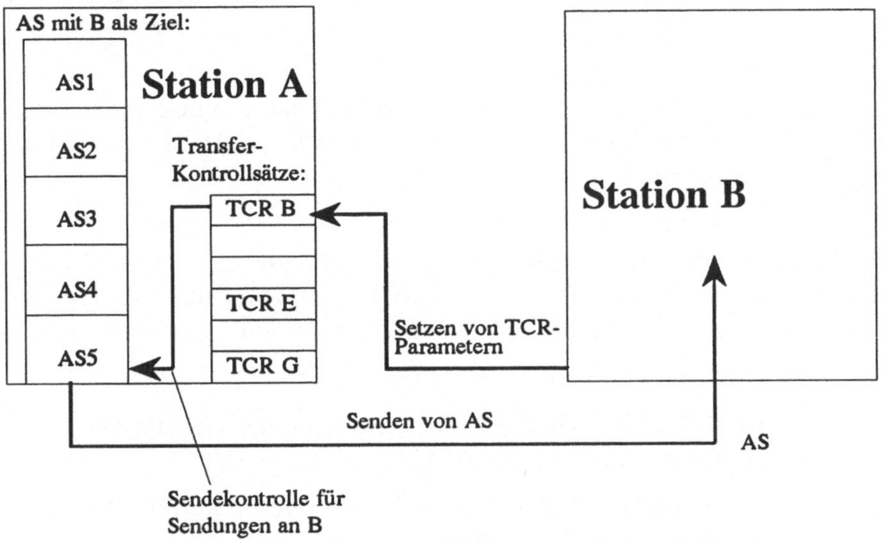

Abb.3.44: Transfer Control Records

beendet werden. Damit bietet JTM die volle Kontrolle über einmal abgesetzte Jobs, wobei allerdings zu prüfen ist, ob eine Änderung der Original-AS zu einem bestimmten Zeitpunkt noch möglich bzw. sinnvoll ist.

Bisher wurde angenommen, daß der Initiator seine AS unbelastet von den Vorgängen im Zielsystem absenden kann. Das Zielsystem muß aber die Möglichkeit haben, wenn nötig, den Initiator zu "bremsen". Sei es, daß das Zielsystem überbeansprucht ist, oder daß funktionale Einheiten (Agencies), die in einer AS angesprochen werden, (temporär oder permanent) nicht zur Verfügung stehen. Diese Flußkontrolle auf Anwenderebene wird durch Transferkontrollsätze (TCR, Transfer Control Records), die in den Stationen gespeichert sind, realisiert. Eine Station B, die "weiß", daß sie häufig Ziel von AS einer bestimmten Station A ist, kann solche TCR-Manipulationen vorbeugend an A verschicken und A veranlassen, einen sie betreffenden TCR bei sich anzulegen und so den Strom von eingehenden Jobs von dieser Station kontrollieren. Eine beliebige Station verfügt somit über TCRs für alle anderen Stationen, die ihr eine TCR-Manipulation gesandt haben. Will die Station an eine dieser Partnerstationen senden, so kann sie dies nur unter den vorgegebenen Einschränkungen tun. Dabei kann die Einschränkung nicht nur von der Zielstation selbst, sondern auch von einer dritten vergeben werden. So etwa kann der Netzmanager von seiner Station aus den Verkehr von anderen

Netzteilnehmern zu einer Druckerstation begrenzen, um diese nicht zu überlasten.

Mit Subjobs der Typen Reportmanipulation und -übertragung können Reports generiert und an ein offenes System verschickt werden. Die Interpretation des Reports obliegt dem Adressaten.

Die **Serviceprimitiven** gliedern sich in solche, die sich auf CCR-Dienste beziehen (für BEGIN, READY, ROLLBACK, COMMIT und RECOVER) und JTM-Primitiven. Von letzteren gibt es als .Request und .Confirm:

- J-INITIATE-WORK (Erstellen einer AS durch Initiator),
- J-INITIATE-WORK-MAN (Erstellen einer AS zur Manipulation existierender AS),
- J-INITIATE-TCR-MAN (AS zur Manipulation von Transfer Control Records),
- J-INITIATE-REPORT-MAN (AS zur Manipulation von Meldungen, die vom Jobmonitor empfangen werden).

Als .Indication und .Response liegen vor:

- J-GIVE (JTM fordert eine Datei von einer ScrA oder EA),
- J-DISPOSE (JTM hinterlegt eine Datei in einer SA oder EA),
- J-ENQUIRE (JTM fordert von einer ScrA oder EA eine Dokumentenliste an),
- J-STATUS (JTM fordert Statusinformationen über eine Aktivität an).

Als reiner .Request werden

- J-SPAWN (eine EA fordert Spawning aus einer Proforma an),
- J-MESSAGE (eine EA fordert einen Statusreport über eine Aktivität an),
- J-END-SIGNAL (EA oder SA zeigen das Ende einer Aktivität an [nur Commitment-Niveau 1 und 2])

verwendet.

- J-HOLD (JTM fordert eine Station auf, eine Aktivität zu unterbrechen),

- J-RELEASE (JTM fordert Wiederaufnahme nach J-HOLD an),
- J-KILL (Beendigung einer Aktivität durch JTM, wobei die EA keine Reportdokumente generiert),
- J-STOP (wie KILL, aber mit Bereitstellung von Reportdokumenten)

werden nur als .Indication verwendet.

Welchen Dienst realisieren nun diese Primitiven?
Abb.3.45 zeigt ein einführendes Graphikbeispiel, anhand dessen ich die Grundfunktionen von JTM erklären möchte. Danach folgt ein etwas komplexeres Beispiel. Es werden die verwendeten JTM-Primitiven mit den wichtigsten Parametern (in spitzen Klammern) angeführt, auf CCR-Primitiven gematchte Primitiven werden fett dargestellt. Als Commitmentniveau wurde 3 gewählt. Die Annahme ist, ein PC möchte eine in seinem Dateisystem gespeicherte Datei auf einer entfernten Druckerstation ausdrucken.

Die CCR-Transaktion wird mit J-BEGIN.Request *(1)* eröffnet; wir unterstellen Commitmentniveau 3; d.h. alle Subjobs dieses OSI-Jobs werden in einer atomistischen Aktion abgearbeitet. In J-INITIATE-WORK.Request wird der Job spezifiziert *(1)*. Der erste Subjob spezifiziert die Übertragung der AS und der darin eingebetteten Druckdatei. Diese ist mit J-GIVE dem lokalen Dateisystem des PC zu entnehmen. Der anschließende Druckvorgang ist in einer Proforma angegeben. JTM sendet als Bestätigung an seinen Benutzerprozeß ein J-INITIATE-WORK.Confirm mit der lokalen Jobreferenz *(2)*.

Die JTM-Protokollmaschine setzt in Folge ein entsprechendes GIVE-Primitiv ab, mit dem eine im INITIATE angegebene Datei in einem Dokumentenselektor angegeben wird; in diesem Primitiv werden auch eventuelle Account- und Paßwortinformationen übergeben *(3)*. Der .Response übergibt die Datei und einen Identifikator für den Dateityp (anwendungsspezifisch) *(4)*. J-GIVE erfordert die explizite Angabe eines Dokumentennamens, wird in der AS ein multipler Dokumentenselektor (z.B. *.prn in DOS) gewählt, so muß zuerst eine Liste der diesem Selektor entsprechenden Dokumente mit J-ENQUIRE.Indication vom Dateisystem angefordert werden. Mit J-ENQUIRE.Response erhält die JTM-Protokollmaschine sodann die entsprechende Liste der Dateinamen und kann die Dateien mit J-GIVE anfordern.

Mit J-BEGIN.Indication wird die atomistische Aktion bei der Druckerstation eröffnet. *(5a)* Ebenso wird in J-DISPOSE.Indication die AS (mit der darin eingebetteten Druckdatei) übergeben *(5b)*. Die AS liefert dabei zusätzliche

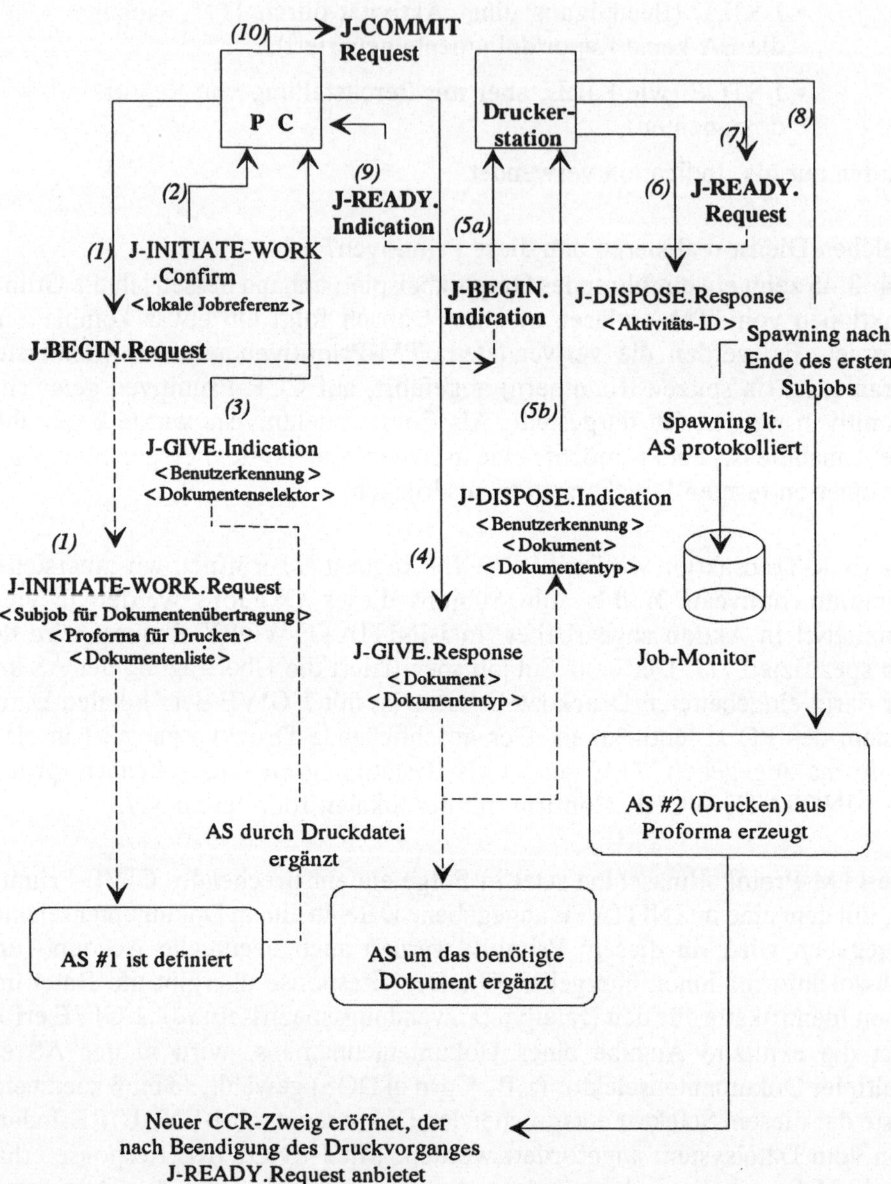

Abb.3.45: JTM-Graphikbeispiel

Parameter, wie Benutzerkennung, Account oder Paßwörter. Die Entgegennahme des Job(dokuments) wird in J-DISPOSE.Response bestätigt, wobei eine (wiederum nur lokale) Job-ID angegeben wird, unter der der Initiator (oder bei Spawning die jeweils vorgelagerte EA) eventuelle Statusinformationen abfragen kann *(6)*. Da Commitmentniveau 3 gefordert ist, kann J-READY.Request erst nach Beendigung des Subjobs zur Übertragung der AS vom Zielsystem (der Druckerstation) angeboten werden *(7)*. Üblicherweise wird der nächste Subjob (in unserem Beispiel das Drucken) nach Beendigung des vorangegangenen Subjobs gestartet (Completion Spawning)*(8)*. Es ist aber auch möglich, daß ein Subjob, noch bevor er beendet ist, durch ein J-SPAWN.Request explizit und vor der Zeit das Spawning des nächsten Subjobs anfordert (Demand Spawning); auf diese Variante wird im nächsten Beispiel eingegangen. Eine dritte Variante wäre Acceptance Spawning, wobei JTM selbst das Spawning einer Proforma einleitet, wenn alle mit J-DISPOSE eröffneten Jobs zumindest Commitmentniveau 2 anbieten.

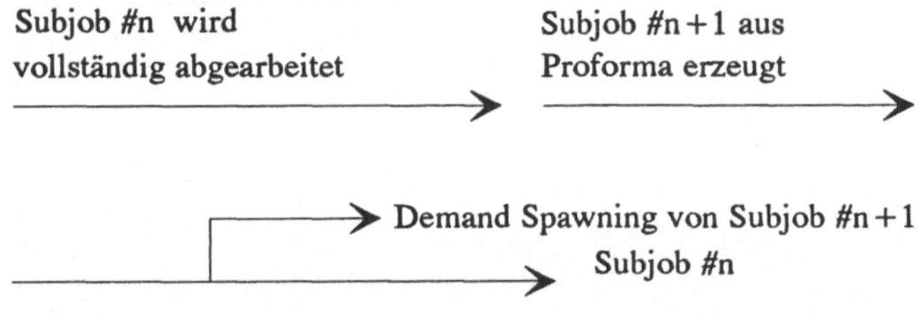

Abb.3.46: Completion (oben) und Demand Spawning

Nachdem die Initiatorstation von beiden Zweigen des CCR-Baumes J-READY.Indication erhalten hat *(9)*, emittiert sie J-COMMIT.Request, um die Transaktion zu beenden *(10)*. Der Ready-Vorgang *(7 und 9)* ist in der Graphik vereinfacht dargestellt; es muß nämlich jeder der beiden Transaktionszweige (die Übertragung und das Drucken) ein eigenes Ready an den Master (den PC) ansetzen. Wenn ein GIVE.Indication auf eine eigene Agency abgesetzt wird, so wird auch diese in den Transaktionsbaum einbezogen. In diesem Beispiel wird davon ausgegangen, daß beide Zweige der CCR-Transaktion gleichberechtigt sind. Wäre hingegen der Druckzweig dem Übertragungszweig untergeordnet, dürfte das J-READY.Request der Datenübertragung erst abgegeben werden, nachdem der Druckzweig Commitment angeboten hat. Außerdem würde in diesem Fall die Druckerstation der Vorgesetzte für den Druckzweig sein und als solcher J-COMMIT.Request absetzen.

Üblicherweise wird ein Spawningvorgang protokolliert, um dem Benutzer die Möglichkeit zu geben, seinen Job zu verfolgen. Der Job-Monitor kann ein vom

Systemverwalter eingerichteter Standardmonitor, oder ein individuell vom Initiator wählbarer Benutzermonitor sein.

Das in Abb.3.47 gezeigte Beispiel soll Demand-Spawning näher erläutern.

Ich beschränke mich im gezeigten Beispiel auf die Darstellung der EA. Zunächst trifft bei der EA ein DISPOSE.Indication mit einem Jobdokument ein, welches die Proforma enthält, als Bestätigung wird mit einem entsprechenden .Response geantwortet *(1 und* 2). Der nächste Subjob wird nun programmgemäß eröffnet (Completion Spawning, *(3)*).

Die AS enthält nun an dieser Stelle den Wunsch, während dieser Subjob noch läuft, einen weiteren Subjob zu eröffnen - es folgt also SPAWN.Request (Demand Spawning, *(4)*). Damit werden die Aktivitäts-ID (in der EA) sowie der Proformaname an die Protokollmaschine übergeben. JTM erkennt nun z.B., daß es ein bestimmtes Dokument in der EA benötigt, um den Subjob abzuarbeiten. Dieses wird im Dokumentenselektor des GIVE.Indication spezifiziert *(5)* und mit GIVE.Response an JTM übergeben *(6)*.

Das folgende Beispiel (Abb.3.48) baut auf den beiden vorangegangenen auf, und setzt zusätzlich JTM FTAM-Dienste ein, wobei zu bedenken ist, daß FTAM selbst wiederum auf weitere CASE zurückgreift, sich also eine mehr-

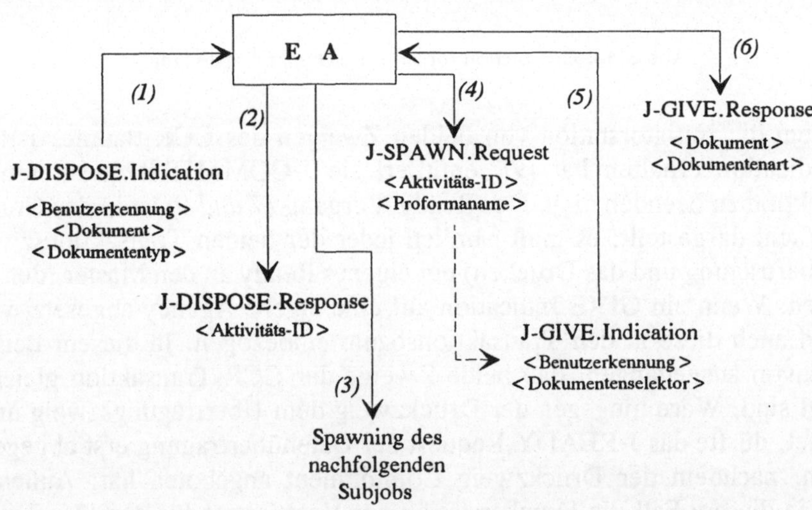

Abb.3.47: Demand Spawning

stufige Primitivenhierarchie ergibt. Wie üblich wird in INITIATE-WORK.Request eine AS definiert *(1 und 2)*. Die AS besteht aus dem ersten Subjob zur Übertragung der AS zum Zielsystem, sowie 3 weiteren Subjobs in Proformas:

- DB-Abfrage am Server
- Übertragung der Ergebnisdatei zur Druckerstation
- Drucken der Ergebnisdatei

Wir unterstellen dabei einen flachen Transaktionsbaum, bei dem alle Teiltransaktionen direkt vom Master kontrolliert werden.Die Graphik zeigt auch, daß nicht Stationen, sondern einzelne Agencies in den Stationen Partner im Transaktionsbaum sind. Zunächst aber muß eine atomistische Aktion in CCR eröffnet werden, das J-BEGIN.Request wird an CCR weitergegeben *(1)*. Mit dem J-BEGIN.Indication wird der Beginn der Transaktion dem Untergebenen (dem DB-Server) vom Master (dem PC) angezeigt *(2a)*. Der erste Zweig des atomistischen Baumes steht.

Ebenso werden die in der AS spezifizierten Dokumente (in unserem Beispiel nur eine Prozedurdatei für die DB-Abfrage) mit J-GIVE vom PC geholt und die AS so komplettiert *(3)*. Die AS wird dem Zielsystem mit J-DISPOSE.Indication übergeben *(4)*. Das entsprechende Response-Primitiv ist dafür die Bestätigung, es enthält außerdem die lokale Job-ID auf dem DB-Server *(5)*.

Um den Job durchführen zu können, braucht die DB-Abfrageprozedur in unserem Beispiel eine Parameterdatei auf einem entfernten, offenen System "Dateiserver". Diese wird mit FTAM angesprochen, wobei die Datei mit J-GIVE-Primitiven angefordert bzw. übergeben wird, so, als ob es sich um ein lokales Dateisystem handelte *(6a)* (siehe auch Abb.3.49). Die Aktion des FTAM-Handlers *(6b)* ist für JTM transparent. Mit J-GIVE.Response erhält die JTM-Protokollmaschine die Datei vom FTAM-Handler und stellt sie dem DB-Server mit J-DISPOSE.Indication zur Verfügung *(6c)*.

Damit ist der ursprüngliche Subjob in der AS abgearbeitet, Proforma #1 wird zu einer AS (in der Graphik nicht ersichtlich; Spawning erfolgt unmittelbar nach *6c*).

Die neue AS definiert eine DB-Abfrage unter Zuhilfenahme der beiden im ersten Subjob herbeigeschafften Dateien. Das Resultat wird - laut unserer AS - in einer Datei im Dateisystem des DB-Servers gespeichert. Es hängt von der Definition des Status' dieser Datei in der AS ab, ob CCR die Datei als Teil der Transaktionsdaten ansieht (wäre im Falle des Scheiterns eines folgenden

Subjobs in dieser atomistischen Aktion dem Rollback unterworfen!), oder ob die Datei unabhängig vom weiteren Schicksal der CCR-Aktion bestehen bleibt. In diesem Fall wäre es nicht ratsam, die Ergebnisdatei der DB-Abfrage dem Rollback zu unterwerfen. Wenn nämlich ein - für die eigentliche DB-Abfrage vollkommen unerheblicher - Fehler in einem weiteren Ast des atomistischen CCR-Baumes vorkommt, so würde der Master natürlich auf Rollback entscheiden müssen; damit würde aber das Resultat der DB-Abfrage, die möglicherweise nicht unerhebliche Ressourcen benötigt hat, unnötigerweise gelöscht werden. Auch Fehlerprotokolldateien sollten nicht als Teil der Transaktionsdaten definiert werden. Hat der DB-Server seinen Teil der Transaktion geleistet, so sendet er ein J-READY.Request an den Master (J-READY.Indication) *(5)*. Ein C-PREPARE des Masters ist vorher nicht unbedingt nötig. Die Graphik ist aus Übersichtlichkeitsgründen hier nicht ganz vollständig, da J-READY.Request und .Indication *(5)* zweimal abgesetzt werden müßten: für den Dokumentenübertragungs- und den Abfragesubjob. Wir nehmen in diesem Fall Commitmentniveau 3 an. Würde Niveau 1 oder 2 gewählt (also J-READY.Request vor Beendigung der Abarbeitung der AS am Dateiserver emittiert werden), so würde das Ende der Aktion mit J-END-SIGNAL.Request angezeigt werden.

Wenden wir unsere Aufmerksamkeit nun den ausständigen Proformas (Übertragung der Ergebnisdatei zur Druckerstation, #2, und Drucken, #3) zu. Wir nehmen wiederum an, daß kein Demand-Spawning in der AS vereinbart wurde. Das Spawning schafft eine neue AS *(7)*. Diese AS löst zweierlei aus: zum einen wird ein neuer Zweig der Transaktion eröffnet (Commitmentniveau 3!) *(8)*, zum anderen muß die Ergebnisdatei vom DB-Server geholt werden. Mit GIVE.Response wird diese an JTM übergeben und mit DISPOSE.Indication dem Drucker zur Verfügung gestellt *(9)*. Mit DISPOSE.Response wird auf JTM-Ebene der Erhalt der AS (mit dem darin eingebetteten Druckdokument) quittiert *(10)*. Damit ist der Subjob zur Übertragung erfolgreich abgeschlossen, das J-READY kann auch für diesen Zweig der atomistischen Aktion angeboten werden *(11)*. Jetzt wird auch der letzte Subjob (Drucken) durch Spawning zur AS *(12)*.

Wir nehmen aber in unserem Beispiel ein Scheitern des Druckens an (z.B. ein schwerer Fehler bei den Drucksteuerzeichen). Dadurch muß die Druckstation ein J-ROLLBACK.Request anbieten, wodurch die gesamte atomistische Aktion gescheitert ist *(13)*. Der Master erhält vom Drucker ein J-ROLLBACK.Indication *(13)* und entscheidet auf J-ROLLBACK.Request *(14)*. Der wird mit den entsprechenden .Indication Primitiven den an der Transaktion beteiligten Agencies mitgeteilt *(14)* und von diesen bestätigt *(15)*. Diese Bestätigung wird

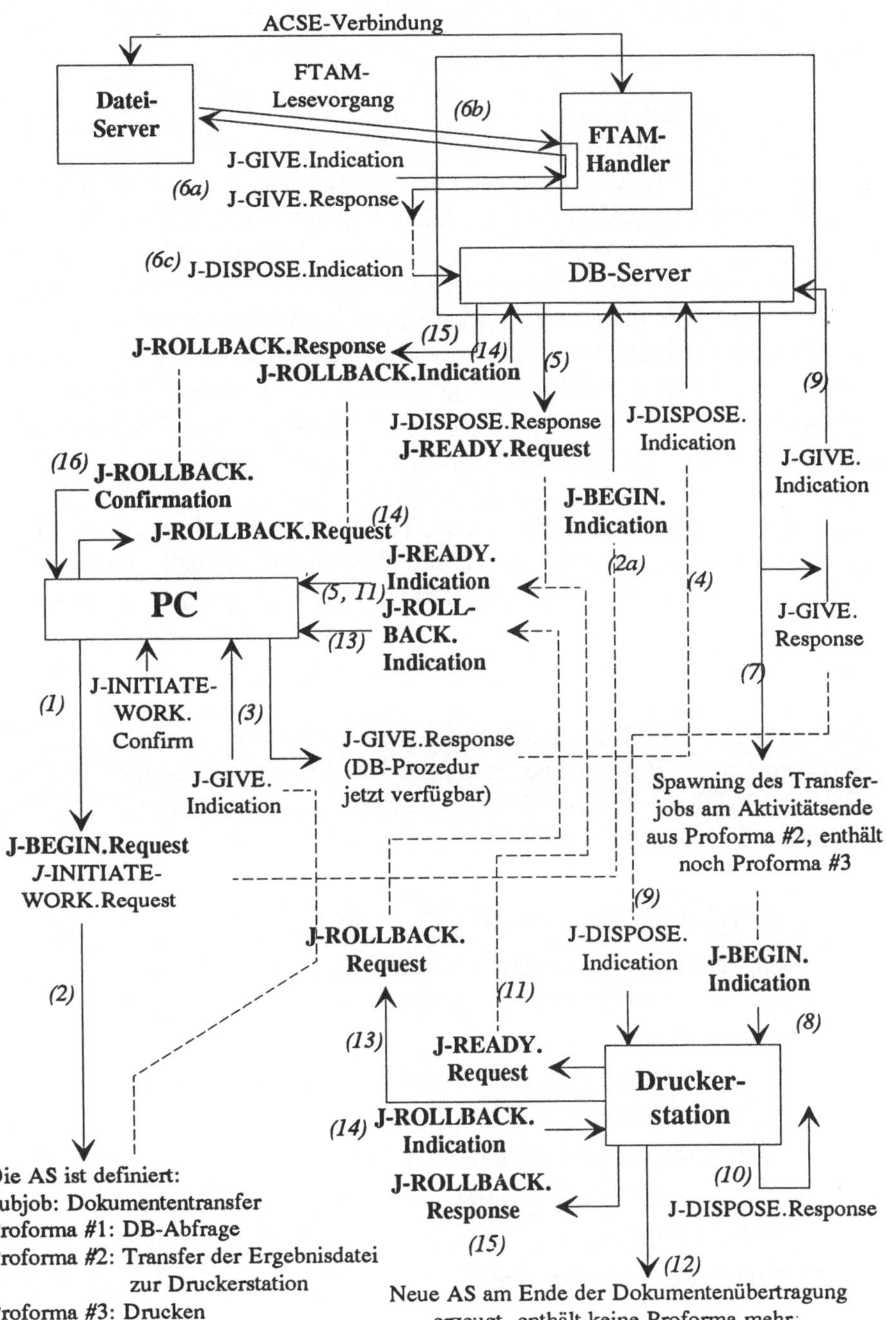

Abb.3.48: JTM/CCR-Beispiel

schließlich dem Master angezeigt *(16)* - die Transaktion und der Remote Job sind beendet.

Das Beispiel ist insofern konstruiert, als sinnvollerweise der eigentliche Druckjob im interaktiven Betrieb eine eigene Transaktion bilden würde. Es wäre nämlich nicht einzusehen, warum die DB-Abfrage wiederholt werden müßte, nur weil das Drucken schiefgegangen ist. Bei Batchjobs allerdings wäre eine solche Vorgangsweise durchaus überlegenswert. Denn die Alternative wäre, daß der Benutzerprozeß der den Job absetzt, detailliert "weiß", wo er wieder aufsetzen müßte. CCR bietet dazu seinen Recovery-Mechanismus an, wodurch anhand der Zustandsinformation in den atomistischen Daten ein Wiederanlauf möglich wäre. Dieser Mechanismus greift allerdings dann nicht, wenn der JTM-Benutzerprozeß selbst meint, daß die Transaktion einem Rollback unterzogen werden muß.

Wie wir im Beispiel gesehen haben, kann FTAM von JTM-Primitiven wie ein lokales Dateisystem angesprochen werden. Durch das virtuelle Dateisystem, das FTAM realisiert, kann eine entfernte Datei für JTM transparent angesprochen werden. Für die J-GIVE-Primitiven macht es also keinen Unterschied, ob eine lokale Datei oder eine Datei via FTAM-Handler angesprochen wird.

Wie bei den meisten ISO-Standards des Anwendersystems wird auch für JTM eine Einfachversion, **Basic Class**, geboten. Der komplette Standard wird von ISO als Extended Protocol bezeichnet. Eine Basic Class-Implementierung weist die folgenden Einschränkungen auf:

- die AS umfaßt maximal ein Dokument,
- nur eine Proforma auf oberster Stufe ist zulässig, J-SPAWN und damit Demand-Spawning wird nicht unterstützt,
- Commitmentniveau 3 ist nicht verfügbar (die vielleicht schwerwiegendste Einschränkung),
- TCR's werden nicht unterstützt,
- FTAM als Hilfsprogramm zum Dokumentenzugriff ist nicht verfügbar,
- keine Sekundärmonitoren,
- J-HOLD wird nicht unterstützt.

JTM-Implementierungen sind außerdem nicht nur als Vollprotokoll (Basic oder Extended) vorgesehen, sondern auch als reiner Initiator oder reine SA oder EA.

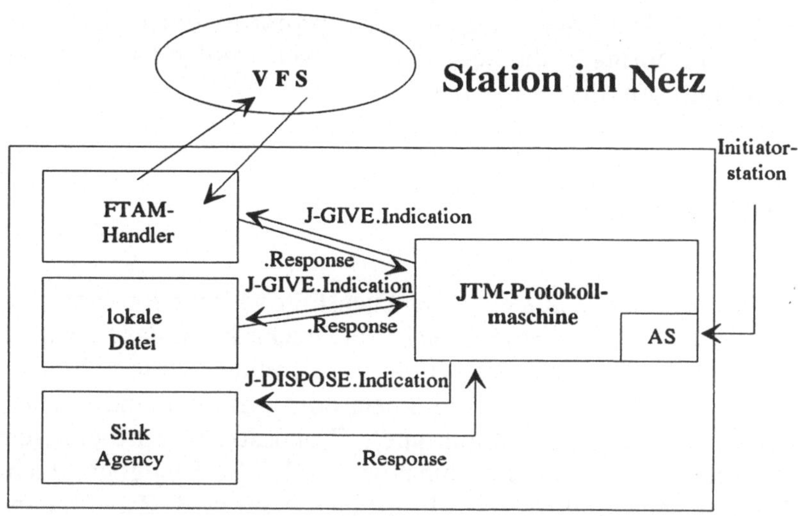

Abb.3.49: Transparenter Zugriff auf FTAM durch JTM

Diese Abstufung ist aber von der Unterscheidung Basic - Extended unabhängig. So gibt es auch von einem reinen SA-Protokoll eine Basic und eine Extended Class-Version. Angesichts der Einschränkungen, denen die Basic Class unterliegt, scheint mir die ausschließliche Verwendung der Extended Class sinnvoll, wenn schon ein so komplexes Protokoll wie JTM/CCR verwendet wird.

ISO 8831 definiert die grundsätzlichen Dienste von JTM, es definiert aber keine Konformitätsrichtlinien, wie der Standard auch selbst einschränkt. 8832 soll als Ergänzung dazu ein konkretes Protokoll definieren. Trotzdem ergeben sich durch diesen Standard für zukünftige konkretere Entwicklungen wichtige Vorgaben. Das Zusammenspiel zwischen einem Transaktionssystem für verteilte Anwendungen (CCR) und Remote Job Entry, sowie die Integration unterschiedlicher Commitmentniveaus in RJE wird klar definiert. Dies ermöglicht eine hohe Flexibilität bezüglich der Wahl des Commitmentniveaus für die unterschiedlichsten Subjobs.

Ein weiterer Aspekt ist die Transparenz, mit der andere ASEs im Applikationskontext angesprochen werden können. Ein FTAM-Handler in einer Station kann direkt als Source Agency angesprochen werden, die FTAM-Operationen sind dabei für JTM völlig transparent. In der AS definierte Proformalisten können (abgesehen von der Basisklasse) praktisch unbeschränkt lang und beliebig verschachtelt sein.

Recht interessant ist auch die Möglichkeit der rekursiven Definition von Proformas, wobei beim Spawning die Elternproforma (oder eines ihrer Geschwister) als Proforma in die neue AS eingebaut werden kann. Dadurch ist eine "Vererbung" von Proformas möglich.

3.5.4 ISO RDA/TP

Die Kombination JTM/CCR stellt einen Dienst für verteilte Jobs verschiedener Art zur Verfügung. RDA/TP hingegen ist ein Standardpaar, das für genau einen Zweck spezifisch maßgeschneidert wurde: die Kommunikation zwischen einem Programm (z.B. auf einem PC) und einem oder mehreren entfernten Datenbankservern (z.B. auf einem Mainframe). Grundsätzlich wäre eine derartige Kommunikation auch mit der Kombination ROSE/RTSE möglich, doch bietet RDA/TP ein wesentlich diffizileres Instrumentarium (z.B. Zweiphasen-Commit) als ROSE/RTSE. Zwei Applikationskontexte sind möglich:

- RDA und ACSE (nur Einphasen-Commit, "Basic Application Context")
- RDA, TP, CCR und ACSE (Zweiphasen-Commit, "TP Standard Application Context")

ISO sieht die Variante RDA/ACSE nur für eine einfache Konfiguration mit einem DB-Server vor, für die Kommunikation mit mehreren DB-Servern empfiehlt ISO die Verwendung von TP und damit den Two-Phase Commit ("For the RDA basic Application Context it may not be possible to establish beyond doubt whether a completed RDA transaction succeeded or failed"). Aufgrund dieser Einschränkung werde ich im folgenden vor allem den Kontext mit TP beschreiben. In diesem Zusammenhang verweise ich auf die Darstellung von TP und CCR in Kapitel 3.3.

RDA existiert derzeit als Draft International Standard 9579 und besteht aus einer allgemeinen Dienst- und Protokollbeschreibung (Generic Modell) in Teil 1 und der ersten "Specialization" (i.e. einer für eine spezifische Database Language herausgebrachten Spezialisierung) für SQL.

Die RDA-Dienstprimitiven lassen sich funktional in Gruppen zusammenfassen:

- Primitiven zum Dialogmanagement

-) R-INITIALIZE

-) R-TERMINATE

Diese Primitiven werden auf ACSE A-ASSOCIATE und A-RELEASE übertragen; mitübergeben werden auch Daten zur Berechtigungsprüfung; die Response-Primitiven übertragen auch DB-spezifische Statusinformationen.

- Primitven zum Aufbau und Beendigung von Transaktionen

  -) R-BEGIN-TRANSACTION

  -) R-COMMIT

  -) R-ROLLBACK

Die Initiative zum R-BEGIN-TRANSACTION geht immer vom Klienten aus, er ist also der Master der Transaktion.

- Der Auf- und Abbau von Verbindungen zu bestimmten Ressourcen auf dem DB-Server (z.B. verschiedene Data Sets):

  -) R-OPEN

  -) R-CLOSE

- DB-Abfragen können sofort exekutiert (Execute) oder aber zunächst nur vom Klienten definiert (Define) und im DB-Server zur späteren Bearbeitung hinterlegt werden; solche Abfragen werden später auf Anforderung des Klienten entweder aufgerufen (Invoke) oder wieder zurückgezogen (Drop). Die entsprechenden Primitiven sind:

  -) R-ExecuteDBL

  -) R-DefineDBL

  -) R-InvokeDBL

  -) R-DropDBL

- Ist eine DB-Operation einmal abgesetzt, so kann sie in eine Warteschlange eingereiht werden. Die wartenden Abfragen können gelöscht werden, oder aber der Klient kann Statusinformationen zu diesen wartenden Abfragen anfordern.

  -) R-CANCEL

  -) R-STATUS

Alle Primitiven sind bestätigt, außer R-BEGIN, das nur im Fehlerfall bestätigt ist; alle Primitiven sind nach dem selben Schema aufgebaut, hier der Initialize als Beispiel:

Tabelle 3.5: RDA-Primitiven (allgemein)

Service	RDA-Klient	RDA-Server
R-INITIALIZE	.Request (1) .Confirm (4)	.Indication (2) .Response (3)

Die Initiative zu allen Operationen geht vom Klienten aus. Aus den oben genannten Primitiven ergibt sich eine Hierarchie aus einem Dialog, der aus mehreren Transaktionen bestehen kann, innerhalb einer Transaktion können eines oder mehrere DBL- (Database Language-) Statements an den Server gesandt werden. Es können jedoch nur Abfragen an solche Ressourcen abgesetzt werden, die für den entsprechenden Dialog zugänglich gemacht worden sind. Mit R-OPEN spezifiziert der Klient eine Ressourcen-ID (Data Resource Handle), unter dem DBL-Primitiven die Ressource ansprechen können. Diese ID bleibt bis zum Close auf die Ressource erhalten. Der allgemeine Standard gibt keine Einschränkung in der Verwendung des R-OPEN in Relation zum Öffnen und Schließen von Transaktionen an und bezüglich eines R-CLOSE innerhalb einer Transaktion wird auf die speziellen Standards verwiesen. Meines Erachtens ist das Absetzen von R-CLOSE vor allem innerhalb einer ändernden Transaktion nicht sinnvoll, da mit dem Close die Verbindung zur Ressource abgebaut wird, *bevor* noch feststeht, wie die Transaktion zu beenden ist. Aber auch das Absetzen von R-OPEN innerhalb einer Transaktion ist nicht unbedingt unproblematisch. So kann z.B. eine bestimmte Transaktion eine Reihe von Ressourcen im DB-Server benötigen. Werden die Ressourcen nun sukzessive während der Transaktion angesprochen und stellt RDA während der Transaktion fest, daß eine Ressource nicht ansprechbar ist, so muß die Transaktion in der Regel zurückgesetzt werden. Hätte man alle Verbindungen hingegen vor Beginn der Transaktion aufgebaut, so hätte man diese Transaktion erst gar nicht begonnen und Rechenzeit gespart.

Der Klient initiiert das Transaktionsende und entscheidet, ob er die Änderungen festschreiben oder zurücksetzen möchte. Aber auch wenn der Klient den Server zum Commit auffordert, so entscheidet doch letztlich der Server, ob Commit oder Rollback zu geben ist. Ein vom Klienten angeforderter Rollback wird in jedem Fall ausgeführt.

R-DefineDBL erlaubt es, innerhalb eines Dialoges DBL-Statements zu definieren und mit R-InvokeDBL tatsächlich zu exekutieren; R-ExecuteDBL definiert und exekutiert ein Statement in einem. Alle DBL-Primitivenaufrufe müssen mit einer im Dialog eindeutigen DBL-ID versehen werden, da ein RDA-Benutzer DBL-Statements absetzen kann, ohne auf das .Confirm der vorhergegangenen zu warten. Mit R-ExecuteDBL.Confirm erhält der Klient im Gutfall das Resultat seiner Anfrage (Daten und/oder DB-Statuscode), oder aber Fehlerinformationen zurück. Dabei kann die Fehlerinformation vom RDA-Benutzerprozeß im Server gesetzt werden, also für RDA transparent sein, oder aber von der RDA-Protokollmaschine im Server ausgelöst werden (z.B. Operation im derzeitigen Stadium nicht erlaubt, auf Operation wurde vom Klienten bereits ein R-CANCEL abgesetzt, ungültige Ressourcen-ID u.a.). Der Server kann mit R-ExecuteDBL (bzw. R-InvokeDBL).Response dem Klienten auch mitteilen, daß dessen Anfrage im DB-Server einen Rollback ausgelöst hat.

Definierte Abfragen können mit R-DropDBL wieder entfernt werden, solange sie noch nicht mit INVOKE aktiviert wurden; davon zu unterscheiden ist R-CANCEL, das ein bereits zur Exekution freigegebenes DBL-Statement zurückzieht.

Wie bereits erwähnt, können Aufrufe von RDA-Dienstprimitiven abgesetzt werden, bevor noch die Bestätigung von früheren Primitiven eingetroffen ist (asynchrones Absetzen). Dazu definiert RDA allerdings gewisse Einschränkungen:

- wenn der Server ein BEGIN-TRANSACTION ablehnt oder ein Execute/InvokeDBL mit einem Rollback beantwortet, muß als nächster Primitivenaustausch ein R-ROLLBACK vom Klienten initiiert werden,
- in einem Dialog beantwortet der Server zuerst das INITIALIZE und am Dialog- bzw. Transaktionsende muß der Klient die Beantwortung seines TERMINATE bzw. COMMIT/ROLLBACK durch den Server abwarten.

Darüber hinaus allerdings kann es durchaus applikationsbedingte Gründe für eine strenge Synchronizität geben; die meisten Transaktionen in kommerziellen Anwendungen sind eine Kette von DB-Operationen, wobei das Resultat einer Operation bestimmt, wie die Verarbeitung fortgesetzt wird; schon alleine dadurch werden meines Erachtens asynchron abgesetzte DBL-Primitiven eher in der Minderheit bleiben.

Wie arbeiten nun RDA, TP und CCR zusammen. Das Management des gesamten Dialog- und Transaktionsbaumes übernimmt TP; der Klient-Server-

Datenzugriff auf einem bestimmten Ast dieses Baumes wird durch RDA beschrieben, wobei die dabei notwendige Transaktionssteuerung zwischen Klienten und Server von CCR übernommen wird. Die zentrale Kontrolle dabei hat TP; RDA ist zwar das Benutzer-SASE von TP und nutzt seine Serviceprimitiven, kann aber selbst den Dialogbaum *nicht* verwalten. Möchte ein RDA-Knoten im Dialogbaum z.B. eine Anfrage an einen Server richten, so tut er dies via TP, das auch die Einordnung dieses Astes in den gesamten Transaktionsbaum übernimmt; Aufbau des neuen Astes im Dialogbaum und Einbeziehung dieses Astes in den Two-Phase Commit ist Sache von TP. TP wiederum greift, wenn es um eine Teiltransaktion zwischen zwei Knoten geht, auf CCR zurück. Wichtig für den Applikationskontext ist, daß es ohne TP im Kontext *keine* Dialog- und Transaktionsbaumverwaltung gibt!

Ein kleines Beispiel soll diese Zusammenarbeit verdeutlichen; der Übersichtlichkeit halber werde ich die von RDA aufgerufenen CCR- und TP-Dienste zu "-RI" (.Request und .Indication) und "-RC" (.Response und .Confirm) zusammenfassen. Im Beispiel soll von einem PC aus eine Überweisung zwischen zwei Konten vorgenommen werden; die Konten liegen auf verschiedenen DB-Servern. Ich nehme TP im Chained Transaction-Modus an. Das bedeutet, daß unmittelbar nach einem R-INITIALIZE.Request, der TP-seitig in TP-BEGIN-DIALOGUE-RI umgesetzt wird, die Transaktion eröffnet ist; R-BEGIN und TP-BEGIN-TRANSACTION erübrigen sich (nur CCR muß sich jede seiner (Teil-)Transaktion mit C-BEGIN aufbauen).

Für die Überweisung fordert also das Anwendungsprogramm am PC von seinem RDA-Modul je ein R-INITIALIZE zu den beiden Servern. Würde TP im Unchained Modus verwendet werden, so gäbe es eine eigene Kette zur Transaktionseröffnung mit R-BEGIN -> TP-BEGIN-TRANSACTION -> C-BEGIN.

Die PC-Applikation verlangt nun vom Benutzer bestimmte Eingaben (Kontonummern, Berechtigungsinformationen [z.B. PIN], Betrag etc.). Anhand dieser Informationen stellt die Applikation zwei RDA-DBL-Primitiven zusammen: ein Abbuchungsauftrag für A und einen Zubuchungsauftrag für B. An sich können beide DBL-Statements sofort auf die Reise geschickt werden (es besteht ja ohnedies Transaktionssicherung durch Two-Phase Commit), andererseits aber ist es im Sinne von Ressourcenoptimierung, wenn zunächst der Abbuchungsauftrag an A mit R-ExecuteDBL abgeschickt wird, der Auftrag an B vorerst aber nur mit R-DefineDBL im Server hinterlegt wird. Ist der Auftrag an A erfolgreich abgeschlossen, kann das DBL-Statement in B immer noch mit R-InvokeDBL aktiviert werden, andernfalls könnte es mit R-DropDBL wieder zurückgezogen werden.

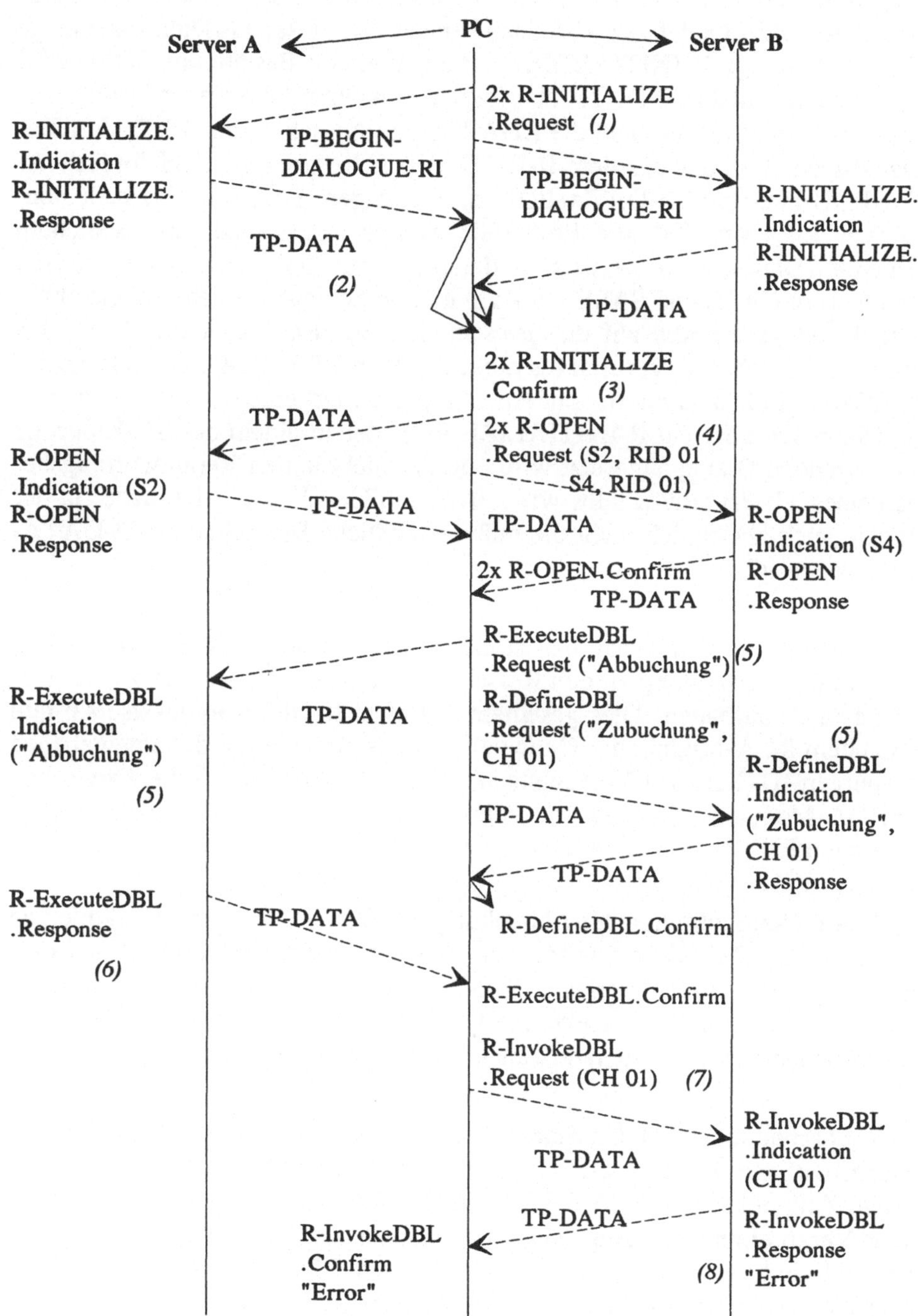

Abb.3.50: RDA/TP-Beispiel, Teil 1

Zunächst muß der PC zwei RDA-Verbindungen zu den Servern aufbauen. Das TP-BEGIN-DIALOGUE-RI wird dazu benutzt *(1)*; dieser TP-Dienst ist nur im Fehlerfall bestätigt, R-INITIALIZE erfordert aber eine Bestätigung. Diese wird auf TP-Ebene mittels TP-DATA übertragen. Das Wort "übertragen" sollte aber nicht zur Ansicht führen, daß die RDA-Protokollmaschine ein TP-DATA.Request absetzt, um das aus dem R-INITIALIZE.Response-Aufruf formatierte RDA-PDU in einem TP-DATA-PDU zu übertragen. Dies würde ja bedeuten, daß sich RDA und TP wie Protokolle zweier unterschiedlicher Schichten verhielten. Dies wäre in krassem Widerspruch zur OSI-Philosophie, wonach sich mehrere CASE und SASE die Aufgaben in Schicht 7 teilen und gleichberechtigt und *gemeinsam* auf den Presentation Service zugreifen. TP-DATA wird nie als solches aufgerufen (es gibt auch kein TP-DATA-Serviceprimitiv, das RDA anfordern könnte), sondern es repräsentiert einen Dienst des Benutzer-ASE (eben z.B. ein R-INITIALIZE-RC), der in einem der TP-Kontrolle unterliegenden Dialog abgesetzt wird und der nicht in den Verantwortungsbereich eines TP-Primitives fällt, wie z.B. R-INITIALIZE-RI. Ich habe in der Graphik auch absichtlich nicht die mißverständliche Bezeichnung TP-DATA-RI verwendet *(2)*.

Nachdem der Verbindungsaufbau zu den beiden Servern bestätigt wurde *(3)*, muß nun die Verbindung zu den Ressourcen (nehmen wir an Dataset S2 in A und S4 in B) aufbauen. Dies geschieht mit zwei R-OPEN.Requests. Ab nun stehen dem RDA-Modul am PC die beiden Ressourcen unter der angegebenen Ressourcen-ID (RID) zur Verfügung *(4)*. Diese RID wird im Verkehr zwischen den RDA-Modulen verwendet und ist für einen Klient-Server-Dialog eindeutig, daher kann RID 01 sowohl im Dialog PC-A als auch PC-B verwendet werden.

Wie besprochen, wird nun der Abbuchungsauftrag zur sofortigen Exekution an A gesandt, der Zubuchungsauftrag an B wird zunächst nur definiert und in B hinterlegt. *(5)* Das in B hinterlegte DBL-Statement wird vom Klienten mit einem Command Handle (CH) versehen, unter dem es mit Drop oder Invoke später angesprochen wird; die Semantik auch des CH ist auf RDA beschränkt.

Nach Abarbeitung des DBL-Statements in A wird das Resultat (Daten plus Returncode) mit R-ExecuteDBL-RC wieder an den PC gesandt *(6)*. Bis zu diesem Zeitpunkt hätte der PC auch ein R-CANCEL ansetzen können. Nun, da die Verarbeitung in A gutgegangen ist, kann das in B hinterlegte DBL-Statement aktiviert werden *(7)*. Dabei bezieht sich RDA auf den beim Define angegebenen Command Handle. Nehmen wir an, die Verarbeitung in B würde scheitern; d.h. in R-InvokeDBL.Response würde vom DB-Server ein Fehlerstatus und die Entscheidung für einen Rollback mitgegeben werden *(8)*. Nun müssen RDA, TP und CCR gemeinsam die Konsistenz der Gesamttransaktion

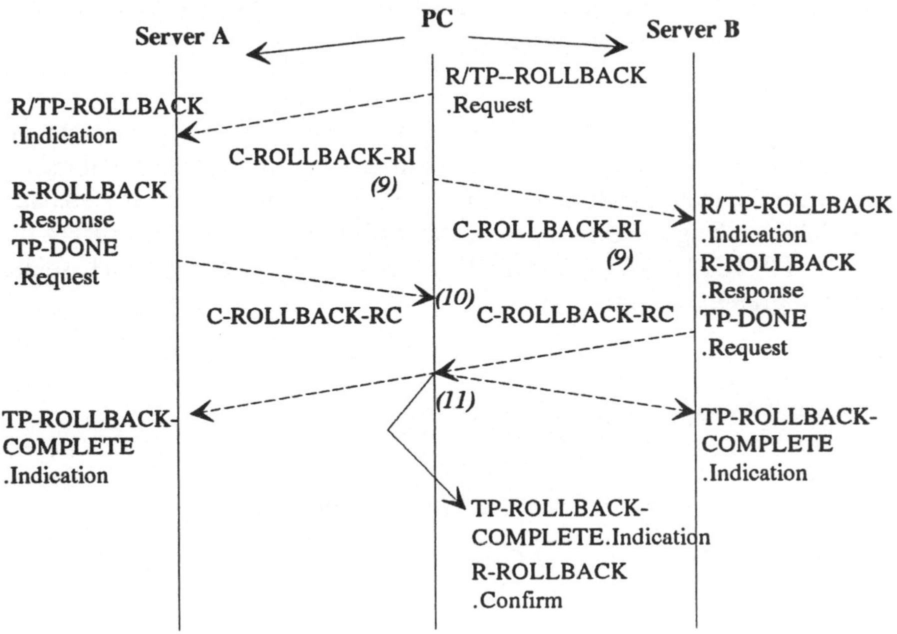

Abb.3.51: RDA/TP-Beispiel, Teil 2

sicherstellen. Der RDA-Benutzer am PC setzt nach Erhalt des .Confirm für die gescheiterte Verarbeitung in B R-ROLLBACK ab, dieses wird in ein TP-ROLLBACK umgesetzt; es ist nur ein Rollback notwendig, da TP die Transaktion als Ganzes sieht und den gesamten Transaktionsbaum zurücksetzt. CCR hingegen übernimmt die Aufgabe, die beiden Transaktionszweige zurückzusetzen; daher ein C-ROLLBACK-RI pro Transaktionszweig *(9)* (siehe Fortsetzung des Beispiels in Abb.3.51).

Die beiden Server erhalten beide ein R-ROLLBACK via das entsprechende TP-Primitiv angezeigt und setzen die Transaktion zurück; wobei anzunehmen ist, daß B seinen Rollback bereits nach dem InvokeDBL.Response mit Fehlerstatus begonnen hat. Hat die jeweilige Datenbank den Rollback abgeschlossen, so teilt sie dies ihrem RDA-Modul mit R-ROLLBACK.Response mit, das in TP-DONE umgesetzt wird. Hätte einer der Server selbst Untergebene, so würde das TP-DONE für die TP-Protokollmaschine nur eine Marke sein, daß das lokale RDA (bzw. dessen Benutzer) das Zurücksetzen abgeschlossen hat. Erst wenn alle Untergebenen ihr TP-DONE an das TP-Modul des Knotens gegeben hätten, würde TP dem CCR-Dienst den Rollback bestätigen. In diesem Fall aber gibt es keine weiteren Subordinates, daher wird TP-DONE sofort in C-ROLLBACK.Response umgesetzt.

Die TP-Protokollmaschine kennt die Baumstruktur und weiß, daß sie von beiden Servern ein C-ROLLBACK.Confirm erhalten muß; daher unternimmt sie bei Eintreffen dieses Primitives von A zunächst nichts *(10)*. Erst wenn auch B seine CCR-Vollzugsmeldung geschickt hat *(11)*, meldet TP seinem RDA-Benutzer ein TP-ROLLBACK-COMPLETE, das RDA wiederum auch seinem Benutzerprogramm anzeigt.

Weiterführende Literaturhinweise

Die Standards zu ACSE, TP und CCR wurden bereits in 3.3 angeführt.

JTM

ISO DIS 8831 Job transfer and manipulation concepts and services

RDA

ISO DIS 9579-1 Remote Database Access - Generic model, service and protocol

NFS

Sun Microsystems; PC-NFS Programmer's Toolkit
Sun Microsystems; PC-NFS User's Manual.

3.6 Résumé

In den vergangenen Kapiteln haben wir die "Angebote" von TCP/IP- und ISO-basierten Standards für Dateitransfer, E-Post, Terminalemulation und verteilte Anwendungsprogramme kennengelernt. Die Marktsituation ist permanenten Veränderungen unterworfen, daher werde ich hier keine Marktübersicht bringen - sie wäre in einigen Monaten ohnedies bereits überholt. Fassen wir hingegen einmal grundsätzlich die Situation zusammen:

Zu allen TCP/IP-basierten Standards sind ausgereifte und bereits seit längerer Zeit Produkte am Markt erhältlich. Probleme kann einzig Telnet für Maskenunterstützung bereiten, da diese Funktion nur durch Vereinbarung zusätzlicher Optionen zwischen Klienten und Server möglich ist, was aber bedeutet, daß die Produkte herstellerspezifisch und nicht mehr Standard sind. Die OSI-Standards sind teilweise noch im Werden, das heißt aber nun nicht, daß OSI-kompatible Produkte Exoten wären. X.400 und FTAM sind bereits seit einigen Jahren kommerziell erhältlich, ISO VT-Produkte werden verstärkt angeboten und es sind auch bereits RDA-Produkte in Entwicklung bzw. als Erstversionen erhältlich. OSI ist also keine ferne Zukunft, sondern Realität - hier und heute! Verstärkt wird dieser Trend dadurch, daß sich mächtige Anwendergruppen eindeutig für OSI entschieden haben, darunter die EG und auch der Initiator der TCP/IP-Standards selbst, das DoD.

Angesichts des Angebotes an OSI-kompatiblen Produkten stellt OSI heute für ein vollkommen neu aufzubauendes (lokales) Netz nicht nur eine praktikable Alternative zu TCP/IP dar, sondern ist m.E. bereits heute TCP/IP vorzuziehen. Nicht nur, daß, wie wir in 3.4 und 3.5 gesehen haben, die Funktionalität der OSI-Standards reicher ist, die Zukunft gehört eindeutig OSI. In den vergangenen Jahren mag die mangelnde Verfügbarkeit von OSI-Produkten ein berechtigtes Argument gegen OSI gewesen sein, heute ist es das sicher nicht mehr. Ein heute vollkommen neu zu errichtendes Netz auf TCP/IP-Basis zu planen, kann als problematisch bezeichnet werden; man handelt sich in spätestens 3-4 Jahren eine Menge an Migrationsproblemen ein. In 2.6 haben wir gesehen, welche Migrationsprobleme beim Wechsel von TCP/IP zu ISO TP/IP auftreten. Diese Schwierigkeiten setzen sich im Anwendersystem fort. Dabei können drei Fälle unterschieden werden:

- ein neues OSI-LAN soll an ein existierendes TCP/IP-LAN bzw.

- ein TCP/IP-LAN soll mit öffentlichen Netzen (mit OSI-Standards) gekoppelt werden sowie
- Migration in einem LAN von TCP/IP zu OSI-Standards im Anwendersystem.

Die ersten beiden Fälle können mit Gateways relativ einfach gelöst werden. Die Gateways arbeiten auf Schicht 7 und müssen drei grundsätzliche Aufgaben bewältigen:

- Konversion der Dienste (Primitiven)
- Konversion der daraus erzeugten PDU-Formate incl. der Parameter
- Adressenkonversion

Die Konversion von TCP-Protokollen zu OSI ist in der Regel unproblematisch, da die OSI-Protokolle reicher an Diensten und Parametern sind als die TCP-basierten Protokolle; bei der Konversion OSI zu TCP kann es jedoch zu Problemen kommen, dann muß auf einen Teil der Funktionalität des OSI-Protokolls verzichtet werden. Außerdem müssen der Nachricht vom Benutzer zwei Adressen mitgegeben werden: die Adresse des Gates und die Adresse des Adressaten, die für das Protokoll des Senders nicht lesbar ist, aber vom Gate ausgewertet werden kann. Gateways können also Verbindungen zwischen den beiden Welten herstellen; doch wie stark drückt die Protokollkonversion auf die Performance? Dies ist das eigentliche Problem und sollte bei der Auswahl von entsprechenden Produkten vorrangig beachtet werden. Mitentscheidend für die Performance ist dabei, ob die Umsetzung via Temporärdateien oder mittels direkter Adreßraumkommunikation geschieht.

Wesentlich schwieriger ist hingegen der Umstieg auf einen neuen Protokollstack in einem existierenden Netz. Dies bedeutet praktisch eine Neuinstallation des Netzes ab Schicht 3 (plus Probleme mit Inkompatibilitäten zwischen dem neuen IP und einem vorhandenen LLC) sowie Umschulung, sowohl der Benutzer als auch der Systemadministratoren.

Die Normierung im Bereich der OSI-Standards ist heute bereits in einem zweiten Stadium: der Festschreibung anwendungsspezifischer Standardprofile. Diese Profile werden meist von mächtigen Anwendergruppen erstellt und bauen auf den OSI-Standards auf, definieren aber über den reinen Standard hinaus, wie ein bestimmtes Problem mit welcher Kombination von OSI-Standards zu lösen ist und definieren Schnittstellen zu Benutzerapplikationen (APIs, Appli-

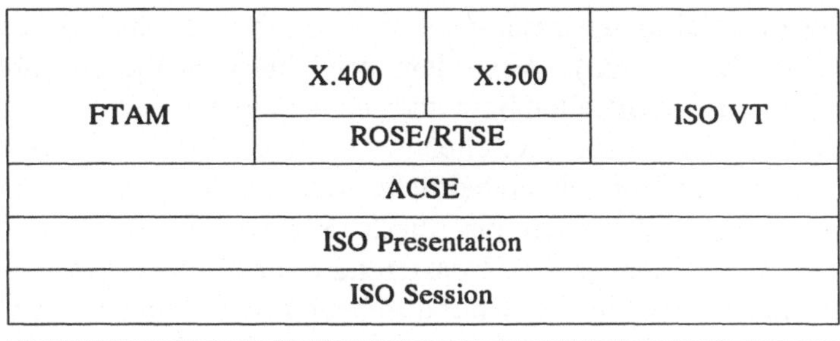

Abb.3.52: UK-GOSIP-Standardprofil

cation Program Interfaces). Für ein solches Profil sind die OSI-Anwenderstandards ein Art Baukasten, mit dem für ein bestimmtes Problem, z.B. die Kommunikation Fertigungsrechner - Industrieroboter oder Bezirksfinanzamt mit dem Finanzministerium, ein Set von konkreten Standards erstellt wird. Außerdem werden APIs zu anwendungsspezifischer Software definiert.

Das für den europäischen Raum wohl bedeutsamste Profil ist GOSIP. Sowohl in den USA als auch in Großbritannien wurden Regierungsstandards definiert, die ebenfalls auf der Basis der in 3.3, 3.4 und 3.5 beschriebenen OSI-Protokolle Richtlinien für die Beschaffung im öffentlichen Bereich definieren (GOSIP, Government Open Systems Interconnection Profile). US- und UK-GOSIP erstellen Richtlinien für Entscheidungsträger bei öffentlichen Beschaffungsaktionen. Daher kann GOSIP sich nicht auf morgen zur Verfügung stehende Standards berufen, sondern muß auf die konkrete Verfügbarkeit von Produkten achten. Außerdem müssen die Richtlinien so abgefaßt sein, daß auch technisch weniger versiertes Personal mit den Definitionen arbeiten kann. Abb.3.52 zeigt das UK-GOSIP-Standardprofil.

Im Auftrag der Europäischen Kommission wurde 1990 begonnen, das European Procurement Handbook for Open Systems (EPHOS) zu erarbeiten. Dieses soll aufbauend auf UK-GOSIP ein OSI-basiertes Standardprofil erarbeiten, das EG-weit als Richtlinie für Beschaffungen im öffentlichen Bereich dienen wird. Die Vorteile eines solchen Standardprofils sind evident. Einerseits verfügt damit der gesamte öffentliche Bereich über definierte Beschaffungsrichtlinien. Dies senkt die Beschaffungskosten und schafft Synergieeffekte (z.B. Nutzung von in einzelnen Abteilungen gesammeltem Know-how auch in anderen Abteilungen, interne Schulungen). Außerdem erleichtert es die Kommunikation zwischen einzelnen Dienststellen bzw. zwischen halbstaatlichen Einrichtungen und den Behörden. Dies kann aber eben nur erreicht werden, wenn es auch im gesamten öffentlichen Bereich einheitliche und sinnvolle, an internationalen Standards und Standardprofilen orientierte Richtlinien gibt. Daher ist die Schaffung von EG-weiten, auf OSI basierenden Profilen für den öffentlichen Bereich notwendiger denn je. Denn nur durch möglichst frühzeitiges Definieren solcher Profile können Fehlentwicklungen und Inkompatibilitäten zwischen den Netzwerklösungen der einzelnen Dienststellen verhindert und die getätigten Investitionen geschützt werden.

Wir haben in den einzelnen Kapiteln viele Fälle von realisierbarer (und oft auch nicht realisierbarer) Heterogenität kennengelernt. Nach der Besprechung all dieser Standards und ihrer Relation zueinander können wir diesen Begriff "Heterogenität" vielleicht sinnvoller definieren, als dies in der Einleitung möglich gewesen wäre. Meiner Ansicht nach können wir (soweit absehbar) vier Stufen von Heterogenität definieren, wobei ich vor allem bei der vierten Stufe der Entwicklung - zumindest was Österreich anbelangt - etwas vorgreife:

-) **Stufe 1:** die Stufe geringer Heterogenität. Sie ist durch proprietäre Netze, meist Großrechnerlandschaften, gekennzeichnet. Die Kommunikation über öffentliche Netze ist langsam und erfordert hohen Overhead zur Fehlererkennung und -behebung. PCs sind bereits im Einsatz und inselartig vernetzt, Gesamtkonzepte für heterogene Landschaften gibt es noch kaum.

-) **Stufe 2:** mittlere Heterogenität. Diese Stufe repräsentieren die meisten heutigen lokalen Netze; Arbeitsplatzrechner, Minirechner und Mainframes sind vernetzt, die hauptsächlichen Anwendungsgebiete sind E-Post, Dateitransfer und Terminalemulation; die Einbindung von UNIX-Maschinen erreicht bereits recht hohes Niveau (bei Verwendung von TCP/IP), so sind hier bereits verteilte Anwendungen möglich. Die Großrechnerintegration ist eher stiefmütterlich behandelt, die Rolle der Mainframes im Netz beschränkt sich auf die eines Mailservers oder der Exekutierung von Großrechnerprogrammen via Terminalemulation (allerdings auf eher einfachem Niveau, denn Maskenunterstützung und Druckeremulation sind, wie wir gesehen haben, noch keinesfalls selbstverständlich). Verteilte Anwendungen unter Einbeziehung von Großrechnerressourcen (v.a. der extrem leistungsfähigen und bewährten CODASYL-Datenbanken) sind (noch) Zukunftsmusik. Die Kommunikation über öffentliche Netze ist mangels eines flächendeckenden ISDN noch an die konventionellen Wege (DATEX-L, DATEX-P, DS64/128 u.ä.) gebunden; die Kopplung von LANs über ein öffentliches Netz stellt noch immer einen

Flaschenhals dar, BISDN ist bestenfalls ein Schlagwort, ebenso hybride Netze.

Heterogenität auf dieser Ebene beschränkt sich darauf, Hard- und Software unterschiedlicher Hersteller zu vernetzen, durch die Mächtigkeit der verwendeten Standards sind der real erzielbaren Heterogenität allerdings enge Grenzen gesetzt. Ein Beispiel: Definiere ich Heterogenität einfach als die Möglichkeit, ein Gerät des Herstellers X mit Betriebssystem Y an das Netz anzuschließen und dann vielleicht ein wenig FTP und Scroll-Mode-Telnet zu betreiben, oder aber ist wahre Heterogenität mehr als das: nämlich die Fähigkeit, Geräte und Systemsoftware der unterschiedlichsten Hersteller in einem Netz zu mischen, ohne ***funktionale*** (und darauf kommt es dem Endbenutzer schließlich an!) Abstriche machen zu müssen. Daher ist meiner Ansicht nach Heterogenität funktional und nicht nur von der reinen Konnektivität her zu formulieren, als die Möglichkeit (soweit sinnvoll) Ressourcen eines beliebigen Rechners von jedem anderen beliebigen Rechner aus zu nutzen, so, als ob man auf ersterem Rechner arbeiten würde.

-) **Stufe 3:** funktionale Heterogenität. Durch das Sich-Durchsetzen der OSI-Standards und der (zu einem Gutteil schon heute gegebenen) Verfügbarkeit real funktionierender und hinreichend stabiler OSI-Produkte ist diese funktionale Heterogenität gegeben. Geräte unterschiedlicher Hersteller sind nun nicht mehr bloß mit gewissen Abstrichen bei den angebotenen Diensten vernetzbar, sondern können auch funktional voll in ein Netz integriert werden. Das bedeutet vor allem RJE, die Möglichkeit zu verteilten Anwendungen und virtuellen Dateisystemen sowie Terminalemulation mit freier Definierbarkeit aller Geräteparameter. Diese Stufe der Heterogenität ist vom Netzbetreiber plan- und unter Maßgabe der Marktsituation auch steuerbar.

-) **Stufe 4:** Heterogenität nicht nur, was die Datenkommunikation anbelangt, sondern auch für Sprache und anderen isochronen Verkehr. Auf dieser Stufe ist das Maximum Integration Scenario nach X.31 realisiert, eventuell schon in ein hybrides LAN (FDDI II) integriert, über flächendeckendes Schmalband-ISDN ist die volle Integration hauseigener (hybrider) Netze in öffentliche Netze realisierbar. BISDN und 802.6-MAN werden ebenfalls eingeführt und beseitigen den Flaschenhals zwischen LAN und WAN. Das Erreichen dieser Stufe hängt allerdings von der Vehemenz ab, mit der die Postverwaltung des jeweiligen Landes diese neuen öffentlichen Netze flächendeckend einführt.

Literaturliste

Abelow, Hilpert; Communications In The Modern Corporate Environment; Prentice-Hall; Englewood Cliffs, N.J., 1986

Abrahams, Cotton; Computer Networks: A Tutorial 4th Ed.; IEEE Computer Society Press; Los Angeles, 1984

ACM, IEEE; Proceedings of The Ninth Data Communications Symposium; IEEE Computer Society Press; Whistler Mountain, 1985

ACM, IEEE; 1987 Symposium of The Simulation of Computer Networks; IEEE Computer Society Press; Colorado Springs, 1987

Akoka; Management of Distributed Data Processing Systems; North-Holland; Amsterdam, 1982

Alisouskas, Tomasi; Digital And Data Communication; Prentice-Hall; Englewood Cliffs, N.J., 1985

An American National Standard - IEEE Standards for Local Area Networks:

ANSI/IEEE 802.2 Logical Link Control

ANSI/IEEE 802.3 Carrier Sense Multiple Access with Collision Detection (CSMA/CD) Access Method and Physical Layer Specifications

ANSI/IEEE 802.4 Token-Passing Bus Access Method and Physical Layer Specifications

ANSI/IEEE 802.5 Token Ring Access Method and Physical Layer Specifications

ANSI/IEEE 802.3 Supplement to Carrier Sense Multiple Access with Collision Detection (CSMA/CD) Access Method and Physical Layer Specifications

ANSI/X3T9.5 Fiber Distributed Data Interface Station Management (SMT) Rev. 7.1 und 7.2

Bacher, Grunow, Schierenbeck; Datenübertragung; Siemens AG; München, 1978

Benedetto, Biglieri, Castellani; Digital Transmission Theory; Prentice-Hall; Englewood Cliffs, N.J., 1987

Black; Physical Level Interfaces and Protocols; IEEE Computer Society Press; Washington D.C., 1988

Bridges; Low Cost Local Area Networks; Sigma; New York, 1986

Campbell; V.24/RS-232 Kommunikation; Sybex; Düsseldorf, 1984

Chou; Computer Communications II; Prentice-Hall; Englewood Cliffs, N.J., 1985

Comer; Internetworking with TCP/IP; Prentice-Hall; Englewood Cliffs, N.J., 1988

Comité Consultatif International Télégraphique et Téléphonique:

Alle erwähnten CCITT-Empfehlungen der V- und X-Serie in deutscher Übersetzung

Tietz (Hrsg.); CCITT-Empfehlungen der V-Serie und der X-Serie, 6.Auflage

Band 2.1 - X.25, X.3, X.21, X.27

Band 2.2 - X.28 bis X.32

Band 4.1 - X.200, X.208, X.209, X.213

Band 4.2 - X.214 bis X.219

Band 5.1 - X.224, X.225

Band 5.2 - X.226 bis X.229

Band 7.1, 7.2 - X.400 Serie

Band 8 - X.500 Serie

Coulouris, Dollimore; Distributed Systems - Concepts and Design; Addison-Wesley; Workingham (GB), 1988

Crochiere, Rabiner; Multirate Digital Signal Processing; Prentice-Hall; Englewood Cliffs, N.J., 1983

Davidson; An Introduction To TCP/IP; Springer; New York, 1989

Deasington; X.25 Explained (2nd Ed.); Ellis Publishers; Chichester, 1986

Defense Communications Agency (US Department of Defense)

MIL-STD-1777 Internet Protocol

MIL-STD-1778 Transmission Control Protocol

MIL-STD-1780 File Transfer Protocol

MIL-STD-1781 Simple Mail Transfer Protocol

MIL-STD-1782 Telnet Protocol

Durr; Netzwerke für den PC; Addison-Wesley; Bonn, 1988

Eckardt, Nowak; Standard-Architekturen für Rechnerkommunikation; Oldenburg; München, 1988

Ellis; Designing Data Networks; Prentice-Hall; Englewood Cliffs, N.J., 1986

Gerner, Spaniol; Kommunikation in verteilten Systemen; Springer; Berlin, 1987

Gurrie, Connor; Voice/Data Communications Systems; Prentice-Hall; Englewood Cliffs, N.J., 1986

Hansen; Wirtschaftsinformatik I, 5.Auflage; Gustav Fischer Verlag; Stuttgart, 1986

Hardy; Introducing Data Communications Protocols; NCC Publishers; Manchester, 1985

Hasegawa, Takagi, Takahashi; Computer Networking And Performance Evaluation; North-Holland; Tokyo, 1985

Hawlik; Lokale Netze mit Novell NetWare; Markt & Technik Verlag; München, 1989

Heitlinger, Simon, Brotz; LAN-Software Katalog; Hüthing Verlag; Heidelberg, 1989

Helgert; Integrated Services Digital Network - Architectures, Protocols, Standards; Addison-Wesley; Reading, MA, 1991

Hopper, Temple, Williamson; Local Area Network Design; Addison-Wesley; Workingham , 1986

The Institute of Electrical and Electronics Engineers

The Computer Society of The IEEE; IEEE Infocom 86; IEEE Computer Society Press; Washington D.C., 1986

The Computer Society of The IEEE; Proceedings of The 11th Conference on Local Computer Networks; IEEE Computer Society Press; Washington D.C., 1986

The Computer Society of The IEEE; Proceedings of the 6th International Conference on Distributed Computing Systems; IEEE Computer Society Press; Cambridge, MA, 1986

The Computer Society of The IEEE; IEEE Infocom 87; IEEE Computer Society Press; Washington D.C., 1987

The Computer Society of The IEEE; Proceedings of the 7th International Conference on Distributed Computing Systems; IEEE Computer Society Press; Berlin, 1987

The Computer Society of The IEEE; Computer Networking Symposeon; IEEE Computer Society Press; Washington D.C., 1988

The Computer Society of The IEEE; IEEE Infocom 88 Proceedings; IEEE Computer Society Press; Washington D.C., 1988

The Computer Society of The IEEE; Proceedings of The 13th Conference On Local Computer Networks; IEEE Computer Society Press; Washington D.C., 1988

The Computer Society of The IEEE; Proceedings of the 8th International Conference on Distributed Computing Systems; IEEE Computer Society Press; San Jose, 1988

The Computer Society of The IEEE; Computer Standards Conference 1988; IEEE Computer Society Press; Washington D.C., 1988

The Computer Society of The IEEE; IEEE Infocom 89, Proceedings Vol.I; IEEE Computer Society Press; Washington D.C., 1989

The Computer Society of The IEEE; IEEE Infocom 89, Proceedings Vol.II; IEEE Computer Society Press; Washington D.C., 1989

The Computer Society of The IEEE; IEEE Infocom 89, Proceedings Vol.III; IEEE Computer Society Press; Washington D.C., 1989

The Computer Society of The IEEE; Proceedings of The 14th Conference On Local Computer Networks; IEEE Computer Society Press; Washington D.C., 1989

The Computer Society of The IEEE; Proceedings of the 9th International Conference on Distributed Computing Systems; IEEE Computer Society Press; Newport Beach, Ca, 1989

International Organisation for Standardisation:

ISO 7498 Open Systems Interconnection - Basic Reference Model

ISO 7498/DAD1 Connectionless Model

ISO 3309 High-Level Data Link Control Procedures - Frame Structure

ISO 4335 High-Level Data Link Control Procedures - Consolidation of Elements of Procedure

ISO 8348 Network Service Definition

ISO 8348 Addendum 1, Connectionless Mode Transmission

ISO 8348 Addendum 2, Network Layer Addressing

ISO 8473 Protocol for Providing the Connectionless Network Service

ISO 8072 Transport Service Definition

ISO 8073 Connection Oriented Transport Protocol Specification

ISO 8602 Protocol for Providing the Connectionless Mode Transport Service

ISO 8326 Basic Connection-Oriented Session Service Definition

ISO 8327 Basic Connection-Oriented Session Protocol Specification

ISO 8822 Connection-Oriented Presentation Service Definition

ISO 8823 Connection-Oriented Presentation Protocol Specification

ISO 8649 Service Definition for the Association Control Service Element

ISO 8650 Protocol Specification for the Association Control Service Element

ISO 9072-1 Remote Operations - Part 1: Model, notation and service definition

ISO 9072-2 Remote Operations - Part 2: Protocol specification

ISO 9066-1 Reliable Transfer - Part 1: Model and Service Definition

ISO 9066-2 Reliable Transfer - Part 2: Protocol Specification

ISO 9804 Commitment, Concurrency and Recovery

ISO 8831 Job transfer and manipulation concepts and services

ISO 9579-1 Remote Database Access - Part 1: Generic model service and protocol

ISO 10026-1.2 Distributed transaction processing - Part 1: OSI TP Model

ISO 10026-1.2 Distributed transaction processing - Part 2: OSI TP Service

ISO 8571 File Transfer Access and Management

ISO 9040 Virtual Terminal Service Definition

ISO 9041 Virtual Terminal Protocol Specification

Kauffels; Einführung in die Datenkommunikation; Datacom; Pulheim, 1986

Kauffels; Personal Computer und lokale Netzwerke; Markt & Technik Verlag; München, 1986

Kauffels; Rechnernetzwerksystemarchitekturen und Datenkommunikation; BI-Wissenschaftsverlag; Mannheim, 1987

Kauffels; Lokale Netze (5.Aufl.); Datacom; Bergheim, 1989

Kellermayr; Lokale Computernetze - LAN; Springer; Wien, 1986

Kerner, Bruckner; Rechnernetzwerke; Springer; Wien, 1981

Kerner; Rechnernetze nach ISO-OSI; Eigenverlag; Wien, 1989

Kündig, Hartmann; Digital Communications; North-Holland; Zürich, 1986

Kühn; Kommunikation in verteilten Systemen; Springer; Berlin, 1989

Lam; Principles of Communications And Networking Protocols; IEEE Computer Society Press; Silver Spring, MD, 1984

Lee, Messerschmitt; Digital Communications; Kluwer Academic Publishers; Boston, 1988

Mayne; Linked Local Area Networks; Wiley Press; New York, 1986

Muller, Davidson; LANs to WANs - Network Management in the 1990's; Arttech House; Boston, 1990

Oppenheim, Willsky, Young; Signals And Systems; Prentice-Hall; London, 1983

Partridge; Innovations in Internetworking; Arttech House; Norwood, U.K., 1988

Perry; Data Communications in The ISDN Era; North-Holland; Tel-Aviv, 1985

Pickholtz; Local Area & Multiple Access Networks; Computer Science Press; Rockville, Maryland, 1986

Rai, Agrawal; Distributed Computing - Network Reliability; IEEE Computer Society Press; Washington D.C., 1990

Raviv; Computer Communication Technologies for The 90's; North-Holland; Tel Aviv, 1988

Reardon; Future Networks; Blenheim Online; London, 1989

Reitmann; IBM Tokenring Netzwerk; Markt und Technik; München, 1986

Rorabaugh; Data Communications And Local Area Networking Handbook; TAB Books; Blue Ridge Summit Pa., 1985

Rothermel; Kommunikationskonzepte für verteilte transaktionsorientierte Systeme; Springer; Berlin, 1987

Santifaller; TCP/IP and NFS Internetworking in a UNIX Environment; Addison Wesley, Wokingham, 1991

Sauer, McNair; Computer Communication Systems; Prentice-Hall; Englewood Cliffs, N.J.; 1983

Schwartz; Information Transmission Modulation and Noise; McGraw-Hill; Singapore, 1981

Schauer; Rechnernetze; BI-Wissenschaftsverlag; Mannheim, 1983

Shotwell; The Ethernet Sourcebook; North-Holland; New York, 1985

Slomann, Kramer; Verteilte Systeme und Rechnernetze; Carl Hauser Verlag; München, 1989

Stallings; Tutorial: Local Network Technology; IEEE Computer Society Press; Silver Spring, 1983

Stallings; Tutorial: Local Network Technology 2rd Ed.; IEEE Computer Society Press; Washington D.C., 1985

Stallings; Tutorial: Computer Communications; IEEE Computer Society Press; Washington D.C., 1985

Stallings; Local Networks 2nd Ed.; McMillan; New York, 1987

Stallings; Tutorial: Computer Communications (2nd Ed.); IEEE Computer Society Press; Washington, 1987

Stallings; Handbook of Computer Communications Standards I; MacMillan Publishing; New York, 1987

Stallings; Handbook of Computer Communications Standards II; MacMillan Publishing; New York, 1987

Stallings; Handbook of Computer Communications Standards III; MacMillan Publishing; New York, 1988

Stallings; Tutorial: Local Network Technology 3rd Ed.; IEEE Computer Society Press; Silver Springs, MD, 1988

Stallings; ISDN - An Introduction; MacMillan Publishing; New York, 1989

Storer; Data Compression Methods and Techniques; Computer Science Press; Rockville, Maryland (USA), 1988

Sun Microsystems; PC-NFS Programmer's Toolkit; Sun Microsystems; Mountain View, Ca., 1988

Sun Microsystems; PC-NFS User's Manual; Sun Microsystems; Mountain View, Ca., 1988

Tanenbaum; Computer Networks 2nd Ed.; Prentice-Hall; Englewood Cliffs, N.J., 1988

Taub, Schilling; Principles of Communications Systems, 2nd Ed.; McGraw-Hill; Englewood Cliffs, N.J., 1986

Viterbi, Omura; Principles of Digital Communications and Coding; McGraw-Hill; Tokyo, 1979

Wybranietz; Multicast Kommunikation in verteilten Systemen; Springer; Heidelberg, 1990

Yemini; Current Advances in Distributed Computing and Communications; Computer Society Press; Rockville, ML, 1987

Ziehrer; Kopplung von Rechnernetzen; Springer; Berlin, 1989

Zeitschriften:

Computer Communications Review (Jahrgänge 1987, 1988, 1989, 1990, 1991, 1992);
ACM, 1987-92

CIM Management (Jahrgang 1989); Oldenburg; München, 1989

CIM Praxis (Jahrgang 1989, 1990); Landsberg; Wien, 1989, 1990

Computer-Integrated Manufacturing Systems (Jahrgang 1990); Butterworths;
Guildford, U.K., 1990

Computer Networks and ISDN Systems (Jahrgänge 1988, 1989, 1990, 1991); North-Holland; Amsterdam; 1988-91

COM, das österreichische Magazin für Computeranwender (Jahrgang 1990, 1991 und 1992); Erb Verlag; Wien, 1990-92

Elektronikschau (Jahrgang 1989, 1990); Erb Verlag; Wien, 1989, 1990

Informatik Spektrum (Organ der Gesellschaft für Informatik, Jahrgang 1990); Springer;
Berlin, 1990

Output (Jahrgang 1991, 1992); Bohmann Verlag; Wien, 1991, 1992

Telecommunications (Jahrgang 1991); Horizon House Publications; Norwood, MA, 1991

Abkürzungsverzeichnis

AAD Acknowledgement Accumulation with a Dynamic Threshold
AAL ATM Adaption Layer
AC Alternating Current, Wechselstrom
ACK Acknowledgement, Bestätigung
ACSE Association Control Service Element
AF Angezeigter Fehler
AFI Authority and Format Identifier
ANSI American National Standards Institute
AOD Active Open with Data
AOP Active Open
APDU Application Protocol Data Unit
API Application Program Interface
ARP Address Resolution Protocol
ARQ Automatic Repeat Request
AS Arbeitsspezifikation
ASE Application Service Element
ASK Amplitude Shift Keying
ATM Asynchronous Transfer Mode
AUI Attachment Unit Interface
BAS Basic Activity Subset
BCS Basic Combined Subset
BEB Binary Exponential Backoff
BISDN Breitband ISDN
BSS Basic Synchronisation Subset
BTX Bildschirmtext
CASE Common Application Service Elements
CATV Kabel-TV
CCITT Comité Consultatif International Télégraphique et Téléphonique
CCR Commitment, Concurrency and Recovery
CIM Computer Integrated Manufacturing
CRC Cyclic(al) Redundancy Check
CS-MUX Circuit Switching Multiplexer
CSMA/CA Carrier Sense Multiple Access with Collision Avoidance
CSMA/CD Carrier Sense Multiple Access with Collision Detection
CSMA/CF Carrier Sense Multiple Access Collision Free
CTS Clear to Send
DAD Draft Addendum
DARPA Defence Advanced Projects Research Agency
DAS Dual Attachment Station
DBL Database Language
DC Direct Current, Gleichstrom
DCE Data Circuit Terminating Equipment
DDI Direct Dialling In
DLCI Data Link Connection Identifier
DoD Department of Defense
DPG Dedicated Packet Data Group
DPSK Differential Phase Shift Keying
DQDB Distributed Queue Dual Bus
DSP Domain Specific Part
DTE Data Terminal Equipment
EA Execution Agency
ECMA European Computer Manufacturers Association
EDTV Extended Definition Television
EIA Electronic Industries Association
EOT End of Transmission
EPHOS European Procurement Handbook for Open Systems
FC Flow Control, Fluß(mengen)steuerung
FCC Federal Communications Commission
FCS Frame Check Sequence
FDDI Fiber Distributed Data Interface
FPS Fast Packet Switching
FR Frame Relaying
FSE Füllsignaleinheiten
FSK Frequency Shift Keying
FT Filetransfer, Dateitransfer
FTAM File Transfer, Access, and Management
FTP File Transfer Protocol
GBN-ARQ Go-Back-N Automatic Repeat Request
GOSIP Government Open Systems Interconnection Profile
H-MUX Hybrid Multiplexer
HDLC High Level Data Link Control
HDTV High Definition Television
HRC Hybrid Ring Control
IAC Interpret as Command
ICMP Internet Control Message Protocol
IDI Initial Domain Identifier
IDN Integriertes Text- und Datennetz
IDP Initial Domain Part
IEEE Institute of Electrical and Electronics Engineers

IP Internet Protocol
ISDN Integrated Services Digital Network
ISO Internationale Standardisierungsorganisation
ISUP ISDN User Part
IWU Interworking Unit
JTM Job Transfer and Manipulation
LAB Latency Adjustment Buffer
LAN Local Area Network
LAP B Link Access Protocol Balanced
LIB Linear Incremental Backoff
LLC Logical Link Control
LSE Link Status Signaleinheiten
LV Lehrveranstaltung
MAC Medium Access
MAN Metropolitan Area Network
MHS Message Handling System
MMS Manufacturing Message Service
MP Multiplexen
MTA Message Transfer Agent
MTP Message Transfer Part
MUX Multiplexer
NAL Network Access Layer
NFS Network File System
NIC Network Information Center
NRZ Non Return to Zero
NRZI NRZ Inverted
NSAP Network Layer Service Access Point
NSE Nachrichtensignaleinheiten
NT Network Termination
NVDET Network Virtual Data Entry Terminal
NVT Network Virtual Terminal
ODA Open Document Architecture
OSI Open Systems Interconnection
PAD Packet Assembly/Disassembly
PBX Private Branch Exchange
PCM Pulse Code Modulation
PDU Protocol Data Unit
PLS Physical Layer Specification
PPDU Presentation Protocol Data Unit
PPH Periphäre Paket Handler
PSK Phase Shift Keying
PVC Permanent Virtual Circuit
QAM Quadrature Amplitude Modulation
QSM Quadrature Signal Modulation
RAM Random Access Memory
RARP Reverse Address Resolution Protocol
RC Request Counter
RCP Remote Copy
RDA Remote Database Access
REJ Reject
RF Residualfehler
RFC Request for Comment
RFC Request for Connection
RJE Remote Job Entry
RLV Ringleitungsverteiler
RNR Receive Not Ready
ROSE Remote Operations Service Element
RPC Remote Procedure Calls
RR Receive Ready
RTS Request to Send
RTSE Reliable Transfer Service Element
RZ Return to Zero
SA Sink Agency
SAP Service Acces Point, Dienstzugangspunkt
SAPI Service Access Point Identifier
SAS Single Attachment Station
SASE Specific Application Service Elements
SDE Send/Delivery Entity
SDU Service Data Unit
SI Service Indikator
SIU Subscriber Interface Unit
SLIP Serial Line Internet Protocol
SMT Station Management
SMTP Simple Mail Transfer Protocol
SP Signalisierungspunkt
SPDU Session Protocol Data Unit
SQL Structured Query Language
SQP Service Quality Parameter
SR-ARQ Selective Repeat Automatic Repeat Request
SrcA Source Agency
SS7 Signalisierungssystem No. 7
SS7SL Signalisierungssystem No. 7, Signaling Link
SSDU Session Service Data Unit
SSI Subservice Indikator
STE Signal Terminating Equipment
STM Synchronous Transfer Mode
STP Signaltransferpunkt
SVC Switched Virtual Circuit
TA Terminaladapter
TCB Transfer Control Block
TCB Transmission Control Block
TCM Trellis Code Modulation
TCP Tansmission Control Protocol
TCR Transfer Control Record
TCU Trunk Coupling Unit

TDM	Time Division Multiplexing
TE	Terminal Equipment
TEI	Terminal Endpoint Identifier
THT	Token Holding Time
TP	Transportprotokoll
TP	Transaction Processing
TPDU	Transport Protocol Data Unit
TRT	Token Rotation Time
TSAP	Transport Layer Service Access Point
TTRT	Target Token Rotation Time
TVX	Valid Transmission Timer
UA	Unnumbered Acknowledgement
UA	User Agent
UDP	User Datagram Protocol
UI	Unnumbered Information
UPO	Unspecified Passive Open
VC	Virtual Circuit
VFS	Virtual File Store
VLSI	Very Large Scale Integration
VT	Virtuelles Terminal
VT-CSMA	Virtual Time CSMA
WACA	Write Access Connection Acceptor
WACI	Write Access Connection Initiator
WAN	Wide Area Network
WAVAR	Write Access Variable
WBC	Wide Band Channel
XDR	External Data Representation
YP	Yellow Page

Index

Eine Auswahl:

M. Hitz

C++

Grundlagen und Programmierung

1992. X, 306 Seiten.
Brosch. öS 336,–, DM 48,–
ISBN 3-211-82415-4

Ph. Ackermann

Computer und Musik

Eine Einführung in die digitale Klang- und Musikverarbeitung

1991. 293 Abbildungen. XIV, 346 Seiten.
Brosch. DM 98,–, öS 686,–
ISBN 3-211-82291-7

Preisänderungen vorbehalten

Springer-Verlag Wien NewYork

G. Gottlob , Th. Frühwirth , W. Horn (Hrsg.)

Expertensysteme

1990. 41 Abbildungen. X, 232 Seiten.
Brosch. DM 49,–, öS 348,–
ISBN 3-211-82221-6

Monika Köhle

Neurale Netze

1990. 86 Abbildungen. X, 188 Seiten.
Broschiert DM 56,–, öS 390,–
ISBN 3-211-82220-8

G. Futschek

Programmentwicklung und Verifikation

1989. IX, 183 Seiten.
Brosch. DM 58,–, öS 410,–
ISBN 3-211-81867-7

Preisänderungen vorbehalten

Springer-Verlag Wien New York

Springers Angewandte Informatik

Andrea König

Desktop als Mensch-Maschine-Schnittstelle

1989. 44 Abbildungen. IX, 162 Seiten.
Brosch. DM 54,–, öS 380,–
ISBN 3-211-82135-X

W. Laun

Konzepte der Betriebssysteme

1989. 36 Abbildungen. VIII, 188 Seiten.
Brosch. DM 58,–, öS 410,–
ISBN 3-211-82153-8

Preisänderungen vorbehalten

Springer-Verlag Wien NewYork